suhrkamp taschenbuch 504

Reinhold Schneider, geb. 1903 in Baden-Baden, gest. 1958 in Freiburg/Breisgau, lebte zunächst als kaufmännischer Übersetzer in Dresden. Unter dem Eindruck des spanischen Existenzphilosophen Miguel de Unamuno unternahm er zwei längere Reisen nach Portugal und Spanien, wo er seine ersten frühen Hauptwerke als historiographischer Schriftsteller konzipierte *(Camões/Philipp II.)*. 1933–1937 arbeitete er als freier Schriftsteller in Potsdam und ab 1938 in Freiburg/Brsg. Gegen Ende des Krieges wurde Schneider, der den Nationalsozialismus aus einer in schwerer Zeit errungenen christlich-humanistischen Position verwarf, wegen Hochverrats angeklagt. 1956 wurde ihm der Friedenspreis des Deutschen Buchhandels verliehen.

Werke. Mehr als 120 Buchveröffentlichungen, darunter *Das Inselreich,* 1936; *Las Casas vor Karl V.,* 1938; *Das Gottesreich in der Zeit,* 1943; *Die neuen Türme, Sonette,* 1946; *Innozenz und Franziskus,* 1953; *Verhüllter Tag,* 1954; *Winter in Wien,* 1958; *Pfeiler im Strom,* 1958.

Carsten Peter Thiede studierte Vergleichende Literaturwissenschaft (Komparatistik), Germanistik und Anglistik in Berlin, Genf und Oxford. Wissenschaftlicher Asssistent an der Faculté des Lettres der Universität Genf. Mitwirkung an der Reinhold-Schneider-Werkausgabe des Insel Verlags.

Die kritische Auseinandersetzung mit dem Werk Reinhold Schneiders, hat die Aktualität dieses Autors in den letzten Jahren wieder deutlicher werden lassen. Literaturwissenschaftler, Historiker und Theologen gleichermaßen haben mit Nachdruck auf seine oft unterschätzte Bedeutung für die Frage nach der Auswirkung von Literatur in der Gesellschaft hingewiesen. Nicht zuletzt auch jüngere Leser werden entdecken, welche Herausforderungen und Anregungen in Reinhold Schneiders Lyrik, in den Dramen, dem erzählerischen Werk und vor allem auch in den historischen und zeitkritischen Essays liegen. Eine Gesamtausgabe der Werke Reinhold Schneiders erscheint im Insel Verlag. Die Aufgabe der Vertiefung dieses Neu- und Wiederentdeckens stellt sich verstärkt für die literaturkritische Rezeption: der vorliegende Band bietet einen Überblick über das in den letzten zwanzig Jahren Geleistete und belegt zugleich auch die Notwendigkeit weiterer intensiver Beschäftigung mit dem Werk Reinhold Schneiders.

Über
Reinhold Schneider

Herausgegeben
von Carsten Peter Thiede

Suhrkamp

suhrkamp taschenbuch 504
Erste Auflage 1980

Quellenangaben am Schluß des Bandes
Suhrkamp Taschenbuch Verlag

Satz: Thiele & Schwarz, Kassel
Druck: Nomos Verlagsgesellschaft, Baden-Baden
Printed in Germany
Umschlag nach Entwürfen von
Willy Fleckhaus und Rolf Staudt

Inhalt

Über Reinhold Schneider

Einleitung

Als Thomas Mann am 18. Dezember 1953 an Reinhold Schneider schrieb: »Ich werde Sie weiterlesen und mir Ihr Werk möglichst zu eigen machen«,[1] waren zwanzig Jahre vergangen, seit Miguel de Unamuno den Wunsch geäußert hatte, »daß zwei in hohem Maße anregende Bücher von Reinhold Schneider aus dem Deutschen in eine der iberischen Sprachen (Kastilisch oder Portugiesisch) übertragen werden mögen, nämlich *Das Leiden des Camões* und *Philipp II. oder Religion und Macht*,« mit der Begründung, in diesen Büchern seien »einige Seiten enthalten, die zum Schönsten zählen, das über das Portugal und das Kastilien des 16. Jahrhunderts und aller Zeiten geschrieben worden ist«.[2]

Wiederum zwanzig Jahre später, etwa seit 1970, erlebt die kritische Auseinandersetzung mit Reinhold Schneider einen Aufschwung, der mit Neuauflagen und Neueditionen seiner Werke einhergeht und hoffen läßt, daß mancherorts liebgewonnene Vorurteile und falsche Prämissen einer sachlich angemessenen Beurteilung weichen werden.

Reinhold Schneider wird in Kommentarbänden und Nachschlagewerken zur christlichen Literatur des 20. Jahrhunderts unter deren herausragende Vertreter gerechnet. Der Erfolg seiner Geschichtsdeutungen (z. B. *Las Casas vor Karl V.*, 1938, als verhüllter Protest gegen die Judenverfolgungen), sein Einsatz im »inneren Widerstand« während des Dritten Reiches mit unzähligen klandestinen Flugschriften und Sonetten, die bis an die Front gelangten, haben jedoch nicht verhindern können, daß er nach 1950 Mißverständnissen, Behinderungen und Anfeindungen ausgesetzt war, die ihn bis heute, trotz allen Erfolges, nicht selten als Dichter für »christliche Zirkel« erscheinen lassen. Schuld daran war nicht zuletzt sein kompromißloser Kampf gegen die Wiederbewaffnung der jungen Bundesrepublik, gegen die atomare Aufrüstung und für die radikale Befolgung des Evangeliums.

Der Rang seines Nachkriegs-Œuvres (Dramen, u. a. *Innozenz und Franziskus* und *Der große Verzicht* mit beachtlichen Bühnenerfolgen und die autobiographischen Werke *Verhüllter Tag,*

Der Balkon, Winter in Wien) ist unbestritten; auch die öffentliche Anerkennung folgte in den letzten Lebensjahren: er wird, auf Anregung von Theodor Heuss, 1952 Ritter der Friedensklasse des Ordens »Pour le Mérite« und erhält 1956 den Friedenspreis des Deutschen Buchhandels.

Wenn Reinhold Schneider dennoch auch heute noch umstritten ist oder schlicht umgangen wird, dürfte der Hauptgrund darin liegen, daß sein Werk und seine Person unbequem geblieben sind. Er, der nur Christ sein wollte, ist den Protestanten oft zu katholisch, den Katholiken nicht katholisch genug und den anderen zu christlich, auch wenn er gegen Ende seines Lebens manchen Zweifel am tradierten Glauben nicht verhehlte.

Die in diesem Band versammelten Artikel, Aufsätze, Buchkapitel und Vorträge wollen ein repräsentativer Ausschnitt aus der Beschäftigung mit Reinhold Schneider seit 1952 sein. Dabei ist allzu Hagiographisches ebenso unberücksichtigt geblieben wie die nur destruktive Kritik, die sich vor allem aus Anlaß der Wiederbewaffnungsdebatte erhob. Berücksichtigt ist dagegen die internationale Rezeption (USA, Großbritannien, Finnland, Frankreich, Japan) außerhalb der deutschsprachigen Länder; mit einer frühen Studie aus dem *Modern Language Quarterly* beginnt der vorliegende Band.

Im übrigen sind die Beiträge chronologisch geordnet, um einen Eindruck von der Entwicklung der Reinhold-Schneider-Forschung zu vermitteln, werden aber hier in der Einleitung in Themengruppen zusammengefaßt.

Der Schlußteil aus Eva C. Wunderlichs Studie *Das moderne Drama und seine Beziehung zur Zeit* von 1952, also sechs Jahre vor Schneiders Tod geschrieben (die Dramen *Innozenz und Franziskus* und *Der Tod des Vizekönigs* waren zu diesem Zeitpunkt noch nicht veröffentlicht; die Erstausgabe der *Fakkeln am Tejo* läßt noch immer auf sich warten) legt anhand der *Tarnkappe*, einer »Wendung der Siegfriedsage ins Christliche«,[3] bereits eine Deutung nahe, die auch auf Reinhold Schneiders politisches Denken weisen könnte: Schneider wolle durch die versöhnende Wirkung des Verzichts Siegfrieds auf die Tarnkappe zeigen, »daß ein freiwilliges Niederlegen der Waffen zugleich den gegnerischen Haß zum Erlöschen bringt; daß

Aufgabe des Machtmittels und damit des Hungers nach Macht, nicht eines individuellen Menschen oder Volkes, sondern der Menschen überhaupt, Befriedung der Welt bedeuten würde«.

Jethro Bithells Seiten über Schneider sind seiner für britische Leser konzipierten Darstellung der modernen deutschen Literatur von 1880–1950 entnommen. Aufschlußreich sind sein Ansatz zu einem Vergleich zwischen Schneiders *Las Casas vor Karl V.* und der Tragödie *Kaiser Karl der Fünfte* des Österreichers Felix Braun und die Bemerkungen zum »politischen Drama« *Der Kronprinz*, das er auf den Zusammenbruch der Weimarer Republik bezogen sieht und zugleich als eine Prophezeiung des Kommens des Gottesreiches versteht.

Der finnischen Monographie *Traaginen Reinhold Schneiderin ajattelussa* von Juhani Rekola, aus der hier der Schlußteil der deutschsprachigen Zusammenfassung wiedergegeben ist, verdanken wir wesentliche Einsichten in Schneiders Auffassung vom Tragischen. Die Auseinandersetzung mit Unamuno und Schopenhauer, auch mit Hegel, führt zur Entwicklung eines in allen literarischen Werken erscheinenden Bildes vom Menschen, dessen Schicksal es sei, sich im Leiden und Unglück zu bewähren. In der Schilderung dieser Aufgabe, so Rekola, sehe Schneider den tiefsten Inhalt der abendländischen Tragödie. Rekola weist darauf hin, daß Schneider sich an Schellings Theorie über das Tragische anlehnt, wenn er die Antwort auf das Rätsel des Leidens darin findet, daß der Mensch sein Schicksal annehmen solle, um frei zu werden. Es müßte, über Rekola hinaus, das dramatische Œuvre untersucht werden: liegt hier die Antwort auf die Streitfrage um eine christliche Tragödie? Am Beispiel des griechischen Dramas (Schneider selbst zitiert den *Ödipus auf Kolonos*) wird deutlich, daß auch »ein glückliches Ende« das Tragische nicht immer zerstört und andererseits das Tragische nicht immer ausweglos ist. »Nach Schneider«, schreibt Rekola, »zeigt sich die Tragödie des Christen vor allem darin, daß er die Wahrheit vertritt, die auf Erden immer als etwas Zerbrochenes erscheint, das die Welt niemals annimmt. In der Darstellung dieses tödlichen Konflikts sieht er die Hauptaufgabe der christlichen Tragödie.«

Als kurze Einführung in Reinhold Schneiders Leben und Werk, zugleich als eine Anregung für die Vergleichende Literaturwissenschaft, versteht sich Gabrielle Schwébius' Aufsatz aus der *Revue de littérature comparée.* Die Rezeption der Werke Schneiders in Frankreich, vor allem während des Krieges und im Jahrzehnt danach, ist ein wichtiges Kapitel der deutsch-französischen Beziehungen. Schwébius weist zu Recht darauf hin, daß seine Corneille-Studie das erste deutsche Werk war, dessen Neudruck die französischen Militärbehörden nach 1945 genehmigten.

Yoshitaka Yokotsuka bietet in seiner deutschen Fassung eines ursprünglich in Japan veröffentlichten Essays eine auf psychologische Literaturdeutung weisende Studie über das Phänomen der Angst bei Schneider. Der Weg des Nichtchristen (»Ich wollte nicht Christ sein«) zum engagierten Glauben wird von Yokotsuka betont und nachgezeichnet; in der Arbeit am *Inselreich,* dem historischen Werk über Großbritannien, sieht er das literarisch ausschlaggebende Moment. Im fünften Abschnitt seines Essays, dem er eine provozierende Äußerung Schneiders voranstellt (»Geschichte ist, wie Baader lehrte, Heimkehr zu Gott«), erläutert Yokotsuka das vom christlichen Glauben bestimmte Denken und Wirken, den literarischen »Sanitätsdienst« während des Krieges; die Glaubenszweifel der letzten Lebensjahre dagegen stellt er in einen engen Zusammenhang mit der Auseinandersetzung um die Ergebnisse der Naturwissenschaften, namentlich um die »geistige und sittliche Bewältigung des Atomzeitalters«. Er beschließt seinen Essay mit dem Versuch, die Quintessenz aus Schneiders Werk und Leben als Zeichen für den Menschen der Gegenwart zu deuten: »Er ging uns voran und nahm unsere Problematik von heute vorweg. Aber die Brücke, die er beschritt, die Finsternis, in der er sich befand, sind nicht die unsere. Jeder von uns muß seine eigene Brücke betreten und durch seine eigene Finsternis wandern mit der Angst vor Entfremdung und Alleinsein inmitten der heutigen Massengesellschaft, die trotz ihres Durstes nach Heil und Erlösung noch keinen richtigen Weg dazu gefunden zu haben scheint.«

Eine zweite Gruppe umfaßt drei Arbeiten, in denen Reinhold Schneider neben andere Autoren gestellt wird: Albert Camus, Jochen Klepper und Paul Claudel. Regina Bohne geht es darum, Camus und Schneider im Prinzip der rücksichtslosen Wahrhaftigkeit verbunden zu zeigen, als Zeitgenossen, deren Werke das

Absurde und das Kreuz nicht mehr nur als Widerspruch erscheinen lassen. Sie stellt fest, daß Camus jeden positiv gesetzten Atheismus ablehnt, während Schneider die absurde Existenz *auch* als eine Existenz unter dem Kreuz sehen könne. Bohne verweist auf überraschende Parallelen; sie schließt indes mit der gewagten Sicht des neben Reinhold Schneider gerückten Albert Camus als eines verhüllten Heiligen, so, wie er sich in Jean Tarrou *(Die Pest)* dargestellt habe und zitiert dessen Frage: »Kann man ohne Gott ein Heiliger sein? Das ist das einzige wirkliche Problem, das ich heute kenne.«

Ganz anders geht Hans Jürgen Baden vor: er beschreibt Lebensart und -stil der miteinander befreundeten Reinhold Schneider und Jochen Klepper, greift das Problem des Selbstmords auf (in dem auch Regina Bohne schon Camus und Schneider verglichen hatte) und stellt den »geborenen Selbstmörder« (Schneider, der es nur einmal, in seiner Jugendzeit, versucht hatte) gegen Klepper, den »Selbstmörder wider Willen«. Baden schließt mit einer eindringlichen Darstellung der Glaubenskämpfe beider Dichter, in denen er die Widerlegung der verbreiteten These erblickt, »daß der Christ die Anfechtung hinter sich gebracht und die alte Existenz verlassen habe wie eine Wohnung, die man hinter sich abschließt«.

Während Baden Reinhold Schneider als extreme und tragische Existenz biographisch mit Jochen Klepper vergleicht, untersucht Edwin Maria Landau in seiner Arbeit über Schneider und Claudel die christliche Glaubenshaltung aus der Perspektive des literarischen Werkes. Landau, als Herausgeber der deutschen Claudel-Ausgabe und der Werkausgabe Reinhold Schneiders zu einem Vergleich »der beiden größten, herausragenden christlichen Dichter unseres Jahrhunderts« prädestiniert, arbeitet Gemeinsamkeiten und Unterschiede präzise heraus. Hier dient der Vergleich zweier Autoren tatsächlich einmal zu wechselseitiger Erhellung, konkret zu einer vertieften Einsicht in das Wesen christlicher Literatur und christlichen Engagements.

Reinhold Schneider als Laientheologe – drei Untersuchungen befassen sich mit diesem noch immer umstrittenen Bereich. Josef Rast verdeutlicht Schneiders Anschauungen anhand der drei Begriffe »Weltzeit«, »Leidenszeit« und »Endzeit«, denen er die Entwicklung seines theologischen Denkens zuordnet.

Helmut Gollwitzer beginnt seine Überlegungen zum »theologischen Bedenken« mit einem Zitat aus dem *Winter in Wien,* mißt es am *euangelion* des Neuen Testaments, zieht dazu selbst ein apokryphes Jesuswort heran und hält fest, daß »die Nicht-Angewiesenheit des Evangeliums auf die geschichtlich verschaffte oder geschichtlich verhinderte Offenheit der bewußten menschlichen Selbstauslegung auf ›ewiges Leben‹ (was auch immer darunter verstanden werden möge) hin, das Zutrauen zu der Selbstmacht dieses Evangeliums, uns unsere wahre Bedürftigkeit aufzudecken und zum Stachel unseres Bewußtseins zu machen, (...) uns von der Sorge um die Wirkungsmöglichkeiten der christlichen Botschaft, die R. Schneider quälte, befreien« kann.

Weiter holt Josef Ratzinger aus; er setzt sich mit der Frage von Macht und Ohnmacht des Gewissens auseinander, kommt zu dem Ergebnis, am Ende könne »Unrecht (...) nur durch Leiden überwunden werden, durch das freiwillige Leiden derer, die ihrem Gewissen treu bleiben und damit das Ende der Macht real in ihrem Leid und in ihrer ganzen Existenz bezeugen«, und geht dann über zu *Las Casas vor Karl V.,* in dem er die Rolle des Gewissens paradigmatisch dargestellt sieht. Ratzinger bietet eine theologische Interpretation dieses Hauptwerks, mit deren Hilfe er »das Vermächtnis Reinhold Schneiders an diese Zeit« herausfiltert, Macht erreiche Größe da, wo sie sich vom Gewissen berühren läßt.

Zwei Arbeiten gelten dem Menschen Schneider und versuchen, die Verbindung zwischen Person und Werk aufzuzeigen. Walter Nigg, der ihn, ein Wort Kierkegaards zitierend, einen »Ritter des Glaubens« nennt und zugleich vor dem im Umgang mit ihm nicht immer vermiedenen »Reinhold-Schneider-Kult« warnt, sieht hier in der Verbindung von Mensch und Œuvre ein altes Ideal wiederaufleben: »Die in der Literaturgeschichte einzig dastehende Kunst, in schwerster Bedrohung die Wahrheit ins Bild zu fassen, drückt Reinhold Schneiders Dichtertum den Stempel der höheren Legitimation auf. In dieser Stunde fand die Dichtung wieder zu ihrer edelsten Aufgabe zurück und war Botin und Helferin geworden.« Obwohl Nigg so weit geht, ihn während der Zeit des Nationalsozialismus als einen »Ezechiel redivivus« zu sehen, bleibt sein Essay noch frei von hagiographischer Schwärmerei. Es ist die Darstellung des Christen Reinhold Schneider aus christlicher Sicht.

Friedrich Heers Aufsatz ist dem Band *Vorbilder für Deutsche* entnommen. Reinhold Schneider, von einem Historiker als Vorbild gesehen? Der politische Einsatz wird hervorgehoben, die Aufforderung an das deutsche Volk zu einer radikalen Umkehr. Heer vertritt eine Auffassung, die noch immer von vielen geteilt wird, die sich mit Schneider auseinandersetzen: »Als ein Ergriffener hat Reinhold Schneider gelebt. Seine Existenz ist größer als sein Werk.« Daß hierdurch literaturwissenschaftlicher Widerspruch herausgefordert wird, ist freilich gewiß.

Anders wird Reinhold Schneiders Stellung zum Historischen und Zeitgeschichtlichen von Peter Berglar gedeutet. Auch für Berglar ist Schneider – angesichts des Ringens um die Wiederbewaffnung der Bundesrepublik – ein Seher, hingegeben an einen christlichen Radikalismus, in dem ihm auch gute Freunde nicht mehr folgen wollten oder konnten, da er mit historischer Existenz auf dieser Erde letztlich nicht vereinbar wäre. Aber er zeigt auch, daß Schneider, ungeachtet der Größe seines historiographischen Werks, kein Geschichtswissenschaftler war: »die Geschichte war für ihn das Medium, in das er anschauend, betend, träumend eingetaucht war, die Nacht, in der der dazu Begabte und Gerufene deutlicher sieht als der Normalmensch bei Tage.« Berglar, der an anderer Stelle *Das Inselreich* Schneiders Hauptwerk nennt und es als geschichtspoetische und geschichtsphilosophische Darstellung kennzeichnet,[4] erkennt eine Äußerung Schneiders fünf Monate vor seinem Tod, das Geheimnis der Kreuzigung sei unwiderlegbare Antwort an die Geschichte, als »Schlußwort, das die Summe von drei Jahrzehnten eines vielleicht einmaligen Prozesses der Selbstauslieferung eines Menschen an die Geschichte enthält«.

Reinhold Schneiders Einsatz für den Frieden, spät gewürdigt durch die Verleihung des Friedenspreises des Deutschen Buchhandels im Jahre 1956, bildet den Hintergrund dreier Arbeiten in dieser Sammlung. Carl Friedrich von Weizsäckers Essay, dem Band *Friede der Welt – Schicksal der Menschheit* entnommen, verfolgt Schneiders Wirken von seiner Geschichtsdeutung her und bleibt dabei, sieht man einmal ab von der nahezu unvermeidlichen Zitierung des wohl berühmtesten Sonetts, *Allein den Betern kann es noch gelingen,* im wesentlichen bei der Persönlichkeit Schneiders stehen; von Weizsäcker verteidigt Schneider dann gegen den Vorwurf, er sei gegen Ende seines Lebens im Glauben unsicher geworden. Vielmehr habe er sich der Härte einer unverrückbaren Wahrheit stellen wollen, die seinen Protest erregte, einer Wahrheit in doppelter Gestalt, durch die Naturwissenschaften vermittelt: in der Atombombe, die als Erkenntnis nicht mehr abgeschafft werden könne und darum verlange, den Krieg als Lebensform abzuschaffen, und im kosmischen Aspekt der Naturwissenschaften, der ihn, unauflösbar, die beiden Gesichter Gottes als des Erhalters und des Zerstörers sehen ließ.

Die Schriften, Vorträge und Briefe Reinhold Schneiders zum Friedensgedanken untersucht Peter Meinhold in seiner Arbeit, der er den Titel *Der beispiellose Friede* gibt. Der Theologe und Kirchenhistoriker Meinhold zeichnet den Weg nach, den Schneider von den 1946 erschienenen *Gedanken des Friedens* bis zu den Folgen der bedeutenden Rede *Der Frieden der Welt* ging, die er anläßlich der Verleihung des Friedenspreises des Deutschen Buchhandels am 23. September 1956 in der Frankfurter Paulskirche hielt. »Der Friede«, schreibt Meinhold, »erscheint ohne die Mitwirkung des Christentums durch seine amtlichen und außeramtlichen Vertreter in der Welt, insbesondere aber auch ohne die Kooperation der Kirchen, nicht möglich.« Ein Vortrag in Düsseldorf, wenige Tage nach der Frankfurter Rede zum gleichen Thema gehalten, schließt in der Forderung Schneiders, alle religiösen Kräfte der Welt müßten sich in der Richtung auf den Frieden vereinen, und eine jede Befreiung unter ihnen, immer zuerst an der nächsten Stelle, werde befriedend wirken. In verschiedenen Zusammenkünften, so der »Weltkonferenz für Religion und Frieden« 1970 in Kyoto und der Folgekonferenz 1974 in Löwen, erblickt Meinhold erste Ansätze zur Verwirklichung dieser von Schneider geforderten, von allen Religionen getragenen Weltfriedensbewegung.

Hans Jürgen Schultz ergänzt dieses Bild durch Hinweise auf die Ablehnung und Anfeindung, die Schneider aufgrund seines politischen Engagements in der Frühzeit der Bundesrepublik erfuhr, auf den »Fall Reinhold Schneider«, hervorgerufen nicht zuletzt durch vier von ihm im Ost-Berliner *Aufbau* 1949 und 1951 veröffentlichte Beiträge. Allerdings hat es eine Ächtung Schneiders, wie Schultz sie zu sehen scheint, nie gegeben; ebenfalls 1951 wird er Ordentliches Mitglied der Bayerischen Akademie der Schönen Künste, im Jahr darauf wählt man ihn zum Ritter der Friedensklasse des Ordens »Pour le Mérite«. Doch läßt sich nicht leugnen, daß die Öffentlichkeit, auch die Kirchen, in der jungen Bundesrepublik Adenauers auf Schneiders Friedensgedanken um so gereizter reagierte, je nachdrücklicher er sie äußerte.

Die Auseinandersetzung mit der Person Schneiders, seinem christlichen, laientheologischen Wirken und seinem gesellschaftspolitischen, geschichtsphilosophischen Œuvre überdeckt noch immer das eigentlich literarische Werk. Neben den kurzen, bereits erwähnten Darstellungen von Eva C. Wunderlich und Jethro Bithell sollen daher vier weitere Untersuchungen in diesem Band dazu beitragen, den Blick verstärkt auf den Dichter und Erzähler Reinhold Schneider zu lenken.

Hans Naumanns Beitrag entstammt der Sammlung kritischer Essays *Christliche Dichter im 20. Jahrhundert – Beiträge zur europäischen Literatur.* Naumann geht sorgfältig dem Anspruch und der Bedeutung der einzelnen Werke nach, betont den Rang des »Erstlings«, des »kühnen und bilderreichen« *Leiden des Camões* des Achtundzwanzigjährigen, sieht darin sogar fast einen Ansatz existentieller Dialektik, deutet dann aber »die ganze Reihe der Werke der dreißiger Jahre, *Philipp II.* (1931), *Die Hohenzollern* (1933), *Das Inselreich* (1936) und *Las Casas vor Karl V.* (1937), ja, selbst noch die Studie über *Corneilles Ethos* (1939) und den Essayband *Macht und Gnade* (1940)« als Zeugnis für einen »inneren Abwehrkampf gegen eine idealistische Metaphysik zugunsten einer augustinisch gerichteten Eschatologie«. Wichtig sind vor allem Naumanns abschließende Bemerkungen zu Reinhold Schneiders Dramen.

Ralf Schnells 1976 publizierte Studie über die *Literarische Innere Emigration 1933–1945* enthält ein Kapitel über Schneiders *Las Casas vor Karl V.,* das hier wiedergegeben ist. Sieht man einmal davon ab, daß im Falle Schneiders »innerer Widerstand« das Verhalten des Dichters treffender bezeichnet, so gehört Schnells Analyse dieser »Szenen aus der Konquistadorenzeit« mit Sicherheit zu den hilfreichsten Interpretationen, die bisher über ein literarisches Werk Schneiders erschienen sind. Der kritischen Deutung der eschatologischen Glaubensgewißheit in einem Thomas-a-Kempis-Zitat im 4. Kapitel als Einschränkung des Protestes, des literarischen Widerstandes gegen den Völkermord an den Juden, der im *Las Casas* »dadurch angelegt ist, daß durch den aufopferungsvollen Einsatz Las Casas' eine (...) reale Veränderung unmenschlicher Zustände bewirkt wird«, stellt Schnell dabei eine Untersuchung der Natursymbolik voran, die ihm auf eine Mischung existenzphilosophischer und christlich-religiöser Elemente hinzuweisen scheint: »Während in der Auf- und Niederbewegung des Schiffs die resignative Absage des existenzphilosophischen *Mythos von Sisyphos* (Camus) an den historischen Prozeß bildhaft vorweggenommen zu sein scheint, wird mit dem aktiven Einwirken elementarer Naturkräfte ein transzendentaler Ausweg aus der Widersprüchlichkeit menschlicher Existenz, eine metaphysische Lösungsmöglichkeit von Konflikten angesprochen, die für Schneider allein in christlicher Glaubensgewißheit begründet liegt.«

Möglichkeiten und Grenzen eines literarischen »inneren Widerstands« untersucht Rita Meile anhand der Sonette. Sie betont die erstaunliche Rezeption der Sammlung *Das Gottesreich in der Zeit* (1942) und einzelner Sonette bis an die vorderste Kriegsfront; manche Gedichte wären sogar namenlos geworden und hätten das Schicksal der alten Volkslieder geteilt: »sie werden allverbindlich«. Daß Schneider vor allem wegen der Sonette noch im April 1945 der »Vorbereitung zum Hochverrat« angeklagt wurde, versteht Meile als »Zeichen des tödlichen Kampfes zwischen Macht und Gnade, Weltreich und Gottesreich im nationalsozialistischen Deutschland«. Nützlich sind ihre einleitenden Anmerkungen über die Sonettform und die Gründe für Schneiders Entscheidung, sich in ihr auszudrücken.

Wolfgang Frühwalds Studie zur literarhistorischen Einordnung des Werkes von Reinhold Schneider möchte belegen, daß »die bürgerlich-humanistische Tradition der Untergangsthematik (...) – oftmals nur in christlicher Verkleidung – den Inhalt, die christliche Tradition vor allem Sprache und Form seines Werkes« bestimmte. Frühwald versteht es, Schneider mit der Reihe seiner historischen Werke, von *Philipp II.* über *Die Hohenzol-*

lern, Das Inselreich, Kaiser Lothars Krone bis zu *Las Casas vor Karl V.* als den erfolgreichen Erneuerer des exakten, quellenorientierten historischen Romans darzustellen. Hier komme auch eine Konkurrenz zu Friedrich Schiller zum Ausdruck (Frühwald nennt die Gründe), vor allem aber die »Rückeroberung einer von der völkischen Literatur beanspruchten Gattung für das Christentum«. Frühwald verdeutlicht darüber hinaus Schneiders Modernität, das Provozierende, das von seinem Werk gerade heute ausgehen könne.

Reinhold Schneider ist offensichtlich mehr als ein in die Regale verbannter Teil der Literaturgeschichte, weit mehr auch als »nur« ein christlicher Dichter. Dies wird deutlich durch die im vorliegenden Band versammelten Arbeiten. Mit den jüngsten Einzelausgaben wichtiger Werke, *Las Casas vor Karl V.* (Bibliothek Suhrkamp 622), *Macht und Gnade* (suhrkamp taschenbuch 423), *Der Balkon* (suhrkamp taschenbuch 455) u. a., und dank der nahezu abgeschlossenen Edition der *Gesammelten Werke* im Insel Verlag ist der Zugang zu seinem Œuvre erleichtert worden; auch die Literaturkritik sollte davon Gebrauch machen. Die Auseinandersetzung mit Reinhold Schneider steht erst am Anfang; nötig sind vor allem Analysen seiner Dramen und des Romans *Die Silberne Ampel* (nur hier gebrauchte Schneider diese Gattungsbezeichnung), der letzten großen Veröffentlichung aus dem Jahre 1956. Und eine zusammenfassende Monographie über sein literarisches Werk ist gleichfalls noch zu schreiben.

Carsten Peter Thiede

Anmerkungen

1 zitiert nach F. A. Schmitt/B. Scherer, *Reinhold Schneider. Leben und Werk in Dokumenten,* Karlsruhe [2]1973, S. 188.

2 in *Ahora,* Madrid, 16. April 1933, zitiert nach Schmitt/Scherer, S. 81–82.

3 Äußerung Schneiders in einem Brief an Erich Przywara vom 28. Februar 1951.

4 im Nachwort zu Band 2 der *Gesammelten Werke, Das Inselreich,* Frankfurt 1979, S. 615.

Eva C. Wunderlich
›Das moderne deutsche Drama und seine Beziehung zur Zeit‹

»Herr! warum ist es so schwer geworden, Dein Jünger zu sein?« fragt der Archidiakon Hildebrand in einem noch unveröffentlichten Drama Reinhold Schneiders[1] und gibt damit dem Schmerz des Dichters Ausdruck, daß auch er heute in seiner christlichen Wegweisung zum Weltfrieden zuweilen mißverstanden wird. Er geht in der gleichen Richtung wie Zuckmayer, nur einen Schritt weiter. Zuckmayer (wenigstens im *Gesang im Feuerofen)* ist kein Pazifist im letzten Sinne. »Bevor man die Waffen ergreift, muß man wissen, wofür man tötet. Wogegen genügt nicht« läßt er den Kaplan sagen.[2] Also darf nach ihm in einem gerechten Kriege der Widersacher getötet werden. Auch gibt es für Zuckmayer eine Verbindung von »Macht und Milde«.[3] Für den zutiefst christlichen Dichter Reinhold Schneider, den auf dem Fensterbrett seines Krankenzimmers die Eichhörnchen und eine einbeinige Amsel zur Fütterung besuchen, gibt es keine Versöhnung zwischen dem Gebot »du sollst nicht töten« und dem Kriege gegen irgendein Lebewesen. Tötung von Menschen ist eine vor Gott nicht zulässige Brutalität, ist Sünde. Sein gesamtes Werk seit 1933 ist eine einzige Kampfansage gegen Gewalt und Rechtsbruch.[4] Die literarische Form, deren er sich hierbei heute bedient, ist nicht wie im Kampf gegen den Nationalsozialismus das Sonett, das Essay, die Biographie, sondern das Drama. »Eine große Geschichtsbühne, der tragische Konflikt zwischen Weltreich und Gottesreich in großen geschichtlichen Handlungen« soll dem Menschen die »objektiven Gehalte« vor Augen führen, die »hinweg von Thesen« zur Erkenntnis sittlicher Wahrheit leiten.[5] Wie andere hat auch Reinhold Schneider sich zunächst der dramatischen Form des Laienspiels bedient, in einer als Original anzusprechenden Neudichtung von Calderons *La nave del mercader* und *La cena de Baltasar,* von ihm unter dem Titel *Das Spiel vom Menschen – Belsazar* zusammengefaßt.[6] Die Zwiespältigkeit des Menschen wird hier durch zwei um ihn ringende Gestalten symbolisiert, seine mannigfachen Anfechtungen durch Personifizierung der ihn umwerbenden Laster, die vorerst den Sieg über das Gute davontragen. Aus dem Gefängnis des Leides, in das ihn eigenes Verschulden geworfen, wird er durch Gnade erlöst, Gnade, die durch Reue erworben wird. – Hat Schneider in dieser fraglos gegenwartsbewußten, wiewohl durch Calderons Stoff an gewisse Allegorien gebundenen Darstellung des Überzeitlichen im Hinblick auf Zeitliches sich nicht der Geschichte als Zeugen ewiger Wahrheit bedient, so kommt er dieser Quelle näher in seinem ersten eigentlichen Drama, *Der Kronprinz.*[7] Hier dient der Dichter bewußt der Aufgabe, durch »Vergegenwärtigung des Zusammenstoßes der Mächte und der in ihm gebotenen Entscheidung letzter menschlicher Freiheit ... Lösungen an[zu]bieten, die von keiner andern [literarischen] Seite zu erwarten sind.«[8] Der Autor führt uns in eine Zeit, da die jüngst beseitigte Monarchie noch hoffen konnte, die durch Schwäche und Leichtsinn verspielte Krone zurückzuerobern, da die in eine andere, gleichfalls schwache Hand übergegangene Macht im Begriff stand, von den Vertretern des verbrecherischen Systems usurpiert zu werden. Bei feinster Typengestaltung dekadenter Fürstensöhne, verinnerlichten Priestertums, politisch doch nicht kulturell hochgekommener Kleinbürger und gewissenloser Machträuber führt der Dichter zu dem, was sein Lebensthema ist: der Frage nach dem Wert und Unwert der Macht. Politische Macht, hier durch die Königskrone repräsentiert, ist »Gottes Auftrag, teilzunehmen an der Regierung der Erde.«[9] Wer sie verspielt hat, den läßt Schneider sagen: »Wir sind zu sühnen, nicht zu herrschen da.«[10] Wer durch eigene Schuld und Torheit in Not geriet, den tröstet und ermahnt er:

> Verzweifelt nicht! ...
> Das wäre Not, die mehr als alle Not,
> Der Anfang fürchterlichen Tods. ...[11]

Ja, selbst wenn wir dem Bösen erlaubt haben, die uns von Gott ursprünglich verliehene Macht an sich zu reißen, so daß »unser Haus zerschmettert« wird, daß »alles stäubt und sickert und verweht«,[12] dann ist das, so sagt er tröstend, wohl »des Zerstörers Stunde«, doch

in der Kathedrale der Aeonen
ist diese arme Fratze eingefügt
als Markstein unsres Leben, unsrer Schuld.[13]

Politische Macht, die Königskrone, kann uns genommen werden, die Menschenkrone niemals. Sie wird von denen verwaltet, die »Gottes Ordnung auf der Stirne« tragen. Nur von diesen kann uns Erlösung aus selbstverschuldeter Machtlosigkeit werden. Darum warnt der Dichter: »Laßt die nicht untergehn, die Kronen tragen . . . Erduldet, was verschuldet! Sühnt und hofft.«[14] – Zu wahrer dramatischer Größe kommt Reinhold Schneider mit einem auf breiter historischer Grundlage aufgebauten Schauspiel, das Otto Heuschele als »besondere Gnade« für die heutigen Deutschen bezeichnet hat,[15] *Der große Verzicht.*[16] Schon im Drama *Der Kronprinz* spielte die Frage des freiwilligen Verzichtes auf Macht eine wesentliche Rolle. Hier wird sie zum Zentralgedanken der Handlung. Der Einsiedler Petrus von Murrhone, von den streitenden Kardinälen auf Petri Stuhl erhoben, wird Papst Cölestin V., der Engelpapst. Seine Hoffnung, den Machtkämpfen zwischen geistlicher und weltlicher Gewalt gewaltlos ein Ende zu bereiten, scheitert. So verzichtet er nach kurzer Zeit auf ein Amt, das ihn zwingen würde, »Satan mit Satans Waffen zu widerstehen.« Trotz der politischen Tatsache, daß mit seinem Rücktritt Cölestin V. – wie auch das Drama in seinem weiteren Verlauf zeigt – die Macht den üblen Elementen überläßt, ist die Wahl, die der Engelpapst trifft, vom christlichen Standpunkt gesehen, die einzig mögliche. Er mußte, um der Heilige zu werden, der er war, sich der Macht entschlagen, mußte die Gnade wählen. –

Mit gleicher Strenge und Klarheit ist das nicht minder schöne Drama *Die Tarnkappe* geschrieben.[17] In einer christlich gesehenen, Wagnerscher Glorifizierung fernen Interpretierung der Nibelungensage wird das Reich der Burgunder als Prototyp des Imperialismus, als ein auf Mord und Lüge fundierter Bau hingestellt. Der Schneidersche Glaubenssatz, daß Macht und Gnade in einem Menschen nicht vereinbar seien, daß dem Menschen in seiner Schwäche und Unvollkommenheit nur die bange Wahl bleibe, wird an der Gestalt Siegfrieds erhärtet. Alle seine »Heldentaten« sind im Grunde unmoralisch. Die Tarnkappe, die ihn unsichtbar und zwölfmal so stark macht wie jeden

Gegner, ist ein unanständiges Kampfmittel und muß ihn verhaßt machen bei Freund und Feind. Dieses unchristlichen Kampfesmittels begibt sich Siegfried als gläubiger Christ. Unmittelbar vor seiner Ermordung durch Hagen schickt er »das goldene Netz« Brunhilde, deren Rachedurst dadurch sofort beschwichtigt wird. Mit dieser versöhnenden Wirkung des Verzichtes will der Verfasser zeigen, daß ein freiwilliges Niederlegen der Waffen zugleich den gegnerischen Haß zum Erlöschen bringt; daß Aufgabe des Machtmittels und damit des Hungers nach Macht, nicht eines individuellen Menschen oder Volkes, sondern der Menschen überhaupt, Befriedung der Welt bedeuten würde.

Die absolute Sündhaftigkeit imperialistischer Eroberungspolitik und die Notwendigkeit, die Welt von ihr zu befreien, um »erlöst« zu werden, behandelt Schneider in seinem kürzlich veröffentlichten Drama *Der Traum des Eroberers.*[18] Am Totenbette des Normannenherzogs Wilhelm erscheint in der Gestalt eines Engels die Stimme seines Gewissens, die er bisher geflissentlich überhört hat. In Traumbildern läßt der Engel ihn sein Leben noch einmal überschauen. Der Engel zeigt ihm, wie er ihm stets die Wahl zwischen Recht und Unrecht gelassen habe, wie aber Wilhelm, besessen von dem Gelüsten nach Macht, sich wieder und wieder für das Unrecht entschied. Konnte man im Falle der Tarnkappe an eine Symbolisierung unserer modernen Waffen denken, so erinnern Bemerkungen über Wilhelm von Oranien, daß er zu hoch hinaus gewollt, weil er, der Bastard, von zu tief unten gekommen sei, an noch nicht vergessene Führergestalten jüngster Vergangenheit. Auch der Mißbrauch der Kirche durch den Gewalthaber, ihre Ohnmacht ihm gegenüber und Zusammenarbeit mit ihm, an der der gläubig katholische Autor schwer gelitten hat und noch leidet, sind – wie historisch auch immer – dem zeitgenössischen Leser nur zu wohl bekannte Phänomene. Die einzige Erlösung von dem in allen Greueln vorgeführten Zustande, wie er sich aus der Unterwerfung der Schwachen durch die Starken, des Krieges aller gegen alle, ergibt, wird hier von Wilhelm zu spät erkannt: »Wandlung vor Gott«, Verchristlichung der Menschen, der Völker und ihrer Führer. »Wir können nicht gerettet werden, wenn wir nicht Frieden geschlossen haben mit Gott«[19] ist der leitende Gedanke, der diesem auf umfassender Geschichtskenntnis ruhenden, künstlerisch vollendeten und den Leser tief aufwühlenden Drama zugrunde liegt. (. . .)

Da bei der tragischen Zerrissenheit dieser Epoche ein deutsches Zeitdrama im Augenblick selbst bei komödienhafter oder satirischer Form gezwungenermaßen tragischen Charakter hat, darf man wohl an die Aristotelische Forderung erinnern, daß die Tragödie den Zuschauer durch Mitleid und Furcht zur Reinigung dieser Leidenschaften führe. Wer uns die Schrecknisse von Vergangenheit, Gegenwart und einer möglichen Zukunft vor Augen hält, mag diese Leidenschaften in unerhörtem Maße aufrühren und steigern, aber er »reinigt« sie nicht, befreit uns nicht von ihnen. Was dagegen den Ausweg aus Leiden und Schuld zu zeigen vermag, hat reinigende, erlösende Kraft. Ob man sich zum Aristotelischen Postulat bejahend einstellt oder es als archaisch ablehnt, die Tatsache besteht, daß es erfüllt wird von einem beträchtlichen Teil der modernen deutschen Dramatiker. Nicht von denen wird es erfüllt, die »das Theater als Waffengattung«[20] benutzen oder von deren Werken man sagen kann: »Dichtung röntgt Politik«,[21] sondern von denen, die im Sinne Reinhold Schneiders zu heilen, zu trösten, zu bauen versuchen. *(1952)*

Anmerkungen

1 Reinhold Schneider, *Der Traum des Eroberers,* Wiesbaden 1951.
2 *Gesang im Feuerofen,* S. 112.
3 Ebd. S. 95.
4 Vgl. Eva C. Wunderlich, Schuld und Sühne des deutschen Volkes bei Reinhold Schneider, in: *Germanic Review,* XXIII, 4 (Dezember 1948), S. 290ff.
5 Brief an mich, 10. 3. 1951.
6 Reinhold Schneider, *Das Spiel vom Menschen-Belsazar,* Graz–Salzburg–Wien 1949.
7 Reinhold Schneider, *Der Kronprinz.* Politisches Drama, München 1948.
8 Ebd. Nachwort, S. 91.
9 Reinhold Schneider, *Gedanken des Friedens,* Freiburg i. Br. 1946, S. 108.
10 Der Kronprinz, S. 54.
11 Ebd. S. 63.
12 Ebd. S. 83.
13 Ebd.
14 Ebd. S. 88.
15 *Deutsche Rundschau,* LXX, 2, Gelsenkirchen 1951, S. 189.
16 Reinhold Schneider, *Der große Verzicht,* Wiesbaden 1950, ^{2}1978.

17 Reinhold Schneider, *Die Tarnkappe*, Wiesbaden 1951.
18 Reinhold Schneider, *Der Traum des Eroberers*, Wiesbaden 1951.
19 Ebd. S. 31.
20 Vgl. Hermann Pörzgen, *Theater als Waffengattung*, Frankfurt/Main 1935.
21 Vgl. Johannes Jacobi, Dichtung röntgt Politik, in: *Das ganze Deutschland*, II, 21, Stuttgart 19. 5. 1951, S. 7.

Jethro Bithell
Reinhold Schneider

Reinhold Schneider (1903–1958), Sohn eines protestantischen Vaters und einer katholischen Mutter, aber als Katholik erzogen, ist kein religiöser Propagandist, sondern eher eine Stimme, die alle Völker zur Buße aufruft, ein Apostel der universalen Bruderschaft der Menschen, wie sie von Gott verfügt ist.

In *Verhüllter Tag* (1956) hat er seine Lebensgeschichte von der Kindheit in Baden-Baden an dargestellt. Die Universität war ihm versperrt, aber während seiner täglichen Busfahrt zur Arbeitsstelle las er mit Heißhunger vorzugsweise klassische spanische Dramen. Von Schopenhauer ging er zu Nietzsche über, aber der Weg seines Lebens und Denkens wurde, wie er sagt, von Unamuno verändert, jenem »tragischen Existentialisten«, dessen Philosophie durch Kierkegaard und die spanischen Mystiker eine Verwandlung erfahren hatte. Ein Essay Unamunos über Coimbra lenkte seine Aufmerksamkeit auf Portugal; er lernte Portugiesisch, verbrachte einige Zeit im Lande und schrieb seine Bücher *Portugal. Ein Reisetagebuch* (1931) und *Das Leiden des Camões oder Untergang und Vollendung der portugiesischen Macht* (1931); das letztgenannte Werk ist im wesentlichen eine Untersuchung der Ursachen für den Niedergang Portugals im 16. Jahrhundert. Dies war der erste Nachweis einer Kompetenz auf dem Gebiet, das er zu seiner eigenen literarischen Spezialität machen sollte: aufzuzeigen, daß die Katastrophen der Gegenwart ihre Parallelen in denen vergangener Epochen haben, und daß sie auf die gleichen Torheiten und das gleiche moralische Versagen zurückzuführen sind. Dieselbe Grundhaltung findet sich in seinem Essay *Philipp der Zweite oder Religion und Macht* (1931).

Er wandte sich danach seinem eigenen Land zu und untersuchte Größe und Schuld des Großen Kurfürsten, Friedrichs I., und Friedrichs des Großen in seiner historischen Abhandlung *Die Hohenzollern* (1933) und ergänzte sie durch *Auf den Wegen deutscher Geschichte* (1934). Später ging er mit *Das Inselreich. Gesetz und Größe der britischen Macht* (1936) zu Großbritannien über: »Wie über Spanien, Portugal, Deutschland dämmerte über England der Untergang«, sagt er. Während der Abfassung dieses Buches, das bei seinem Erscheinen unterdrückt wurde, erfuhr seine Einstellung zur Welt und dem Fortgang der Geschichte, wie er schreibt, ihre abschließende und feste Gestaltung. Er erweist sich bereits in diesen Werken eher als ein Interpret der Geschichte denn als Historiker im eigentlichen Sinne, und als seine glanzvollste Leistung auf diesem Gebiet gilt allgemein *Las Casas vor Karl V.* (1938); hier haben wir zuerst eine zusammenfassende Darstellung der spanischen Eroberung Südamerikas mit einem erschreckenden Bericht über die Folterungen und Versklavungen der indianischen Eingeborenen, verbunden mit einer Enthüllung der politischen Lage Spaniens.

Hier sehen wir auch einmal einen gewissermaßen erzählerischen Reiz in Schneiders Geschichtsforschungen: die Erzählung der Liebe des Las Casas zu einem indianischen Mädchen. Aber das wesentliche ist die Lebensgeschichte des Las Casas, der am Anfang als Landbesitzer nicht besser war als die übrigen spanischen Kolonisten, der aber schließlich aus Mitleid dazu bewegt wurde, seine Handlungsweise zu ändern. Er schloß sich den Dominikanern an und führte für den Rest seines Lebens eine Kampagne in Wort und Schrift für seine leidenschaftliche Überzeugung, daß die Indios, allein dadurch, daß sie menschliche Wesen waren, ein Recht hatten, frei zu sein.

Der Höhepunkt dieses langen Kampfes war die Ratsversammlung, die 1550 in Valladolid abgehalten wurde, um das Für und Wider der Auseinandersetzung auszufechten: der Disput, wie Schneider ihn wiedergibt, reduziert sich auf eine Attacke gegen Las Casas, vorgebracht von einem gelehrten Doktor der Jurisprudenz, der beweist, daß nach allen Regeln der Logik die Indios zuerst hilflos gemacht und dann mit Gewalt bekehrt werden müssen, während Las Casas mit einer ebenbürtigen Darbietung von Logik, gestützt auf die Wahrheit des Evangeliums, den unwiderlegbaren Nachweis erbringt, daß die Menschen, da sie frei geboren sind, gar nicht dazu gezwungen werden können, die Religion der Konquistadoren anzunehmen. Karl V. ist persönlich anwesend, aber als sich die Sitzung ihrem Ende zuneigt, zieht er sich voller Zorn zurück, und man vermutet, daß Las Casas den Kampf verloren hat.

Karl besucht seine geisteskranke Mutter in dem Schloß, wo sie eingeschlossen ist; nach seiner Rückkehr läßt er Las Casas spät am Abend zu sich kommen, und sie diskutieren die ganze Nacht hindurch, wobei Karl zugibt, daß die spanische Politik Staat und Nation moralisch zugrunde gerichtet hat. Er zeigt Las Casas, den er zum Bischof von Chiapa ernennt, die neuen Gesetze, die er entworfen hat und denen zufolge die Indios als frei erklärt werden sollen. Es gibt Anzeichen dafür, daß sich die neuen Gesetze als unmöglich erweisen werden, sobald man sie verkündet; denn das System der Sklavenarbeit ist so unerschütterlich etabliert, daß es nicht plötzlich umgestürzt werden kann, und die Geschichte zeigt uns, daß Karl die Gesetze in der Tat außer Kraft setzen mußte. Das Problem – und das Interesse – ist hier psychologisch: in dem Gespräch mit Las Casas wird Karl erschöpft und abgespannt gezeigt. Er ist verwirrt; er erkennt, daß er der Lehre des Evangeliums gegenüber untreu gewesen ist. Er ruft seinen Sohn Philipp hinzu, den späteren Philipp II., der den neuen Gesetzen zuhört und ihnen zustimmt. Karl war kurz zuvor von den Mauren gezwungen worden, die Belagerung Algiers aufzuheben, die er persönlich geleitet hatte. Er ist ein geschlagener Mann, und jeder Leser, der Platens Sonett kennt, sieht ihn in nicht ferner Zukunft seine vielen Kronen niederlegen und sich im Klosterfrieden von San Yuste vergraben.

Die Situation mit ihren bemerkenswerten Details stimmt auffällig mit derjenigen in Felix Brauns Drama *Kaiser Karl der Fünfte* überein, das zwei Jahre zuvor erschienen war; in Schneiders Darstellung haben wir die Erniedrigung der Niederlage, weil Karl sich von den Mauern Algiers zurückgezogen hat, im Drama, weil er von Innsbruck vertrieben wurde; im Drama wird Karl überzeugt von Luthers Artikeln, wie sie der künftige Kaiser Maximilian, Prinz Max, ihm erläutert, und bei Schneider wird der künftige König Philipp II. in den Audienzsaal gerufen, um den neuen Gesetzen zuzustimmen; und in beiden Werken gibt es einen Besuch bei der geisteskranken Mutter Juana la Loca. Natürlich stimmen die beiden Werke deswegen überein, weil sie sich eng an die Geschichte halten. Aber im Vergleich erweist sich Felix Braun als ein passiver Erzähler, während Reinhold Schneider selbst mitten in dem Aufeinanderprallen der Konflikte von damals und heute steckt und von Empörung angetrieben ist – er selbst ist Las Casas, wie er seinen großen

Kampf für Wahrheit, Freiheit und Frieden kämpft. Man wird sich seiner erinnern, so wie man sich des Las Casas erinnern wird, wegen seines Kampfes gegen die Tyrannei eines Diktators: 1941 erhielt er Publikationsverbot, 1943 wurde er wegen Defätismus angeklagt und 1945 der Vorbereitung zum Hochverrat. Trotz alledem wurden seine Pamphlete lithographiert oder gedruckt und in ganz Deutschland verbreitet. Er entkam in die Schweiz, wo er seine Aktivitäten fortsetzte.

Schneider schrieb auch Kurzgeschichten, die, obwohl auf anziehende Weise fiktiv, in ihrer Anlage und ihrer Stimmung historisch eingekleidet sind. In *Elisabeth Tarakanow* (1939) ist die Titelheldin, von der man glaubt, sie sei die Tochter der Zarin Elisabeth, in eine Verschwörung gegen Katharina die Große verwickelt und muß sich zwischen einem herausragenden Platz in der Welt und der Entsagung entscheiden.

Es liegt auch eine Gruppe von Novellen vor, die das Leben von Heiligen zum Mittelpunkt haben und in denen die harte Lehre der Entsagung schon des Themas wegen im Vordergrund steht. Der gleiche Kampf für seine pazifistischen Ideale ist in Schneiders Büchern historischer Essays im Gange; unter ihnen verkörpert der Titel *Macht und Gnade* (1940) seine tiefverwurzelte Lehre, daß die Macht der Nationen ihre Berechtigung nur durch die Gnade Gottes hat. *Der Friede der Welt* (1956) dreht sich wiederum in geschickt gewählten Beispielen um die Probleme und Möglichkeiten des Friedens in der Gegenwart im Vergleich mit der Vergangenheit. Die Lösung, sagt er (Kant zitierend), liegt darin, uns aus den Verstrickungen der Gewohnheit zu befreien, vom Mißbrauch der Macht und von den Lügen, die ein fester Bestandteil diplomatischer Techniken sind. Wir leben heute in einer Zeit der Gnade, die alles andere als Frieden ist. Aber diese *bittere Gnadenfrist* hat es immer in der Geschichte gegeben: er zählt die Beispiele auf und interpretiert die Pläne für einen »ewigen Frieden«, die von Denkern zu allen Zeiten entwickelt worden sind. Der Terminus »der ewige Friede« soll zuerst von Kant in seinem bedeutenden Essay *Zum ewigen Frieden* (1795) benutzt worden sein; tatsächlich aber wurde er zuerst von Leibniz gebraucht, der ihn von einer Inschrift auf einem Friedhofstor zitiert. Und das ist auf tragische Weise richtig: die Toten haben ihn, aber alles Leben ist Krieg. Selbst in unseren Körpern herrscht Krieg, solange das Leben dauert;

chie in eine Hierarchie verwandelt. Die Protagonisten können mit einem Blick identifiziert werden: die Handlung dreht sich um den Zusammenbruch der Weimarer Republik, mit Hindenburg als einer vermittelnden Gestalt; »die Partei« mit ihrem Führer Sass fällt von der Monarchie ab. (Es muß daran erinnert werden, daß Schneider eingestandenermaßen ein Verfechter der Monarchie als der idealen Regierungsform ist.) Der Epilog ist eine Apotheose: »der Engel« erscheint und nimmt die Krone in seinen Gewahrsam; die Idee ist jene, welche Schneiders Gesamtwerk durchzieht – *das Gottesreich* muß an die Stelle *des Weltreiches* treten. Das ganze Drama – es steht in Versen – ist ein Päan des Lobpreises und eine Prophezeiung des Kommens des Neuen Reiches, wenn alles andere gescheitert ist.

Der große Verzicht (1950) stellt in Dialogform Szenen des 13. Jahrhunderts dar, die in ihrem mittelalterlichen Charakter gut belegt sind, sich in ihren Folgerungen aber (wie in seinen übrigen Dramen) auf die Gegenwart beziehen. Die Charaktere reichen vom Eremiten Petrus von Murrhone, der zum Papst gewählt wird, aber seine Tiara niederlegt, zu König Adolf von Nassau und Papst Bonifaz III., der als Verrückter endet.

Der Traum des Eroberers (1951) spiegelt die Tragödie der neuen Welt in der Eroberungslust Wilhelm des Eroberers wider. *Zar Alexander* (1951) gestaltet die geistlichen Konflikte im Rußland zur Zeit des mysteriösen Todes dieses Zaren im Jahre 1925. *Die Tarnkappe* (1951) ist, dem Sinne nach, eine Erweiterung der Nibelungensage zu einem christlichen Epos mittels einer neuen Interpretation.

Schneiders eingehendste Darlegung seiner politisch-religiösen Lehre findet sich in seinem umfassenden Drama *Innozenz und Franziskus* (1952); Papst Innozenz III. – der Verfasser von *De contemptu mundi* – kämpft sein Leben lang verbissen für die Errichtung seiner vollständigen Herrschaft über die ganze Welt, die in seiner Reichweite liegt, hat aber die entgegengesetzten Ansprüche der deutschen Kaiser Otto IV. und Friedrich II. hinzunehmen; und der Verlauf der Auseinandersetzung und der Handlung führt zu dem moralischen Sieg des heiligen Franziskus von Assisi, für den es nur eine Macht gibt – das Evangelium.

Es ist unvermeidlich, daß sich die gleiche ethische Parteilichkeit in Schneiders Streifzügen in der Literaturgeschichte findet: zum Beispiel in *Corneilles Ethos in der Ära Ludwigs XIV.*

(1939). *Der Pilger* (1940) analysiert Eichendorffs Auffassung von der Welt und der Existenz in ihr, während *Der Katarakt* (1940) und *An den Engel in der Wüste* (1940) sich mit Lenau beziehungsweise Clemens Brentano auseinandersetzen. *Der Dichter vor der Geschichte* (1944) hat Hölderlin und Novalis zum doppelten Gegenstand; *Im Anfang liegt das Ende* (1946) – Grillparzer in seiner Beziehung zur Geschichte – verbindet sich mit *Kleists Ende* (1946). *Zur Zeit der Scheide zwischen Nacht und Tag* (1940) und *Erworbenes Erbe* (1948) stellen beide Annette von Droste-Hülshoff dar in ihren Kämpfen als Frau und Dichterin mit dem unerbittlichen Zugriff des Lebens, der sie einschließt.

In *Der Stein des Magiers und andere Erzählungen* (1949) finden wir Kurzgeschichten, die ein liebenswürdiges Licht auf die Leben und Temperamente von Justinus Kerner, Kant und Hebel werfen. Als Lyriker ist Schneider am besten als Verfasser von Sonetten bekannt. Thematisch ist seine Lyrik durch den Einfluß des Krieges geprägt, und mitunter ist das verdichtete Bild des Grauens und der Zerstörung überwältigend: *Die letzten Tage* (1945), *Apokalypse: Sonette* (1946), *Die neuen Türme* (1946). *(1959)*

wenn dieser Krieg zwischen Mikrobe und Mikrobe endet, sind wir tot und daher im Frieden. Keplers *Weltharmonik* ist falsch: die Sterne, die von unten so friedlich aussehen, stehen im Krieg. Große Männer haben den Krieg gerühmt; Moltke im besonderen – ewiger Frieden, sagt er, ist ein Traum, und nicht einmal ein schöner; der Krieg bewahrt uns davor, in Lethargie abzusinken und zu degenerieren. Der Frieden ist also *eine notwendige Unmöglichkeit,* oder, in heutiger Sprache, *eine unzugängliche Unumgänglichkeit.* Und doch: »der Frieden ist immer da – oder nie«. Frieden *existiert,* weil er eine unwiderlegbare Idee ist, als möglich bewiesen von Denkern und Träumern aller Zeiten – Hugo Grotius, William Penn, Erasmus – und viele neben ihnen. Der Frieden, sagt Kant, ist ein statischer Zustand; wenn er geändert werden kann, war es nicht Frieden, sondern das Ende von Feindseligkeiten. Das Wort selbst und sein Gebrauch ist dann eine Lüge; gäbe es Wahrheit, wäre Krieg in der Tat unmöglich. Der Weg, Kriege für immer zu beenden, ist folglich die Wahrheit; und es kann keine Wahrheit zwischen den Nationen geben, solange es nicht Zuversicht und Vertrauen zwischen ihnen gibt. Die Nationen müssen also ihr Verlangen nach Vergrößerung aufgeben: »Gebt eure Kolonien auf«, sagt Jeremy Bentham, »und gebt das Kolonisieren auf.« Der Kern des Buches erscheint hier wie auch sonst im Zusammenhang mit den Problemen von heute. Die abschließenden Kapitel, die das Ganze zusammenfassen, sind deprimierend; denn Schneider zeigt, daß sogar Religionen immer wieder Krieg führten und es immer tun werden.

Die Szene seines ersten Romans, *Die silberne Ampel* (1956), ist Portugal im 15. Jahrhundert; sein Kern ist einmal mehr der Konflikt zwischen Macht und Glauben. Schneider hat sich auch im Drama versucht. *Der Kronprinz* (1948) soll die Tradition des politischen Dramas fortsetzen, aber »jenseits des Programms und der Tendenz«. Die Kräfte, die sich zwischen den beiden großen Kriegen bewegen, sind von den tatsächlichen Geschehnissen losgelöst und werden personifiziert: der Konflikt wird ausgekämpft zwischen der hierarchischen Macht der Monarchie, so wie sie durch Gesetz und Tradition mit der von Gott bestimmten Weltordnung verbunden ist, und den verweltlichten Massen, die nach der Macht greifen. Der Kronprinz wird über die breite Masse erhoben, als er Priester wird und die Monar-

Regina Bohne
Das Absurde und das Kreuz
(Albert Camus und Reinhold Schneider)

Wer liest noch – oder wieder – Albert Camus? Und wer Reinhold Schneider? Geraten *die* Geister am ehesten in Vergessenheit, die unbequeme Mahner und Warner sind? Oder geraten sie *deswegen* in Vergessenheit? Weil beide, Camus und Schneider, für ein heute beinahe anrüchiges Prinzip einstehen: Für die »rücksichtslose Wahrhaftigkeit« oder Aufrichtigkeit, wie beide mehrfach formulieren? Wahrhaftigkeit und Aufrichtigkeit im Denken, im Glauben, im Vollzug *ihrer* Wahrheit? Wären Albert Camus und Reinhold Schneider einander begegnet, hätte sie wohl, nach einem Wort von Camus, bei aller Verschiedenheit der Herkunft und des geistigen Werdens, »eine Identität der geistigen Landschaft« zu Freunden geeint. Liest man beider Werke zugleich, nimmt das Staunen über den Umfang dieser »Identität« gegenüber den ihnen wesentlichsten Problemen kein Ende. Es sind die ewig-alten, immer neuen Probleme aller Denkenden und Glaubenden: Die Sinnfrage der Welt; der Geschichte – mit ihren rätselvollen Widersprüchen; die Sinnfrage des Lebens und Leidens als des Signums geschichtlichen Lebens, auch »des Leidens der unschuldigen Kinder und aller Kreatur«, wie beide wiederholt geschrieben haben; die Frage nach der rechten oder unrechten Verwaltung der Macht; nach der Gerechtigkeit also und nach der Freiheit und Würde des Menschen – und damit auch die Frage nach dem Selbstmord. –

Camus setzt *das Absurde* an den Beginn seines Fragens. Schneider sieht sich an *das Kreuz* gedrängt und befragt von ihm her die Geschichte. So verharren beide, bis zu ihrem plötzlichen Sterben durch einen Unfall: Schneider zu Ostern 1958; Camus im Januar 1960. Mit ins Grab nahmen sie ihre brennenden und ungelösten Fragen und haben sie uns hinterlassen: Sofern wir den gleichen Mut zu entschlossenem Fragen wagen und uns nicht auf vorläufigen Antworten ausruhen, denen der Charakter unbedingter Gewißheit nicht zukommt.

Die Lebenserfahrung von Albert Camus *ist* das Absurde. Es bildet den Ausgangspunkt seines Denkens. Das Absurde ist zunächst ein *unbestimmtes Gefühl*, das sich in den Menschen einschleicht, und auf den Verstand, auf das Bewußsein übergreift und alle Erkenntniskräfte beansprucht und beherrscht. Camus beschreibt es so:

»Was für ein unberechenbares Gefühl raubt dem Geist den lebensnotwendigen Schlaf? Eine Welt, die sich, wenn auch mit schlechten Gründen, deuten und rechtfertigen läßt, ist immer noch eine vertraute Welt. Aber in einem Universum, das plötzlich der Illusionen und des Lichtes beraubt ist, fühlt der Mensch sich fremd. Aus diesem Verstoßen-Sein gibt es für ihn kein Entrinnen, weil er der Erinnerungen an eine verlorene Heimat oder der Hoffnung auf ein gelobtes Land beraubt ist.«

Wovon ist die Rede?

Dieses »unberechenbare Gefühl« überfällt den Menschen nach Camus durch mannigfache Lebenssituationen hindurch angesichts eines »Universums, das plötzlich der Illusionen und des Lichtes beraubt ist«; einer Welt also, die *nicht mehr mit den Mitteln der Vernunft* erklärt werden kann; einer Welt, deren Unvernünftigkeit jedem Versuch widersteht, eine *außermenschliche, objektive Macht* am Werke zu sehen; einer Welt, der offenkundig keine vernünftige objektive Ordnung mehr zugrunde liegt, und die darum kein »Wozu?« mehr erkennen läßt. Im Anblick dieses zertrümmerten Universums, sagt Camus, »fühlt der Mensch sich fremd«, weil er »der Erinnerungen an eine verlorene Heimat« oder der »Hoffnung auf ein gelobtes Land beraubt ist«. An eine »verlorene Heimat«, weil es in dieser Welt *kein vorgegebenes objektives Absolutes mehr gibt,* das auf ein »gelobtes Land«, auf ein Jenseits der Welt, verweist. Im Anblick dieser sinnlosen Welt befällt den nach *Einheit* sich sehnenden Menschen, als den Camus sich versteht, ein Gefühl tiefer Verlassenheit, Ungeborgenheit, Heimatlosigkeit; überfällt ihn ein Gefühl des »Verstoßenseins«.

Dieses Erlebnis macht das Grunderlebnis des modernen Existentialisten seit Kierkegaard aus. Aus diesem Grunderlebnis der so erkannten Endlichkeit und *Endgültigkeit* der menschlichen Existenz in einer Welt ohne das Walten eines Schöpfergottes, eines Absoluten, der allem und allen ein sinnvolles *Ziel* weist, *gibt es* kein Entrinnen, sagt Camus. Wir leben allein hier und jetzt; und niemals anders und auch niemals woanders! In dieser Endlichkeit und Endgültigkeit und damit – zunächst – Sinnlosigkeit, die der Mensch so und nicht anders *erfährt,* will er sich dennoch übersteigen, transzendieren. Gerade *weil* er die Endlichkeit schmerzlich erfährt, hat er ein heißes Verlangen nach dem Unendlichen, nach dem Absoluten. Aber, so fragt Camus, *wohin* soll der Mensch sich transzendieren?

Wir wissen: Der Mensch früherer Zeiten hatte noch teil am objektiven Absoluten *jenseits* des Menschen und der Welt. Auf dieses Absolute hin, das das Universum durchwaltete, konnte der Mensch sich transzendieren. Seit aber Hegel, einige seiner Schüler und am radikalsten dann Karl Marx – das erkennt Camus schärfer als alle Existentialisten vor ihm – »Gott ermordet und jede vertikale Transzendenz und insbesondere die der Prinzipien zerstört« haben, erfährt der Mensch zwar auch noch das Hinausverweisende seiner Endlichkeit (denn anders könnte er seine Endlichkeit gar nicht *als* Endlichkeit erfahren). Aber er erfährt *zugleich,* daß diese ersehnte Transzendierung seiner Endlichkeit *zu nichts mehr hinführt.* Das, so sagt Camus, »raubt ihm den lebensnotwendigen Schlaf«. Diese Feststellung läßt ihn alle Beschäftigung mit der Welt nur als einen sinnlosen subjektiven Spaß erscheinen. Wozu sollte er die Welt noch ernst nehmen, da er das *Wozu* dieser Welt nicht zu erkennen vermag? Da es kein vorgegebenes, objektives Absolutes mehr gibt, das allem Tun und allem Leiden einen letzten *Sinn* verleiht und des Menschen Sehnsucht nach Erlösung von seiner Endlichkeit entgegenkommt? Diese Sehnsucht, dieses Verlangen nach dem Absoluten schießt ins Leere. *Das ist das Gefühl des Absurden.*

Das Absurde, sagt Camus ausdrücklich, ist also nichts Objektives, sondern es ist ein Empfinden zuerst, das sich in vielen Einzelsituationen und Einzelerfahrungen des Menschen bemächtigt und allmählich zu einem *Zustand* gerinnt. *So* versteht Camus das Absurde. Er beschreibt es als im höchsten Grade widersprüchlich: Enthält es doch das Verlangen nach der Einheit und nach Unendlichkeit, das »Heimweh« nach dem objektiven Absoluten, auf das hin der Mensch sich transzendieren könnte, *und zugleich* die Feststellung, daß diesem Verlangen kein objektives Absolutes gegenübersteht! In diesem Widerspruch, der das Absurde konstituiert, muß der Mensch *verhar-*

ren. Mit diesem Widerspruch muß er leben – mit rücksichtsloser Aufrichtigkeit und Wahrhaftigkeit. Camus schreibt: »Wenn ich diese Absurdität, die meine Beziehung zum Leben bestimmt, für *wahr* halte; wenn ich mich von diesem Gefühl, das mich vor dem Schauspiel der Welt ergreift, von dieser Hellsichtigkeit, die mir auf der Suche nach Erkenntnis erwächst, mich durchdringen lasse, dann muß ich diesen *Gewißheiten* alles opfern und muß ihnen ins Gesicht sehen, um sie aufrechterhalten zu können. Vor allem muß ich von diesen Gewißheiten mein Verhalten bestimmen lassen und ihnen bis in ihre letzten Konsequenzen hinein folgen. Ich spreche hier von Aufrichtigkeit.« Zugleich und zuvor will der absurde Mensch wissen, »ob in diesen Einöden das Denken gedeihen kann? Ist die Absurdität erst einmal erkannt, dann wird sie zur herzzerreißendsten aller Leidenschaften. Aber wissen, ob man mit seinen Leidenschaften leben kann, ob man ihr tiefes Gesetz, nämlich das Herz zu verbrennen, akzeptieren kann, *das* eben ist die Frage.«

Auf diese Frage sucht Camus Antworten bei Kierkegaard und Heidegger, bei dem russischen Existentialisten Schestow, bei Husserl auch und bei Jaspers. In einer scharfsinnigen Analyse ihres ihnen je eigentümlichen Existentialismus kommt Camus zu einem negativen Ergebnis für sein Unternehmen. Er wirft ihnen vor: ihr behauptet zwar auch, das *Bewußtsein,* die hellsichtige Erkenntnis, sei das Wesentlichste; und ihr stoßt mit eurem Denken ebenfalls an die Grenzen der Vernunft im Anblick der widersprüchlichen Welt, des zertrümmerten Universums. Sobald euch aber dieser Weg in das Absurde führt, werft ihr euer Bewußtsein und euer Erkennen als untauglich fort und macht aus Verzweiflung einen *Sprung ins Dunkle!* Auf diese Weise findet ihr doch wieder Gott, den ihr verneint, und den ihr nun »mit den Eigenschaften des Absurden umkleidet: er sei ungerecht, inkonsequent und unbegreiflich«.

»Ich nehme mir die Freiheit«, schließt Camus hier an, »diese existentielle Haltung ›philosophischen Selbstmord‹ zu nennen. Das schließt kein Urteil ein. Es ist nur eine bequeme Art, die Regung zu kennzeichnen, mit der ein Gedanke sich selber leugnet und dazu neigt, sich zu seiner Verneinung zu überschlagen. Für die Existentialisten ist die Verneinung: Gott. Genau genommen behauptet sich dieser Gott nur durch die Verneinung der menschlichen Vernunft. Und eben das heißt: sie machen den »›Sprung‹.« Mit aller Schärfe stellt Camus demgegenüber fest: »*Aber der Weg des Absurden führt nicht zu Gott!*« In einer Fußnote fügt er an: »Ich habe nicht gesagt: ›schließt Gott aus‹, was sich erst bestätigen müßte.« Dies festzuhalten ist wichtig: Camus lehnt jeden positiv gesetzten Atheismus ab!

Und noch einmal stellt er sein Problem vor uns hin, wenn er schreibt: »Es geht darum, in diesem *Zustand des Absurden* zu *leben.* Dafür brauche ich eine Lebensregel. Was man mir aber vorschlägt, läßt das Grundlegende außer acht, leugnet den Begriff des *schmerzlichen Widerspruchs* und befiehlt mir, etwas aufzugeben. Ich brauche aber etwas, das der Lage, die ich als die meine erkenne, gerecht wird! Man gibt mir aber keine Antwort, mit der ich etwas anfangen kann. Man muß also einen anderen Weg einschlagen.«

Welches ist dieser Weg? Camus gibt uns die Antwort: Weil der Mensch in seinem Absurden ausharren muß, muß er zugleich *gegen das Absurde revoltieren!* Denn ohne diese *metaphysische Revolte* gegen das Absurde gibt er das Absurde preis und macht sich wie die Kleinbürger in der Endlichkeit breit. Dadurch gibt der absurde Mensch aber sein spezifisches Menschsein preis. Passives Existieren ist ihm nicht erlaubt. Er *muß* die Sinnfrage des Lebens, der Welt, der Geschichte immer aufs neue stellen, so quälend, so »herzzerreißend« das auch ist. Täte er es nicht, verurteilte er sich selber und die Welt zu einem *Nichts.* Das Nichts aber erkennt Camus auch als ein Absolutes, als die unbedachte Verneinung Gottes, die Camus *nicht* meint. Beiden Absoluta, Gott und Nichts, darf sich der Absurde *nicht* überlassen: »Das Absurde« (so erklärt er mit der ihm eigenen Hartnäckigkeit noch einmal) »entsteht ja gerade aus der Gegenüberstellung des Menschen, der *fragt,* und der Welt, die vernunftwidrig *schweigt.* Das *Irrationale* der Welt, das *Heimweh* des Menschen und das *Absurde,* das sich aus ihrem Zwiegespräch ergibt, das sind die *drei Figuren* des menschlichen Dramas; sie enthüllen sein wesentliches Agens. Das Absurde ist die erhellte Vernunft, die ihre Grenzen feststellt. Am Ende dieses schwierigen Weges erkennt der absurde Mensch seine wahren Rechte. Wenn er seinen tiefen Anspruch mit dem vergleicht, was ihm angeboten wird, fühlt er plötzlich, daß er sich abwenden muß. Man schlägt ihm Lösungen vor, denen zufolge alle vergangenen Widersprüche nur polemische Spielereien sind. *So* aber hat *er* diese *Widersprüche* nicht erfahren!

Der absurde Mensch muß sich an ihre Wahrheit halten, nämlich daran, daß sie nicht befriedigend gelöst sind. »Er wünscht keine Predigt. Meine Überlegung möchte dem Unabweisbaren, das sie aufgedeckt hat, treu bleiben. Diese *Evidenz ist das Absurde.* Es ist jener Zwiespalt zwischen dem sehnsüchtigen Geist und der enttäuschenden Welt, es ist mein Heimweh nach der *Einheit,* dieses zersplitterte Universum *und* der Widerspruch, der *beide verbindet.* Kierkegaard unterdrückt mein Heimweh, und Husserl bringt dieses Universum wieder zusammen. Nicht *das* hatte ich erwartet. Es ging darum, mit dieser Zerrissenheit zu leben und zu denken; zu wissen, ob man annehmen oder ablehnen soll. Es kann sich nicht darum handeln, das Unabweisbare zu maskieren, das Absurde zu unterdrücken, indem man eine Seite dieser Gleichung leugnet. Ich interessiere mich nicht für den philosophischen Selbstmord, sondern für den Selbstmord an sich. Der ›Sprung‹ bedeutet keine äußerste Gefahr, wie Kierkegaard es gern möchte. Die Gefahr liegt im Gegenteil in dem kaum meßbaren Augenblick *vor* dem Sprung. Die Redlichkeit besteht darin, sich auf diesem schwindelnden Grat zu halten; alles andere ist Ausflucht.«

Soweit zur Definition des Absurden als der Camusschen Philosophie, die sein Leben und Handeln bestimmt. Sie wissen, wo diese Philosophie konzentriert zu finden ist: In seinem Frühwerk *Der Mythos von Sisyphos,* auf den ersten sechzig Seiten.

Wir hörten zuletzt ein Zitat von Camus, mit welchem noch einmal gezeigt wird, worum es ihm geht. Nicht um einen »Sprung ins Dunkle«, der die Evidenz des Absurden leugnet, sondern »die Redlichkeit besteht gerade darin, sich auf diesem schwindelnden Grat – in dem kaum meßbaren Augenblick *vor* dem ›Sprung‹ zu halten; alles andere ist Ausflucht.«

An diesem Punkt würde Reinhold Schneider vielleicht einsetzen und sagen: Ja, ganz gewiß. Alles andere ist für den Absurden Ausflucht. Es sei denn, er könnte sein Absurdes als das *Kreuz* erfahren, als dieses absurde Kreuz, *an dem die Liebe von der Liebe um der Liebe willen geopfert* wurde; und – er könnte den Glauben an die Verheißung dieses so absurden Kreuzes gewinnen: durch Gnade.

Vielleicht würde Schneider vor dem Aussprechen des Wortes

»Gnade« auch zurückschrecken, weil ihm bewußt ist, daß er damit einen Begriff aus der Theologie ins Gespräch bringt. Es gehörte ja zu den bewundernswerten Zügen seines Wesens, seinem Gesprächspartner niemals mit ihm *fremden* Denkkategorien zu begegnen, am wenigsten so schmerzlich unter dem Nichtglauben Leidenden. Als einen solchen würde Reinhold Schneider Albert Camus erkannt haben: als seinen *ungleichen Bruder.* Vielleicht also würde Schneider auch anders antworten: Diese absurde Existenz ist *auch* eine Existenz unter dem Kreuz. Ja, sie ist *das Kreuz selbst;* und sie empfängt von daher ihre einzigartige Würde und ihren ungeheuren Ernst. Bricht hier nicht die *dichteste Nähe zum Kreuz auf im Aushalten des dem Absurden innewohnenden Widerspruchs?* Zwischen der erkannten Endlichkeit und dem gleichzeitigen Verlangen nach dem Unendlichen, nach dem Absoluten? So könnte Schneider das Gespräch mit Albert Camus wohl fortsetzen.

Wie kaum einer, erlitt auch Reinhold Schneider die unaufhebbaren Widersprüche in der Geschichte, die Thema seines Lebens und seines umfangreichen geschichtstheologischen Werkes sind. Wer dieses Werk durchforscht, wird erkennen, daß der absurde Mensch in seltsamer Weise identisch ist mit *dem* Christen, der von der Macht der Ohnmacht her, dem *Kreuz,* glaubt und seine Endlichkeit auf sich nimmt, um sie im Zeichen der Kreuzesverheißung zu überwinden, zu transzendieren. In dieser äußersten Nähe zum Absurden liegt zugleich auch die äußerste *Ferne* des Absurden zum Kreuz und umgekehrt. Was sie voneinander radikal *trennt,* ist die *Hoffnung,* die das Agens des christlichen Lebens ist, und die dem Absurden notwendig fehlt. Der Christ hofft auf Grund des Kreuzes *wider* die Hoffnung der auch ihm sich als absurd zeigenden Welt; er hofft, daß er seine Endlichkeit im Zeichen der Kreuzesverheißung transzendieren darf. Der absurde Mensch nimmt sein Kreuz, das von ihm erkannte und gelebte Absurde, auf sich *ohne* Hoffnung; er weiß, er wird das Absurde durch keine Transzendierung überwinden! An der Hoffnung des einen und an der Hoffnungslosigkeit des anderen liegt *alles:* liegt die Wahrheit des Christen und liegt die Wahrheit des Absurden. Darum ist die Camussche Philosophie des Absurden dem authentischen Christsein unter dem Kreuz am nächsten und am fernsten zugleich. In der konkreten *Erfahrung* ihres »hellsichtigen

Bewußtseins« und ihrer hellen und zugleich dunklen Wahrheit, die beide *leben,* sind beide einander ganz nah.

Wie Schneider es einmal sagte: »Von einem gewissen Range der Geister an besteht ein Einklang; ich kann ihn nicht in einem verständlichen Satz zusammenfassen. Aber es ist für mich kein Zweifel, daß die eigentlichen Sprecher der Menschheit in der *Erfahrung* des Zeitlichen – und vielleicht auch des Ewigen – *einig* waren: einig wenigstens insofern, als sie bereit waren, das Menschliche in seinem ganzen Umfang zu achten, in einer Aussage, die wirklich die *Wahrheit eines Lebens* war, – eine uns alle verbindende und verpflichtende Wahrheit.«

Auf seine letzten, bohrenden Fragen, die Camus' *erste* Fragen waren, erwartete Reinhold Schneider keine Antwort mehr. Er hielt es, bis zu seinem Ende, mit der Demut; so wie Camus es, bis zu seinem Ende, mit der *metaphysischen Revolte* hielt. Mit der metaphysischen wohlgemerkt; denn sie allein *setzt Werte* und bewahrt vor dem Nihilismus, den Camus, in der Ausgespanntheit des Absurden lebend, ablehnt. Diese Demut Schneiders und diese metaphysische Revolte Camus' sind Ausdruck des Versuches beider, auf eine *totale Existenz* hin zu leben. Was, wie Schneider für sich anfügt, »freilich eine recht angreifende Sache ist«. Camus' Verharren im schmerzlichen Zerrissensein des Absurden ist keine weniger angreifende Sache. Auch daran und darum hätten beide einander als verwandt, als Menschen gleichen geistigen Ranges erkannt.

Für Schneider erschließt sich die Geschichte allein von der Menschwerdung Gottes und seinem Sterben am Kreuz her: an ihm starb die geoffenbarte Wahrheit Gottes: die Liebe in der Person Jesu Christi. Diese Wahrheit und Liebe konnten von der Welt nicht empfangen werden – »die Finsternis hat es nicht begriffen« –; darum mußte die Wahrheit *für* die Welt, für die »Finsternis der Sünde«, sterben. Die Wahrheit, die die Liebe ist, ist also gekreuzigte Wahrheit. Mit dieser gekreuzigten Wahrheit haben wir es in der Geschichtszeit zu tun; in ihr sind alle Widersprüche der Geschichte beschlossen und *als* diese Widersprüche zugleich aufgehoben. Allein durch das Kreuz und die Macht der Ohnmacht, die es für alle Geschichtszeit offenbar gemacht hat, erfährt die Geschichte ihren Sinn und ihr Ziel, ist sie letztlich *nicht* absurd. Das würde Albert Camus zugeben: *wenn* er an die Wahrheit des Kreuzes glaubte; *wenn* er den

Zustand des Absurden als das Kreuz erfahren hätte. Es *so* zu erfahren, blieb ihm versagt. –

Es ist nun erstaunlich und wunderbar zu sehen, wie aus Camus' Philosophie des Absurden und aus Schneiders geschichtstheologischer Schau vom Kreuz her *gleiche ethische* Haltungen erwachsen. Hat auch die Welt keinen Sinn, sagt Camus, *so hat doch der Mensch einen* – auch hier die Absage an den Nihilismus; »der Mensch kann nicht handeln, ohne etwas zu bedeuten«. Darum gilt Camus »das Leben als das höchste zu bewahrende Gut«. Es muß voll ausgeschöpft werden. Doch nicht ohne Verantwortung und innerstes Engagement. Im Gegenteil: in äußerster Verantwortlichkeit gegenüber allen Menschen, die er als seine Brüder erkennt, mit denen ihn die Solidarität der – gewußten oder nicht gewußten – Erfahrung des Absurden verbindet. Da Albert Camus selber seine absurde Freiheit voll realisiert, muß er auch für die Freiheit *aller* einstehen und gegen jede »Knechtung und Verstümmelung des Menschen« kämpfen. »Das Absurde befreit nicht«, sagt er, »es bindet; es rechtfertigt nicht alle Handlungen. Alles ist erlaubt – das bedeutet aber nicht, *daß nichts verboten wäre!*«

Jeder Nihilismus, sagt Camus – und wir werden das gleiche von Schneider hören –, vollendet sich im Terror. Die Wahrheit dieser Behauptung belegt er am Beispiel des Nationalsozialismus und des Bolschewismus – zwei der erregendsten philosophisch-politischen Analysen in seinem Buch *Der Mensch in der Revolte.* So lesen wir:

»Faschismus und Nationalsozialismus sind Formen der Verachtung. Zum ersten Mal in der Geschichte haben Männer der Regierung ihre unermeßliche Macht dazu angewandt, eine *Mystik außerhalb der Moral* aufzustellen. Dieser erste Versuch einer auf dem Nichts aufgebauten ›Kirche‹ wurde mit der Vernichtung bezahlt ... Die nihilistische Revolte, die ihren geschichtlichen Ausdruck in der Religion Hitlers fand, hat somit *eine maßlose Sucht nach dem Nichts* hervorgerufen, das sich am Ende gegen sich selbst wendete ... Für sich selbst, sein Volk und die Welt war Hitler nichts als Selbstmord und Mord ... Sein eigener Tod sowie der Görings, Himmlers, Goebbels' und Leys ist ein Tod für nichts, ein verwehter Rauch. Weder wirksam noch beispielhaft, besiegelte er die blutige Eitelkeit des Nihilismus.«

In einem weit ausholenden Essay Schneiders über den Selbstmord als einer »Tat letzter persönlicher Freiheit« heißt es: »Wenn das Nichts gewiß wäre, dann schiene der Selbstmord vernünftig. Ist es aber gewiß, so ist das Leben ein Gut über allen Gütern, für das es keine Entschädigung gibt. Dann wäre das elendeste Leben noch kostbar, und wenn es nur einen Blick in die Sonne erlaubt ... *Dies* könnte die verborgene Geschichte der zwölf Jahre sein: Die Verneinung kleidete sich in Triumph; der Rausch der Vernichtung war die namenlose Gewalt, mit der sie bis zur Gefolgschaft hinriß. Wie der Selbstmord des einzelnen seine Vorgeschichte hat, so hat die geschichtliche Macht der Selbstmörder eine Vorgeschichte: sie setzt eine Konstellation voraus, unter der die erhaltenden, ordnenden Bilder verhüllt sind. Solche Macht tritt allein auf in einer zertrümmerten Welt« – (Wir erinnern uns der Worte Camus' zu Beginn über das »zertrümmerte Universum«) – »Wer«, so fährt Schneider fort, »sein eigenes Leben nicht achtet, verletzt das Leben überhaupt ... Ausdrücklich haben sich der Mächtige der zwölf Jahre und die Männer seines Kreises darauf berufen, daß sie bereit seien, den Tod zu wählen, als sie ein beispielhaftes Opfer von *allen* forderten. Wer – *das* ist das vernichtende Argument – sein eigenes Leben aufgeben kann, der hat ein grenzenloses Recht an das Leben aller.«

Man wird erkennen: Die Camussche Philosophie des Absurden, *seine* Gestalt des Unglaubens, der nichts mit dem liberalistischen intellektuellen Atheismus des 19. Jahrhunderts und auch nichts *mehr* mit dem technischen Atheismus unserer Zeit (dem unreflektierten Positivismus-Amerikanismus) gemein hat, diese Gestalt des Unglaubens erweist sich als ein *eminent moralischer Humanismus*. Das ethische Verhalten dieser moralischen Humanisten ohne Gott, das heißt: ohne ein Unendliches und Absolutes, auf das hin sie sich transzendieren könnten, unterscheidet sich »kaum von dem der Christen, was diesen manche Probleme aufgibt«. So mit einem Wort des französischen katholischen Philosophen Jean Lacroix.

Über einen solchen moralischen Humanismus hat auch Reinhold Schneider in seiner letzten Lebenszeit nachgedacht, da er selber von tiefem Glaubensdunkel heimgesucht war. Er schreibt in seinem Wiener Tagebuch: »Wir sprechen schnell von Glaubensabfall, ohne die Psychologie des Unglaubens hinreichend zu betreiben. Wer sich in den Nicht-Glauben nicht ernsthaft versetzt, kann ihn nicht bestreiten, heute jedenfalls nicht mehr. In christlicher Sicht mag man das Verstummen der Frage nach Unendlichkeit und Unsterblichkeit als eine seelische Katastrophe betrachten, wohl gar als ein Geheimnis der Finsternis; das ewige Leben wird erlangen, wer Gott aus ganzer Seele liebt und den Nächsten wie sich selbst. Aber auch diese Bezogenheiten richten sich an eine ganz bestimmte seelische Gegebenheit. Kann *der* nur Gott lieben, der das ewige Leben will: liebt er Gott *deswegen?* Kann nur *der* den Nächsten lieben wie sich selbst, der Gott liebt ...? Ist nicht eine Existenz möglich, die diese Beziehungen nicht zu leisten vermag, wenigstens nicht zugleich? Eine Existenz, die Gott liebt, aber das Leben nicht; die den Nächsten liebt, aber vielleicht nicht Gott ...?«

Eine solche Existenz lebte Albert Camus. Er liebte Gott nicht, weil er nicht zu glauben vermochte angesichts der Irrationalität der Geschichte, die er als das Absurde erkannte. Aber er liebte den Nächsten nicht weniger als sich selbst. Er lebte, mit einem Wort des katholischen Theologen Hans Urs von Balthasar, »das Sakrament des Bruders«. Den Bruder liebte Albert Camus, für ihn kämpfte er. Man denke nur an seine – vergeblichen – einsamen Appelle an die Mächtigen seines Landes zur Zeit des mörderischen Algerienkrieges! Dieser moralische Humanist ohne Gott fragte sogar einmal: »*Wer* zeugt die *Liebe* – wenn nicht der Atheismus?« Das mag uns ungeheuerlich in den Ohren klingen, spricht doch allein diese Möglichkeit jeder herkömmlichen christlichen Auffassung Hohn. Indes – alles, was Camus uns hinterlassen hat, bezeugt die Berechtigung dieser herausfordernden Frage. Reinhold Schneider hätte sie verstanden. Hat er sie doch, unthematisch, auch aufgegriffen, wenn er schreibt: »Der Glaube an Auferstehung setzt den *Wunsch* nach Auferstehung voraus – oder die Angst vor dem Nichts. Aber weder dieser Wunsch noch diese Angst verstehen sich von selbst. In der Definition des Menschlichen sind sie nicht eingeschlossen. Menschentum kann sich auch darstellen und formen, *ohne* von der Frage nach Unsterblichkeit beunruhigt zu werden ... Die bedeutendsten Künstler, denen das klare Wissen von der Ebenbildlichkeit des Menschen verlorengegangen war, empfanden das *Leiden* des Menschen mit um so größerer Wucht, je weniger ihnen und den leidenden Menschen eine von oben tragende Kraft entgegenkam.«

Noch oder gerade in seiner dunkelsten Zeit *lebte* Reinhold Schneider die verheißungsvolle Wahrheit des absurden Kreuzes, dessen Wahrheitscharakter die Geschichte und eines jeden Menschen Leben ihm evident machte. Nur in seinem eigenen qualvollen Leben der letzten Zeit blieb ihm, so schien es, diese Wahrheit verhüllt. Damit tritt er in die Reihe jener Glaubenszeugen, die wir als große Heilige kennen: neben einen Johannes vom Kreuz und eine Therese von Lisieux, die glaubten, nicht mehr zu glauben und dennoch beteten und also Gnade erfuhren. So wie Schneider auch: »Gefordert wird von uns *über* die Kraft, der felsenfeste Glaube, daß *durch die Untergänge hindurch der Weg des Heiles führt,* der Heimweg, an dessen Ziel der Sohn unter den Wunden der Glorie dem Vater die Welt zurückgibt.« So steht es *auch* in seinem Wiener Tagebuch. Und an anderer Stelle: »Glauben über den Glauben hinaus und gegen den Unglauben. Solange dieses Gebet noch währt, *ist Gnade* da.«

Es müßte geschehen, was das Christentum bisher kaum deutlich zu machen gewußt hat: daß authentisches Christsein gekreuzigtes Christsein ist, ein streng biblischer Gedanke, den auch Hans Urs von Balthasar einmal ausgesprochen hat: »Je durchsichtiger die Christenheit sich auf das Kreuz hin macht, je mehr sie dessen überweise Torheit in unsere so gescheite und ratlose Gegenwart ausstrahlen läßt – in Taten, nicht in Worten allein –, desto theophaner wird sie die Welt wieder machen.« In der Tat – wer wüßte einen anderen Weg, um die Welt wieder theophan zu machen? Balthasar findet auch Worte, die wir meinen, vorzüglich auf Albert Camus beziehen zu dürfen: »Wir müssen das freie Walten der Gnade Christi auch *außerhalb* der Bezirke ausdrücklichen christlichen Glaubens anerkennen; müssen uns von anderen, vielleicht von Atheisten, beschämt die *Praxis einer echteren Hingabe an den Menschen, den Bruder, vorzeigen lassen.*«

Vielleicht, nein – sicher wäre nun Camus seinerseits beschämt, wenn er dies hörte. Wirft er doch dem Christentum – nicht jedem einzelnen Christen – »ein Versagen der Liebe und der Gerechtigkeit« vor, ein Vorwurf, der, verhüllter im Ausdruck, auch in Reinhold Schneiders Werk wahrlich nicht fehlt.

In seiner freimütigen Rede vor Dominikanern im Jahre 1948 fragt Camus nach der Möglichkeit gemeinsamen Handelns von

Ungläubigen und Christen im Angesicht des Bösen. Daraus seien diese Sätze zitiert:

»Wir befinden uns dem *Bösen* gegenüber. Was mich selbst angeht, so fühle ich mich allerdings ein wenig wie Augustin *vor* seiner Bekehrung, als er sagte: ›Ich forschte nach dem Ursprung des Bösen und blieb darin befangen.‹ Aber ich weiß auch, und ein paar andere Menschen wissen es mit mir, was getan werden muß, um das Böse wenn nicht zu verringern, so doch wenigstens nicht zu vermehren. Wir können es vielleicht nicht verhindern, daß diese Schöpfung eine Welt ist, in der *Kinder* gemartert werden. Aber wir können die *Zahl* der gemarterten Kinder verringern. Und wenn Sie uns dabei nicht helfen, wer soll uns dann helfen? Zwischen den Mächten des Schreckens und denen des Zwiegesprächs ist ein gewaltiger, ungleicher Kampf entbrannt. Ich hege nur sehr mäßige Illusionen in bezug auf den Ausgang dieses Kampfes. Aber ich glaube, daß er durchgefochten werden muß, und ich weiß, daß es zumindest Menschen gibt, die dazu entschlossen sind. Nur fürchte ich, daß sie sich *zuweilen ein wenig einsam fühlen,* ja, es tatsächlich sind, und daß wir Gefahr laufen, mit zweitausend Jahren Abstand der vervielfachten Hinopferung des Sokrates beizuwohnen. Die morgige Tagesordnung bringt uns entweder die Civitas des Zwiegesprächs oder die feierliche und bedeutungsschwere Hinrichtung der Zeugen des Zwiegesprächs. Nachdem ich meine Antwort abgegeben habe, richte ich nun meinerseits folgende Frage an die Christen: ›Wird Sokrates wiederum allein stehen, und gibt es nichts in seiner und in eurer Lehre, das euch dazu bewegen könnte, zu uns zu stoßen?‹

Ich weiß, es kann wohl sein, daß das Christentum nein sagt. Oh, nicht aus Ihrem Munde, das will ich gern glauben. Aber es kann auch sein und ist sogar wahrscheinlich, daß es beharrlich weiter Kompromisse schließt oder seine Verurteilungen in das dunkle Gewand der Enzyklika kleidet. Es kann sein, daß es sich darauf versteift, sich endgültig die Tugend der Auflehnung und der Empörung entreißen zu lassen, die ihm vor langer Zeit eigen waren. Dann werden die Christen leben, und das Christentum wird sterben. Dann werden es wirklich die *anderen* sein, die für das Opfer bezahlen. Auf jeden Fall ist dies eine Zukunft, über die zu entscheiden mir nicht zusteht, so manche Hoffnung und Angst sie in mir auch wecken mag. Ich weiß jedoch, und weiß es manchmal mit wehem Herzen, daß die Christen sich nur dazu entschließen müßten, damit Millionen von Stimmen, Millionen, hören Sie, auf der ganzen Welt in den Schrei einer Handvoll Einzelgänger einfallen, die heute ohne Glauben noch Gesetz allenthalben und unermüdlich für die Kinder und für die Menschen eintreten.«

Viele vergleichbare Worte finden sich in dem Werk Reinhold Schneiders, vor allem in seinem wohl unbekanntesten Buch *Gedanken des Friedens.*

Ich fand, neben vielen vor Jahren angestrichenen Absätzen, auch diese gebeteten Worte:

»Bewahre uns, Herr, davor, daß wir dir dienen wollen mit den Waffen der Sünde! Du kannst dein Reich erhalten, ohne die Hilfe des Unrechts, die wir dir darbieten! Wo wir glauben, siegen zu können aus der Kraft der Sünde, da bereiten wir vielleicht den Untergang. Du willst ja nur, daß wir beharren; daß die Wahrheit hervorleuchtet aus einem *Leben.* So mag es geschehen, daß dieses Leben, damit die Wahrheit hervorleuchte, zerbrochen wird. Unsere Klugheit spiegelt uns die Sünde als Opfer vor. Aber es ist kein Opfer als vor deinem Altar. Bewahre uns vor dem Opfer der unreinen Hand! Es ist eine Irrlehre, daß die Macht nur bestehe, solange sie wachse; vielmehr ist es offenbar, daß *die* Macht, die ins Unbegrenzte wachsen will, zerschellen muß; es ist schon eine Macht auf der Flucht, eine sich verflüchtigende Macht. Der rechte Verwalter der Macht wird dem Kreuz begegnen und fürchtet diese Begegnung nicht, versieht er doch sein Amt in Furcht und Zittern und zugleich in Zuversicht . . . Unsere Aufgabe wäre es, dem Unglauben der Macht den Glauben der Machtlosigkeit entgegenzusetzen.«

Das Leben dieser beiden Großen, die es mit der unbedingten Wahrhaftigkeit und Aufrichtigkeit hielten, führte von Konflikt zu Konflikt. Immer taten sie gerade das, was *nicht* von ihnen erwartet wurde. So schrieb Schneider in den ersten fünfziger Jahren, als er sich gegen die Wiederbewaffnung Deutschlands und die zustimmende Haltung der Kirche wandte: »Wenn überhaupt ein Auftrag besteht, so kann sich ein Einverständnis mit der herrschenden Tendenz niemals herstellen – mein Auftrag ist die unerwünschte Forderung.« Gleiches gilt uneingeschränkt für Camus im Verhältnis zu den Mächtigen seiner

Zeit und ihren Erwartungen, die sie mit ihm verbanden und – enttäuscht sahen.

Beide waren Einsame. Beide waren Einzelgänger, weil sie zu gebotener Stunde immer das Unerwünschte sagten. So verloren sie Freunde und auch das Wohlwollen der Mächtigen, die ihre mahnende und warnende Stimme nicht hören wollten.

Seltsam genug, daß beide nicht voneinander gewußt haben. Auch in den zahlreichen posthumen Werken Reinhold Schneiders findet sich kein Hinweis auf Camus, wiewohl er doch auch mit der Literatur unserer Zeit so vertraut war. Unwahrscheinlich indes, daß er mindestens von den dramatischen Werken Camus' keine Kenntnis gehabt haben sollte. Aber – er stieß vielleicht auf den bloßen formalen Begriff des Absurden und – wandte sich von ihm ab. Nicht wissend, wie verwandt es dem Kreuz in der äußersten Unterscheidung ist. Reinhold Schneider starb als ein Heiliger in der Verlassenheit des Kreuzes: an einem Ostermorgen. »Zufall?« Gewiß nicht! Albert Camus' erster Biograph, Morvan Lebesque, macht darauf aufmerksam, daß Camus »sein ganzes Leben lang einen Ersatz für das Christentum gesucht« habe. Seine tiefe Bewunderung habe Simone Weil, »seiner Schwester im Elend«, gegolten, weil sie Christus nachfolgte; und »vom Heiligen war er wie besessen«.

Neben Reinhold Schneider gerückt, erblicke ich in Albert Camus einen verhüllten Heiligen, so, wie er sich in Jean Tarrou *(Die Pest)* dargestellt hat, den er fragen läßt: »Kann man ohne Gott ein Heiliger sein? Das ist das einzige wirkliche Problem, das ich heute kenne.« *(1966)*

Josef Rast
Reinhold Schneider

Um der Wahrhaftigkeit willen sei es besser, mit einer brennenden Frage auf dem Herzen zu sterben als mit einem nicht mehr ganz ehrlichen Glauben, schrieb Reinhold Schneider kurz vor seinem Tode. Und so ist es auch geschehen. In den letzten Monaten seines Lebens wurde er von denselben Fragen bedrängt wie in seiner Jugend. Das überraschte ihn nicht; denn er hatte sich auf seinem Lebensweg als »wissende Frage« erfahren, so »daß es mich beruhigt, dort wieder anzulangen, wo ich in Jünglingsjahren war«. Damals fragte er nach dem Sinn des Daseins, und er wurde zu Christus hingezogen. Gottes Willen zu erkennen, war der Sinn seines Forschens, Gottes Antwort zu vernehmen, Inhalt seines Denkens. Er wollte unabdingbar aus dem Wort Gottes leben: »Ich suche die Richtung auf die totale Existenz, die freilich eine angreifende Sache ist.« Sie wird als ein »Stehen im Unmöglichen, als Überforderung und Vergewaltigung« erfahren. Die personalen Leistungen Einzelner müssen jedoch die vernichtenden Tendenzen im Lebenszusammenhang immer wieder aufheben; deshalb bezeichnete sich Reinhold Schneider selbst als extreme Existenz: »Extreme Existenzen tun not.« Seine Werke bezeichnen seinen Weg, sein Ringen und die Entwicklung. Als seine Lebenskraft aufgebraucht, sein Auftrag erfüllt, seine Leistung vollbracht waren, blieben seine Fragen unbeantwortet. Die innere Stimme schwieg.

Nun lastete auf ihm das ganze Gewicht der tragischen Existenz. Daß das Ich erst ertragbar wird, »wenn es eingewoben ist in die Geschichte: den geheimnisvollen Ablauf einer Entfaltung, die am Irdischen nicht gemessen werden kann«, wußte Reinhold Schneider seit langem; aber auch, daß eine solche »Vollendung der Person im Auftrag« das persönliche Leben kostet. Die letzte Prüfung geschieht dann, wenn jede Wissensgewißheit entzogen wird, wenn die schweren Lebensentscheidungen und die Leistungen und Verdienste im Dasein vergeblich erscheinen, wenn man feststellen muß: »der Zweifel ernährt den Glauben; der Glaube den Zweifel.« Schneider sagte aber auch, daß die Vernunft den Glauben keineswegs zerstöre. Viel ernster zu nehmen sei die Krankheit, der Schmerz, der ihn vernichte. Die Krankheit hatte er immer als Ansporn des Fragens nach dem Wesentlichen gewertet und als Anteil an Christi Leiden angenommen. Am Ende aber wurde auch sie zur Versuchung. Er geriet in eine verwirrende Auseinandersetzung mit Gott, als er seinen Zustand mit demjenigen der Zeit identifizierte. »Wir sind dort, wo Geschichte, wo gläubige Existenz in der Geschichte ad absurdum geführt werden.« Eine neue Generation könnte erstmals dort beginnen, wo bisher alle endeten: »mit des großen Glaubens großer Enttäuschung«. Dennoch wurde der tragischen Existenz die Spitze gebrochen durch die Hingabe der letzten Eigenwilligkeit. Er verharrte im Willen zum Glauben und im Gebet: »Es ist der Eingang in Jesu Christi kosmische und geschichtliche Verlassenheit, vielleicht sogar ein Anteil an ihr.« Darum lautet die eigentliche existentielle Frage am Ende: »Ist die Erfahrung aus der Verzweiflung an Kosmos und Geschichte, die Verzweiflung vor dem Kreuz, das Christentum heute?« Man müsse Ja sagen und beten. In diesem Müssen allein noch ahnte er die Präsenz der Gnade. Solcher Gehorsam in der Nacht gläubigen Bewußtseins war seine größte Tat.

Verständlicher wird sein Weg, wenn wir Schneider nicht nur als extreme und tragische, sondern auch als prophetische Existenz begreifen. Weil er menschliches Wissen im Widerspruch erlebte, der Glaube ihn aber immer wieder vor das Kreuz stellte, gehorchte er offensichtlich einem höheren Willen. Er hat einen prophetischen Auftrag erfüllt. »Ich tue, was ich muß. Ich weiß nicht, was ich morgen tun werde ... das Spiel ist in Wahrheit ernst, das heißt nicht in irdischer Perspektive.« Einer seiner letzten Aufsätze behandelt »Jeremia, Prophetie in der Zeit«. Wie Jeremia erkennt er sich als Werkzeug, er muß Gewalt an sich geschehen lassen; verkünden, was seinem Fleische widerstrebt. Gottes Wort ist an ihm geschehen, das heißt gegen ihn selbst: »sagen, daß kommen muß, was nach unseres Herzens Herz nicht kommen sollte: das war das Joch, das Gott dem Propheten um den Nacken gelegt ... Gottes Nein und Ja, beide in ihrem Todesernst von demselben Gemüt empfangen, beide als Gebot entgegengenommen und im Wort vollzogen, sind fast vernichtender Widerspruch.« Trotz der Härte seines Auftrags war er kein blinder Eiferer. Er stand in der christlichen Freiheit, Liebe und Leidensbereitschaft. Deshalb blieben ihm fern: Fanatismus, Unduldsamkeit und hartherziges Richten. Zutreffend spricht Werner Bergengruen von der immer wieder aufleuchtenden Heiterkeit: »Er hatte manches von einem Asketen, nichts von einem Zeloten. Zwar konnte er sich empören, aber es war in ihm etwas wie ein Abschein Gottes, der haßlos richtet ... er hatte jene so seltene Art der Toleranz, die nicht auf der Indifferenz basiert.« –

Zwei existentielle Einbrüche haben Reinhold Schneiders Leben bestimmt; der eine in der Jugend, der andere einige Jahre vor seinem Tod. Vorausgegeben, als »Fatalität der Geburt«, waren die Schwermut, die Existenzangst und der Hang zur Einsamkeit. Als Sohn eines Hoteliers empfing er die ersten Eindrücke einer hierarchisch gefügten, feudalen Welt. Alles schien wohlhabend, sicher und von dauerndem Bestand. Reinhold wurde katholisch erzogen, jedoch in liberalem Geiste. Er besuchte eine Privatschule und dann die Realklassen. Die patriotischen Exzesse des Jahres 1914 und die folgende Katastrophe erschütterten ihn bis in den tiefsten Seelengrund. Es erfüllte ihn unstillbare Trauer um die Welt: »Hatte ich doch keinen echten Glauben; die Naturwissenschaften, die deutsche Philosophie, auch die deutsche Dichtung zerstörten ihn. Vor meinen Augen vollzog sich der Verfall der bürgerlichen Ordnung, der Familie überhaupt.« Dann Inflation, Verlust des Hotels, Tod des schwermütigen Vaters. »Ich litt unsäglich am Dasein, die Angst vor dem Leben verließ mich nicht.« Er zog sich zurück. Als Praktikant in der Landwirtschaft versagte er. Im Kontor einer Dresdener Druckerei wurde er vom Ekel über den geistlosen Betrieb erfaßt. Nachts begann er zu leben, wenn er sich der Lektüre zuwandte. Schopenhauers pessimistische Weltansicht bestätigte seine eigene Erfahrung, daß das Leben aus Leiden bestehe, und das Dasein grausam, sinnlos und vergänglich sich weiterzeuge. Er befragte auch Nietzsche und die großen Dichter, und in der deutschen Musik erkannte er »die Sprache des Todesrausches, sie war unabweisbar«. Obschon Dichter und Philosophen den Selbstmord verwarfen, war er von der Absurdität des Daseins überzeugt und zog die Konsequenzen. Die Tat mißlang. Das ältere Fräulein, das den Sterbenden noch rechtzeitig entdeckte, ermöglichte ihm eine geistige Existenz: sie förderte eine Reise nach Portugal und weckte verlegerisches Interesse für sein erstes Buch. Das Anna-Maria Baumgarten gewidmete Exemplar enthält die Bestätigung und ein Versprechen: »Da es ohne Dich nicht wäre, sollst Du es als erste empfangen.« Er versprach, daß, wie auch immer die künftige Entwicklung gewendet sein möge, er seine Dankbarkeit ausdrücken werde. Daran hat er sich unbeirrbar gehalten. Klaglos nahm er später seltsame Einschränkungen und Trennungen auf sich, um auf die Gefährtin, die ihn eifersüchtig umhegte, Rücksicht zu nehmen.

Entscheidend für den weitern Weg war die Begegnung mit den Werken Miguel de Unamunos: *Das tragische Lebensgefühl* und *Die Agonie des Christentums.* Er habe ihn aus seinem Leben herausgehoben wie einen Feldstein, erzählte Schneider später. So sei die Umkehr von der Verzweiflung am Absurden zur Lebensbejahung im Tragischen geschehen. Ausschlaggebend aber war die »Begegnung mit Kierkegaard«, und zwar die Stelle »O Tod, ich glaube, man tut dir unrecht. Welche Bedeutung kannst du nicht dem Leben geben.« Genau da lernte er »ja zu sagen und die Verzweiflung und die Schwermut hinüberzuzwingen in das Tun, wo die Passion aktiv werden mußte«. Im Werke des portugiesischen Dichters Camões erkannte er die Bedeutung der Geschichte, vor allem das Schicksal europäischer Macht und Verantwortung. Nun begann er zu reisen, immer wieder nach Süden und dann nach Norden: »Das reißende Gefälle europäischer Geschichte trieb mich Christus entgegen.« Noch glaubte Reinhold Schneider, nicht zu glauben; langsam unterliege jedoch, so erläuterte er, jedes Leben einem Plan: er setze sich durch, insofern wir gehorsam seien. Bei Johannes vom Kreuz und Ignatius entdeckte er »die Synthese von Mystik und geschichtlicher Existenz«. Die großen Erneuerer Franziskus von Assisi und Luther verehrte er gleichermaßen. Seine dichterischen Geschichtsbilder um Auftrag und Verantwortung der Macht, um Schuld und Gnade erschienen in den Jahren vor dem zweiten großen Krieg. Schneider lebte in der Geschichte, aber »doch nur für die Gegenwart«. Die Reden und Missetaten der politischen Dämonen des Dritten Reiches, »der geborenen Selbstmörder«, kannte er aus nächster Nähe; er wohnte bis 1937 in Potsdam. Hier zog er die Konsequenzen aus seiner bewußten Hinwendung zum Leben. Er begriff, daß er der offenkundigen Macht des Bösen die eigene Kraft des Guten entgegensetzen müsse. Noch einmal bestimmte ihn Kierkegaard: die »Situation der Gleichzeitigkeit mit Christus« zu erfahren; denn »das allein ist Existenz«. Damals begann auch die schwere Krankheit, die ihn bis zum Tod nicht mehr verließ. Er aber erklärte, daß ihm nichts Unverdientes widerfahre: »Es ist das Paradox der Botschaft, daß wir in einem gewissen Sinne krank sein müssen, weil Er sonst nicht zu uns kommt; ich ging täglich zur Kirche, allsonntäglich zur Messe. Aber zum Sakrament wagte ich mich nicht.« Ein Jahr später folgte er der Einsicht: »Wir leben nur aus der Kraft des Fleisches und Blutes unseres Herrn; wir leben nicht, wenn wir ... das ganz Unfaßbare nicht tun.«

In evangelischer Freiheit – sich ganz auf das Wort Gottes verlassend – trat er in den sakramentalen Raum der katholischen Kirche; ohne konfessionelle Argumente. Er hörte auf sein Gewissen. Von Freiburg i. Br. aus, wo er nun wohnte, korrespondierte er mit vielen Gelehrten und Freunden. Er verfaßte Kleinschriften, die zu Tausenden auf geheimen Wegen an die Frontsoldaten und in die Konzentrationslager gelangten. Er spendete geistige Hilfe und Trost; in prophetischen Sonetten deutete er den Untergang der Gewalt und Gottes Erbarmen. Wegen »illegaler Tätigkeit« wurde sein Leben bedroht. Den Herrschenden war sein Wort stets unerwünscht. Nach dem Krieg löste sein christlicher Protest auch bei kirchlichen Stellen Verleumdung und Boykott gegen ihn aus. Und er klagte: »Mein Leben führt mich von Konflikt zu Konflikt.« Weil er erkannte, in welch entscheidendem Maß die technische Welt geschichtsmächtig wurde, begann er sich mit den Naturwissenschaften zu beschäftigen. Er setzte seine Hoffnung auf die Forscher. Die neuen Arbeiten: Dramen, Essays und aphoristische Berichte bemühten sich »um eine immer fester gegründete Erkenntnis des persönlichen Daseins als eines Daseins in der Geschichte«. Nun aber erfolgte der zweite große Einbruch: Die Naturwissenschaftler und Forscher übernahmen die Verantwortung für das Leben in der Welt nicht; denn die Gelehrten, so mußte er erkennen, fragten nicht nach den Gefahren für eine heile Welt, sondern wirkten als anonyme Funktionäre der Macht. Enttäuscht wies er auf die tragische Verkettung hin: erste Kernspaltung 1938, Anwendung der Atombombe 1945, zunehmendes

Atomwettrüsten, Beginn der kosmischen Eroberung 1956. Aber Christus schwieg vor dem Kosmos. Da kehrten die Fragen der Verzweiflung zurück: »Ich habe mich im Verdacht, dasein zu müssen als Vorbote des Entsetzlichen, gegen das keine Warnung und keine Bitte hilft.« Er stand an der Wende, es ereignete sich »der Einbruch der dunklen Wasser in einen leer gewordenen Raum, also von unten her«. Mit diesen Worten bezeichnete er den »innern Unfall«, das heißt den Verlust der aus christlichem Wissen gewonnenen Selbstsicherheit. Alle Hoffnung war ihm genommen, er betete um ewigen Schlaf unter dem Kreuz, ohne den Trost des Auferstandenen zu erwarten. Aber er verharrte im Glauben und im Gebet, bis er ohne Bewußtsein am Ostertag 1958 starb. Die Gleichzeitigkeit mit Christi Verlassenheit hat sich in den Kartagen des Jahres 1958 an ihm erfüllt.

Reinhold Schneider hat keine systematisch-theologischen Abhandlungen geschrieben. Aus seinem literarischen Gesamtwerk sollen deshalb die wichtigsten Anschauungen herausgezogen und so gut wie möglich mit seinen eigenen Worten dargestellt werden.

Weltzeit: Wir erleben viel mehr die Zeit als uns selbst, deshalb gibt es keine Grenze zwischen Geschichtlichem und Subjektivem: die Zeit ereignet sich in uns. Als Geschichtliches begreifen wir das ständig sich Wandelnde, Veränderliche. Jede Zeit hat demnach ihre eigene Aufgabe. Sie muß sich von Werten und Formen verabschieden und Neues schaffen. Tradition und Revolution bedingen sich. Die Zeichen unserer Zeit vermögen wir freilich nur dann zu verstehen, wenn wir die Bildersprache der Geschichte begreifen, wenn wir das Kontinuierende vom augenblicklich Notwendigen zu unterscheiden wissen. Geschichte ist das Walten des verborgenen Gottes, der Sendungen gegeneinander auswirft, um Auftrag und Gehorsam zu erproben. Daraus entwickelt sich tragischer Widerspruch. – Zeit läuft in Stunden ab, unerbittlich; was in der einen möglich ist, wird uns in der andern versagt. Niemand kann uns die Gewissensverantwortung abnehmen, weder Kirche noch Staat. Das Böse entdeckt man früh – und zwar in sich selbst, dann erst in der Welt. Um das Gute muß man sich bemühen. Im Geiste ist der Einzelne frei, mit seinen Entscheidungen erlebt er sich als Opfer und Vollzieher der Geschichte. Freiheit ist die Tat unseres

Gewissens: das Gewissen ist das Wissen von der Verantwortung für das Ganze der Schöpfung – vor dem, der sie geschaffen hat. Alles ereignet sich zuerst im Denken. Gedanken bestimmen den Lauf der Geschichte. Sie müssen verantwortet werden, und zwar persönlich. Die sittliche Norm richtet den Denkvorgang und unsere geistigen Entscheidungen, aber sie ist nicht erzwingbar. Hier steht der Mensch unmittelbar vor Gott, er muß das Wagnis seiner Freiheit auf sich nehmen, auch die Möglichkeit, daß er durch seine Freiheit scheitert. Die Rechtsordnung dagegen regelt das Äußere, das soziale Verhalten des Menschen. Sie braucht den Zwang zur Durchsetzung im Dienste sichtbarer Macht. Deshalb erhebt sich die Frage nach Auftrag und Verantwortung der Macht. Durch göttliche Zulassung besitzt Satan – nach evangelischer Aussage – wachsende Machtanteile an dieser Welt. Nie ist Wichtigeres von der Geschichte und ihren Gefahren gesagt worden als in dem Bericht von der Versuchung Christi: der sozialen, der religiösen und von der Versuchung der falschen Macht. Das Böse, in jeder Form der Selbstbezogenheit und Abkehr von Gott, wird nicht vor dem Ende der Zeit gebrochen. Es kann dem Menschen daher nicht gelingen, eine Ordnung zu errichten, die nicht von bösen Mächten bedroht würde. Die Dämonie dieser Welt haben wir erfahren, sie bedroht uns weiter: Kernspaltung und Atomwettrüsten bezeugen die in Gedanken vollzogene Katastrophe der Selbstvernichtung der Menschheit. Der Eintritt des Kosmos in die Geschichte unseres Planeten löst die gewohnten Dimensionen vor uns auf. Weil die Forscher der fragwürdigen politischen Macht verantwortungslos dienen, ist die Geschichtswelt, in der wir leben, am Ende. Das fragende Experiment hat den Erdkreis besiegt, wir kreisen im Todeszirkel. Das Christentum steht in der Dunkelheit, in der es Anteil an Christi kosmischer Verlassenheit erfährt.

Leidenszeit: Wenn der Glaube, wie das Evangelium sagt, nie zum Sieg des Christentums auf Erden führt, und die Kirche das Leiden Christi in dieser Zeit fortsetzt, wenn die vernichtenden Widersprüche und Verfolgungen bestehen bleiben, dann muß einem Christentum widersprochen werden, das sich mit politischer Macht verbündet, um zu herrschen; es muß der kirchliche Triumphalismus bestritten werden. Christus ist nicht der Ordner dieser Welt, sondern unsere tödliche Freiheit. Das Christentum ist nur erfaßbar in einer unheilbaren, aber erlösbaren Welt. Die Anerkennung des Tragischen geht deshalb dem Glauben voraus: die Erfahrungen beweisen, daß die Welt aus Menschenkräften nicht geheilt werden kann, daß sich die christliche Botschaft in ausreichendem Maß auf Erden gar nicht erfüllen läßt, daß sich alle, die sich zu ihr bekennen, im Gewissen beunruhigt fühlen, von Christus verklagt. Handelnd und nichthandelnd werden wir schuldig. Es wäre falsch, die Tragik ins Heidnische zu verweisen. Das Reich – immer wieder politisch mißverstanden – ist das Reich im Kommen. Es ist niemals da außer als Zeichen. Die politische Macht wird die Kirche niemals schützen, ohne sie zu mißbrauchen. Die Kirche wird den Staat nie anerkennen, ohne die Botschaft abzuschwächen. Ein zureichendes Bild der Geschichte muß die Krankheit einbeziehen: Epochen und Krankheiten sind gemeinsam im Fluß, parallel zur Geschichte fließt die Therapie. Als Arzt ist Christus gekommen. In aller Religion ist die Sehnsucht nach dem leidenden Gott, dem Bruder in Schmerzensgefangenschaft, ein Trost. Der Mitleidende ist uns deshalb auf Erden hilfreicher als der Auferstandene. Krankheit ist eine Gabe, eine Gnade, Anteil am stellvertretenden Leiden Christi. Wer die Geschichtstragödie als unabänderlich bejaht, kann der Mitschuld nicht ausweichen, er wird das Mitleiden annehmen. Darin mag eingeschlossen sein das Leiden mit der Kreatur. Was wir nicht verstehen, ist, daß das Leben sich weiter zeugend, gegenseitig verschlingend und quälend vernichtet und aufbaut. Die grauenvolle Lebens- und Todeseinheit könnte uns zur Verzweiflung bringen, wenn nicht erwartet werden dürfte, daß die Erlösung alles umfaßt wie das Leiden. Auch Krieg und Kriegsgeschrei können niemals aufhören, sie gehören zum Leidensbereich. Vor dieser Wirklichkeit muß der Christ dennoch den Frieden stets wollen und tun, wider alle Hoffnung.

Endzeit: Einmal trifft der Weg eines jeden auf den Kreuzweg des Herrn. Wo die Wege sich schneiden, muß die Entscheidung fallen. Das gilt für den Einzelnen und für die Völker. Das Kreuz ist die einzige Realität, die uns retten kann. Durch die Entscheidung, die wir über Wert und Vergeblichkeit treffen, gelangt unser Leben in unsere Hand. Wir werden vor die über dem Beweis stehende Tatsache der Menschwerdung gestellt. Sie kann in uns nur Wirklichkeit werden im Sakrament. Ist das

Sakrament nicht Christi Fleisch und Blut, so bleiben wir außerhalb der Wirklichkeit. Ward Gott nicht Mensch, so werden die Toten nicht leben. Da Christus nicht lügt, ist ein Widerspruch zwischen Christus und der Wahrheit nicht möglich. Er ist die Wahrheit. Wenn wir mit ihm leben wollen, müssen wir mit ihm sterben. Wir haben uns freilich daran gewöhnt, Unsterblichkeit in einem sehr irdischen Sinne zu verstehen. Die ganze christliche Kultur mit allen Ausstrahlungen wird von dem Ernst der Frage nach dem ewigen Leben getragen. Freilich setzt der Glaube an Auferstehung den Wunsch nach Auferstehung voraus – oder die Angst vor dem Nichts. Wenn aber der Mensch, wie es heute geschieht, das ewige Leben weder ersehnt noch fürchtet, verdorrt das Korn für immer. Wir sind an der Grenze der Verkündung, des Wortes, des Christentums, angelangt. Es ist nicht das Wort an alle, sondern an die Erwählten unter allen. Christus spricht von Dornen und Disteln, wo das Wort nichts vermag. Niemand glaubt an Gott, weil er bewiesen wurde, sondern weil Gottes Sein sich in ihm ereignet hat. Die Offenbarung der Liebe ist ein personales Wort an den, der glaubt, der zu glauben vermag. Jedoch gibt es auch einen Unglauben, der in der Gnadenordnung steht. Wir sprechen schnell von Abfall oder Auflehnung, ohne die Psychologie des Unglaubens hinreichend zu verstehen. Nie dürfen die Beter von der Seite der Frevler weichen. Wir können von der Hoffnung nicht lassen, daß die auch im Kreise des Heiles sterben, die sich mit ihrer letzten Kraft abwenden von Gott, und daß er Wege zu den Verlorenen findet und Brücken baut, wo wir nur Abgründe sehen. Groß sind der Auftrag und die Verantwortung der Christen, und schrecklich ist ihr Versagen. Wie sollen wir helfen, da wir selber unwahrhaftig sind? Als wir, ohne Frage nach der Konfession, in den Kellern gemeinsam beteten, haben wir die umfassende Weite der Kirche erfahren. Der zerrissene Leib Christi war der eine Leib. Der Unterschied der Bekenntnisse trennte nicht: die Christus wirklich wollten, wurden eins, ohne einig zu sein. Einheit geschieht in tätigem Glauben, durch die Liebe. Es gibt aber auch eine Liebe, die nicht hilft. Es gibt eine Stelle ohne Trost. Wir müssen aushalten, wenn wir sie erreicht haben. Näher als hier können wir dem Kreuz nicht sein. Der Schmerz über die göttliche Liebe, die nicht hilft, ist der schrecklichste der Kreuzigung. In der letzten menschlichen Verlassenheit geht es nicht einmal mehr um den Glauben, nur noch um das Gebet, das Wort ohne Unterlaß. Es kann ja geschehen, daß wir uns verlassen sehen im Sterben, verraten wie er, die Liebe von der Liebe um der Liebe willen. In der kosmischen Verlassenheit dennoch den Vater anzurufen, in der Finsternis um das Kreuz dennoch das Licht zu wollen, dies ist die äußerste christliche Tat: Selbsthingabe in der Agonie, im Bewußtsein des unbegreiflichen Gottes. Am Kreuz ist der Ruf der Verzweiflung der letzte noch mögliche Vollzug der Hoffnung. *(1966)*

Hans Naumann
Reinhold Schneider

Immer aufs neue, wenn wir uns die Entwicklung der schriftstellerischen Leistung Reinhold Schneiders vergegenwärtigen, bleibt das Auge wie gebannt an seinem Erstling, an dem kühnen und bilderreichen Werk *Das Leiden des Camões* (1930) des Achtundzwanzigjährigen und an der paradoxen Formulierung des Untertitels hängen, die hinter dem ›oder‹ beginnt.

Oder Untergang und Vollendung der portugiesischen Macht! Wer kann den metaphysischen Bezug auf ein Reich des Geistes und sein Weiterwirken trotz allem Untergang übersehen? Rückblickend erkennt man die Bedeutung des Werkes für den Beginn einer Laufbahn, die den Autor selbst in alle Ab- und Untergründe des Leidens führen sollte. Der *Camões* ist ein Bekenntnisbuch, in einem doppelten Sinne sogar. Sprechen heißt handeln. Sich selbst mit einem weltanschaulich so entschlossenen Werk wie diesem über das Leiden des Camões der Öffentlichkeit stellen, heißt, sich zur Existenz des Schriftstellers, des Publizisten, ja geradezu des Pamphletisten bekennen, bedeutet Bekräftigung in dem Glauben, mit der Manifestation der schriftstellerischen Existenz und der ›Verfertigung der Gedanken‹ die Welt verändern zu können. Eine Manifestation bleibt das Bekenntnis auch dann, wenn es aus tiefer Düsternis und Verzweiflung heraus im Leiden des Dichters Camões das eigene Leiden mitzeichnet, auch dann, wenn das Zeitsignum des Untergangs realer zu sein droht als irgendeine ferne Möglichkeit der »Vollendung« in Geist und Form. »Es ging mir um die Bewältigung des Untergangs, sie konnte nur gelingen, indem ich den Untergang hineinnahm in mein Leben. Abweisbar war er nicht.« Immer härter pochte er an, bestätigte der Fünfzigjährige in der Rückschau auf die zwanziger Jahre. Bewältigung des Untergangs ist ein Akt der Notwehr und bezeugt dem, der genauer hinschaut, daß Denken hier, nach einem Wort Kierkegaards, aus der Innerlichkeit des existierenden Subjekts aufsteigt. In der Tat, wenn wir die Entstehung des *Camões* in die Jahre 1926–1928 verlegen und die Zeit der zu bewältigenden

Katastrophen- und Untergangsstimmung, jenen Nährboden des Werkes, um weitere drei bis fünf Jahre zurückdatieren, dann befinden wir uns in der Zeit unmittelbar nach dem Ersten Weltkrieg. In diesen Jahren begegnete dem damals etwa zwanzigjährigen, immer wieder dem eigentlichen Beruf des Dichters ausweichenden Jüngling der Untergang allenthalben, in der konfessionellen Zerrissenheit der eigenen Familie, die für ihn sinnbildhaft für das gesamte Deutschland stand und die mit ihrer »geheimnisvollen Prägung des gesamten Menschentums durch den Glauben« sein eigenes Geschick bestimmte. »Wir können nichts anderes erfahren, gerade im allerpersönlichsten, als was unser Volk erfahren hat: die Tragik des Zwiespalts im Ringen um das Heil.« Der Untergang begegnete ihm im Zerfall der europäischen Kultureinheit, sichtbar geworden in dem Zerfall der Monarchien, in dem mörderischen Krieg, den alle Partner gemeinsam verloren, aber auch schon im Zerfall der Möglichkeiten, das nackte Dasein eines Volkes durch die Zeit der Währungskrisen und Arbeitslosigkeiten zu bringen.

»Aber darum ging es doch nicht. Die Gefahr war nicht in der Entbehrung, sie war in mir«, so sagt er in *Verhüllter Tag* (1954). Die Gefahr begann zu existieren, als der Untergang in das Bewußtsein eindrang, als die Tragik des Zwiespalts und der Zerrissenheit des Bewußtseins selbst das Bewußtsein beherrschte. Nicht die Not, sondern diese Vorstellung trug ihn an den Rand des mißglückten Selbstmords. »Aus der großen deutschen Musik redete die Versuchung die Sprache des Todesrausches; sie war unabweisbar; ich konnte das Leben nicht mit dem Tode betrügen.«

Für den jungen Reinhold Schneider mag die Stunde der Genesung die Geburtsstunde des existentiellen Denkers geworden sein. Leiden macht hellsichtig. Nun erst, nachdem er ganz persönlich ›untergegangen‹ war, wurde ihm der Selbstmord zum Signum der Zeit, nun erst sollte er Verständnis für die Süchtigkeit nach Rausch und Tod bekommen und hierin die entscheidenden und wesentlichen Kennzeichen der schicksalsschweren Zeit erkennen, die zu durchleben und durchzustehen er begonnen hatte. Jetzt erst suchte er den Untergang als Theorem, und er fand allenthalben Beweise dafür, vor allem in Schopenhauers Werken, bei Nietzsche und Unamuno; und bei Kierkegaard, auf den er durch Unamuno aufmerksam wurde. Schopenhauers

Zweiteilung der Welt als Wille und als Vorstellung, als Trieb und Geist, als Mächtigkeit des Triebs und als Ohnmacht des Geistes und der Kultur, das fand sich wieder bei Unamuno und seiner iberischen Dialektik des ›sentimiento trágico de la vida‹. »Was mich aufwühlte, tröstete und bestätigte, gerade in meinem innersten Schmerz, war die Existenz als Todeskampf und der leidenschaftliche Streit mit der Zeit, die unentwegte Herausforderung«, berichtet Schneider in seiner Autobiographie. Und wenige Zeilen weiter: »Ich fühlte die Stunde aufgehen, da die Epitaphe geschrieben werden mußten.« Gewiß, er bestätigte selbst, dies sei noch eine ästhetische Wertsetzung gewesen, »eine Mittelstellung von Persönlichem und Unpersönlichem«, immerhin war es eine Wert-Setzung, und wenn zwar nur Übergang, so doch im Augenblick »Rettung«. Alle diese Momente sind in dem ersten Werk über das Leiden des Camões aufgefangen, es ist gleichsam das erste Exerzitium des jungen Schriftstellers, die erste bündige Antwort auf die Herausforderung der Zeit. In ihm liegen aber auch im Ansatz schon die meisten seiner späteren Probleme bereit, oder, wie er selbst sagt, die Motive seiner Lebensarbeit. Und, wie wir sehen werden, seine Grenzen.

Schon in der antithetischen Anordnung der vier Teile weist das Werk auf eine dialektische Weltschau des Autors hin, die sich später immer eindeutiger auf einen Dualismus reduziert. Im ersten Teil wird der Held der Lusiaden des Camões, Vasco da Gama, der Entdecker, der Kapumsegler, Eroberer und Missionar, der im Auftrag seines Königs die christliche Mission nach Indien bringen soll, vorgestellt. Vasco da Gama scheiterte, wie Schneider dartut, an der Unfähigkeit der Portugiesen zu jeglicher Organisation, an der »Unfähigkeit zu bauen«. Die brutale Macht, die nackte Gier beherrschten die kolonialen Abenteurer. »Hier tobt sich der Mensch aus, wie er ist, tierisch und doch kalt, an allen Niedrigkeiten sich berauschend, sobald er keine Fesseln spürt, sobald ihm die Absolution erteilt ist.« Die portugiesische Herrschaft blieb von Anfang an Fragment, einem Übermaß an Phantasie stand ein völliger Mangel an ordnender Kraft gegenüber. Die Macht erscheint dem Autor als gewaltiger explosiver Impuls, überreich an Gefühl, ohne Willen zur Form.

Die Form indessen muß in der Antithese sichtbar gemacht

werden. So stellt Schneider dem Helden der Lusiaden den Dichter der Lusiaden, Camões, geboren im Todesjahr Vasco da Gamas, gegenüber. Wenn in Portugal, so führt er aus, jemandem an der Wiege Lieder gesungen werden, vernimmt er schon als Kind den vibrierenden, unergründlichen Schmerz, ein »Leiden, aber auch ein Leiden-Wollen«, erfährt er frühzeitig von der Qual der Liebe, aber »gerade Qual wird in der Liebe gesucht«. Dieser tiefe Trieb, der Wille zum Verderben, zum Leiden, der die Geliebte noch als »humana fera«, als menschliche Bestie sieht, liegt den Werken des Camões als allesdurchtränkende Stimmung zugrunde, und der Autor des *Camões* entdeckt in ihnen den »südlich-schwelgerischen Klang«, die »tiefe Lust zum Nein eher als zum Ja«, ein »Unterliegen als Ruhm«. Das ist der Angelpunkt der Antithese, daß Camões nicht zugrunde geht, sondern lebt, daß er eine andere Welt – die des Ruhms – aufzubauen beginnt, »deren oberstes Ideal eine durch Schmerzen gewonnene Gloriole ist«. »Unter der Wolke der Schwermut verbirgt sich der Tod«, aber Camões »lebt umgekehrt«, innerhalb der irdischen Sphäre wird nunmehr jedes Nein ein Ja, der Tod wird dem Leben dienstbar gemacht. »Auf die Frage, warum er nicht sterbe, gibt er zur Antwort: weil er fortwährend am Sterben sei; es ist ein furchtbares, aber nicht zu vernichtendes Leben.«

Es bedarf keiner längeren Reflexionen darüber, daß hier von Reinhold Schneider das gleiche Thema in Leben und Werk des Camões aufgefunden wurde, das leitmotivartig die ganze deutsche Literatur, Philosophie und Musik seit der Zeit Kleists, Carl Maria von Webers und Schopenhauers, über Wagner und Nietzsche bis hin zu Thomas Mann, Hermann Hesse, Hofmannsthal und Richard Strauss, durchzieht: das Thema von der Todesahnung und Todessüchtigkeit unter der tragischen Wolke der Schwermut, das Thema der Entartung des Schopenhauerschen ›Willens‹ im Umschlagen in ›Vorstellung‹, Geist, Kultur, aber gleichzeitig auch in Ohnmacht. Es war auch das Thema der Nachkriegszeit, und Spenglers *Untergang des Abendlandes* beschrieb auf seine Art, was die *Buddenbrooks* ein Vierteljahrhundert zuvor ins Bild gesetzt hatten. Warum sollte Schneider dieses Thema – das er nicht von Spengler kannte, sondern an der Zeit ablas und erlebte – nicht seinerseits aufnehmen?

Der dritte Teil bringt die Durchführung der angedeuteten

Wende vom Nein zum Ja, klug konzipiert, großartig gebaut. Der Dichter Camões schafft im Kunstwerk das Reich neu, er schafft ein Weltreich als Idee und ethische Aufgabe. Im persönlichen Leben – das ist der Preis – muß er zwar durch die niederen Sphären der Macht und Gier, des Goldrausches, des »Durstes« und des Todes schreiten, durch Zeiten der »verlöschenden Erde« und des Untergangs Portugals als Nation (das Thema des vierten Teils), aber er baut die Welt des Ruhms auf. Und Reinhold Schneider interpretiert den Untergang der Nation und der staatlichen Macht als Bedingung der Gestaltung des Camões und der Vollendung des Volkes durch und in seiner Sprache. »So verdirbt ein Volk, während es mit dem Werk eines Großen in die Ewigkeit wächst und durch ihn das vollendet, zu dem es berufen war. Denn die Kurven der geistigen Welt sind frei und bewegen sich unabhängig vom irdischen Geschehen.« Die Welt der niederen Dämonen wird im Werk des großen Dichters umgedeutet in Sendung; »was im Mechanismus des Geschichtlichen den Untergang verschulden muß, sucht im Reich der Freiheit die Kuppel der Vollendung«.

Soweit der durch die historischen Fakten eingegrenzte Stoff die Freiheit des Dichterischen überhaupt zuläßt, erreichen Schneiders kunstvolle Deutung, formaler Gestaltwille und Glanz des Stils einen hohen Grad an Vollkommenheit. Mit Bezug auf das sich ablösende und ablösbare allgemeine Thema jedoch bleibt er durchaus im Rahmen jener Antithetik, die als Erbe des 19. Jahrhunderts auf uns gekommen ist, im Rahmen jener besonderen deutschen Form säkularisierter augustinischer Theologie. Die Macht erschöpft sich ihm als Hunger und Durst nach Reichtum, Gold und Ländern, der Traum des volkhaft gebundenen Menschen zielt auf Verwirklichung des Geistes ab, die Vollendung des Geistes muß aber mit dem Untergang der Macht – und damit auch des Volkes selbst – bezahlt werden. Macht gleich Leben, Geist gleich Form, »die gefräßige Gier des Lebens gegen sich selbst«, im Zerbrechen des Lebens aber die Selbsttranszendierung des Volkes. Der Konflikt des Dichters – als Kampf mit der humana fera, der Macht der Instinkte und Begierden, der Fremde, dem Meer – wird als tragisch empfunden.

Man könnte versucht sein, hier geradewegs von einem Ansatz existentieller Dialektik zu reden. Denn was läßt Schneider in seinem *Camões* vor sich gehen? Die ›gefräßige‹ Natur zerstört sich selbst; im Akt der Zerstörung gebiert sie durch den Dichter (also aus sich selbst heraus) das Kunstwerk, ein Produkt des schöpferischen Geistes, der jedoch erst im Leiden und Erleiden der Zerstörung freigesetzt, ›lebendig‹ wird. Das Kunstwerk selbst, in dem das untergegangene Volk (Natur) ›gerichtet‹ (aufgehoben, sagt Hegel) ist, wirkt schöpferisch, indem es dem Volk das Idealbild aufrichtet und damit bewirkt, daß es auf dem Wege zu seiner »Vollendung«, das heißt auf dem Wege zu seinem Selbstbewußtsein, einen entscheidenden Schritt tut. Es muß allerdings die Frage aufgeworfen werden, ob diese Art Dialektik nicht das Problem der Historizität verkennt.

Eng damit verbunden, vielleicht nur die andere Seite ein und desselben Problems, ist des Autors Begriff des Tragischen; und ein drittes Moment, das im *Camões* im Ansatz vorhanden ist, betrifft den »Bildentwurf«, das »Gericht«, und insofern es gleichzeitig als »Idee« zum Weltgewissen wird, die Frage nach der Sinngebung und Deutung der Existenz durch den Dichter.

Schneider gesteht selbst einmal, daß ihm die »theoretische oder spekulative Philosophie im Grunde unzugänglich« gewesen sei. Es ist deshalb auch nicht geraten, seine denkerischen Ergebnisse zu diskutieren. Wohl aber soll man ihn in seinen Emotionen und Intentionen zu verstehen suchen, in dem, was ihn an den Denkleistungen der Vergangenheit angezogen hat. Die Verführungskraft der Philosophie des deutschen Idealismus, aber auch Schopenhauers, Nietzsches und Unamunos, und durch diese hindurch die einer nochmals gebrochenen Form des als Geröll mitgeführten, durch die Gegenkraft Kierkegaards hochexplosiv gemachten idealistischen und romantischen Geistesgutes, wirkte so stark in die Tiefe der empfindsamen Seele hinein, daß es fast eines Jahrzehnts der außerordentlichsten Erschütterungen bedurfte, um die Gegenkräfte zu mobilisieren und zur Wirkung kommen zu lassen. Man kann wohl sagen, daß die ganze Reihe von Werken der dreißiger Jahre, *Philipp II.* (1931), *Die Hohenzollern* (1933), *Das Inselreich* (1936) und *Las Casas vor Karl V.* (1937), ja selbst noch die Studie über *Corneilles Ethos* (1939) und der Essayband *Macht und Gnade* (1940) Zeugnis ablegen von diesem inneren Abwehrkampf gegen eine idealistische Metaphysik zugunsten einer augustinisch gerichteten Eschatologie. Denn in dieser Richtung verläuft die Entwicklung Schneiders.

Gehen wir nochmals zu jenem Vorhaben des Dichters zurück, den Untergang durch Hereinnahme in sein Leben zu überwinden. Nun, da er nach seinen eigenen Aussagen nur »in Bildern und Schicksalen« denken konnte, nicht aber in Begriffen, logischen Schlüssen und Systemen, lag es nahe, das Schicksal seiner Zeit, die Problemlage der Gegenwart, die er als Untergang empfand, wiederum »in Bildern und Schicksalen« aufzulösen, und zwar historisch; den *Camões* muß man deutlich als eine solche Projektion empfinden. Den von Schneider erlebten Aufeinanderprall von Kräften, die alles in den Abgrund zu reißen drohen, und seinen eigenen Konflikt mit der Zeit verlegt er nach Portugal ins Zeitalter der Kolonisation. Auch *Philipp II.,* das folgende Werk, ruht ganz und gar auf einem emotionalen Grund. Der aus einer konfessionell gemischten Familie stammende, letzten Endes aber ungläubig gewordene Dichter, der der Faszination der philosophischen Dialektik erlag und in tiefem Zweifel an der Zeit nach Ausdruck und Gestaltung seines gärenden Innern suchte – nach Aufhebung des Untergangs durch Hereinnahme in sein Leben –, empfand das Erlebnis des Escorial als Wendepunkt seines Lebens, zumindest als Ausgangspunkt einer neuen Entwicklung. Er sagt: »Der Escorial war die Herausforderung an die Zeit, mit der ich im Streite lag; ich glaubte nicht, was Philipp glaubte, aber ich bejahte die Herausforderung: Königtum und Tragik, das Leiden des wahrhaft Mächtigen, Protest gegen den Aufruhr, rücksichtsloses Opfer, Adel. Katholisches Erbe als Gehalt und Form hatte in mir den Glauben überlebt.«

Doch können wir den *Philipp* noch nicht als das Neue ansprechen. Wie im *Camões* befinden wir uns hier im Bereich des philosophischen Erbes des deutschen Idealismus, was man auch immer sagen mag. Die im ersten Werk aufgewiesene Dialektik von Natur, Rausch, Trieb und Macht auf der einen, Geist und Ohnmacht auf der anderen Seite, die Vollendung im Untergang als synthetischer Versuch, also die Aufrichtung eines idealen Reiches im Kunstwerk, – diese Dialektik vollzieht sich auch in dem neuen Werk, nun aber in umgekehrter Richtung, und infolgedessen noch um einiges düsterer, härter. Hier ist der Ausgangspunkt jenes von Camões hinterlassenen Bildes des idealen Reiches und der als Auftrag empfundenen Macht, die dann, im Widerspruch der realen historischen Kräfte, der Revolution Oraniens erliegt; erliegt insofern, als sich für Schneider angesichts dieser revolutionierenden Kräfte die »Unheilbarkeit« der Macht, die »Vollkommenheit des Unvollkommenen« erweist. Das tief problematische Buch bleibt am Ende offen, bietet keine synthetische Lösung, oder aber, wenn man will, eine Synthese ganz anderer Art, herausgehoben aus der philosophischen Dialektik, gewandelt zu einer ästhetischen Lösung. Der Hinweis auf die Lebensform des Königs, eine Lebensform ›an sich‹, abstrahiert zu einer »objektiven Form der Heiligkeit«, wie Urs von Balthasar es nennt, bedeutet in der bildhaften Sprache Schneiders eine Art Ersatz. Eine »Synthese zwischen bewußtem Willen zur Form und Mystik, und der Unheilbarkeit der Macht« kann sich nur im »Bild« offenbaren, wobei allerdings gerade das Wesentliche der Dialektik, nämlich die Zeit, das dynamische, vorwärtstreibende Moment, erstarrt und damit die Historizität aus der Historie ausgetrieben wird. Zurück bleibt ein Himmel voller platonischer Urbilder. Auf Umwegen sehen wir den bereits überwunden geglaubten deutschen Idealismus, das fatale Erbe, das so viele überschwemmte, wieder eindringen. Das ›starre‹ Bild Schneiders entspricht der Panoramamalerei eines Anton von Werner, es spiegelt nur Bewegung vor.

Die Hohenzollern, Tragik und Königtum, das dritte große Werk, nimmt die Thematik auf und kann in gewissem Sinne als eine Projektion der spanisch-katholischen Form in die Ebene des Preußisch-Protestantischen gewertet werden. Hier wird an der Abfolge dreier Könige dargelegt, wie im Prinzip des Lebens, das zur Entfaltung drängt, die Notwendigkeit des Untergangs beschlossen liegt. Die Entstehung des Buches fällt in die Zeit unmittelbar vor der nationalsozialistischen Machtergreifung, und der Dichter hörte deutlich das tosende Brausen des nicht mehr fernen Kataraktes, auf den Deutschland zutrieb. Er litt an der Zeit und versuchte, noch einmal das »Bild« aufzurichten, die edle Gestalt dessen, der sich für sein Amt, seine Würde, seine Krone und sein Volk opfert, der lange vor seinem physischen Tode für die Zeit abstirbt, um in der Einsamkeit nur und ausschließlich Herrscher sein zu können. »Es war kein christliches Buch und wollte das nicht sein; ich war kein Christ, sondern ich sah im Tragischen den Sinn der Geschichte«, sagt der Autor rückblickend im *Verhüllten Tag*. Wie aber stellte sich ihm das Tragische dar? Worin lag es? Es lag nach seiner Auffassung in der Diskrepanz zwischen »ehernen, unverrückbaren Gesetzen«, die als ideale Formgebung irdischer Verhältnisse im Staat festliegen, und der Unvollkommenheit dessen, der sie zu erfüllen hat. Das Tragische zeigt sich in der »Erschütterung irdischer Verhältnisse in dem Sinn, daß der Bau der Ordnung wankt und einstürzt, der Grund dieses Baus jedoch immer festliegt«. Das Tragische ist das Nichterreichen des Absoluten oder, wie Schneider selbst sagt, »die absolute Unmöglichkeit«.

Das Inselreich steht an einem Wendepunkt der geistig-geistlichen Entwicklung Reinhold Schneiders. Was im Escorial erlebnishaft in ihn eindrang, kam nun zum Durchbruch: »Die sakramentale Prägung, die ich unwissentlich getragen hatte, setzte sich durch.« Das *Inselreich* wurde nach dem 30. Juni 1934 konzipiert und bedeutete wiederum eine Projektion existentieller Problematik in die Tiefe historischen Geschehens. Das Werk stand aber gleichzeitig und sicher nicht ohne Bezug auf das politische Geschehen in Deutschland unter dem Gesamtaspekt, daß Geschichtszeit die Agonie Christi ist. Englands Geschichte sah der Autor nunmehr als die Geschichte des »Gegenreichs«. »In dieser Perspektive sah ich alles«, meint er zusammenfassend, »England, die Europa vertretende Macht vor der äußersten Bewährung, vor der Behauptung im Untergang.« Schneider verlegte die Wende zum Untergang bereits in Shakespeares Zeit, dorthin, wo der Verrat an der europäischen Einheit durch die Berufung auf das ›Gewissen‹ und der Abfall von dem Ordnungsgedanken der Kirche sich zunächst als glorioser Aufstieg der Freiheit zeigt. Aber die schuldhafte Verselbständigung der Freiheit, das gestörte Verhältnis von Macht und Gnade müssen zu einem Untergang führen, der in der Pervertierung der Macht seinen Grund hat. Der Tower ist »von Cäsar gegründet« und bleibt das »düstere Symbol der Schuld und der Macht und ihrer Einheit«, er wird so zum »Gegenreich« des Escorial. Jeder Abfall von der für Schneider nunmehr feststehenden gesetzten Ordnung mußte fortan notwendigerweise unter den Typus des Gegenreichs treten. Auch der deutsche Abfall. Er selbst, der Dichter, geriet damit in die Zone, in der ihm kein Leiden erspart bleiben sollte. Zwar entging er immer wieder dem direkten Zugriff der Machthaber, doch war die andrängende Gefahr nicht weniger leidvoll, da er das Schicksal des Volkes in der konzentrationären Welt als Auflösung und hoffnungslosen Untergang ohne Heilung und Heiligung erfahren, mitleben mußte. Seinem Protest gegen die mißbrauchte Macht – konkret gesprochen, gegen die Verfolgung der Juden – gab Schneider die Form von »Szenen aus der Konquistadorenzeit«. So lautet der Untertitel von *Las Casas vor Karl V.* Die furchtbare Schuld der europäischen Expansion und der ungerechtfertigte Mißbrauch von Macht durch die Eroberer, die Greueltaten der Menschenjagd und Menschentötung aus Goldgier, das Versagen des Abendlandes bei der eigentlichen christlichen Mission, – all das treibt Las Casas, den »Vater der Indios«, zu jener unerhörten Anklage des Staates und zur Aufdeckung des Widerspruchs »zwischen dem christlichen Auftrag und der über Nacht emporgeschossenen Macht, die sich doch stets wieder auf diesen Auftrag berufen mußte«. Las Casas geriet mit seiner Argumentation zuweilen in die unmittelbare Nähe einer naturrechtlichen Auffassung, und nur die Unterwerfung unter das Gesetz des Staates, das – trotz allem auch für ihn – die gesetzte Ordnung repräsentierte, sowie die Unterwerfung unter die Nachfolge Christi im Leiden konnten ihn und seinen Missionsauftrag gegenüber der Macht retten.

Mit *Las Casas vor Karl V.* ist zweifellos eine Entwicklungsstufe erreicht, die den ersten Werken diametral entgegengesetzt ist. Die geschichtliche Dialektik des *Camões* war rein immanentistisch, sie funktionierte aus eigenen, der Natur innewohnenden Gesetzen. Die Natur trieb in ihrer Lust der Selbstzerstörung das Gegenprinzip, das Genie, jenen »Günstling der Natur«, wie Kant es nennt, hervor, und im Untergehen vollendet dieses im Kunstwerk den »Auftrag« des Volkes. Das Werk über Philipp II. blieb im Antagonismus zwischen der Ordnungsmacht, die sich zu Form und Geist bekannte, und der revolutionären, sozusagen gleichberechtigten naturrechtlichen Gegenkraft stehen. Die Form wird zwar zerstört, aber fortan kann sich jeder im Kampf gegen revolutionäre Kräfte auf das »Bild« eines Königs und der von ihm repräsentierten »objektiven Form der Heiligkeit« berufen. Auch dieses Werk steht noch im Banne des philosophischen Idealismus. Die *Hohenzollern* zeigen die Tragik des Königtums, das Amt und Auftrag einzig aus dem Gewissen rechtfertigt und die durch das Kreuzrittertum gesetzte geisterfüllte Form nur noch als Form fortbestehen läßt. Wo aber Form und Geist auseinandertreten, wo sich nur noch die Form erhalten hat, muß sie in sich erstarren und dem nachdrängenden Leben erliegen. Im *Inselreich* wird Geschichte in den Rahmen der Heilsgeschichte eingestellt, der geschichtlichen Existenz die Dialektik von Natur und Übernatur, von Macht und Gnade erstmals untergelegt. In *Las Casas* wird die Gefahr einer immanentistischen Lösung immer wieder sichtbar, insofern der ›Sieg‹ des Las Casas noch als Sieg der Einsicht und des Guten im Menschen interpretiert werden könnte. Jedoch wird gleichzeitig das Einstrahlen der göttlichen Transzendenz in die Welt sichtbar gemacht und damit das ›Bewirken‹ des Guten Gott anheimgestellt.

Wie Schneider den Eintritt des Geistes und der Übernatur in die natürliche, geschichtliche Welt, wie er die »Gewalt der einmaligen Stunde« sah und beurteilte, und wie er gerade in der Verfehlung dieser Stunde die Schuld und Tragik der Handelnden erkannte, – das ist ein Problem, das fortan immer zentraler wird. Auch hier gab es eine Entwicklung von einem aus der Situation entspringenden selbstgeschöpften Sendungsbewußtsein über die Repräsentation ›aus dem Gewissen‹ zur Repräsentation aus der Verantwortung gegenüber der Transzendenz. Damit wurde der Besitz der Macht und die Rechtfertigung ihrer Verwaltung zum Kernstück der Schneiderschen Geschichtsauffassung und damit seiner Werke, vor allem der Dramen. An diesem Problem wird deutlich, wie der vom Protestantismus mitgeprägte und von der Philosophie tief beeinflußte Dichter nach seiner Rückwendung zum Glauben ein sehr radikales, ganz und und gar augustinisches Bild des Entweder-Oder entstehen ließ. Die Auseinanderreißung der civitas dei und der civitas terrena sive diaboli mußte sich in der Dichtung sichtbarlich zeigen. Es ist auffallend, welche Bedeutsamkeit im Werk Schneiders den Bildern von Tod, Verfall, Untergang einzelner und ganzer Völker, von Leiden und Besessenheiten, Schlachten und Erdbeben, von Alter, Siechtum, Kerkerhaft, Umnachtung und frivolen Greueltaten zukommt. Man sieht in seinem Werk die ganze geplagte, geschundene und aus allen Wunden blutende Menschheit. Wir wohnen dem Tode Philipps II., Karls V., Friedrich Wilhelms IV. bei, wir sehen, wie Petrus von Murrhone, der einstige Papst Cölestin, erschlagen wird, wie Zar Alexander in der Einsamkeit einer in seinem Auftrag fahrenden Galeere für immer verschwindet, London im Brand verlodert, Lissabon vom Erdbeben zerstört wird, wie Johannes vom Kreuz als Gefangener seiner Brüder im Kerker schmachtet, wie die Nachfahren der Hohenstaufen in den Kellern der Burg von Neapel wahnsinnig werden. Es ist eine Reihe ohne Ende, dargestellt mit der Genauigkeit, Eindringlichkeit und stilistischen Sparsamkeit, wie man sie nur aus der klassischen französischen und englischen Dramatik kennt. Aber welche Bedeutung kommt dem allem zu? Wird das Tragische in der Geschichte so dargestellt? Oder ist die Welt des Elends eine Seite der dichterischen Zeichen- und Bildersprache barocker Gruftstimmung, während eine andere Seite die Metaphorik der Glorie, der Größe, des Glanzes und des Ruhms zeigt? Woher stammen diese Bilder? Aus der Geschichte oder aus der Imagination des Dichters? »Zuweilen gestaltet die Geschichte Bilder«, sagt Schneider in *Macht und Gnade,* »die mit der Kraft von Sinnbildern über den Zeiten stehen bleiben.« Und er findet, daß die Geschichte »sehr reich ist an solchen Bildern, die mit den Mitteln irdischer Wirklichkeit die jenseitige ausdrücken und den Gehalt einer Epoche in ihrer Beziehung zur Ewigkeit versinnlichen«.

Es handelte sich für Schneider also offenbar um die Nachbildung und Abbildung einer Wirklichkeit, deren tiefer Gehalt erst in der geordneten oder gestörten Beziehung zur Ewigkeit sichtbar wird. Aber ob die Beziehung geordnet oder gestört ist, läßt sich nur im Verhalten des Menschen in der Gemeinschaft erkennen, und dieses wiederum im Verhalten zu bestimmten Sinn-Bildern. Dazu bedarf es einer gewissen Auswahl von Vor-Bildern. Schneider fordert vom Menschen, besonders vom Dichter, von den Königen und den Heiligen, daß Haltungen vorgelebt werden, gleichsam als Mahnmale. Der Kunst – um nur von ihr zu reden – wird nicht nur formende, sondern in einem höheren Verstande sogar gesetzgebende Kraft zugemessen. In der bereits erwähnten Studie über Corneilles Ethos werden die Grundzüge einer rigorosen Ästhetik entworfen und der Dichter selbst als die »Figur« dargestellt, in der sich Ethik und Ästhetik jederzeit zur Deckung bringen lassen. Wie die Herrscher und die Heiligen übernehmen auch die Dichter geschichtliche Verantwortung und tragen darum das Stigma der Selbstaufopferung für ihr Werk und ihren Auftrag auf der Stirn. »Dichter«, sagt Schneider an einer Stelle, »kommen entweder zu früh oder zu spät; vorzubereiten, was kommen soll, oder in die Dauer zu erheben, was vergänglich und vielleicht schon vergangen ist; sie stehen in einem merkwürdigen, aber unberechenbaren Zusammenhang mit dem Volksgeschick ... Mit der Gerechtigkeit der bedingungslosen Unbarmherzigkeit, die der Geschichte eigen ist, hatte sie ihn [Corneille] gerufen, gebraucht und verworfen.«

Diese Studie bildet nicht nur ihrer Entstehung, sondern auch dem Gehalt nach den Abschluß einer über zehnjährigen Schaffensperiode. Man erkennt es am Stil, an der Auswahl der Worte. Die Geschichte tritt hier als metaphysisches Subjekt handelnd auf. Sie beruft, gebraucht, verwirft, ist unbarmherzig, aber in ihrer Unbarmherzigkeit gerecht. Ist es nur Metaphorik, die ganz anderes meint, oder dringen immer von neuem Rudimente des alten Denkens an die Oberfläche? Wie dem auch sei, es finden sich daneben Worte, die ihre Bedeutung für Zukünftiges erhalten, vor allem im Hinblick auf das Drama, dem sich Schneider später zuwandte, aber auch auf die Erzählungen, die seit Beginn der vierziger Jahre einen immer breiteren Raum in seinem Schaffen einnehmen. Es heißt da zum Beispiel: »Ein Menschenbild wollte er vor allem geben ... Es wäre müßig, zu untersuchen, was er erfunden, was er übernommen hat: in der Prägung und verpflichtenden Darstellung geistig-geschichtlichen Gehaltes, nicht in der Erfindung des noch nie Dagewesenen besteht die schöpferische Tat.«

Vielleicht kann man diesen Satz Schneiders über das Werkethos Corneilles mit derselben Berechtigung auf ihn selbst anwenden. Auch ihm kommt es ja auf die ›Prägung‹ und auf das Menschenbild an, man könnte sogar sagen: mehr auf das Vorbild als auf das Abbild, und nie – selbst nicht in dem, was dann als Erzählung bezeichnet wird – auf die ›Erfindung‹. Aufschlußreich ist in dieser Hinsicht eine spätere Bemerkung: »In Völkern, ihrem Zusammenstoß, ihrem Gegen- und Füreinander und dann in ihren waltenden Ämtern habe ich mein Leben, meine geistigen Kämpfe ausgetragen; das ist die formende Kraft. Vielleicht hat mich das Bild Schillers geleitet.« Kennzeichnend ist sowohl der subjektive Bezug – »mein Leben«, »meine geistigen Kämpfe« – als auch der objektive

Hinweis auf die formende Kraft der Historie, und nicht zuletzt natürlich der Bezug auf Schiller als dichterischer Existenz. Schneider hat sich nie zu Schiller bekannt, eher hat er sich von ihm abgewendet, und zwar gerade im Namen dessen, zu dem er sich als Christ bekannte. Und doch bewegte ihn das Problem während des Zweiten Weltkriegs intensiver, als man gemeinhin ahnt.

Die Endphase der Zeit der »Selbstmörder«, das letzte Ringen des deutschen Volkes im Untergang wirkten so stark auf Schneider, daß Krankheit ihn fortan nicht mehr verließ. Und eins war ihm, der für historische Nuancen und gewisse Analogien ein gutes Sensorium hatte, klar: Was hier zu Ende ging, war nicht das ›Element‹ Volk in seinem wirkenden Zusammenhang der Lebenden mit den Toten, das Volk mit seiner Sprache, sondern eher das Element Macht, »Macht, die wir nicht sein können«, war der Staat, aber auch der Geist, der den Staat trug, der Geist des deutschen Idealismus. Es hieße sich die Dinge leichtmachen, wollte man sagen, die Zeit seiner historischen Studien sei zu Ende gegangen, weil die Zensur ihm jede Möglichkeit nahm. Schneider hat, das bezeugen viele Stimmen unabhängig voneinander, den Einsatz seines Lebens täglich und Jahre hindurch gewagt. Aber mit den Worten des Las Casas vor dem Gerichtshof Karls V. war über das Problem von Macht und Gnade alles gesagt, was zu sagen war. Wohingegen über den Geist deutscher Dichtung, vor allem wenn er die tragende bürgerliche Schicht der Epoche mitgeprägt und von vielem seiner Meinung nach Wesentlichem abgehalten hatte, noch einiges zu sagen blieb, sofern man es als Christ sagte. Wir wissen hinlänglich, welch große Bedeutung für Schneider die griechische Tragödie, Dante, Calderon und über alle Maßen Shakespeare gewonnen hatten. Auch die Studie über Corneille läßt keinen Zweifel, wie bedeutsam für ihn dieses starre, formstrenge Ethos geworden war. So besaß er also Maßstäbe großer Dichter für die Beurteilung der deutschen Klassik und Romantik. Auch hier muß man von vornherein feststellen, daß es sich bei seinen zahlreichen Essays über Dichter uund Dichtungen nicht um Literaturkritik im strengen Sinne handelte, – so wenig wie in den Werken über Philipp II., Las Casas, die preußischen Könige um Geschichtsforschung. Im Vordergrund stand der Leit- und Vorbildgedanke, und an der Haltung des jeweiligen

Dichters entwickelte er sein Verhältnis zu ihnen. Es drängt sich bisweilen die Überzeugung auf, Schneider habe mit diesen interpretierenden Studien zur Literatur das Beste gegeben, was wir von ihm besitzen. Bei aller Einseitigkeit sind die Werkanalysen und die Profilierung der Dichter treffsicher und von großer Überzeugungskraft. Es kam ihm, der an sie nicht rein immanent-ästhetische Gesetze anlegte und in erster Linie die dichterische Leistung für die Versinnlichung einer Epoche kritisch herausarbeiten wollte, der Antrieb zu diesen Studien aus der eigenen Notlage.

Wir sind mit Schneider näher am Gegenstand, als wenn wir mit psychologischen Kunstgriffen versuchen wollten, Leben und Werk zu motivieren. Gerade das Auseinanderbrechen von Ästhetik und Ethik machte Schneider verantwortlich für den Niedergang der Zeit, und in der deutschen Klassik und Romantik nahm er das Ausweichen der Dichtung vor den Problemen des geschichtlich Aufgegebenen, der Macht und der Gewalt der geschichtlichen Stunde, nahm er die Flucht in den unverbindlichen ›Geist‹ wahr. Die Anteilnahme des Dichters an allem, was das Leben der Gemeinschaft betrifft, die gestaltende, bildende und versinnlichende Arbeit, mit einem Wort: das Ethos, erkannte er sowohl bei Dante wie bei Calderon, Corneille, Shakespeare, von den Griechen zu schweigen. Dort sind Ethik und Ästhetik identisch. Nicht so bei Goethe und Schiller, beziehungsweise dem, was von ihren Werken in die Zeit hinein gewirkt hat: bei *Faust* und *Wallenstein*. Diese beiden schienen Schneider in besonderer Weise die Protagonisten des bürgerlich-liberalen Zusammenbruchs, es ist, sagte er, »als schritte die rätselhafte Gestalt des Friedländers vor unserem Volke her« in den Abgrund, als sei sie »auf dem Gebiet des Politisch-Geschichtlichen von einer ähnlichen Bedeutung der Verführungs- und Ausdruckskraft wie Faust in bezug auf Religion und Denken«. Sehr nahe dagegen stand ihm Novalis. Das Wort von der Kirche als dem Wohnhaus der Geschichte bietet Anlaß genug, sich diesem mächtigen Geist verwandt zu fühlen. Arnims Sendung hielt er im Ansatz für wertvoll, in der Bewältigung für gescheitert; auch Uhland vermag nicht, so wenig wie Chamisso, den aus der geschichtlichen Tiefe aufsteigenden Schmerz auszuhalten. In Kleist sah Schneider das Sinnbild der unheilvollen und unheilbaren Krisis der preußischen Form, sah er das Herz des Dichters an der Starrheit und Enge preußischer Lebensform zerbrechen. Lenau, die Droste und Gotthelf, allen voran aber Eichendorff und Grillparzer erlangen in seiner Sicht die Bedeutung von Leitbildern, die drei ersteren als nicht vollendete, die letzteren beiden in fast reiner Form. In Lenau wertete er den künstlerischen Ertrag eines tragisch ins Dunkel abstürzenden Lebens, in der Droste verehrte er die »Vergeistigung des Rittertums«. Gotthelf war für ihn der Darsteller der »klaren Wahrheit des Bösen und seiner geschichtlichen Macht«, er hielt ihn für »frei von den Gefahren des deutschen Idealismus«, frei also von jenen »Widersprüchen, die das Gefühl vor die Wahrheit setzen«; bei ihm kämen Ethik und Kunst aus einer Wurzel, der Künstler spreche noch von einem Ort innerhalb der menschlichen Gemeinschaft aus. Mit Eichendorff hat das deutsche Volk seinen bewahrenden Dichter »adliger Form und Art« verloren, zugleich einen jener Autoren, die ebensogut Beter wie Dichter waren. Grillparzers Kaisertragödien schätzte Schneider sehr hoch, er räumte ihnen eine tiefe Wesensverwandtschaft zu Shakespeares Königsdramen ein.

Der Hinweis auf die literaturkritischen Arbeiten Schneiders ist, auch wenn es sich nur um eine Aufzählung handeln kann, die weder den Charme der Darbietung noch die Ernsthaftigkeit der Aussage erkennen zu lassen vermag, deshalb von Belang, weil diese Arbeiten zeitlich zusammenfallen mit einer Zunahme der erzählerischen Werke, dem Gegenpol des Kritischen also. Es könnte der Eindruck entstehen, als gingen die hier vorweggenommenen ethisch-ästhetischen Erwägungen auch realiter dem dichterischen Werk voraus, den Sonetten, Erzählungen und Dramen. Diese Vorstellung ist unrichtig, obwohl sie naheliegt, weil der Stoff der Dichtungen gleichfalls, und zwar ausnahmslos, der Geschichte entnommen ist.

Versuchen wir in den Schaffensprozeß Schneiders mit Hilfe seiner eigenen, überall verstreuten Aussagen einzudringen, so stoßen wir auf einen allen, auch den kritischen Werken gemeinsamen Wurzelgrund. Der Dichter schilderte einmal in wenigen Sätzen die Entstehung einer Erzählung: »Im Januar 39 schrieb ich die kleine Erzählung ›Vor dem Grauen‹, von der Erscheinung Benedikt Labres, den die Ahnung der Revolution, beispiellosen Leidens und Frevels über alle Straßen Europas bis nach Polen trieb. Es ist der Wanderer mit bloßen Füßen, gekreuzten Händen, der Blinde, der das Unaussprechliche sieht. Am Neujahrstag in der Gegend des Odéon unter dem Gesang der Straßensänger überfiel mich die Gewißheit; eine Wand steigt vor allen Schicksalen, dem meinen, dem meiner Freunde, des Volkes, der Völker auf. Alles Gegenwärtige steht in Frage. Eines jeden Weges Ziel ist hinter der Wand. Es ist nicht zu erkennen. Es wird furchtbar sein.«

»Überfiel mich die Gewißheit«: Es stellt sich auf unergründliche Weise – ein Geheimnis des künstlerischen Schaffensprozesses Schneiders – der Kontakt her zwischen einer ihn sofort überfallenden existentiellen Notlage (der Blick in die furchtbare Zukunft, die Gewißheit, die ihn überfiel) und der besonderen historischen Erscheinung des Benedikt Labre. Diese Verbindung ist keine Frage des Bewußtseins oder des Willens, sie ist zufällig, insofern der bildschaffenden Imagination tatsächlich etwas zugefallen ist. Schneider geht ja selbst soweit, auch dem striktesten Philosophen diese Art der Konzeption unterzulegen: »Ich glaube, daß der Ausgangspunkt fast aller Philosophen ein ekstatischer oder visionärer ist, daß auch ihnen das Letzte aus Bildern quillt.« Oder: »Ich glaube, daß Fichte die Anlage zu einem echten Mystiker hatte.« Die historischen Studien Schneiders lassen sich alle auf einen solchen »visionären« Ausgangspunkt zurückführen. Über das Zollernbuch zum Beispiel schreibt er: »An einem Wintermorgen im Steglitzer Stadtgarten überfiel mich das brandenburgische Konzert, die preußische Idee, es war wie eine unüberwindliche bacchantisch-disziplinierte Musik.« Und so war es bei *Philipp II.*, so beim *Inselreich.*

Die Wiederholung des Wortes ›überfiel‹ wirkt stereotyp (nicht abwertend, sondern charakterisierend gemeint), und wenn wir zur Charakterisierung der Erzählungen Schneiders, auf alle Fälle ihres Stils, diesen Terminus verwenden, so müssen wir noch ein zweites Mal Schiller erwähnen, der sich einen sentimentalischen, unnaiven Dichter nannte. Hat man nicht oft genug das Schillersche Epitheton als stereotyp gekennzeichnet, im Gegensatz zu dem farbig-individualisierenden Goethes? Es bedarf nur eines flüchtigen Blicks auf einen Text Schneiders, etwa auf die Erzählung *Die dunkle Nacht des Johannes vom Kreuz* (1943), um die Parallele zu erkennen. Das Adjektiv wird von Schneider sehr sparsam verwendet, wenn aber, dann meist in recht banaler Weise. Die erste Seite der Erzählung weist folgende Beispiele auf: »heftige Stürme«, »drohende Schläge«, »verehrte Ordensleute«, »männlich-klare Zeichen«, »hastige Schritte«, »liebende Seele«, »flackernde Lichter«, »zornige Blicke«, »rauchende Asche«. Es bedarf hier keiner ausführlicheren Untersuchung, daß dieses Stilmittel des Stereotypen bei Schneider durchgängig anzutreffen ist. Wie kommt es aber, daß die Erzählung trotzdem erhebliche Faszinationskraft, daß sie Leuchtkraft besitzt? Weil ein seelischer Vorgang mit letztem Ernst dargestellt wird, weil das einmalige und unwiederholbare Geschehen in seiner innersten Wahrheit freigelegt wird, ohne daß die Mittel der Psychologie in Anspruch genommen werden.

Wir gelangen hier dicht an den Kern des Schneiderschen Schaffens. Wenn es sich nämlich so verhält, wie er selbst sagte: daß die Geschichte und die »Gewalt der einmaligen Stunde« das Zentrum seiner Anschauungen bilden, andererseits aber eine solche Stunde das Zeichen des Einbruchs des Unendlichen, der Übernatur, der Gnade in die zerbrechliche natürliche Welt darstellt, dann muß sich die immanentistisch-psychologische Darstellung als gänzlich unnütz erweisen, weil die psychologische Motivierung als von der Immanenz ausgehend die andere Seite des Geschehens verkennt. Es kann nur noch der Bericht und jenes auf letzte Einfachheit gebrachte Sagen Berechtigung haben; denn ein Standort des Künstlers außerhalb oder über der menschlichen Gemeinschaft, gewonnen durch Verselbständigung der ästhetischen Werte – was Schneider der Dichtung des 19. Jahrhunderts zum Vorwurf macht –, ist abzulehnen. Aber nicht, weil für den gläubigen Katholiken die Dinge im Grunde einfach sind, konnte er auch getrost von der Kunst als einer die Geschichte mitbestimmenden Kraft sprechen und die Gleichung von Abbild und Vorbild aufstellen; sondern weil im letzten das Geheimnis des Geschichtlichen nicht erkannt, vielmehr nur erfahren werden kann, weil es der Dichter nur in Zeichen und Bildern wiederzugeben vermag. »Vom Geschichtlichen läßt sich im Grunde nur das Unveränderliche aussagen: der Stand und Kampf des Menschen zwischen Himmel und Hölle; die Dialektik in der Verwaltung der Macht; das Geheimnis des in Zeit und Ort an Menschen ergehenden Auftrags – die Gewalt der Stunde, die ergriffen werden muß; die Freiheit der Person im undurchbrechlichen Zwang der Entfaltungen und Zusammenhänge. Diesen Fragen sind wir verfallen. Geschichte ist in uns selbst.«

Von daher gesehen erwies es sich als ein notwendiger Entwicklungsgang des Schaffens, wenn Schneider immer von neuem auf die Darstellung der großen geschichtlichen Begegnung hindrängte. Anfangs stellte er diese Begegnung unter das Gesetz des Natur-Geist-Antagonismus. Mit Anteilnahme verfolgt man die immer größer werdende Kluft zwischen beiden dialektischen Momenten und die Verwandlung des Geistes in eine Übernatur. Erst in dieser Epoche Schneiders bekam das Drama seinen Platz im Vordergrund, denn allein in dieser Form der Begegnung zweier Welten konnte sich die Dialektik in ihrer ganzen Schärfe erfüllen, vermochte sich die Dialektik in der Verwaltung der Macht zu offenbaren. Nicht, daß der Eintritt des Ewigen in die Zeit sich in Wirklichkeit in dieser Weise vollziehen werde, soll damit gesagt sein, sondern nur, daß der Künstler diesen Vorgang nicht anders als so darstellen und formal bewältigen könnte.

Das ist der Punkt, an dem das Problem christlicher Dichtung überhaupt sichtbar wird. Die großen Dramen Schneiders, die in der Zeit zwischen 1946 und 1952 ihre endgültige Gestalt erhielten, nachdem sie thematisch bereits in früheren Erzählungen vorgeformt worden waren, haben im Kern ausnahmslos die bedeutende geschichtliche Begegnung der antagonistischen Elemente König und Heiliger und die in dieser Begegnung angelegte tragische Situation zum Gegenstand. *Der Kronprinz* (1948) bringt zum erstenmal das Thema des Verzichts und damit die Frage nach der Möglichkeit einer Verfehlung des Auftrags. In diesem Falle ist es der Verzicht auf die Krone. Er erweist sich als politische Notwendigkeit, da das Symbol der Krone ja nur sinnvoll und zeugungsfähig ist, wenn es geglaubt wird, wenn auch das Volk »königlich denkt«. Die demokratisierte Massengesellschaft drängt aber in eine andere Richtung und der soziale Aspekt einer durch die Krone geordneten Welt wird nicht mehr eingesehen. Verzicht bedeutet hier Verzicht auf den Machtkampf, bedeutet gleichzeitig Rettung der eigenen Reinheit, Rettung der Seele vor den Anfechtungen der Welt durch Eintritt in einen christlichen Orden. Ist diese Entscheidung eine Tat oder liegt in ihr die Flucht vor der Tat beschlossen? Immer aufs neue griff Schneider die Frage auf, wie der Mensch rein bleiben kann, wenn er andererseits den Forderungen dieser Welt nicht entsagen will. Auch *Zar Alexander* (1951) behandelt dieses Thema. Hier geht es um die selbstauferlegte Buße für die Nichtbewältigung der Aufgabe. In dem Drama *Der große Verzicht* (1950) läßt Schneider Petrus von Murrhone diesen Kampf austragen, jenen einfachen, nach den Grundsätzen des Evangeliums lebenden Eremiten, der als Engelspapst berufen ist, den unlösbaren Machtkampf der großen Renaissancedynastien zu schlichten, der aber sein Papstamt niederlegt, als er erkennt, daß er die Verwaltung der Macht, die ja auch dem Stuhle Petri auferlegt ist, mit den Lehren des Evangeliums nicht in Einklang bringen kann. Sein Verzicht wirft die Frage auf, ob Macht in jedem Falle böse ist, ob sie es von der Schöpfung her sein muß, und endet bei der weiteren Frage, ob Heilige jemals herrschen können. Wenn diese Frage bejaht würde, wäre der Verzicht des Petrus auf die Ausübung des Amtes aus Gewissensgründen letztlich Verrat am Amt der Kirche, ja die Kirche als von Christus eingesetzte Institution zur Verwaltung der Macht müßte sogar die Verkennung der Aufgabe als Sünde verurteilen. Eine wahrhaft tragische Situation! Und abermals griff Schneider das Thema in *Innozenz und Franziskus* (1952) auf. Innozenz hält nicht nur die Spannung aus, die mit der Auferlegung des Amtes gegeben ist, er vertritt sogar die Macht der Kirche gegenüber Franziskus, dem Heiligen, der durch seine Existenz die Kirche in Gefahr bringen kann. Aber der Heilige bedarf der Kirche, um der sich selbst rechtfertigenden Häresie zu entgehen, wie die Kirche den Heiligen braucht, um an ihr Wesen als christliche Macht erinnert zu werden. Zur Darstellung dieser Dialektik benutzte Schneider noch die Konfrontation des Papstes mit dem Kaiser einerseits, mit den häretischen Katharern Südfrankreichs andererseits.

Es sind drei letztlich nicht zu vereinbarende Dinge, die in den Dramen Schneiders ihre Verschmelzung suchen: In der Zuspitzung auf die dramatische Form droht die Verkennung eines theologischen Zusammenhangs, indem sich das Schwergewicht vom Heilsgeschichtlichen auf die Heroisierung der Geschichte verlagert. Um dem zu entgehen, verzichtete Schneider weitgehend auf die psychologische Motivierung des menschlichen Handelns in der Zeit und drängte zu einer Art Standardisierung oder Idealisierung des Vorgangs. Auf diese Weise geriet er in die Gefahr, aus den Menschen feststehende Schemata, unwandelbare Symbole zu machen und den Antagonismus der Ämter und Aufträge erstarren zu lassen. Dadurch wiederum wird dem Drama seine Seele und der Geschichte durch die Entziehung der Zeit die eigentliche Geschichtlichkeit genommen. *(1968)*

Helmut Gollwitzer
Ein theologisches Bedenken

Ein theologischer Vorbehalt steht heute dem Unternehmen entgegen, den christlichen Glauben als eine Stellungnahme zur Frage nach dem Sinn des Lebens auszulegen. Wir beginnen seine Verdeutlichung mit einer Überlegung von Reinhold Schneider in seinem letzten, aus tiefen Anfechtungen eines heutigen Christen geschriebenen Buche *Winter in Wien* (1958). Es können doch – so fragt er und so scheint es ihm – für die Menschen eines ganzen Zeitalters an die Stelle des Verlangens nach ewigem Leben das »Verlangen nach Verlöschen« treten.

»Was kann Christi Sieg über den Tod Menschen und Völkern bedeuten, die sich in den Tod ergeben haben, nach Ewigkeit gar nicht verlangen? Die Osterbotschaft kann sie nicht erreichen. Und doch wurden die Apostel an alle Völker gesandt. Und doch wissen wir von Dornen, Disteln, steinigem Grund, wo das Korn nichts vermag. Gilt das nur von einzelnen, gilt das nicht auch von Völkern?« (S. 99) Und: »Das Korn will Erdreich, in dem es sterben kann, um aufzuerstehen. Wenn der Mensch das ewige Leben weder ersehnt noch fürchtet – und dieser Zone sind wir sehr nahe –, verdorrt das Korn für immer. Der Glaube an die Auferstehung setzt den Wunsch nach Auferstehung voraus – oder die Angst vor dem Nichts. Aber weder dieser Wunsch noch die Angst verstehen sich von selbst; in der Definition des Menschlichen, soweit sie überhaupt möglich ist, sind sie nicht eingeschlossen. Menschentum kann ich darstellen, formen, ohne von der Frage nach Unsterblichkeit beunruhigt zu werden: hier ist die Grenze der Verkündigung, der Mission, des Wortes, des Christentums. Es ist nicht Wort an alle, sondern an die Erwählten unter allen« (S. 69).

Spricht Schneider von Auferstehung, ewigem Leben, Unsterblichkeit, so spricht er von der Sinnfrage und von der Osterbotschaft als von der christlichen Antwort auf die Sinnfrage. Denn Sinn des Lebens meint, wie wir noch sehen werden, Geborgenheit und Erfüllung ohne Angst, also auch ohne Angst vor der Vergänglichkeit, und wie eng die Sinnfrage mit unserer Sterblichkeit zusammenhängt, wird noch ausführlicher Darstellung bedürfen. Schneider sieht richtig, daß die Art, wie wir Menschen uns zu unserer Sterblichkeit stellen, geschichtlich veränderlich ist. Zutreffend beobachtet er den antiidealistischen, antimetaphysischen Zug der Zeit; einer vielleicht noch zunehmenden Zahl von Zeitgenossen in unserem Kulturraum scheint der Durst nach Unsterblichkeit, die Sehnsucht nach einer jenseits des mundus sensibilis, der sinnlich-irdischen Welt liegenden höheren Welt, der Gram über unsere Endlichkeit abhandengekommen zu sein, der seit der Gnosis – um in Schneiders (von Matth. 13, 1–9 genommenen) Bilde zu bleiben – jahrhundertelang den Acker der Völker für das Korn der christlichen Botschaft bereitet hat. Wenige in der jüngeren Generation zeigen sich dafür ansprechbar; was man früher das »metaphysische Bedürfnis« nannte, und worauf eine breite religionsphilosophische Literatur das Werden der Religionen und die Aussichten des Christentums zurückführte, scheint weithin erstorben zu sein, so daß nicht einmal ein annäherndes Verstehen von Äußerungen metaphysisch bestimmter Zeiten möglich bleibt. Es wird nicht klaglos, aber fraglos gestorben; es wird so sehr das Sein als Sein zum Tode erfahren, daß Sterblichkeit als sein Wesenscharakter enthüllt werden kann und darüber hinausgehende Hoffnung als Verkennung des Menschseins abgetan wird (M. Heidegger). Idealisten haben einen schweren Stand; Materialisten begrüßen das als notwendige Ernüchterung bei der Umwandlung der Menschen aus Kandidaten des Jenseits in Kandidaten des Diesseits (L. Feuerbach); Christen empfinden es als Ausdruck tiefer Resignation und fürchten mit Reinhold Schneider, der hier in den Bahnen katholischer Tradition denkt, daß solche Verschlossenheit in »in sich ruhender Endlichkeit« (P. Tillich) empfangsunfähig mache für das Evangelium. Die Klage eines apokryphen Jesuswortes scheint potenzierte Geltung zu bekommen:

»Ich trat auf mitten in der Welt / und im Fleische erschien ich ihnen / und fand sie alle trunken / und keinen fand ich unter ihnen, der durstig gewesen wäre. / Und es mühte sich meine Seele um die Kinder der Menschen / weil sie blind sind in ihrem Herzen und nicht sehen.«[1]

R. Schneider sieht den Widerspruch zwischen der universalen Adressierung des Evangeliums an alle und der nur noch vereinzelten Disposition und beschränkt die »Erwählten« auf diese wenigen Disponierten.

Aber das Gleichnis Jesu vom vierfachen Ackerfeld will nicht über eine notwendige Disponiertheit belehren, die dann doch wohl nur schicksalhaft zu denken wäre, so daß der erwählende Gott damit in das Dunkel eines glückliche und unglückliche Veranlagung zum Heil willkürlich verteilenden Schicksals geriete, und es will nicht anleiten, die Disponierten am Kennzeichen ihres metaphysischen Bedürfnisses auszusuchen. Es will vielmehr den Hörer aufmerksam machen auf die Dornen, Disteln und Verschlossenheiten, die bei ihm dem Wort des Heils den Zugang verstellen und seine Entfaltung gefährden, und will ihn anreizen, um die von ihm nicht selbst zu bewerkstelligende Öffnung. Disposition und Beseitigung der Hindernisse durch die Kraft des in unser Leben eindringenden Wortes, durch die Kraft des Heiligen Geistes also, zu bitten: »Mache mich zum guten Lande, / wenn dein Samkorn auf mich fällt«, wie ein altes Gesangbuchlied sagt.[2] Glaube an die Auferstehung setzt den Wunsch nach Auferstehung nicht voraus, sondern die Botschaft der Auferstehung ruft ihn hervor. Deshalb wird christliche Sinnverheißung nicht von vorhandenem Bedürfnis sich abhängig machen; sie geschieht im Vertrauen darauf, daß sie auf einen Hunger antwortet, der nicht bewußt sein muß, der aber geweckt und ins Bewußtsein geholt wird, wenn sie zum Menschen kommt. Freilich, die unerhörte Sinnverheißung, die das Evangelium enthält und die in dieser Schrift dargestellt werden soll, hat durch jahrhundertelanges Ausgerufenwerden zu einem geschichtlichen Bewußtsein der Sinnfrage beigetragen, das selbst wieder eine Disposition darstellt; sie tat das in einer dialektischen, d. h. zugleich anknüpfenden und widerstreitenden Verbindung mit der bis in die Neuzeit wirkenden Erfahrung der Unbehaustheit des Menschen im Kosmos, wie sie sich in der Spätantike in Gnosis und Mysterienkulten aussprach, aber sie ist auf diese Erfahrung nicht auf Gedeih und Verderb angewiesen. Zugleich ist aber, was sie geschichtlich gewirkt hat, längst nicht so verschollen, wie R. Schneider fürchtet. Im Gegenteil, ein solches Ereignis »vergißt sich nicht mehr« – so kann man Immanuel Kants Wort über die Französische Revolution[3] darauf anwenden; man lese etwa nur Alexander Solschenizyns »Krebsstation« (1969), um dafür ein Empfinden zu bekommen.

Der »vierte Mensch«, den Alfred Weber beschrieben hat,[4] trägt mehr in sich, als seine Oberfläche verrät, und vermag den vorherigen Menschen keineswegs total abzulösen.

Die Nicht-Angewiesenheit des Evangeliums auf die geschichtlich verschaffte oder geschichtlich verhinderte Offenheit der bewußten menschlichen Selbstauslegung auf »ewiges Leben« (was auch immer darunter verstanden werden möge) hin, das Zutrauen zu der Selbstmacht dieses Evangeliums, uns unsere wahre Bedürftigkeit aufzudecken und zum Stachel unseres Bewußtseins zu machen,[5] kann uns von der Sorge um die Wirkungsmöglichkeiten der christlichen Botschaft, die R. Schneider quälte, befreien. Damit ist aber die Frage nach dem Verständnis »des« heutigen Menschen (womit immer nur gemeint sein kann: vieler heutiger Menschen) nicht gleichgültig geworden, weil derjenige, der sich beauftragt und gedrungen sieht, diese christliche Botschaft weiterzusagen, seine Zeitgenossen dort aufzusuchen hat, wo sie tatsächlich leben, und das, was er ihnen bringt, in ein Verhältnis zu setzen hat zu dem, was sie bewegt. Wird er jene diesem Menschen nachgesagte Verschlossenheit gegen metaphysische Fragen, jene Abwesenheit eines »metaphysischen Bedürfnisses« auch nicht als eine unüberwindliche Barriere für die ihnen zu bringende Botschaft ansehen, so wird sie ihm doch beachtlich sein müssen bei der Frage, mit was für Menschen er es konkret zu tun hat, wo sie der Schuh drückt und wo nicht, und zum Aufsuchen der vielleicht verborgenen und verdrängten Fragen, die zur konkreten Not dieser Mitmenschen genauso gehören wie diejenigen Probleme, von denen ihre Reden voll sind. Karl Barths Warnung, das Anknüpfen, das jeder, der anderen eine Botschaft bringen will, zu leisten hat, zu fixieren auf solches »metaphysische Bedürfnis«, das die christliche Theologie unter dem Titel »natürliche Theologie« zu behandeln und auf das sie ihre Zuversicht allzu sehr zu setzen pflegte, Barths Kampf also gegen die »natürliche Theologie« gibt seiner theologischen Arbeit eine hervorragende Gegenwartsbedeutung in einem »unmetaphysischen« Zeitalter mit atheistischer Atmosphäre. Aber es würde Barths Meinung vergröbern, wollte man ihn so verstehen, als stehe das Evangelium in keinerlei Beziehung zu den Bedürfnissen und Fragen des Menschen, oder als sei das Verstummen eines »metaphysischen Bedürfnisses« gerade die zu wünschende, sozusagen negative

Voraussetzung für die evangelische Botschaft. Solche Meinung kann dazu führen, daß man von theologischer Seite die Zeitgenossen in einer Fraglosigkeit, in einer dumpfen Resignation, in einem (heroischen oder verzweifelten oder verflachten) Sich-Versteifen auf die hier zwischen Geburt und Tod zu erreichende Befriedigung noch bestätigt und befestigt, in der das Evangelium sie doch beunruhigen, aus der es sie doch herausrütteln will. Zwar gibt das Evangelium uns Menschen nicht nur Antwort auf unsere Fragen, sondern verändert, wie wir sehen werden, auch unsere Fragen und ist Antwort im Vollsinn erst auf dieses von ihm veränderte Fragen, – und zwar setzt das Evangelium nicht voraus, daß der Hörer sich in einer offenen Fragesituation befindet und nicht in der Verschlossenheit der Resignation oder einer selbstfabrizierten Dogmatik, sondern es bringt ihn erst gründlich in diese offene Fragesituation, – aber dies alles heißt nicht, daß das Evangelium nicht in einer Beziehung stünde zu den Fragen der menschlichen Existenz, daß es nicht gerade diese meinte. Ist es euangelion, freudemachende Botschaft, so gilt es also Leuten, die freudlos sind oder sich mit anderen Freuden trösten, und will bessere Freude bringen. Ob die Freudlosigkeit und Selbsttröstung des Menschen in metaphysischem Bedürfnis oder in metaphysischer Bedürfnislosigkeit sich äußert, – beides ist nur Ausdruck des Elends derer, »die durch Furcht des Todes ihr ganzes Leben lang einer Knechtschaft verfallen« sind (Hebr. 2, 15). Jeder Mensch »lebt doch eine Existenz, in der er real schuldig wird, in der er real auf seine Grenzen stößt, die höchst real mit dem Tode endigt. Er kann real zweifeln am Sinn seiner Existenz. Er kann sich real fürchten. Er kann real verzweifeln. Und in irgend einer Tiefe ist er offen oder heimlich dieser Möglichkeit real bewußt und real darauf anzusprechen. Er ist also ebenso real auch der Gnade Gottes bedürftig«.[6]

(1970)

Anmerkungen

1 Vgl. J. Jeremias, *Unbekannte Jesusworte,* 1951, 66f.
2 »Tut mir auf die schöne Pforte«, V. 4, von Benjamin Schmolck (1672–1737).

3 I. Kant, Der Streit der Fakultäten II, 7. Kants *Werke,* hg. von W. Weischedel, 6. Bd., 361.

4 A. Weber, *Der Dritte oder der Vierte Mensch.* Vom Sinn des geschichtlichen Daseins, 1953.

5 Damit ist natürlich nicht an eine magische Bezauberung, an ein irrationales Mysterium fascinans gedacht. Als Jesu Ruf Matthäus, den Funktionär des ausbeuterischen römischen Kolonialsystems, aus seinem Büro in die Nachfolge holte (Matth. 9, 9), – war das ein Vorgang der Verdunkelung oder der Aufklärung, der Knechtung oder der Befreiung? Was mit »Selbstmacht des Evangeliums« gemeint ist, ist an der von den Evangelien gegebenen Darstellung der Befreiungsexousia (Vollmacht) Jesu und seines Wortes abzulesen, d. h. es ist damit vorausgesetzt, daß Jesus lebt; es ist also der Protest der Auferstehungsbotschaft gegen den »Glauben an den ewigen Tod« (R. Schneider, aaO., 99), der von R. Schneiders Sorge, dieser Glaube könne dem Evangelium den Weg versperren, befreit. Das meint Karl Barths schlichter Satz: »Jesus Christus selbst sorgt dafür, daß wir in ihm und durch ihn nicht draußen, sondern drinnen sind« *(Kirchliche Dogmatik* II/1, 174). Anders als unter dieser Voraussetzung kann man weder in Zeiten mit noch in Zeiten ohne metaphysisches Bedürfnis wagen, die christliche Botschaft weiterzusagen. Sie hat Ostern, das Aufsprengen des vom Tod umschlossenen Grabes dieser Welt und also auch des menschlichen Bewußtseins und seiner Selbstauslegung, also auch des modernen Bewußtseins mit seinem Sich-Abfinden mit der Sterblichkeit und dem postmortalen Nichts nicht nur zum Inhalt, sondern auch zu seiner Möglichkeitsbedingung.

6 K. Barth, Kirchliche Dogmatik II/1, 146.

Juhani Rekola
Das Tragische bei Reinhold Schneider

Die Nachfolge Christi ist das herrschende Thema in der literarischen Arbeit Schneiders vom Vorabend des Zweiten Weltkrieges an bis zu seinen letzten Jahren. Drei Motive sind für sein religiöses Denken charakteristisch. Es ist antiintellektualistisch, ökumenisch und dramatisch. Zur eigentlichen Theologie verhält er sich sehr zurückhaltend.

Nach Schneiders Auffassung besteht der christliche Glaube in der Nachfolge Christi. Kreuz und Leiden beherrschen auch sein Christusbild, und er stellt das Leben Jesu als menschliche Tragödie dar. Von Jesu Auferstehung spricht er selten, und auch Versöhnung und Erlösung bleiben Nebenthemen. Mit Jesus kam die Wahrheit in die Welt, und ein ewiger Kampf zwischen Wahrheit und den verschiedenen Machtformen begann. In seiner Wahrheitsspekulation hat Schneider fraglos Impulse aus dem deutschen Idealismus aufgenommen. Davon – wie auch vom katholischen Erbe seines Elternhauses – ist er abhängig, wenn er bei der Frage nach dem ewigen Heil des Menschen die menschliche Aktivität betont und wenn er meint, daß Glauben dasselbe sei wie der Wunsch, glauben zu wollen.

Schon in den großen historischen Werken schildert Schneider in bestimmten Zusammenhängen die Nachfolge Christi und das Ideal der Nachfolge, aber mehr nebenbei. Mit seinem Bekenntnis zum christlichen Glauben wächst das Bild der Nachfolge Christi zu seinem Ideal. Diese Idee bekommt ihre letzte Form, als Schneider zu Beginn der fünfziger Jahre im Gegensatz zur allgemein herrschenden Auffassung, ausgehend von der Anschauung des Pazifismus, sich entschieden ablehnend zu einer Aufrüstung Westdeutschlands stellte. Den Namen eines Pazifisten hat er allerdings für sich niemals gutgeheißen.

In der Idee der Nachfolge Christi betont Schneider zwei Hauptlinien, die man die Linie der Unbedingtheit und die des Dienens nennen kann. Die erste Linie vertritt nach Schneider am konsequentesten Ignaz von Loyola, die zweite Franz von Assisi. Diesen beiden Linien folgt er, wenn er das Ideal der

Nachfolge Christi in dreifacher Beziehung darlegt, in bezug auf den christlichen Schriftsteller, den Ritter und den Heiligen. Gerade im Heiligen verschmelzen Unbedingtheit und Dienen vollständig in eins; er kann am allerklarsten das Doppelschicksal der Nachfolge Christi erfahren, Gericht und Gnade.

Wenn Schneider das Schicksal dessen, der Christus nachfolgt, schildert, so herrscht auch dann das Gericht. Der Jünger Christi ist schon teilhaftig des Gerichts, das jedem Menschen zuteil wird und das alles Lebendige in der Geschichte trifft. Aber er bekommt zuzüglich noch das Gericht zu erfahren, das besonders mit der Nachfolge Christi verbunden ist. Schneider schildert das Gericht, das der Jünger Christi erfährt, besonders in dreifacher Hinsicht: Die Nachfolge Christi bedeutet Vermehrung des Leidens, Mißerfolg und zuletzt die Möglichkeit vollständigen Untergangs. Gerade in der christlichen Sphäre spitzen sich einzelne Probleme bis zum äußersten zu, am schärfsten im Leben des Heiligen. Er vertritt die Wahrheit, die nicht von dieser Welt ist, und er erfährt deswegen dasselbe wie Christus. Das Schicksal des Heiligen verdeutlicht Schneider besonders in einigen Dramen. Am dramatischsten hat er das Gericht, das der Heilige erfährt, in dem Drama *Der große Verzicht* geschildert, dessen Hauptperson der heilige Petrus von Murrhone ist, der 1294 unter dem Namen Cölestin V. zum Papst gewählt wurde, aber die Papstkrone niederlegte.

Das Gericht ist aber nicht der einzige Gesichtspunkt, unter dem Schneider die Nachfolge Christi untersucht. Dazu gehört auch die Gnade. Die Gnade ist schon in das Gericht eingeschlossen, das der Mensch in seinem Leben erfährt: im Leiden, in Krankheit, Schuld und Untergang. Wer Christus nachfolgt, wird auch der besonderen Gnade teilhaftig, die mit der Nachfolge Christi verbunden ist. Er vertritt die Wahrheit, die vielleicht zerbricht, aber in ihrem Zerbrechen auch rettet. Vollständige Finsternis ist Licht, wenn sie im Zusammenhang mit Christus gedeutet wird. Schneider benutzt bei Schilderung dieser Erfahrung oft Gleichnisse, die er der Mystik entlehnt. Näher beschreibt Schneider in zwei Punkten den Charakter und den Inhalt der Gnade, die mit der Nachfolge Christi verbunden ist: Wer Christus nachfolgt, ist frei und hat Frieden. Die Freiheit gibt die Möglichkeit, allen Ereignissen, Leiden und Schmerz, die ihn mit Notwendigkeit treffen, Sinn zu geben und so daraus ein

Opfer zu machen. Er besitzt mitten im Kampf den Frieden. Beides sind für Schneider geradezu innerweltliche Faktoren. Kennzeichnend für das religiöse Denken Schneiders ist, daß er nicht die Hoffnung auf ein ewiges Leben betont, wenn er die christliche Freiheit und den christlichen Frieden schildert. Das zukünftige Leben verleugnet er nicht, aber er schildert es nicht. Der Heilige kann die vollständige Gnade erfahren, und deshalb wirkt er stark auf seine Zeit. Petrus von Murrhone in dem Drama *Der große Verzicht* geht unter, aber sein Lebenswerk ist eine geheime Chiffre, die auf das Kommen der Zeit des Friedens hinweist. Sein Schicksal ist ein dynamisches Bild der Gnade. Die größte Macht verwirklicht sich in der völligen Machtlosigkeit, im Verzicht, im Opfer. Das Drama ist Schneiders letztes, klar artikuliertes Wort über die Macht und damit auch über Gericht und Gnade, die darin eingehen.

Schneider verbrachte den letzten Winter seines Lebens 1957/58 in Wien und führte dort das nach seinem Tode unter dem Titel *Winter in Wien* veröffentlichte Tagebuch. In ihm legt er Überlegungen dar, die in einem schroffen Widerspruch zu Gedanken, die er vorher ausgesprochen hat, zu stehen scheinen. Zentrales Thema ist nicht die Geschichte und die Nachfolge Christi, sondern die Erörterung der eigenen Existenz, und alles andere bekommt von diesem Problem die Farbe. Schneider spricht in dem Tagebuch offen seine Zweifel und seine Verzweiflung aus. Die Freunde Schneiders und die Forscher, die sein Lebenswerk interpretieren, haben versucht, den Pessimismus des Tagebuches als Folge seiner körperlichen und geistigen Müdigkeit zu verstehen, und meinen, daß er in keinem Punkt seine alten Anschauungen aufgegeben habe. Bei der Interpretation des Tagebuches ist man aber u. E. in der Schneider-Forschung fehlerhaft verfahren und hat manches nicht beachtet. Das Tagebuch ist in Wirklichkeit das Produkt aktiven Denkens. Schneider entwickelt darin Gedanken, über die er vorher viele Erörterungen angestellt hat. Manche Überlegungen des Tagebuches haben ihre Vorgeschichte, die bis in die Jugend zurückreicht, und Schneider hat sie im Tagebuch bis zu Ende durchgeführt.

In dem Tagebuch *Winter in Wien* schildert Schneider das Gericht, das er erfährt, als er sich Klarheit über seine Existenz zu verschaffen sucht: Er will eine sinnhafte und befriedigende

Antwort auf die Frage nach der eignen und damit allgemein nach der Stellung des Menschen im Kosmos und in der Geschichte finden. Er beschäftigte sich viel mit naturwissenschaftlichen Problemen. Er hat lange nach einer Synthese zwischen den Rätseln des Weltalls und der persönlichen Glaubenshaltung gesucht. Er erfährt jetzt, daß vor dem unbegreiflichen Kosmos die Geschichte und auch der Glaube und die persönliche Existenz untergehen. Neben der Astronomie beschäftigte ihn auch die Biologie. Jetzt erfährt er, wie auch in der Biologie Ausblicke sich öffnen, die eine tödliche Gefahr für die Geschichte und den Glauben bedeuten. Er stellt fest, die biologische Lage des Menschen ist ebenso verzweifelt wie die kosmische. Er erörtert von diesem Gesichtswinkel aus auch das Rätsel der Macht und der Geschichte. In Wien begegnete ihm der erloschene Glanz der großen Geschichte Österreichs, und hier vollzieht er die letzte Auseinandersetzung mit der Geschichte. Das Gericht, das er jetzt erfährt, bedeutet für ihn Untergang aller Vernünftigkeit der Geschichte bis zur Unfaßlichkeit ebenso wie der Unfaßbarkeit des Kosmos. Diese Überlegungen führen Schneider dahin, daß er in seinem eignen Glauben ein vollständiges Gericht erfährt, das ihn in die Verzweiflung stürzt. Er kann Geschichte und Glauben nicht mit den Ereignissen der Naturwissenschaft vereinigen. Namentlich die Frage nach dem Leben nach dem Tode wird für ihn zum Problem, und für sich selbst erhofft er einen ewigen Schlaf ohne neues Erwachen. Wird ihm der persönliche Auferstehungsglaube immer ungewisser, so fühlt er gleichzeitig lebendig die Verbundenheit mit seiner Zeit und bringt damit auch die Krisis der Kirche in Verbindung: Wenn die Menschen sich nicht mehr nach einem Leben nach dem Tode sehnen, so findet die Botschaft der Kirche kein Echo mehr.

In dem Tagebuch *Winter in Wien* grenzt Schneider sich aber auch gegen den Nihilismus ab und gibt sein Verwerfungsurteil. Auch seine Gedanken in der letzten Phase enthalten nämlich Gnade. Er findet sie schon in der Idylle, die im Tagebuch die düsteren Gedanken unterbrechen. Im Grunde findet Schneider aber die Gnade gerade im Zweifel und in der Verzweiflung, die er beim Studium des neuen Weltbildes und der Geschichte erfährt. Die Verzweiflung wandelt sich so in eine Form des Glaubens, die Gnade einschließt und zur Gnadenordnung gehört. Das Gottesbild zerbricht, aber Gnade bedeutet, daß es ihn auch als zerbrochenes weiter in Anspruch nimmt. Daran anschließend skizziert Schneider vorsichtig das Bild der neuen Kirche. Er meint, daß vielleicht gerade die Verzweiflung vor dem Kosmos, vor dem Leben und vor der Geschichte der christliche Glaube der kommenden Zeit sein wird.

Wir haben jetzt Schneiders Gedanken, ausgehend von den beiden sich gegenüberstehenden Gesichtswinkeln Gericht und Gnade, untersucht und haben ihre Eigenart und ihren besonderen Charakter hervortreten lassen. Das Material ist so gruppiert, daß wir jetzt die Möglichkeit haben, die Theorie und die Ideen des Tragischen, die sich in ihm widerspiegeln, zu analysieren. Die grundlegende Frage ist, welche Stellung hat das Tragische in seiner Gedankenwelt, und kann man es überhaupt tragisch nennen. Alle Gedanken, die Gericht und Gnade enthalten, sind ja noch nicht an sich tragisch.

Schneider bekannte sich in allen Phasen seines Lebens zur Tragik und hielt den Aspekt, der für sein ganzes literarisches Werk charakteristisch ist, für tragisch. Er bemerkt, daß das Leben im tiefsten Sinn erst mit der tragischen Situation beginnt. In dem Tragischen sieht er das Geheimnis des ganzen zeitlich-historischen Lebens. Er betont, daß man es nicht genau definieren kann, sucht es aber trotzdem immer wieder zu beschreiben und zu bestimmen. Er findet den Inhalt des Tragischen in der Literatur, die den Namen Tragödie trägt. Das Tragische bedeutet für ihn, daß die Lage des Menschen hoffnungslos ist, daß die Ewigkeit mit dem Zeitlichen in Widerstreit steht, daß durch das Leben ein Bruch geht, daß aber dennoch ein transzendentes Licht auf den Weg des Menschen beim Sturz in die Tiefe fällt. Mit den Worten der Bibel bezeugt Schneider dasselbe, wenn er sagt, daß die Welt »ein zerknicktes Rohr« ist. Dies ist nach Schneider das Zeugnis und die Botschaft aller abendländischen Tragödien.

Wenn wir jetzt die Idee des Tragischen bei Reinhold Schneider analysieren, so wird deutlich, daß sie sich der in der Einleitung gegebenen Definition anschließt. Danach stehen in dem Tragischen zunächst Gericht und Gnade in einem solchen Verhältnis zueinander, daß sowohl der Optimismus wie das Absurde, die nihilistische Lebensanschauung, ausgeschlossen werden. Seine Stellungnahme zum Optimismus ist ohne weiteres klar. Er empfindet das Gericht als so mächtig, daß ihm jeder Optimismus und jeder Fortschrittsglaube vollständig fremd sind. Dagegen hat ihn während seines ganzen Lebens der Nihilismus stark angezogen, doch verhielt er sich zu ihm auf Abstand und hat die nihilistische Lebensanschauung immer im Prinzip abgelehnt. Weiterhin ist dem Denken Schneiders ein Objektivismus eigen, der auch der Definition nach zum Wesen des Tragischen gehört. Das Tragische ist das Gesetz, dem er überall begegnet. Besonders stark ist das dialektische Prinzip in seinem Denken, und in allen Problemen sucht er gerade die dialektische Deutung zu erfassen. So kann man Schneiders Denken als ein klares und mächtiges tragisches Denken ansprechen. Es gehört nicht der Mystik an, es ist auch nicht prophetisch oder utopisch, obwohl man versucht hat, die Eigenart der Problematik Schneiders von diesen Ideenkreisen aus zu verstehen.

Die Stellung des Tragischen in dem Denken Schneiders beleuchtet ein Vergleich mit Schopenhauers Philosophie, die stark auf den jungen Schneider eingewirkt hat und die ihn auch noch in den letzten Jahren seines Lebens beschäftigte. Das ganze Denken Schneiders baut sich im Grunde auf Schopenhauers Philosophie auf, aber Schneider gibt dem Pessimismus Schopenhauers eine andere Form. Der Unterschied tritt klar in der Stellung hervor, die das Tragische in dem Denken beider einnimmt. Nach Schopenhauer ist das Tragische ein Gefühl, das durch das Erlebnis eines Kunstwerkes, der Tragödie, geweckt wird, und so verbindet er diesen Begriff mit seiner Lehre über den Wert, der sich auf die Verneinung des Willens bezieht. Die Tragödie zeigt den unglücklichen Charakter des Lebens und fordert einen anderen Zustand. Sie ist ein Vermittler zur Verneinung des Willens und führt zur Resignation, in der der Wille – Schopenhauers »Gericht« – besiegt ist. Nach Schneider hat das Tragische nichts mit der Verneinung des Willens zu tun, sondern das Tragische bleibt bestehen.

Die Tragödie des Menschen besteht nach Schneider unabhängig von der Tragödie des Christen, und Schneider hat ja auch das Tragische erfahren, bevor er sich zum christlichen Glauben bekannte. Das von ihm gezeichnete Bild der Tragödie des Menschen untersuchen wir, indem wir uns auf die Definition des Tragischen stützen, die wir oben gegeben haben: 1. Im Tragischen handelt es sich um Leiden, Unglück, Widerspruch. 2. Man wird sich des Leidens bewußt und sucht eine Antwort. 3. Man findet auf das Leiden keine klare, befriedigende Antwort. 4. Das Ereignis bekommt Transzendenz, die diese individuelle Erfahrung in einen weiteren, die Welt und den Menschen umfassenden Zusammenhang hebt.

In allen seinen literarischen Werken formt Schneider ein Bild vom Menschen, dessen Schicksal es ist, sich im Leiden und Unglück zu bewähren. In der Schilderung dieser Aufgabe sieht er den tiefsten Inhalt der abendländischen Tragödie. Die Macht zerbricht immer den Menschen. Das Leben stellt ihn vor Forderungen, die einander ausschließen. Hegels Anschauung des Tragischen wirkt sich hier aus. Nach Hegel entsteht das Tragische gerade da, wo Recht und Recht einander gegenüberstehen und wo zwischen ihnen vermittelt werden muß. Petrus von Murrhone in Schneiders Drama *Der große Verzicht* ist eine tragische Gestalt im hegelschen Sinn, denn er ist »zu früh auf die Welt gekommen«. Aber in der Philosophie Hegels wird aus der Dialektik ein Weltprinzip, und kein Gebiet ist vom Tragischen ausgeschlossen, so daß das Tragische dialektisch überwunden wird. Diese innerweltliche Eschatologie Hegels tadelt Schneider scharf.

Eine tragische Situation entsteht, wenn der Mensch Antwort auf sein Leiden sucht und es so beherrschen will. Zwei Antworten öffnen sich hier schon in der griechischen Tragödie. Der Mensch kann sich gegen sein Schicksal auflehnen, aber er kann es auch anerkennen. Gerade in dem zweiten findet Schneider Antwort auf das Rätsel des Leidens. Der Mensch soll sein Schicksal annehmen, dann wird er frei. In dieser Auffassung von der Tragödie schließt Schneider sich eng an Schellings Theorie über das Tragische an. Schelling sieht die Entstehung des Tragischen in der Spannung und dem Widerspruch zwischen Notwendigkeit und Freiheit. Die Notwendigkeit ist objektive Wirklichkeit, die Freiheit ist die Stellungnahme, die das Subjekt einnimmt. Das Notwendige gutzuheißen, bedeutet Freiheit, und so endet die Spannung zwischen beiden in einer Indifferenz, in der es weder Besiegte noch Sieger gibt. Nach Schneider bleibt aber in der Identität von Freiheit und Notwendigkeit die Spannung bestehen, und der Widerspruch führt nicht zur Indifferenz, und doch findet der Mensch hier sich selbst und seine Integrität.

Die Anerkennung des Leidens ist in dem Denken Schneiders aber keine rationale Antwort auf das Rätsel von der Wirklichkeit des Leidens. Zum Wesen des Tragischen gehört, daß hier eine letzte Antwort nicht gefunden wird. Das tragische Dunkel zeigt sich in der Problematik Schneiders besonders darin, daß er das Tragische mit der Idylle verbindet. In der Idylle hält das tragische Geschehen eine Weile inne, um dann fortzusetzen und sich als Schicksal zu vollenden. In seinem Begriff von der Idylle nimmt er Gedanken Schillers auf und auch aus Nietzsches Jugendwerk *Die Geburt der Tragödie aus dem Geiste der Musik*.

Wenn der Mensch sein Schicksal gutheißt, wird er wirklich groß, und in sein Leben fällt transzendentes Licht. Er gewinnt dann nach Schneider »königliches Wissen« aus dem Leiden. Er kann das Leiden beherrschen, obwohl er es nicht begreift.

Wenn Schopenhauer der große Lehrer Schneiders in den Jugendjahren war, so führte die Bekanntschaft mit der Philosophie Unamunos dahin, daß sich der Pessimismus des jungen Schneider in Tragik auflöste. Unamuno bekannte sich zur Tragik, und das bedeutete für ihn, daß die Situation des Menschen hoffnungslos, aber doch zugleich auch optimistisch ist. Das Tragische entsteht nach ihm an dem Widerspruch: die Vernunft überzeugt sich, daß alles untergeht, aber das Herz weigert sich, das zu glauben. Unamuno war auch Schopenhauers Schüler, aber im Gegensatz zu ihm war für ihn nicht die Befreiung vom Willen das Ziel, dem der Mensch zustreben muß. Hier schließt sich Schneider Unamuno an. Die Tragödie des Menschen stellt Schneider jedoch anders als Unamuno dar, dessen Begriffe in vieler Hinsicht phantastisch sind. Der Unterschied liegt schon in ihrer Stellungnahme zum Leiden. Bei Unamuno ist die Empörungslinie herrschend, und sie bekommt bei ihm einen besonderen Inhalt: Der Mensch soll sich gegen Untergang und Vergänglichkeit auflehnen. Nach Unamuno konzentriert sich die ganze Tragödie auf die Tragödie des Menschen, während sie für Schneider nur ein Teil eines Ganzen ist, der objektiv herrschenden Tragik.

Von der Tragödie des Menschen kommt Schneider zur Tragödie des Christen. Nach seiner Auffassung besteht zwischen dem Tragischen und dem christlichen Glauben ein Zusammenhang. Das bedeutet zwei Tatsachen. Zuerst: Im Tragischen liegt eine Tendenz zum Kreuz hin, und des Menschen Tragödie ist

Vorbereitung zur Tragödie des Christen. Zweitens: Das Tragische ist im christlichen Glauben miteinbegriffen. Das Schicksal des Christen ist tragisch. Nach Schneider kann man auch die Tragödie des Christen nach der in der Einleitung dargelegten Definition des Tragischen untersuchen, so wie wir es gemacht haben, als wir die Tragödie des Menschen deuteten.

Das Schicksal des Christen ist nach Schneider immer tragisch. Die Tragik und der christliche Glaube gehören zusammen. Schneider lehnt also eine Auffassung ab, die künstlich den christlichen Glauben und die Tragödie von einander trennen will. Die meisten Forscher des Tragischen sind der Meinung, daß eine religiöse Tragödie unmöglich ist, namentlich im Bereich der Offenbarungsreligion, also auch innerhalb des christlichen Glaubens. Die in unserer Untersuchung verwandte Definition des Tragischen macht jedoch die christliche Tragödie nicht unmöglich. Das »glückliche Ende« zerstört nicht immer das Tragische, wie aus einigen großen Tragödien (des Aischylos Orestes-Trilogie, des Sophokles Ödipus auf Kolonos) hervorgeht. Außerdem steht im Zentrum des christlichen Glaubens das Kreuz, in dem die Dialektik von Gericht und Gnade vollständig ist. Nach Schneider zeigt sich die Tragödie des Christen vor allem darin, daß er die Wahrheit vertritt, die auf Erden immer als etwas Zerbrochenes erscheint, das die Welt niemals annimmt. In der Darstellung dieses tödlichen Konflikts sieht er die Hauptaufgabe der christlichen Tragödie.

Das Schicksal des Christen ist tragisch, denn die Gnade hebt das Gericht nicht auf, weil die Gnade bei Schneider keinen eindeutigen metaphysischen Trost bietet. Der Christ hat keine Verheißung für diese Welt, hat aber auch keine deutliche Verheißung für ein kommendes Leben. Obwohl er Antwort auf sein Schicksal sucht, findet er keine befriedigende Antwort. Sein Schicksal verwirklicht sich im Dunkeln, das gerade dem Tragischen eigen ist.

Schneider sieht in der Tragödie des Christen seine Größe. Der Christ soll sein Schicksal anerkennen und zugleich bereit sein, für die Wahrheit zu kämpfen. Wenn er auch eine Narrenkrone trägt, so besitzt er doch die Krone der Unvergänglichkeit. In der Auffassung, daß die Größe des Christen sich im Leiden zeigt, schließt er sich besonders der russischen Tradition an.

Hintergrund der Tragödie des Christen bildet nach Schneider

das Schicksal, das dem Heiligen und dem Absoluten auf Erden widerfährt. Sein Gedankengang führt an diesem Punkt zu Plato und auch zum Alten und Neuen Testament, besonders zu den Korintherbriefen des Apostel Paulus. Hier schließt sich Schneider sehr nahe an die ästhetische Theorie des Romantikers K. W. F. Solger an. Solgers Ausgangspunkt ist die Philosophie Schellings. Statt von Freiheit und Notwendigkeit spricht er jedoch von Idee und Existenz. Die Idee, die dem Objektiven entspricht, verwirklicht sich in der Existenz, geht dann aber auch immer unter. So entsteht das Tragische nach Solger nicht dadurch, daß das Menschliche untergeht, sondern dadurch, daß das Göttliche, die Idee, in der Existenz untergeht. Hier ist der Kern der christlichen Tragödie nach der Deutung Schneiders: Das Heilige ist auf Erden nur als Zerbrochenes zu sehen.

In den Gedanken, die Schneider über die Tragödie des Christen entwickelt, stoßen wir auf Impulse von Kierkegaard. Dieser hat in der Tat auch stark auf Schneider eingewirkt. Besonders in der existentialistischen Behandlung des Problems der Nachfolge Christi ist sein Einfluß auf Schneider spürbar. Beide gerieten auch in ihrer öffentlichen Wirksamkeit in eine Krisensituation – Kierkegaard zur Zeit des Corsaren-Streites und Schneider in seinem Kampf gegen die Aufrüstung Westdeutschlands – und kamen dadurch in einen Gegensatz zur öffentlichen Meinung. Die Folge war, daß die Gedanken beider eine Radikalisierung erfuhren, die freilich in verschiedenen Formen in Erscheinung trat. In der Nachfolge Christi wird für Kierkegaard die Imitatio-Linie sichtbar, während Schneider eher als Vertreter der Conformitas-Linie angesehen werden kann. Conformitas ist das tragische Gesetz, das Schneider sowohl im Leben Christi wie bei denen, die ihm nachfolgen, verwirklicht sieht. Kierkegaard legt seine Gedanken auch nicht in derselben Art wie Schneider als tragisch dar. Nach Kierkegaards Auffassung ist die Hoffnungslosigkeit des tragischen Widerspruchs, der dem Menschen begegnet, nicht real außerhalb von ihm, und deswegen kann der Widerstreit auf höherer Ebene aufgehoben werden. Daher besteht das Tragische auch nur vorübergehend. Trotzdem kann man auch bei Kierkegaard im Tragischen den Schlüssel zu seinem eignen Schicksal sehen.

»Die Tragödie Gottes« kann man zur thematischen Überschrift der Problematik machen, die in Schneiders letztem

Lebensabschnitt herrschend ist. In den letzten Jahren seines Lebens wachsen Pessimismus und Verzweiflung, und damit bekommt das Tragische eine neue Form, eine neue Ausrichtung. Fühlte er früher, wie sein Weg von der Tragik des Menschen zur Tragik des Christen führt, so erfährt er jetzt, wie die Tragödie bis hinauf zu Gott reicht. Das Gottesbild, das er jetzt entwirft, entspricht der existentiellen Frage, die er stellt. Die Frage bekommt Inhalt aus dem Widerspruch, den Schneider in seiner historischen und religiösen Existenz erfährt, als er sich dem neuen Weltbild stellt. Die Naturwissenschaften enthalten eine erschütternde Bedrohung für die Identität des Menschen und die Möglichkeit des Glaubens.

Zwei Linien führen Schneiders Gedanken zur Tragödie Gottes. Einmal führt dahin das Nachdenken über das Gottesbild der griechischen Tragödie, in der »der Himmel« widersprüchlich geschildert wird und in der »ein unzureichendes Gottesbild« Anlaß zur Tragödie des Menschen ist. Dann erhielt er beim Studium der spanischen und deutschen Mystiker und des literarisch-spekulativen Gottesbildes Unamunos Anstöße dazu, daß es möglich ist, das Tragische bis zu Gott zu erstrecken. Der Einfluß Böhmes ist besonders deutlich. Das Kreuz wird für Schneider zum Mysterium, in dem sich das Bild von Gott zweiteilig öffnet: Gott bringt das Opfer und soll geopfert werden. Das Leiden scheint in das Wesen Gottes selbst einzugehen. Schneider benutzt das Schicksal des Propheten Jeremia als Bild für Gottes Tragödie: Jeremia soll Gericht und Gnade verkündigen, und der Widerspruch zwischen dem Geheimnis des göttlichen Heilsplanes und den historischen Ereignissen ist unlösbar. Jeremia verkündigt den Widerspruch in Gott selbst, der zugleich pflanzt und ausreißt, erwählt und verwirft. Stark wirken in den letzten Jahren auf Schneider Gedanken des Cusanus. In seinem Begriff von der coincidentia oppositorum fand Schneider eine sich öffnende Möglichkeit, das zu verbinden, was unvereinbar ist: Die Unendlichkeit des Weltalls und die geistige, religiöse Existenz des Menschen.

Es ist schwer, aus den Gedanken, die Schneider im letzten Abschnitt seines Lebens entwickelt, eine klare Theorie des Tragischen zu gewinnen, und es ist künstlich, die vorher gebrauchte Definition mit ihr in genaue Übereinstimmung bringen zu wollen. Die Tragödie Gottes ist zunächst die existentialistische Frage, die er stellt und auf die er Antwort sucht. An einer Stelle scheint das Tragische nicht so deutlich wie früher zu sein, denn der objektive Charakter seiner Problematik ist jetzt nicht mehr so klar. Am ehesten kann man in den Gedanken Schneiders im letzten Abschnitt seines Lebens die Theorie Hebbels über das Tragische sich widerspiegeln sehen. Hebbel gehörte zu den Dichtern und Denkern, die Schneider geschätzt hat, und in dem Tagebuch *Winter in Wien* sind Anklänge an die Werke Hebbels zu erkennen. Hebbel eröffnete in der Erforschung des Tragischen ein neues Stadium. Bildete bisher die ethisch-metaphysische Weltordnung den Hintergrund der Tragödie, und die Tragödie des Menschen bestand darin, daß er gegen diese Ordnung verstieß, so fängt Hebbel an, an der Berechtigung dieser Idee selbst zu zweifeln. Er erhebt die Gesellschaft, in der der Mensch lebt, das Ganze, dem er als Teil angehört, zur herrschenden Idee. Indem der Mensch sich innerhalb dieser Gesellschaft und des Ganzen zugleich selbst verwirklicht, geht er immer unter. Der Dualismus ist für Hebbel ein Weltprinzip, und das Los des Menschen ist immer tragisch. Hebbels Idee des Tragischen spiegelt sich in Schneiders Grundanschauung über die Tragödie Gottes wider: Die Tragik gehört zur Existenz des Menschen, zu seiner unbegreiflichen Stellung in der Welt und zu dem Dualismus, den er überall erfährt. Die Unterschiede zwischen Hebbel und Schneider sind aber auch deutlich. Wenn in der Schau Hebbels die Idee, gegen die der Mensch verstößt, die Gesellschaft ist, zu der er – der einzelne – in Gegensatz gerät, so ist Schneiders »Idee« der unbegreifliche Gott und das Weltall, vor denen der Mensch die Erfahrung des Tragischen macht.

Des Menschen Tragödie, des Christen Tragödie und Gottes Tragödie sind die drei Ebenen, auf denen Schneider das Tragische sucht und erfährt. Sie entsprechen auch seiner persönlichen Entwicklung und ihren drei Hauptstufen. Die Idee des Tragischen bildet das verbindende Glied in seiner Gedankenentwicklung vom ersten bis zu seinem letzten Werk. Das Tragische gehört aber nach Schneider nicht nur zum Schicksal des einzelnen Menschen. Im Tragischen begegnet uns ein Wert, den wir gutheißen und anerkennen müssen. Nach Schneider ist das die Schicksalsfrage der ganzen europäischen Geschichte und Kultur. In der Beiseitesetzung des Tragischen sieht er eine

Todesgefahr, im Westen, wo man optimistisch den Atlantikpakt schuf, im Osten, wo man eine Weltanschauung verkündigte, in die eine Entscheidung über die Rätsel der historischen Existenz des Menschen eingeht. Schneider erfährt darin das Paradox der Weltgeschichte, daß im selben Augenblick, in dem der ganze Erdball in Frage gestellt wird, das Tragische nicht mehr gesucht, nicht verstanden und nicht geehrt wird. Er sieht auch darin eine Bedrohung des christlichen Glaubens, wenn man optimistisch meint, das Tragische beiseitesetzen zu können und vergißt, daß diese Welt nur »ein zerknicktes Rohr« ist.

Auf drei Ebenen findet Schneider den Wert des Tragischen und der Tragik. Zuerst öffnet sich aus einer tragischen Lebensanschauung ein echtes und objektives Bild unserer Welt. Zweitens existiert der Mensch erst dann wirklich, wenn er seine tragische Situation begreift. Schneider schließt sich hier den Gedanken seines Freundes Leopold Ziegler an. Drittens: nur wenn man das Tragische anerkennt, kann man die Antinomien der Welt und des Lebens beherrschen. Das Tragische wird nach Schneider vor allem in der Kunst, im Drama allgemein und dann natürlich in der Tragödie anschaulich. Gerade die Tragödie offenbart die Seele des Abendlandes, und ihr zeigt sich als geheime Chiffre das Gesetz der Wirklichkeit und des Lebens. Die Tragödie ist Verkündigung – freilich im Theater unserer Zeit verachtet –, aber gerade sie setzt die Mächte der Gnade in Bewegung.

Reinhold Schneider gehört zu den Schriftstellern, die uns in ihren Werken nicht nur mit Interessantem bekannt machen, sondern die auch denen Klärung, Hilfe, Trost spenden, die danach fragen. So war es besonders in Deutschland während des Zweiten Weltkrieges und in den Jahren darauf. In der deutschen Armee wurden im Kriege viele seiner Aufsätze gelesen, die die Feldgeistlichen verbreiteten. Gerade der tragische Charakter seiner Gedankenführung wirkte auf die Leser seines Werkes. Er wandte sich an ein Volk, das seine Hoffnung verloren hatte und nun der Verzweiflung preisgegeben war. Ein bloßes Gericht würde den Empfängern seiner Botschaft nichts Neues geboten haben, und einen Optimismus hätten die Verzweifelten nicht angenommen. Die Antwort Schneiders enthielt die Antwort des Tragischen. Er stellt das Schicksal des Menschen als hoffnungslos und antinomisch dar. So schildert er auch die Lage des

Christen. Auch sie scheint ohne Hoffnung zu sein. Da er sich zur Anschauung von der Tragödie Gottes entschieden hat, kann er das entstandene Problem nicht so lösen, daß er seine Zuflucht zum Begriff des verborgenen Gottes nimmt, sondern er erklärt, daß Gott unbegreiflich und voller Widersprüche ist und sich weigert, dem Menschen zu helfen. Indem er so die Lage des Menschen schildert, aus der alle Hoffnung geschwunden ist, weigert er sich auch, eine trügerische Hoffnung zu geben. Aber schon die Darlegung der hoffnungslosen Lage setzt dialektisch die Kräfte der Gnade in Bewegung. Die Hoffnung leuchtet nach Schneider nur ganz knapp auf, aber das Tragische, so wie er es deutet, strahlt doch auch Gnade aus. In Schneiders literarische Produktion geht eine Tragik ein, die das verkündigt, was der Erzbischof in der Novelle *Der fünfte Kelch* bezeugt: » . . . im Gewande des Unheils geht die Gnade sichern Schritts durch die Zeiten.«

(1971)

Joseph Ratzinger
Das Gewissen in der Zeit

1. Diktatur und Gewissen

In seinen Gesprächen mit Hitler berichtet Hermann Rauschning, 1933/34 Senatspräsident der Freien Stadt Danzig, von folgender Äußerung des Diktators ihm gegenüber: »Ich befreie den Menschen von dem Zwange eines Selbstzweck gewordenen Geistes; von den schmutzigen und erniedrigenden Selbstpeinigungen einer Gewissen und Moral genannten Chimäre und von den Ansprüchen einer Freiheit und persönlichen Selbständigkeit, denen immer nur ganz wenige gewachsen sein können.«[1] Das Gewissen war für diesen Mann eine Chimäre, von der der Mensch befreit werden mußte; die Freiheit, die er verhieß, sollte Freiheit vom Gewissen sein. Dem entspricht es, daß Göring dem gleichen Verfasser gegenüber äußerte: »Ich habe kein Gewissen! Mein Gewissen heißt Adolf Hitler.«[2] Die Zerstörung des Gewissens ist die eigentliche Voraussetzung totalitärer Gefolgschaft und totalitärer Herrschaft. Wo das Gewissen waltet, gibt es eine Schranke für die Herrschaft menschlichen Befehls und menschlicher Willkür, ein Heiliges, das unantastbar bleiben muß und sich jeder fremden und eigenen Verfügung in einer letzten Souveränität entzieht. Nur die Unbedingtheit des Gewissens ist der absolute Gegenpol zur Tyrannis; nur die Anerkennung seiner Unverletzlichkeit schützt den Menschen vor dem Menschen und vor sich selber; nur seine Herrschaft gewährt Freiheit.

Hier können sich Einwände von sehr verschiedenen Richtungen her erheben. Ein erster, vordergründiger könnte die Aktualität einer solchen Aussage bestreiten. Mochte das im Kampf gegen Hitlers Diktatur seine Bedeutung haben, drängen uns heute nicht ganz andere Probleme? Muß heute nicht statt der individuellen Freiheit die soziale Pflicht, statt der persönlichen die strukturelle Befreiung im Vordergrund des Fragens stehen? Nun können zweifellos die Schwerpunkte des Streits um den Menschen wechseln und je nach der Eigenart der Stunde sehr unterschiedliche Aufgaben in den Vordergrund treten; dabei bleibt bestehen, daß die Aktualität eines Themas keinen Maßstab für seinen humanen Rang bieten kann und daß zugleich das wahrhaft Humane in einem tieferen Sinn immer aktuell bleibt. Selbst wenn es nicht im Vordergrund einer geschichtlichen Szenerie steht, gehört es zu den entscheidenden Kräften des Dramas Mensch und sein Vergessen müßte tödlich wirken, ganz gleich an welchem Abschnitt dieses Dramas man steht. Diktatur, Verknechtung des Menschen unter dem Vorwand seiner Befreiung ist immer eine Gefahr, die dem Menschen auflauert und die Anatomie des Totalitären wie seines Gegenüber gehört daher zu den beständigen Aufgaben der Reflexion auf das Menschliche des Menschen.

Darüber hinaus wage ich zu behaupten, daß die Versuchung, der wir heute ausgesetzt sind, bei allem Wechsel der Namen und der Farben für den tiefer Zusehenden eine erschreckende Ähnlichkeit, ja Einheit mit dem aufweist, was nur scheinbar hinter uns liegt. Dazu nochmals ein Hinweis auf Rauschning. 1938 hatte dieser Mann, der dem Dämon ins Angesicht gesehen und ihm eine Weile geglaubt hatte, ehe er das Furchtbare durchschaute, in einem noch immer bedeutenden Buch den Nationalsozialismus als Revolution des Nihilismus diagnostiziert. Er schreibt: »Diese Bewegung ist in ihren eigentlich treibenden und leitenden Kreisen völlig voraussetzungslos, programmlos, aktionsbereit, in ihren besten Kerntruppen instinktiv, in ihrer leitenden Elite höchst überlegt, kalt und raffiniert. Es gab und gibt kein Ziel, das nicht der Nationalsozialismus um der Bewegung willen jederzeit preiszugeben oder aufzustellen bereit wäre.« Für eine Revolution dieser Art gebe es keine festen außenpolitischen Ziele, wie es keine wirtschaftspolitischen und keine innenpolitischen gebe. Die totale Zertrümmerung der bisherigen Ordnungselemente charakterisiere vielmehr als einziges die »doktrinlose nihilistische Revolution in Deutschland«.[3] Natürlich enthält auch ein doktrinloser Nihilismus auf seine Weise eine Doktrin, insofern kann man diese Sätze kritisieren. Aber ihr Kerngehalt erfaßt den eigentlichen Vorgang des Damaligen sehr genau und deckt damit eine Fehlinterpretation auf, die sich zusehends verhängnisvoll auswirkt: Das Wesen der damaligen Revolution ist mit den Begriffen »Faschismus« und »Nationalismus« nur zum Teil erfaßt, zum wichtigeren Teil aber verdeckt und verkannt. In der gegebenen geistigen Konstellation bediente sich die Revolution Hitlers des Nationalismus der Bürgerschaft, die er gleichzeitig fanatisch haßte und zerstören wollte, ebenso wie ihre Ordnung, die ihm als der eigentliche Gegenpol seines Wollens erschien. Insofern ist es eine historische Perversion, wenn man mit dem Stichwort law and order das Recht als faschistisch-hitleristisch persifliert, um mit solcher Persiflage von neuem genau jene Revolution des Nihilismus zu decken, die in der wahren Nachfolge des Verhängnisses von 1933 steht. Wer näher zusieht, wer sich von Phrasen nicht blenden läßt, wird zwischen dem Verhängnis von damals und den Kräften, die heute Revolution an sich, Verneinung der Ordnung an sich als Heil verkünden, eine Ähnlichkeit erkennen, die schaudern machen kann. Der Bund dieses Nihilismus mit der sozialen Idee und mit unser aller Erschütterung über das Elend von Millionen Menschen dieser Welt – dieser Bund ist nicht weniger betrügerisch als der Bund des damaligen Nihilismus mit der nationalen Idee.

Nur wer blind ist oder es aus Bequemlichkeit sein will, kann übersehen, daß die Drohung des Totalitären eine Frage unserer Stunde ist. Und insofern ist dies eine Stunde des Gewissens. Deshalb gehen uns die Männer, die damals im Gehorsam gegen das Gewissen bei der Freiheit des Gewissens gegen die totalitäre »Befreiung« ausgehalten haben, heute wieder ganz neu etwas an. Aber nun drängt sich eine neue, diesmal radikalere Frage vor. Ist das Gewissen wirklich eine Macht, auf die wir zählen können? Müssen wir uns nicht mit konkreteren Waffen wappnen? Reinhold Schneider hat in seiner *Las Casas*-Dichtung das Geheimnis des Gewissens eindrucksmächtig dargestellt in dem namenlosen Mädchen von den Lucayos, das den gewissenlosen spanischen Glücksritter Bernardino langsam wieder das Geheimnis des Leidens verstehen ließ und im Mitleidendwerden die erstorbene Seele wieder in ihm erweckte.[4] Dieses zerbrechliche junge Wesen, dem keine andere Kraft geblieben ist als die des Leidens, verkörpert, was Gewissen ist, mitten unter den Glücksrittern, für die nur Gold und Schwert, harte ökonomische oder militärische Macht zählt. Wie ein Nichts steht sie da, die zerbrechliche Lucaya, und so steht das Gewissen bis zur Stunde in der Welt: ein ohnmächtiges, dem frühen Tod preisgegebenes Mädchen gegenüber den Kolossen wirtschaftlicher und politischer Interessen. Ist es nicht ein Aberwitz, auf dieses kleinen

Mädchens Gewissen zu zählen, wenn man sieht, was wirklich zählt in der Welt und was allein zählt in ihr? Ist es nicht leere, sinnlose Träumerei, angesichts der Bedrohungen von heute zu den Zeugen des Gewissens aufzuschauen, die einzig den Beitrag des Leidens leisten konnten? Soll man denn – so wird uns entgegengehalten – mit Lyrik Politik machen, die Probleme der Zeit lösen?

2. Wesen und Bedeutung des Gewissens[5]

Aber noch ein schwererer Einwand steigt auf. Was ist denn das eigentlich, das Gewissen? Gibt es das überhaupt? Oder ist es nicht bloß ein nach innen verlegtes Über-Ich, das die Tabus der Erziehung zu göttlichen Geboten umwandelt und damit unübersteiglich macht? Verlegen am Ende etwa die Herrschenden durch die Idee des Gewissens ihre Macht sogar noch ins Innere des von ihnen schamlos ausgenützten Menschen, indem sie die Summe ihrer Ansprüche ihren Opfern solange einbleuen, bis sie sie als »Stimme Gottes« sogar von innen her hören? Dann hätte also Hitler doch recht gehabt, daß das Gewissen eine Sklaverei ist, von der der Mensch vor allen Dingen befreit werden muß? Aber, so ist nun weiter zu fragen, welche Richtung bleibt eigentlich dem Menschen, der sich von seinem Gewissen freigemacht hat? Wozu wird er eigentlich befreit? Bindet ihn nun der Respekt vor dem Menschsein des anderen nicht mehr, wo das höhere Interesse der zukünftigen Gesellschaft ihre Mißachtung gebietet? Kann also das Verbrechen, der Mord zum Beispiel, zum legitimen Mittel für die Herbeiführung der Zukunft werden?

Auf all diese Fragen ist nicht ganz leicht zu antworten. Sicher kann sich unter dem Begriff Gewissen die Kanonisierung eines Über-Ich einschleichen, das den Menschen an seiner Selbstwerdung hindert: Der absolute Ruf der Person in ihre Verantwortung ist dann überdeckt von einem Gefüge von Konventionen, das fälschlich als Stimme Gottes ausgegeben wird, während es in Wahrheit nur die Stimme der Vergangenheit ist, deren Furcht die Gegenwart versperrt. Gewissen kann auch zum Alibi für die eigene Verranntheit und Unbelehrbarkeit werden, bei der die trotzige Unfähigkeit zur Selbstkorrektur mit der Treue zur inneren Stimme gerechtfertigt wird. Gewissen wird dann zum Prinzip des absolut gesetzten subjektiven Eigensinns wie es im anderen Fall zum Prinzip der Entmündigung des Ich durch das Man oder durch ein fremdes Ich wird. Insofern bedarf der Gewissensbegriff der ständigen Reinigung und die Beanspruchung des Gewissens wie die Berufung darauf einer behutsamen Redlichkeit, die weiß, daß man das Große mißbraucht, wenn man es voreilig auf den Plan ruft. Wer allzu leicht das Gewissen im Munde führt, macht sich ähnlich verdächtig wie derjenige, der den heiligen Namen Gottes ins Gewöhnliche herabzerrt und damit Götzen- statt Gottesdienst treibt.

Aber die Verletzbarkeit des Gewissens, die Möglichkeit seines Mißbrauchs, kann seine Größe nicht aufheben. Und nun ist es endlich an der Zeit, an Reinhold Schneiders schöne Formel für das Wesen des Gewissens zu erinnern: »Was ist Gewissen, wenn nicht das Wissen von der Verantwortung für das Ganze der Schöpfung und vor dem, der sie geschaffen hat?« Gewissen heißt, ganz einfach gesagt, den Menschen, sich selbst und den anderen, als Schöpfung anerkennen und in ihm den Schöpfer respektieren. Das bestimmt die Grenze jeder Macht und weist ihr zugleich die Richtung. Insofern bleibt das Beharren bei der Ohnmacht des Gewissens die Grundvoraussetzung und der innerste Kern jeder wahren Machtkontrolle; wo dieses Innerste nicht festgehalten wird, kann man im Grunde nicht mehr von Machtkontrolle sprechen, sondern nur von einer Balance der Interessen, in der der Mensch und seine Gesellschaft auf das Selektionsmodell reduziert wird: Gut ist, was sich durchsetzt; existieren heißt sich durchsetzen. Der Mensch lebt nicht mehr als Schöpfung, sondern als Selektionsprodukt und die Macht, die er zu kontrollieren ausgezogen war, wird zu seinem einzigen Kriterium. Er ist in seinem Menschsein zerstört. Deshalb brauchen wir die Menschen, die demonstrativ bei dem armen, zerbrechlichen Mädchen »Gewissen« aushalten, die die Macht der Ohnmacht verkörpern und gegen die Vernutzung des Menschen nicht anders protestieren, als indem sie das Leid des geschundenen Wesens Mensch mit-leiden, sich auf die Seite des Leidens stellen. Deshalb waren die Sonette Reinhold Schneiders, war »Lyrik« eine Macht, die die Diktatoren als eine Waffe fürchteten, vor der sie zittern mußten. Schneider hat vom Gewissen her unter dem Mißbrauch der Macht gelitten. Leiden um des Gewissens willen ist geradezu die Formel seiner Existenz. Nur leiden – könnte man sagen – was nützt das schon? Aber am Ende kann Unrecht doch nur durch Leiden überwunden werden, durch das freiwillige Leiden derer, die ihrem Gewissen treu bleiben und damit das Ende aller Macht real in ihrem Leid und in ihrer ganzen Existenz bezeugen. Langsam beginnen wir wieder neu zu ahnen, was es heißt, daß die Erlösung der Welt, die Überwindung der Macht, das Leiden eines Erhängten ist, daß gerade dort, wo die Macht am Leiden endet, das Heil des Menschen aufgeht.

3. Las Casas und das Problem des Gewissens

a) Zur Fragestellung des 16. Jahrhunderts

Ich möchte versuchen, diesen Grundgedanken, daß der Kern der notwendigen Machtkontrolle und Machtbegrenzung in dieser Welt der Mut zum Gewissen ist, an dem von Schneider behandelten Las-Casas-Stoff beispielhaft noch etwas zu entfalten. Zunächst eine kurze Reflexion auf den historischen Hintergrund. Mit der Entdeckung Amerikas war für das christliche Europa die Frage nach dem Recht der nichtchristlichen Völker, die Frage nach dem Recht des Menschen als Menschen, nach den Menschenrechten neu gestellt; sie hatte sich im Lauf der Kreuzzüge und der sich ausweitenden Begegnung mit der arabischen Welt zwar schon seit dem 13. Jahrhundert mit zunehmender Dringlichkeit erhoben, gewann aber nun durch die Machtlosigkeit der neu entdeckten Völker gegenüber den spanischen Waffen erst ihre volle Schärfe. Das Problem der Grenze der Macht war bisher nur als ein weitgehend innerchristliches aufgetreten im Gegenspiel von sacerdotium und imperium. In der christlichen Welt stießen mit diesen beiden Größen zwei ihrer Intention nach absolute Mächte aufeinander. Als christliche scheint sie ganz dem sacerdotium untergeordnet, als weltliche ganz dem imperium, als christlich-weltliche, d. h. in der Deckung von Welt und Kirche, stellt sie beiden die Frage nach ihrer Selbstbegrenzung. Aber nun entsteht ein weitgehend neues Problem. Der christliche Glaube versteht sich als absolut, als die Enthüllung der einen Wahrheit, die den Menschen rettet;

er weiß von der Erbsünde, in der die Vernunft des Menschen getrübt ist, die erst durch den Glauben wieder aufgehellt und zu sich selber gebracht wird. Demnach kann die Vernunft auch nur im Glauben die Grundlagen des wirklichen Rechts finden und Rechtskonstruktionen außerhalb des Glaubens eigentlich gar nicht als wahres Recht anerkennen – so schien es jedenfalls Augustin in der Civitas Dei zu sagen, in der er den heidnischen Staaten, die Gott nicht kennen und damit eine wesentliche Hälfte der wahren Gerechtigkeit vernachlässigen, das Merkmal der Gerechtigkeit absprach und sie praktisch als reine Interessengemeinschaft definierte, die als solche eine partielle Friedensfunktion erfüllen und darin für ihn ihre Legitimität haben.[6] Jetzt aber erhebt sich die Frage: Welche Maßstäbe und welche Möglichkeiten der Machtbegrenzung sind da gegeben, wo sich in der Begegnung zweier Völker mit der Überlegenheit der Waffen das Bewußtsein der Überlegenheit in der allein verbindlichen Wahrheit verknüpft? Bilden Mission und Kolonialismus zusammen den Zwitter, der das Elend der Dritten Welt erschuf? Wo konnte hier ein Korrektiv entstehen? Die Antwort Reinhold Schneiders in seinem Roman lautet: Das Korrektiv konnte allein aus dem Glauben selbst aufsteigen – im leidenden und kämpfenden Gewissen, das eben dieser Glaube weckt. Und das allein rechtfertigt diesen Glauben als Wahrheit, daß er von seinem Ansatz her nicht Multiplikation der Macht sein darf, sondern Weckruf des Gewissens, das die Macht begrenzt und die Ohnmacht schützt: Eben *darin* hat er seine Absolutheit, im Schutz des anderen als Geschöpf.

Aber blicken wir nochmals auf den geschichtlichen Befund. Gab es dieses Gewissen überhaupt? War es eine reale Macht oder gab es allein jene falsche Absolutheit des Glaubens, in der er als Ideologie der Macht fungiert, anstatt die Absolutheit des Schöpfers in der absoluten Würde des Ohnmächtigen zu verkünden? Las Casas hat 1542 in seiner *Brevíssima Relación de la Destruyción de las Indias* die furchtbarste Anklage gegen die Ohnmacht des Gewissens und gegen die Brutalität der gewissenlosen Macht niedergeschrieben, die wir kennen. Wir wissen heute, daß diese Schrift weithin auf reichlich zweifelhaften Quellen beruht, daß sie »höchst einseitig und oft übertrieben und verzerrt« ist; daß sie das Ungeheuerliche der Gegenseite ganz verschweigt, etwa dies, daß Azteken bei einem

Gottesdienst zwanzigtausend Menschenherzen opferten.[7] Trotzdem bleibt eine ungeheuere Anklage gegen die spanischen Eroberer bestehen, die hemmungslos Menschen versklavten und beraubten und durch ihre brutale Ausnutzung der Arbeitskräfte ganze Stämme zum Aussterben verurteilten. Es bleibt bestehen, daß das Gewissen wirklich bloß wie eine klagende Lucaya dastand, die nur noch in unsäglichem Schmerz weinend und verloren das Ungeheuere sehen konnte. Dennoch gab es dieses Gewissen und Las Casas ist keineswegs sein einziger Zeuge; die Spur des Gewissens führt von den ersten Gesetzen der Königin Isabella, die alle Indianer zu freien Untertanen der Krone erklärte und ihre Versklavung verbot über die Leyes de Burgos (1512) bis zu den maßgeblich von Las Casas beeinflußten Leyes Nuevas von 1542, die eine umfassende Befreiungsaktion und vollen Rechtsschutz für die Indios versuchten; die Vorschrift, sie sollten mit aller Sorgfalt und Liebe in »unserem heiligen katholischen Glauben unterwiesen werden« wollte sie nicht beherrschen, sondern gleichstellen und der Willkür der Herrschenden entziehen.[8]

b) Eine Bemerkung zum neutestamentlichen Hintergrund

Daß auch hier der Erfolg verhältnismäßig bescheiden geblieben ist, ändert doch nichts daran, daß Gewissen grundsätzlich als Grenze von Macht erkannt wurde und daß damit ein Versuch gemacht war, den Glauben als politische Kraft wirksam werden zu lassen, ohne ihn selbst wieder in einen Machtfaktor unter anderen umzuwandeln: Dies gerade muß sein Eigentümliches bleiben, daß seine Macht im Leiden liegt, Macht des Gekreuzigten ist; nur so kann er davor bewahrt werden, seinerseits eine neue Art von Versklavung zu eröffnen. Nur als Macht des Kreuzes erlöst er – sein Geheimnis liegt in seiner Ohnmacht und er muß ohnmächtig bleiben in dieser Welt, um er selbst zu sein. Ich glaube, daß sich nur aus dieser Perspektive heraus die Stellungnahme des Neuen Testaments zum Problem der politischen Macht richtig verstehen läßt. Dazu nur eine kleine Anmerkung. Wer die Bergpredigt liest, wer überhaupt das Neue Testament im Blick auf die politischen Bedrängnisse unserer Zeit und die Verantwortung des Christen für sie zur Hand nimmt, ist meist enttäuscht. Das Ganze scheint eine Flucht in eine apolitische Innerlichkeit zu sein; von Weltgestaltung ist kaum die Rede, sondern viel eher von einer Loyalität, die uns als sträfliche Passivität und als Obrigkeitsdenken erscheint: ob man an Röm. 13, 1–7 denkt oder an 1. Petr. 2, 13–25, jedesmal heißt das Kernwort ὑποτάσσειν, Unterordnung, Geduld, Gehorsam – bei 1. Petr. gar im Blick auf das Vorbild des leidenden Christus. Und auch das einzige Wort Jesu zum Staat, Mk. 12, 17 – Gebt dem Kaiser, was des Kaisers ist ... – verbleibt in der grundsätzlichen Loyalität. Nun, ein Revolutionär war Jesus in der Tat nicht und wer etwas anderes behauptet, verfälscht die Geschichte. Richtig ist auch, daß das Neue Testament von seiner Situation her sich nicht veranlaßt fühlte, positiv und ausführlich eine politische Ethik des Christen zu entfalten; mit bloßem Biblizismus ist hier in der Tat nicht weiter zu kommen. Das Neue Testament ist aus der Minoritätssituation der langsam wachsenden christlichen Kirche heraus geschrieben und ist daher der Wahrung des christlichen Proprium inmitten der politischen Ohnmacht der Christen, nicht der Ordnung einer christlichen Macht zugeordnet. Dennoch enthält es das Entscheidende, an dem immer wieder anzusetzen ist: In seinem Wort, daß dem Kaiser das Seine und Gott das Seine zu geben sei, trennt Jesus Kaisermacht und Gottesmacht. Er nimmt das ius sacrum aus dem ius publicum heraus und zerschneidet damit die Grundverfassung der antiken, ja, überhaupt der vorchristlichen Welt. Indem er das ius sacrum vom ius publicum des Kaisers trennt, hat er den Raum der Freiheit des Gewissens geschaffen, an dem jede Macht, auch die des römischen Gott-Kaisers endet, der damit zum bloßen Mensch-Kaiser wird und sich zum apokalyptischen Tier verwandelt, wo er dennoch Gott bleiben will und den unantastbaren Raum des Gewissens negiert. Insofern ist mit diesem Wort jeder irdischen Macht ihre Grenze gesetzt, die Freiheit der Person verkündet, die alle politischen Systeme überschreitet. Für diese Grenze ist Jesus in den Tod gegangen: Er hat die Grenze der Macht im Leiden bezeugt. Das Christentum beginnt nicht mit einem Revolutionär, sondern mit einem Märtyrer.[9] Der Zuwachs an Freiheit, den die Menschheit den Märtyrern verdankt, ist unendlich größer als derjenige, den ihr die Revolutionäre bringen konnten.

Kommen wir endlich zu Reinhold Schneiders *Las Casas*-Roman. Des Dichters Grundthema, das Verhältnis von Macht und Gewissen, empfängt hier eine besonders eindringliche Gestaltung. Neben Lucaya erscheinen Las Casas selbst und Karl V. wie lebendige Repräsentationen dessen, was Gewissen ist; alle drei stellen zusammen seine Funktion auf verschiedenen Ebenen dar, sie instrumentieren das Thema in seiner ganzen Spannweite. Am reinsten wird es ohne Zweifel symbolisiert durch das Mädchen Lucaya. In der Demut ihres Leidens und in der Einfalt ihres Glaubens steht das Gewissen gleichsam rein, in seinem ungetrübten Wesen da. Das Volk der Lucayos, dem sie zugehört und das sie verkörpert, schildert der Ritter Bernardino folgendermaßen: »Sie waren so wehrlos und arglos, als sei Adams Schuld nicht auf sie gefallen.«[10] Die Inseln, die sie bewohnten, bedeuteten für sie die Welt der Menschen. Sie glaubten, daß daran die Welt der Seelen grenze, in der die Verstorbenen wohnten. Als die Spanier zu ihnen kamen, konnten sie nicht anders denken, als daß die Fremden von jenseits der Menschenwelt, aus dem Land der Seelen kämen. Deshalb folgten sie ihnen voll argloser Bereitschaft, weil sie erwarteten, von den Unbekannten zu den Seelen ihrer Väter gebracht zu werden. Dazu die Worte Bernardinos: »Und ich muß heute denken, wie rein doch das Gewissen der Menschen sein mußte, die sich so herzlich auf die Vereinigung mit den Verstorbenen freuten, während wir ... diese Vereinigung vielleicht fürchten mußten, weil dann viele verborgene Schuld offenbar würde und wir nicht wagen könnten, denen, die uns nahe waren, in die Augen zu sehen.«[11] Menschen, die in geschwisterlicher Nachbarschaft mit dem Ewigen leben, deren Welt in die andere Welt hinein offensteht, Menschen, deren Maß allein das Miteinander mit dem Kommenden und so das Gewissen ist, begegnen der brutalen Macht, die kein Gewissen kennt und die Seele verloren hat. Sie glauben in den Himmel zu kommen und sind in die Hölle geraten. Mir scheint, daß gerade diese Szene zeigt, wie tief Reinhold Schneider die Abgründigkeit der menschlichen Existenz und der erfahrbaren Welt lang vor dem *Winter in Wien* erkannt und erlitten hat. Hier ist die Wirklichkeit nicht erbaulich-apologetisch geglättet; hier gibt es nicht die Welt der vernünftelnden Freunde Jobs, die auf alles einen frommen Kehrreim haben und alles erklären können. Hier ertönt der Schrei Jobs selbst: Die Menschen glauben in den Himmel zu gehen und werden in die Hölle geführt. Die Wirklichkeit, wie sie ist, schlägt dem Glauben ins Gesicht und kein Deus ex machina steht auf, um doch noch alles ins Lot zu bringen. Es bleibt nur »das dumpfe Jammern und Heulen« der gequälten Menschenmasse;[12] das lautlos versickernde Weinen der betrogenen Frau und das Gesicht des Gekreuzigten. Es bleibt das Leid dieser Frau, die um den Eroberer genauso gelitten hat wie um ihre geschundenen Brüder. Für sie ist er in seiner Blindheit nicht weniger bedauernswert als jene in ihrer Qual, auch wenn er selber nicht merkt, wie elend sein Wahn ihn gemacht hat, wie sehr er der Erlösung bedarf, um wieder er selbst zu werden. Mir scheint, daß diese geheimnisvolle Frauengestalt am meisten in dem ganzen Roman das ausdrückt, was Schneider zusehends als seinen eigenen Auftrag und als sein eigenes Schicksal erfahren hat: Ihm war nicht gegeben, auf dem Feld der Macht mit einzugreifen. Ihm blieb nur, Stimme des Gewissens zu sein, die Schuld der Zeit im Leiden zu bestehen und durch sein Leiden den Ruf des Gewissens zu beglaubigen.

Las Casas verkörpert eine zweite Möglichkeit, wie Gewissen zur Sendung werden kann. Neben dem leidenden Gewissen steht durch ihn das prophetische Gewissen, das an die Macht der Mächtigen rüttelt, das Recht der Entrechteten aufrichtet, sich gelassen zwischen die Stühle setzt und nicht aufhört, die Ruhe derer zu stören, deren Macht auf Kosten des Rechtes der anderen geht.[13] Las Casas war selbst Soldat und Encomendero gewesen; auch noch nach seiner Priesterweihe hatte er sich weit mehr um sein Einkommen als um die ihm anvertrauten Indios gekümmert. Da geschah etwas, was in der Geschichte der Heiligen mehr als einmal begegnet: Plötzlich erkennt er, daß ein bestimmtes Schriftwort, das in seine Lage hineintrifft, ganz wörtlich gemeint ist und von ihm wörtlich genommen sein will. Er liest Jesus Sirach 34, 25–27 und weiß, daß das ihn angeht: »Der Arme hat nichts denn ein wenig Brot; wer ihn darum bringt, der ist ein Mörder. Wer einem seine Nahrung nimmt, der tötet seinen Nächsten. Wer dem Arbeiter seinen Lohn nicht gibt, der ist ein Bluthund.«[14] Von da an wird Las Casas zum schlechten Gewissen der Mächtigen, gehaßt, verwünscht, aber nicht mehr zum Schweigen zu bringen. Und dies, so meine ich, gehört zur eigentlichen Größe des christlichen Glaubens: daß er dem Gewissen seine Stimme zu geben vermag. Daß er sich unerbittlich gegen die Welt stellt, die die Gläubigen sich selbst eingerichtet und mit dem Glauben begründet haben. Daß ihm das prophetische Nein innewohnt. Überhaupt – daß er Propheten erweckt. Menschen, die nicht Stimme eines Interesses, sondern Stimme des Gewissens gegen die Interessen sind. Las Casas wird damit zugleich zum Zeugen für die Souveränität des Rechts: »Das Recht bedarf keines menschlichen Zeugnisses; es ruht über dem Menschen, nicht in ihm. Aber wenn die Menschen uneins sind, so können sie ihr Gewissen um Rat fragen; und wenn sie es ohne Haß und Eifer tun, so wird ihr Gewissen ihnen helfen.«[15]

In der Gestalt von Kaiser Karl V. begegnet ein Drittes: das Gewissen dessen, dem Macht übertragen ist und der versuchen muß, Macht verantwortet auszuüben. Die Szene, in der der Mönch an einem kalten Abend dem müden Kaiser begegnet, der nur die Nachfolge Christi auf dem Tisch liegen hat, ist von höchster Eindruckskraft. Ihre entscheidenden Stichworte lauten: Gewissen und Kreuz. Schneider zeichnet – prophetisch an seine eigene Zeit gewandt – einen Herrscher, der nicht siegen sondern versöhnen will. Einen Herrscher, der bereit ist, Größe abzuwerfen, die von der Last der Schuld gezeichnet ist und der die wahre Größe in der Verantwortung für den Menschen erkennt. Er zeichnet den Mächtigen, der Macht als Last und als Leiden trägt und daher Macht zu ihrem Sinn führen kann.[16] Dieser Gedanke erhält seine volle Schärfe in der Übertragung eines mexikanischen Bistums an Las Casas: Der Prophet muß Macht übernehmen und tritt damit unter seine schwerste Probe – ob er unter der Macht dem prophetischen Wort treu bleibt. Macht als Leid und damit als geheilte Macht – in dieser Vision schließen sich die erste und die dritte Gestalt ineinander. Der absolute Monarch steht unter der Machtkontrolle des Gewissens, ohne die alle Machtkontrollen ohnmächtig wären.

4. Schlußbemerkung

Nur Macht, die aus dem Leiden kommt, kann Macht zum Heil

sein; Macht erweist ihre Größe im Machtverzicht. Ich möchte schließen mit dem Hinweis auf eine merkwürdige Parallele zu diesen Gedanken, die ich in André Malraux' Aufzeichnung seiner letzten Gespräche mit de Gaulle gefunden habe. In diesen Dialogen, die fortwährend um de Gaulles zentrales Thema: um Frankreich und um die Größe kreisen, zeigt sich, wie sich dieser merkwürdigen Herrschergestalt unseres Jahrhunderts am Ende der Begriff der Größe verwandelt hatte. Auf die Frage, was er bei seiner Gedenkrede zum Napoleon-Jubiläum gesagt hätte, antwortet de Gaulle: »Er hat Frankreich kleiner zurückgelassen, als er es vorfand, gut; doch eine Nation definiert sich nicht auf solche Weise. Für Frankreich war es nötig, daß es ihn gab . . .«.[17] Malraux kommentiert dazu, de Gaulle habe über Frankreich nicht in Kategorien der Stärke gedacht, »er hielt Stalins Ausspruch für idiotisch: ›Frankreich hat weniger Divisionen einsatzbereit, als die Regierung von Lublin.‹«[18] Noch weniger habe er in Begriffen wie Verlust oder Gewinn von Gebieten gedacht. Als er sich für die Unabhängigkeit Algeriens entschied, »hat er sich für die Seele Frankreichs entschieden, gegen alles übrige und zunächst gegen sich selbst«.[19] Malraux durfte der Zustimmung seines Gesprächspartners gewiß sein, als er ihm sagte, daß Frankreich zu seiner Seele nur finde, wenn es sie für die anderen finde: »die Kreuzzüge und die große Revolution viel mehr als Napoleon«.[20] Das Fazit dieser von einer eigentümlichen Melancholie überschatteten Gespräche ist ganz deutlich erkennbar: Die Größe, die der General seinem Land geben konnte, bestand darin, daß er es kleiner hinterließ, daß er ein Weltreich weggab. Sie ereignete sich nicht in dem vergeblichen Versuch, von neuem Großmacht alten Stils zu werden, sondern in dem Verzicht, den er sich und seine Nation lehrte. Am Ende maß sich der General nicht mehr an dem Eroberer Napoleon, sondern an dem verbannten Kaiser, an seinem Wort: Größe ist traurig. Ohne jene Zweideutigkeit, die dabei freilich noch immer stehenbleibt, müßte dies heißen: Macht erreicht Größe da, wo sie sich vom Gewissen berühren läßt. Das ist das Vermächtnis Reinhold Schneiders an diese Zeit; das ist die Chance und die Aufgabe des christlichen Glaubens inmitten des Widerstreits der Mächte, in dem wir heute stehen. *(1972)*

Anmerkungen

1 Zitiert nach Th. Schieder, Hermann Rauschnings *Gespräche mit Hitler* als Geschichtsquelle, Opladen 1972, 19 Anm. 25. Schieder bietet eine eingehende Analyse der historischen Zuverlässigkeit von Rauschnings Angaben.

2 Schieder, a.a.O. 31; zur Frage der Authentizität des Ausspruchs 31 Anm. 35 u. 19 Anm. 25.

3 Schieder, a.a.O. 33; vgl. H. Rauschning, *Die Revolution des Nihilismus,* Zürich 1938; neu hrsgb. mit Kürzungen von Golo Mann, Zürich 1964. Vgl. auch die bei Schieder S. 18 zitierte Äußerung Hitlers über die Aufgabe, eine »gewalttätig aktive, unerschrockene und brutale Jugend« heranzuziehen.

4 Ich zitiere den Roman *(Las Casas vor Karl V.* Szenen aus der Konquistadorenzeit) nach der 1968 erschienenen Taschenbuchausgabe des Ullstein-Verlags. Die Geschichte von Lucaya S. 81–94. S. 81: »›Meine Seele?‹« fragte er, »ich weiß nicht, ob es noch meine Seele war. Vielleicht hat sie während vieler Jahre in einem anderen Wesen gewohnt und wurde mir erst nach seinem Tode zurückgegeben.« Zu einer Gesamtinterpretation von R. Schneiders Werk H. U. v. Balthasar, *Reinhold Schneider.* Sein Weg und sein Werk, Köln 1953.

5 Zur Frage nach dem Wesen des Gewissens, die hier nicht im einzelnen analysiert werden kann, bes. J. Stelzenberger, *Das Gewissen.* Besinnliches zur Klarstellung eines Begriffs, Paderborn 1961; *Das Gewissen.* Studien aus dem C. G. Jung-Institut Zürich Bd. VII, Zürich 1958, dort bes. der Beitrag von H. Zbinden, Das Gewissen in unserer Zeit, S. 9–51. Vgl. auch J. Messner, Moral in der säkularisierten Gesellschaft, in: *Internat. kath. Zeitschr.* 1, 1972, 137–158.

6 Vgl. zur Problematik dieser Entwicklungen U. Duchrow, *Christenheit und Weltverantwortung,* Stuttgart 1970.

7 Vgl. zur Las-Casas-Frage zuletzt G. Kahle, *Bartolomé de Las Casas,* Köln-Opladen 1968; hierzu bes. S. 18 u. 32; B. M. Bierbaum, *Las Casas und seine Sendung,* Mainz 1968.

8 Kahle 10 ff. 17 f; J. Höffner, *Christentum und Menschenwürde.* Das Anliegen der spanischen Kolonialethik im Goldenen Zeitalter, Trier 1947.

9 Zu Mk. 12, 17 und der Rezeption dieses Wortes in der politischen Katechese der Urkirche vgl. wiederum U. Duchrow, a.a.O. 137–180. Zum Gesamtproblem die präzise Darstellung von O. Cullmann, *Jesus und die Revolutionären seiner Zeit,* Tübingen 1970.

10 a.a.O. 81.

11 a.a.O. 85.

12 S. 92: » . . . wir fürchteten die Menschenmasse unter den Planken nicht, und ich war ebenso wie meine Gefährten von früheren Fahrten gewöhnt, das dumpfe Jammern und Heulen unter mir zu hören; es berührte mich ebensowenig wie das Murren eingepferchten Viehs. Daß ich die Stimme meiner Schuld hörte, kam mir nicht in den Sinn.«

13 Eindringlich dazu H. U. von Balthasar, a.a.O. 177 f. S. 178: »Der Heilige nicht als Lenker des Staates, aber als Gewissen des Königs: das wäre die Verwirklichung der transzendenten Ethik, die nicht mit zweierlei Gewichten wägt.«

14 Vgl. G. Kahle, a.a.O. 13 ff.

15 R. Schneider, *Las Casas* . . . 153 (als Wort des Las Casas an Bernardino).

16 Schöne Ausführungen über den Zusammenhang von Macht und Leidenkönnen nach Luther, die sich mit dem hier Gesagten berühren, bei Duchrow, a.a.O. 547 u. 552.
17 A. Malraux, *Eichen, die man fällt* . . . Übers. v. C. Schmid, Frankfurt 1972, 85.
18 S. 86.
19 S. 109.
20 S. 84.

Walter Nigg
Die Zeit, für die ich geboren bin: Reinhold Schneider

Der Maler Ewald Vetter porträtierte Reinhold Schneider; er stellte den Dichter dar, wie er mit beiden Händen sein Antlitz bedeckte.[1] Das Gemälde entspricht nicht den üblichen Vorstellungen, da man das Gesicht von Reinhold Schneider nicht zu sehen bekommt, das uns doch vor allem interessiert hätte. Wer über die Physiognomie Reinhold Schneiders klarwerden möchte, kommt nicht auf seine Rechnung. Trotzdem hat Vetter mit seinem ungewöhnlichen Bild Reinhold Schneider im Wesentlichen erfaßt. Das Gemälde zeigt den Schmerz und den von der Verzweiflung geschüttelten Menschen, der sein tränenüberströmtes Antlitz in seinen Händen verbirgt. Das Porträt weist auf den seelisch aufgewühlten und bedrängten Dichter viel elementarer hin als alle Fotos zusammen, die oft gar nicht der Wahrheit entsprechen.

Unwillkürlich denkt man bei dem erwähnten Gemälde an Reinhold Schneiders Novelle *Vor dem Grauen.* Er schrieb sie zu Beginn des Jahres 1939 in Paris, als ihn das Gefühl des Kommenden furchtbar bedrückte. In der Novelle erzählt er von einem französischen Edelmann, der sich von einem kunstliebenden Abbé die Kirchen Roms erklären läßt und bei dieser Gelegenheit auf den Bettler Benedikt Labre stößt, einen der unscheinbarsten Heiligen der Christenheit. Der Edelmann kommt mit dem in Lumpen gehüllten Labre in ein Gespräch, in dessen Verlauf der sonst schweigsame Bettler zu ihm sagt: »Ich weiß nicht, was kommt! Ich fühle nur, daß die Menschen nicht richtig leben; daß etwas unausdenkbar Furchtbares geschehen ist und noch jeden Tag und jede Stunde geschieht und daß dieses Furchtbare, das noch verborgen ist, einmal offenbar werden muß ... Darauf kommt es doch an, was sich in den Seelen der Menschen verändert; und wer das nicht spürt, der weiß durchaus nichts von dem, was sich in seiner Zeit begibt. Und nun wollen die Menschen so leben, wie sie nicht werden leben können; und es gibt keine Lösung nach unserem Ermessen; nur ganz am Ende unseres Denkens – jenseits unseres Denkens, ich weiß nicht, ob Sie das verstehen, und ich kann mich auch nicht ausdrücken –, da stehen Bilder, so ungeheuer, so entsetzlicher Art, daß das Blut gefrieren möchte in meinem Herzen, und es vergeht kein Tag, an dem sie nicht näher rücken . . . Alle diese Schicksale laufen einer Wand entgegen, die undurchdringlich ist. Sie türmt sich immer höher vor uns auf. Hinter ihr bereitet sich etwas vor, das keinen Namen hat. Aber in dem, was sich vorbereitet, werden auch die Schicksale entschieden. Wie, das wissen wir nicht; aber es muß wohl kommen – soweit unser schwacher Verstand das Recht hat, von einem Müssen zu sprechen.«[2] Reinhold Schneider läßt den kaum beachteten Benedikt Labre eine unheimliche Zukunftsschau entwickeln, darob es dem Leser kalt über den Rücken läuft. Er erbebt innerlich. Die Ahnung beispiellosen Frevels und Leidens trieb den heiligen Bettler barfuß über alle Straßen Europas, weil er nicht imstande war, das Unaussprechliche abzuwehren. Die prophetische Vision ist eine dichterische Verarbeitung der heiligen Bettlerbotschaft, die von dem großen Feuer gesprochen hat, das kommen werde. Jetzt begreifen wir das Entsetzen Reinhold Schneiders, der sein Antlitz in beide Hände vergrub.

Das Gemälde wie auch die Novelle verbieten, über den Dichter im Tone einer geistreichen Plauderei zu schreiben. Über Reinhold Schneider gibt es schon eine ansehnliche Literatur, es sei nur an Hans Urs von Balthasars Monographie erinnert, die aber die letzte Phase des Dichters nicht mehr behandelt und deswegen der Ergänzung durch Josef Rasts Arbeit »Der Widerspruch« bedarf.[3] Reinhold Schneider ist nicht leicht zu begreifen; nach seiner eigenen Aussage »liegt das zum Teil an den vielen Paradoxien einer gleichzeitig konservativen und revolutionären Haltung«.[4] Das Geheimnis seiner Persönlichkeit läßt sich nicht erklären, sonst wäre es kein Geheimnis mehr. Ein Bekannter charakterisiert den Einunddreißigjährigen mit den Worten: »Die Bescheidenheit und Askese und Gediegenheit in Person, keiner Verführung durch Eitelkeit und Gewinnsucht fähig; durch echtes Verständnis der Zeit allen aktuellen Konjunkturschreibern weit voraus.«[5] Bei aller öffentlichen Anerkennung Reinhold Schneiders gibt es bei ihm eine bestürzende Betrachtung der Dinge, die man gewöhnlich nicht beachtet und auch nicht beachten will, weil diese den Menschen in seiner bequemen Daseinsauffassung allzu empfindlich stört. Aber gerade das dürfte das Bedeutsamste an ihm sein. Seine Ausführungen umschreiben die vordringlichsten Aufgaben in der gegenwärtigen Situation. Auf ihn selbst darf jene seltsame Äußerung angewendet werden: »Vielleicht sendet uns Gott Menschen ins Haus, die wir erst verstehen sollen, wenn sie gegangen sind.«[6] Das Verständnis ist uns erst nachträglich gekommen, jedenfalls bemühen wir uns leidenschaftlich darum, auch wenn wir damit nie ganz zu Ende gelangen.

Wir treiben keinen Reinhold-Schneider-Kult, weil jede bloße Schwärmerei für einen Dichter im Leeren zerrinnt. Sie wäre bei diesem Dichter weder angebracht, noch von ihm gebilligt. Vom Gewissen genötigt mag man sich fragen, welche seiner Ausführungen für uns nicht mehr in Frage kommen, weil sie einfach nicht nachvollziehbar sind. Sein Bekenntnis zur Krone können wir kaum teilen, obwohl es nicht bloß romantisch begründet war: »Wenn wir das Reich wieder erleben und schaffen wollen, so müssen wir hinabsteigen in die Krypta: zu dem Anfänglichen, Unzerstörbaren; zu dem ersten Lebensgrund, aus dem die vergänglichen Formen hervorwachsen.«[7] Auch gegenüber seinen Schauspielen ist ein Fragezeichen angebracht, sind sie doch vorwiegend Lesedramen. Ebenso sind seine Urteile über Fichte, Schopenhauer und den Seelenschlaf der Diskussion unterworfen. Reinhold Schneider war nicht der vollendete Mensch, denn auch in seiner Entwicklung lagen die Akzente verschieden. Er selbst bezeichnete seine Arbeit nicht als ein unfehlbares »System, sondern als Weg«, den wir mit ihm gehen.[8] Als Weggefährten wissen wir um seine einmalige Bedeutung für unsere Zeit, halten ihn für einen der scharfsichtigsten Menschen der letzten Jahre und bekennen uns gegenwärtig wie schon zu seinen Lebzeiten unverändert zu ihm. Er lebte seine christliche Existenz mit verantwortungsbewußtem Ernst und hat damit eine seltene Übereinstimmung von Leben und Werk dokumentiert.

Von seinem äußeren Leben sei nur erwähnt, daß es in zwei Epochen eingeteilt werden kann: zunächst in die der Potsdamer Zeit, die ihm als die Phase der Zurüstung viele Horizonte eröffnete und ihn mit der großen Welt in Berührung brachte. Dann in die Freiburger Zeit, die ihm die Entfaltung schenkte. Doch dürfen sie nicht in Gegensatz zueinander gerückt werden, denn aus der ersten wuchs der junge, aufbrechende Reinhold Schneider hervor, während in der zweiten der reife, abgeklärte Dichter sich zu Worte meldete. Im Portugal-Erlebnis erfuhr er den geistigen Durchbruch zu der Höhe der geschichtlichen Schau, die er zeitlebens zu halten vermochte. Dies alles erzählte er in seinem *Verhüllten Tag,* die eine der selten geglückten Selbstdarstellungen ist, frei von jeder Selbstrechtfertigung.

Sucht man aber nach dem inneren Bild Reinhold Schneiders, ersteht es am besten in der Bezeichnung: ein »Ritter des Glaubens«. Der Begriff stammt von Kierkegaard, der ihn im Hinblick auf Abrahams Ritt nach dem Berge Moria gebrauchte und der kraft des Absurden die unendliche Bewegung des Glaubens ausführte. Die Formulierung »Glaubensritter« darf mit dem nötigen Zartgeist verstanden auf Reinhold Schneider angewendet werden, wenn auch sein persönliches Drama damit zusammenhängt, daß er ein Ritter in einer unritterlichen Zeit war. Die Idee der christlichen Ritterschaft – Dürers Stich »Ritter, Tod und Teufel« stellt sie bildnerisch dar – hat ihn durch sein ganzes Leben hindurch begleitet; er verstand sie so: ein Unbedingtes in Zeit und Geschichte zu leben. Das Rittertum wechselt die Gestalt; wer aber wollte bezweifeln, daß es heute in modifizierter Weise notwendiger ist als je? Die Christenheit wird nie auf Menschen verzichten können, die ohne Vorbehalt und ohne Lohn dem Heiligen dienen in dieser Welt, die sich der Schwachen, Verfolgten, Gekränkten annehmen, die Geltung des Rechts erneuern, das Unrecht bestreiten. Der Glaubensritter Reinhold Schneider ist nicht stolz zu Roß und siegreich durchs Leben geritten. Das ist nur dem weltlichen Ritter möglich, und auch bei ihm ist es eine fragwürdige Sache. Der Ritter des Glaubens dagegen kann nur, wie Don Quijote, mit zerbrochener Lanze seine Heimfahrt antreten; wahrhaftig, Reinhold Schneider war der Ritter von der traurigen Gestalt.

Dem Glaubensritter entspricht einzig die Auffassung vom Dichter, wie Reinhold Schneider sie bekundet hat. Jochen Klepper schrieb in seinem Tagebuch *Unter dem Schatten Deiner Flügel* von Reinhold Schneider: »Der einzige Dichter unter all den Schriftstellern, die ich kenne.«[9] Diesem Eindruck wird man bei längerem Nachdenken schwerlich die Zustimmung versagen können. Reinhold Schneider haftet nicht das geringste Gerüchlein eines Literaten an. Als wirklicher Dichter liebte er die deutsche Sprache und erwies sich in seinen Werken als ein Künstler, der die Landschaft der Ewigkeit gesehen hatte. Von literaturgeschichtlicher Seite wurde ihm denn auch das Zeugnis ausgestellt: »Unter den christlichen Dichtern unserer Gegenwart hat er die klarsten Züge und die sicherste Stimme. Von ihm darf in Wahrheit ausgesagt werden, daß er viel Helligkeit verbreitet hat, indem er das Ewige Licht durch die Welt trug.«[10] Bei Reinhold Schneider liegt wirklich religiöse Dichtung vor, und dann war noch etwas anderes da, etwas, das sich nur fühlen und kaum benennen läßt und das mit den Worten Leiden und Tränen für sein Volk angedeutet ist.

Reinhold Schneiders Dichtungen sind in ihrer Schönheit, Tiefe und Kraft von bleibendem Wert. Seine Sonette sind auch in die Schulbücher eingegangen. Aus ihrer Zahl sei nur das eine, autobiographische Bekenntnis erwähnt:

»Als Gast nur lebend in dem eignen Leben,
Kehr ich als Gast in andrer Leben ein,
Bewegt von fremdem wie vom eignen Sein
Und froh, mit Freunden durch die Nacht zu streben.

Wohl bin dem Dunkeln ich anheimgegeben:
Von allen Häusern ist das letzte mein,
Wo Werk und Leben, schwer von Glück und Pein,
Wie dumpfe Schläge durch die Seele beben.

Doch bin ich frei, mein eigen Haus zu lassen,
Sobald im Fenster ich den klaren Schein
Des lang vertrauten Sternes wieder sehe;

Und ohne Glück im Halten und Erfassen,
Will ich ein Gast durchs ganze Leben sein,
Bis ich erlöst in meine Heimat gehe.«[11]

Seine Erzählungen knüpfen gerne an ein historisches Geschehen an, das er frei weiter dichtete und bei aller Tragik voll geheimen Trostes zu gestalten wußte. Es sind Seelengeschichten, aus innerem Adel in gepflegter Sprache geschrieben. Einer der Höhepunkte von Reinhold Schneiders Dichtung ist die Erzählung *Las Casas vor Karl V.*, in der er sich sowohl mit Las

Casas als dem wehrlosen Mädchen Lucaya identifizierte.

Das Grauen und das Leid, vor dem der heilige Benedikt Labre in Reinhold Schneiders Erzählung erschauderte, ist die Grundlage unseres Deutungsversuches. Es war die Zeit, in der der Nationalsozialismus seine entfesselte Dämonie rücksichtslos austobte. Die Hybris endigte im Zweiten Weltkrieg mit dem Sturz in den Abgrund. Den Höhepunkt seiner Tätigkeit erreichte Reinhold Schneider während und unmittelbar nach dem Ende des Zweiten Weltkrieges. In jenen unsagbar düsteren Tagen, da zum Hunger, zur Kälte noch die Obdachlosigkeit kam, starrten die Menschen verstörten Blickes fassungslos ins Nichts und konnten wegen des unbeschreiblichen Elendes der Befreiung von einer grauenhaften Tyrannei nicht froh werden. Reinhold Schneider legte damals alle Pläne für ein neues dichterisches Werk beiseite und schrieb kleine Schriftchen, mit denen er den Menschen ein helfendes Wort zurufen wollte. Es gibt Leute, die diese scheinbare Verzettelung seiner Arbeitskraft bedauerten und diese Blätter hochmütig »Traktätchen« nannten. Ernsthaft betrachtet kann man sie nur mit Ehrfurcht in die Hände nehmen, und heute empfindet man sie beinahe als Reliquien. Reinhold Schneider verstand sich auf den öffentlichen Verbandplatz gerufen, wo er sich bemühte, religiöse Sanitätsdienste zu verrichten. Er scheute sich nicht, sein literarisches Ansehen aufs Spiel zu setzen. Es war ihm ernst mit seiner neuen Tätigkeit, und er hegte den »ganz tiefen Glauben, jetzt ist meine Zeit, die Zeit, für die ich geboren bin«, angebrochen.[12] Diese Briefaussage umschreibt seine Sendung und enthüllt seinen innersten Gedanken. Während die Menschen gewöhnlich ihre Zeit verfehlen, weil sie in Blindheit an ihrer Bestimmung vorbeistürmen, erfaßte Reinhold Schneider die Zeit, für die er geboren war, im richtigen Augenblick; er hat seinen Kairos nicht verpaßt. Dieses Selbst-Verständnis verbietet uns, schnell über diese Periode seines Daseins hinwegzugleiten. Die jungen Menschen, die jene Zeit nicht oder nur als ganz kleine Kinder erlebt haben, können sich auch nicht annähernd eine Vorstellung von der Dunkelheit des damaligen Lebens machen, als dauernd Fliegeralarm ertönte, die nächtlichen Bombenangriffe erfolgten und nach den höllischen Bränden nackte Ruinen übrigblieben. Wer sich in die von Reinhold Schneider mit Käthe Kuhn und H. Gollwitzer herausgegebenen Abschiedsbriefe *Du hast mich heimgesucht bei Nacht* vertieft, fühlt etwas von dem seelisch fast nicht auszuhaltenden Druck, der auf den Menschen lastete. Eine undurchdringliche Finsternis ohne jeden Ausblick lagerte über Deutschland. In dieser allerschwersten Prüfungszeit griffen die seelisch verdurstenden Menschen nach Schneiders kleinen Schriften, diesem »Becher kalten Wassers«, von dem im Evangelium einmal die Rede ist.[13] Sie wurden von den Soldaten an der Front gelesen, und die Angehörigen zu Hause waren für diese religiöse Nahrung nicht minder aufnahmebereit. Seine damals herausgegebenen Kleinschriften hatten den seltenen Vorzug, auch von ganz einfachen Leuten verstanden zu werden, sie dienten nicht einfach als unverbindliches Spiel für einige auserlesene Feinschmecker, die ein Monopol für die Literatur zu haben glauben.

Selten war es einem Dichter vergönnt, in einer der schwersten Stunden der Geschichte auf solche Weise zum Tröster seines Volkes zu werden. Er kannte in dieser trostlosen Zeit nur die eine Bemühung, in einer kleinen Schale Trost zu bringen. Mit begnadeter Kraft hat er dies getan und ist darob zum Confessor im Sinne der alten Kirche geworden. Man denkt dabei unwillkürlich an den Propheten Ezechiel, der seinem in babylonischer Gefangenschaft leidenden Volke die grandiose Vision von dem Felde voller Totengebeine vor Augen führte, die durch den Geist Gottes wieder zum Leben auferweckt wurden. Wahrhaftig, als ein Ezechiel redivivus trat damals Reinhold Schneider auf dem deutschen Verbandplatz aus seiner dichterischen Hülle heraus und half seinen Zeitgenossen zu überstehen. Echte Religiosität mündet, wenn sie ihrer Sendung treu bleibt, in Lobpreis und Seelsorge aus. Das ist ihre ureigenste Aufgabe. Das Bild von Reinhold Schneider als dem großen Therapeuten seines geschlagenen Volkes gehört in den Vordergrund.

Die in der Literaturgeschichte einzig dastehende Kunst, in schwerster Bedrohung die Wahrheit ins Bild zu fassen, drückt Reinhold Schneiders Dichtertum den Stempel der höheren Legitimation auf. In dieser Stunde fand sich die Dichtung wieder zu ihrer edelsten Aufgabe zurück und war Botin und Helferin geworden. Die aus letzter Tiefe kommenden Worte richteten die Menschen auf und halfen ihnen, das bedrückende Dasein zu ertragen. Es darf der Ausdruck gewagt werden: In diesem Moment vermochte sich die ewige Poesie so stark zu verdichten, ja, zu verleiblichen, daß man geradezu von einer Inkarnation der Dichtung in der Person des Laientheologen reden kann. Diese Fleischwerdung der Dichtung in der allergrößten Not hat sich in der Geschichte nur ganz ausnahmsweise ereignet. Man liebt die Dichtung wegen ihrer richtunggebenden, helfenden Funktion, wenn sie auch nicht dem geoffenbarten Wort gleichzusetzen ist. Welch anderer Dichter hat zu jener Zeit diese ursprüngliche Aufgabe der wahren Poesie erfüllt? Vielleicht darf man noch die Namen Gertrud von le Fort und Werner Bergengruen, Jochen Klepper und Alexander Schröder nennen.

Wie kam es nur, daß Deutschland diese Zeit und das, was Reinhold Schneider damals getan, so überaus schnell vergessen hat? Spricht es nicht gegen eine Generation, wenn sie über ihre schwersten Erlebnisse einfach hinweggleitet und sie so rasch als möglich in den Strom der Lethe versenkt, statt sie lebendig zu erhalten, zumal jene Bedrohung sich jeden Augenblick aufs neue ereignen kann? Unter dem Versiegen der Erinnerungskraft verkümmert unsere beste Seelensubstanz, werden wir doch nie mehr Entscheidendes erleben, wenn wir die höchsten Werte nicht dauernd festzuhalten vermögen.

Nach Beendigung des Krieges schloß Reinhold Schneider seine religiösen Sanitätsdienste sachte ab. Ein anderer Ton erklang in seinen Ausführungen, und es begann für ihn eine neue Phase, für die er nicht weniger vorgesehen war als für die unmittelbar vorangegangene Zeit. Er selbst formulierte sie in einem Gespräch und meinte, »die Zeit bedürfe jetzt des kurzen, klaren, in sich geschlossenen Anrufes, des warnenden Rufes und der Besinnung, damit nicht alles von den stürzenden Mächten in den Abgrund gerissen werde«.[14] Als solcher Rufer und Mahner sähe er jetzt seine eigentliche, seine letzte Aufgabe. Nach ihm war der erlittene Verlust unermeßlich. »Das Antlitz Deutschlands, wie wir es liebten, ist ausgelöscht«, bemerkte er und fügte hinzu: »Wir sind durch das Feuer gegangen, und wir sind nicht mehr, was wir waren.«[15] Er glitt nicht behende über die niederschmetternde Situation hinweg, und er sagte nicht, wir haben jetzt so große materielle Sorgen, daß uns keine Zeit für geistige Fragen bleibt. Mehr als die äußere Verwüstung gab ihm die innere Verstörtheit der Menschen zu schaffen. Reinhold Schneider wich dem Problem nicht aus, er machte sich keiner verhängnisvollen Verdrängung schuldig, sondern versuchte, dem Geschehen standzuhalten und sich über den Krieg und was dazu geführt hatte, klarzuwerden. Unmißverständlich sagte er: »Keine Not des äußeren Daseins darf die Wahrheit übertäuben, daß alles abhängt von der Wandlung des Herzens, welche Wandlung nur geschehen kann in der unbarmherzigen Begegnung mit uns selbst.«[16] Die Erinnerungen an die Untaten des Nationalsozialismus und des Krieges dürfen nicht verschwinden. Es ist nicht erlaubt, sie durch eine lautstarke Beschäftigung zu übertönen, sonst ereignen sich nur zu bald neue Fehlentscheidungen. Schneider wies darauf hin: »Vom ersten Krieg innerlich zerstörte Menschen sind für den zweiten die eigentlich verhängnisvollen Erscheinungen geworden.«[17] Die geistige Bewältigung des Geschehens ist eine schwere Arbeit, die nicht in wenigen Tagen und Wochen geleistet werden kann, aber »das bitterste Unglück wird vergeblich erduldet, wenn es nicht gedeutet, nicht auf das Tun des Menschen und Gottes Gerechtigkeit bezogen wird«.[18] Leider vereinfachen die Menschen die Probleme nicht nur, sie denken die Fragen des Lebens gewöhnlich auch nicht zu Ende. Die Notwendigkeit dieser Verarbeitung überfordert nicht den Menschen, wohl aber wird man mit ihr das ganze Leben nicht fertig. Nach Reinhold Schneider »haben wir nicht gebaut, wie wir hätten bauen müssen. Aber nun ist Er da und will bauen: wir stehen in der Gnadenstunde der tiefsten Nacht.«[19] Noch hatte der Dichter die Hoffnung auf das christliche Abendland nicht verloren, doch war es für ihn gewiß, »daß ein neuer großer Einsatz des Geistes geleistet werden muß. Denn der Geist oder Ungeist hat doch das Unheil verschuldet«.[20] Reinhold Schneider verarbeitete in dieser zweiten Phase das Nachkriegsgeschehen; seine diesbezüglichen Reflexionen sind hier wenigstens notdürftig anzudeuten.

Reinhold Schneider warf einmal die Schuldfrage auf. Er war sich dabei über die Unbeliebtheit dieses Problems klar und wußte, daß es namentlich ein der jungen Generation verhaßtes Wort war. Trotzdem rief er der Jugend zu: »Ihr könnt dem Wort ›Schuld‹ nicht ausweichen; gestern war es von ungeheurem Gewicht; und dieses Gestern ragt in das Heute . . . Es ist das Wort von der Schuld, das die Welt zu unserem Volke gesprochen hat, das Wort des Unheils und Heils, das eigentliche Wort dieser Zeit. An ihm scheiden sich die Geister. Da es nicht möglich ist, es auszusprechen, ohne ein klares Bekenntnis abzulegen, so bekennen wir: Ein Volk ist verantwortlich für seine Geschichte und schuldig an ihr.«[21] Nach Reinhold Schneiders Überzeugung kann der Mensch die Wahrheit nicht finden, ohne die Worte ›mea culpa‹ zu sprechen. Napoleon soll einmal gesagt haben, »für die Kollektivverbrechen ist niemand haftbar«, und der Dichter kommentierte diese Äußerung: »Wir denken nicht so –: es ist unser letzter Stolz, daß wir nicht so denken . . . Es ist auch unser Stolz, uns, was die Schuld betrifft, vorerst auf uns selber zu beschränken und nicht etwa zu sagen, daß auch andere schuldig seien. Dieses ›auch‹ ist ein kindisches Wort . . . Wer in die Zusammenhänge der Schuld gestellt ist und nicht sühnt, gibt seine Würde endgültig auf.«[22] Man darf diese Worte nicht als eine unerwünschte Predigt mißverstehen, denn bei Reinhold Schneider hatte das Wort ›Schuld‹ seine tiefe, metaphysische Bedeutung behalten, scheute er sich doch nicht, Calderons Wort zu zitieren:

»Denn des Menschen größte Schuld
Ist, daß er geboren ward.«[23]

Dieses Wort stimmt nicht mit dem Evangelium überein, aber es zeigt, bis zu welch dunklen Schächten Reinhold Schneiders Denken hinabstieg. Schon in *Las Casas vor Karl V.* taucht das Wort auf: »Aus aller Schuld kann Gnade werden; vielleicht ist darum so viel Schuld in der Welt.«[24] Auch in den geschichtlichen Werken spricht er von ihr; *Das Inselreich* ist vorwiegend vom Gedanken her konzipiert: Schuld ist mit Schuld verkettet. Die Schuldfrage ist eines der wichtigsten Probleme im Leben und muß ernst genommen werden. Der Laientheologe wollte die Schuld weder auf Deutschland, noch auf die Kriegsursache einschränken, denn ausdrücklich bemerkte er in den Worten zur Jahrhundertmitte: »Die große Möglichkeit, die das Unglück uns bot, war eine Gewissenserforschung der Deutschen, die den Anstoß hätte geben können und sollen zu einer Gewissenserforschung der Welt.«[25] Das letzte Wort der Schuldfrage liegt in der freiwilligen Sühne; sie allein ist fähig, die verhängte Situation von Grund aus zu verwandeln.

Mit nicht geringerer Leidenschaft forderte die Stimme Reinhold Schneiders ein neues Wahrheitsgefühl. Das moderne

Leben ist durch die Lüge vergiftet. Sie ist in der Politik, im Wirtschaftsleben, in der Beziehung der Geschlechter anzutreffen. Alles ist vom Teufel, der der Vater der Lüge ist, durchsetzt. Dies muß mit aller Schärfe ausgesprochen werden, und nicht die geringste Verkleinerung ist gestattet. Diese Gesinnung entlockte dem Dichter das bekannte Sonett: »Allein der Wahrheit Stimme will ich sein.«[26] Die Menschen sind vor die Aufgabe gestellt, sich neu und radikal auf die Wahrheit zu besinnen. Das redliche, einfache Wort muß wieder Einzug halten in unserem Dasein. Wahrheit um jeden Preis. Als wahre Menschen bekennen wir uns zur Wahrheit; nach Reinhold Schneider erkennen wir sie jedoch nur soweit, als wir sie zu vollziehen bereit sind.

Die Verarbeitung von Krieg und Nachkriegszeit gebietet uns, zu einem neuen Geschichtsbewußtsein hindurchzudringen. Bei dem in Bildern und nicht in Begriffen denkenden Reinhold Schneider lag eine Geschichtsvision vor, man möchte sagen, eine transzendierende Geschichtserfassung, die darauf bedacht war, »Symbole unserer geschichtlichen Existenz« zu vermitteln.[27] Er vergaß nicht, daß die Erhellung der Geschichte nur zur Hälfte eine wissenschaftliche Arbeit, zur andern Hälfte aber eine Kunst ist, die der Intuition, der Schau und der Darstellungsgabe bedarf. Seine hintergründige Geschichtsschau mündete immer in aktuelle Gegenwartsfragen ein, doch wäre es falsch, seine Sicht aus seiner schwermütigen Anlage abzuleiten. Gewiß war sein Lebensgefühl voller Trauer; er hat aber nie den Anspruch erhoben, das Ganze und das Umfassende des Lebens auszudrücken: »Es ist mir immer klarer geworden, daß über der Welt ein Licht ausgegossen ist, das ich nicht erreicht habe, vielleicht nicht erreichen kann.«[28] Er gab darüber in einem fingierten »Brief« ergreifende Auskunft. Seine Geschichtsauffassung war vom tragischen Bewußtsein erfüllt, das seinem Werk den erschütternden Akzent verleiht. Geschichte ist wahrhaftig Tragödie, da im historischen Prozeß nie das geschah, was immer hätte geschehen sollen. Er schreckte nicht ängstlich vor Deutungen zurück, sondern erlebte Geschichte als Überlieferung der Symbole. Sie war ihm Bild und Gleichnis, überwölbt von einer transzendierenden Anschauung. Reinhold Schneider wußte um die aufwühlende Tragödie der Kirchengeschichte, aber er dachte nicht daran, sie apologetisch abzuschwächen oder gar zu vertuschen, sondern legte ihre oft unbegreiflichen Verwicklungen wahrheitsgetreu dar. Für ihn waren Religion und Macht unvereinbar, eine Feststellung, die die ganze Geschichte des Christentums unter ein schweres Gerichtswort rückte. »Geschichte soll hier allein betrachtet werden von der Höhe des Glaubens aus« war sein Leitsatz, ein Gedanke, der zu einer Mahnung an das Gewissen der Nation wurde.

Reinhold Schneider huldigte keiner wissenschaftlichen Geschichtsauffassung, sondern begriff sie intuitiv. Seine Schau war lebendig, weil er am Innern der Geschichte teilnahm und sich stets vom Geschehen ergreifen ließ. Er hatte von den Dichtern gelernt, Geschichte zu sehen und Geschichte zu denken. Er schrieb, das Geschichtsbewußtsein umfasse »das sichtbare Geschehen ebenso wie das unsichtbare; sie spielt sich auf der Schaubühne ab, wo die Völker ihre Kämpfe austragen, und in den Kammern der Seele«.[29] Der Dichter empfand Geschichte als sein Schicksal, und viele seiner Publikationen standen in ihrem Dienst. Er dachte geschichtlich, aber er war nicht dem Historismus verfallen, der nur zum Relativismus und zur seelischen Müdigkeit führt. Sein Geschichtsbewußtsein ist vom Gefühl der Verantwortung getragen, das ihm auch den Sinn für das Mysterium der Geschichte eingab: »Geschichte ist Bildersprache, unerhörtes Gedicht; aber das Herz ist ihr nicht gewachsen«, seufzte er.[30]

Es ist einer unserer größten Fehler, daß wir nicht vermochten, der Jugend das Denken in geschichtlichen Dimensionen beizubringen. Nach dem Dafürhalten der jungen Leute beginnt die Weltgeschichte erst mit ihnen, während wir doch auf den Schultern unserer Vorfahren stehen, wenn wir ihnen auch oft untreu geworden sind. Eine geschichtslose Generation ist eine bodenlose Generation, denn ohne das abendländische Geschichtsbewußtsein sind wir Menschen ohne Väter, was soviel bedeutet wie seelisch heimatlos. Der scharfe Zusammenprall der Welt der Väter und der Welt der Söhne, den wir gegenwärtig erleben, ist nicht neu. Er hat sich auch früher ereignet, und die Erde ist deswegen nicht untergegangen. Was am gegenwärtigen Generationenkonflikt so tief beunruhigt, ist die Tatsache, daß Alt und Jung das gemeinsame Erbe des Abendlandes aus den Augen verloren haben, was bei den früheren Auseinandersetzungen nicht der Fall war. Beide Teile haben die tiefere Wurzel vergessen, sie kennen die unzerstörbare Mitte nicht mehr. Es ist töricht, über die heutige Jugend mißbilligend den Kopf zu schütteln, und noch törichter ist es, um ihre Gunst zu buhlen, indem man all ihren Albernheiten zustimmt. Wir haben vielmehr den jungen Leuten die abendländische Tradition wortlos und glaubwürdig vorzuleben.

Das abendländische Geschichtsbewußtsein allein genügt noch nicht. Nach Reinhold Schneider bedarf es unbedingt der christlichen Begründung, eine bei ihm ohne weiteres verständliche Auffassung. Wie wäre er sonst ein Ritter des Glaubens? Reinhold Schneider war ein religiöser Mensch, bevor er als bewußter Katholik fast täglich zur Messe ging, und er ist es auch geblieben, als ihn später schwere Anfechtungen des Glaubens heimsuchten. Nach seiner festen Überzeugung wird uns nur Christus in den kommenden Stürmen helfen. Reinhold Schneider war vor allem ein lebendiger Christ, und er ist es bis an sein Ende geblieben. Zwar fehlt uns in seinem Christentums-Verständnis eine wesentliche Komponente, die Freude, weil er beinahe einseitig den leidenden und kaum den auferstandenen Herrn betonte. Doch vertrat er ein Christentum von Format und wies immer wieder auf Christus hin: »Größer als jemals erscheint uns die Gestalt des Herrn über der Wüste der Jahrhunderte.« Wie er sagt, kann »Jesus Christus allein die Welt vor dem Sturz in den Abgrund bewahren; Menschen vermögen es nicht«.[31] Frei von jedem frömmelnden Ton, aus einer inneren Überzeugung, sprach er vom Gottessohn, der ihn bezwungen hatte. »Diese Gestalt ist da; sie kann nicht widerlegt werden, so wenig wie sie erfunden werden konnte ... Jesus Christus lehrte nicht; er war und ist die Lehre selbst; er hat nicht ein Gesetz erlassen, sondern ein Leben gestiftet: das Leben in ihm und mit ihm.«[32] Reinhold Schneider verstand seine Sendung in der Weise, daß er ein Christus-Zeugnis abzulegen habe. Es war alles andere als ein landläufiges Christentum, für das er sich einsetzte, es war vielmehr ein betont franziskanisches Evangeliumsverständnis, das Menschen und Tiere umfaßte und von dem er die beinahe bestürzenden Worte sagte: »Es ist unsere tiefste Sehnsucht, ganz arm zu sein; denn auf eine andere Weise können wir unsern Herrn und Heiland nicht erreichen ... Wir aber sind fast erstickt in den Gütern der Welt ... Immer größer wird die Gefahr, daß wir den Herrn verlieren ... Jetzt will die Nähe des Herrn noch einmal gewonnen werden; nur Bettler werden ihm, wenn sie zugleich fröhlich und demütig sind, ins Antlitz sehen.«[33] Reinhold Schneider kämpfte für ein wehrloses Christentum, für eines, das allem Machtstreben entsagt und dessen Wahrheit sich nur in der Verwirklichung erschließt. Ein Christentum ohne Bedrängnis und ein Christentum, das nicht immerfort neu wird, zeigt nach seiner Meinung nur die Herrschaft Babylons an. »Das Christentum kann sich einzig und allein erneuern durch die Wendung zum Ursprung, dem immer neuen Aufbruch zu Christus, zum Kreuz.«[34] Unsere Generation geht nur durch ein neues Erleben der Christus-Realität einer Genesung entgegen. Ohne Erneuerung aus der Wurzel bleibt alles auf Sand gebaut. Von einem bloß psychologisch oder soziologisch aufgefaßten Christentum ist keine Hilfe zu erwarten. Wie der Laientheologe erklärt, »ist es vom Boden des historischen Kritizismus aus nicht gelungen, das Christentum zu erreichen«.[35]

Stellen wir uns jedoch seine Auffassung vom Christentum der Agonie nicht zu einfach vor, denn sie enthält auch die beunruhigende Frage, »ob ein Christ nicht ein Ketzer sein kann; ob über christliche Substanz, in Verschmelzung mit der ketzerischen, nicht doch das Gewicht, die Intensität entscheidet«.[36] Seine Arbeiten führten ihn nach eigenem Geständnis immer wieder in die Nähe der Ketzer, zu solchen Menschen, die diesen Namen verdienten, und zu solchen, die ihn nicht verdienen. Die Ketzer bezahlten ihre Fragen stets mit schweren Leiden, aber die Christenheit hat ihre Fragen fast immer in den Wind geschlagen, während sie Reinhold Schneider mitten ins Herz trafen. Ihm selbst war es klargeworden, daß jeder, der es ernst meint, dem Vorwurf des Ketzers kaum entgehen kann.

Ein Teilaspekt von Reinhold Schneiders Antwort auf die vorliegende Thematik ist seine Sicht der geteilten Christenheit. In seiner bewußten Zugehörigkeit zur katholischen Kirche hat er unter der Spaltung der Christenheit gelitten, ein Leiden, das ihn von aller konfessionellen Befangenheit befreite. Er besaß ein einfühlendes Verständnis für andersdenkende Menschen, viele seiner besten Freunde waren evangelische Christen. »Ich fühle mich ganz fest in meiner Überzeugung, aber keineswegs imstande, den Gegner zu widerlegen; ich lebe ja auf beiden Seiten des Schlachtfeldes und verstehe, wie ich glaube, den Gegner nur allzu gut.«[37] Reinhold Schneider zog auch die

Ostkirche in sein Denken ein; er liebte ihre Ikonen, den Protopopen Avvakum, die russischen Dichter, und nach seiner Auffassung gelingt die Versöhnung der Bekenntnisse nicht ohne Einbeziehung der orthodoxen Kirche. In einem unveröffentlichten Brief schrieb Reinhold Schneider über dieses ihm am Herzen liegende Thema: »Es bildet sich heute innerhalb des Christlichen eine Gruppe, die man nicht mehr mit den bisherigen Begriffen bezeichnen kann, das ist kein gewollter Vorgang, sondern einfach ein geistiges Ereignis unserer Zeit. Und die in diesem Sinne verbunden sind, können sich nicht verlieren, sie können sich auch nicht mißverstehen.«[38] Dabei gab sich Reinhold Schneider keiner Illusion hin: »Ich glaube nicht, daß das Kreuz der Spaltung vom deutschen Volke, der Welt genommen wird. Aber ich glaube an die Gnade des wirklich ergriffenen, des geachteten Kreuzes, an das Christentum derer, die wahrhaft leiden an der Zerrissenheit.«[39] Den Weg zur Überwindung der Spaltung suchte er in der Richtung: »Von der Wahrheit kann nichts geopfert werden. Aber nur die Liebe kann die Wahrheit verwalten ... Wo der Wille zum Einssein mächtiger als alles Persönliche ist, da kann Christus nicht ferne sein.«[40]

Der Dichter brachte die angedeuteten Einsichten in mannigfachen Schriften und Vorträgen dem Menschen nahe und unternahm zu diesem Zweck viele Reisen, die seine Kräfte überforderten. Im ersten Moment von Deutschlands Zusammenbruch glaubte er, »ein Volk zu sehen auf der Heimkehr zu Gott«.[41] Die Wahrnehmung traf nicht zu. Es kam in Deutschland das Wirtschaftswunder und verblendete die Menschen völlig. Sie brachten nach des Propheten Wort »dem Nichts Rauchopfer dar«.[42] Reinhold Schneider erhob die Frage: »Brennen nicht diese Rauchopfer des Nichts auf unseren Theatern, auf so vielen Altären der Kunst und Wissenschaft?«[43] Eine nihilistische Gesinnung nahm überhand und überschwemmte das ganze Abendland, das einem neuen Chaos entgegentaumelt, gegen das die ordnenden Gegenkräfte nicht aufkommen. Des Dichters Mahnung, ein Volk der »Beter und Büßer« zu werden, verhallte ungehört, ja, sie kehrte sich ins Gegenteil um: ein größerer Abfall als je riß fast alle mit. Was der Tröster sagte, schlürfte man begierig ein, den unbequemen Warner schob man widerwillig auf die Seite. Reinhold Schneider waren bittere Erfahrungen beschieden, die ihn schwer bedrückten. Die Enttäuschung war furchtbar; die dritte und letzte Phase seiner Spätzeit ist durch ein Erlöschen aller Lichter gekennzeichnet. Alle Leiden schienen umsonst gewesen zu sein, denn der Abfall vom Christentum dauerte an und nahm groteske Formen an. Der geistige Zerfall auf allen Gebieten war nicht länger zu übersehen. Wiederum erhielt sein Buch *Las Casas vor Karl V.* symbolische Bedeutung. Unschwer sind die Worte des Mönchs an den Kaiser auf die Gegenwart zu übertragen: »Das Volk ist in Gefahr, seine Seele an irdische Mächte zu verkaufen . . . dein Volk ist krank . . . Zerbrich das Unrecht, in dem es erstickt . . . Und was den Menschen als Torheit erscheint, das ist vielleicht die letzte Weisheit . . .«[44]

Schroff brach der Gegensatz zwischen Reinhold Schneider und seinem Volk in der Frage der Wiederbewaffnung auf. Der Dichter nahm unmißverständlich Stellung gegen die Wiederaufrüstung, denn nach seiner Überzeugung sollte Deutschland als Sühne für die Untaten des Nationalsozialismus für immer auf die Waffen verzichten. Diese Einstellung, politisch gesehen vielleicht utopisch, aber christlich betrachtet durchaus vertretbar, veranlaßte ihn, dem damaligen Regierungskurs zu widersprechen, worauf eine wahre Verleumdungskampagne gegen ihn einsetzte. Man disqualifizierte ihn groteskerweise als einen im Solde des Kommunismus stehenden Mann und forderte sogar seine Exkommunikation. Die schändliche Hetze hat den allzu weichen Dichter sehr getroffen, ihm aber zugleich eine ungewöhnliche Härte verliehen. Und dennoch befand er sich damals in der richtigeren Situation als da ihm das Ordensband »Pour le mérite« um den Hals gelegt, oder ihm die Urkunde mit der Verleihung des Ehrendoktors überreicht wurde. Jetzt widerfuhr dem Glaubensritter das Wort: »Selig seid ihr, wenn euch die Menschen um meinetwillen schmähen und verfolgen und reden allerlei Übles wider euch, so sie daran lügen.«[45] Im Feldzug des Hasses gegen Reinhold Schneider hat man die Wahrheit verletzt. Es gilt dies festzuhalten, mag die Erinnerung daran auch vielen Menschen unangenehm sein.

Wider Willen war Reinhold Schneider in die innere Emigration geraten, aus der ihn die Verleihung des Friedenspreises befreite. In seiner noch immer lesenswerten Festrede »Der Friede der Welt« macht er jedoch nicht das geringste Zugeständnis. Er wehrte sich gegen die Abstempelung, ein Pazifist zu sein – das wäre eine verkürzte Betrachtung –, aber er erachtete es als »besser, auf einem Narrenschiff zu reisen als auf einem Flugzeugträger«. Seinen Zuhörern sagte er: »Wir sitzen neben dem verunglückten Wagen. Denken wir wirklich nach? Wir reparieren zu schnell. Und dann rasen wir weiter, auf der miserablen Straße mit der geflickten Achse.« Völker können nur von dem ihm voranleuchtenden Bild leben, und das deutsche Volk »hat ein solches Bild nicht mehr . . .« »Es könnte eine Gnade sein, daß uns Deutschen, uns allein, die nationale Geschichte in Scherben vor den Füßen liegt.«[46]

Doch war die Frankfurter Rede nur das letzte Zeichen vor seinem erschütternden Ende. Das sprechende Dokument des Ausganges ist Reinhold Schneiders letztes Buch *Winter in Wien*. Viel wurde über dieses Buch gesprochen, und noch viel mehr wurde es mißverstanden. Daß sich in ihm ein ganz neuer Reinhold Schneider dokumentiere, können bloß Menschen behaupten, die den *Verhüllten Tag* nur oberflächlich gelesen haben, denn in ihm ist das posthum erschienene Werk schon völlig vorgebildet. Freilich wollte Reinhold Schneider absichtlich dem Heiligenbild, das sich viele Leute von ihm zurechtgelegt haben, entgegentreten, darum sagte er: »Es werden sich alle verwundern, die es lesen.« Und gewiß ist es ein ungeordnetes Werk, ein Fragment, das unter anderem auch bedrückende Eintragungen aus dem Gebiet der Naturwissenschaft enthält. Den naturwissenschaftlichen Beobachtungen kommt der von Reinhold Schneider zugeschriebene Stellenwert nicht zu, aber sie verraten die innere Not; in der er damals lebte. Wer deswegen jedoch von einem Abfall des Dichters reden wollte, der »Wahrheiten geleugnet oder bis zum Verschwinden verdunkelte«, oder ihm preist, »ein moderner Mensch geworden zu sein«, geht am entscheidenden Problem vorbei.[47] So einfach liegen die Dinge bei ihm nicht, denn zuviel Elementares ist im *Winter in Wien* enthalten. Das Buch birgt eine unheimliche Untergangsprophetie, in der einzig die Stellung Reinhold Schneiders nicht völlig klar ist. Es ist nicht erlaubt, nur sein »Vaterunser« und den »Kreuzweg« zu betonen, denn das würde ihn zum Erbauungsschriftsteller stempeln. Das war er nicht. *Winter in Wien*, gleichsam sein Testament, bildet die notwendige Ergänzung zu seinem schriftstellerischen Werk. Der Glaubensritter in ihm erlitt die schwerste Niederlage, die er selbst andeutete: »Wollte ich, was sich in mir während dieses Winters ereignet, im Gespräch mit dem Phänomen Wien pathetisch ausdrücken, so müßte ich von einem inneren Unfall sprechen, vom Einbruch der dunklen Wasser in einen leer gewordenen Raum, einem Einbruch also von unten her.«[48] Er empfand ein tiefes Bedürfnis, für andere zu beten, aber »für mich kann ich nicht beten; und des Vaters Antlitz hat sich ganz verdunkelt«.[49] Aber mit seiner Erkenntnis, daß der Glaube nur noch in der Todesangst Christi lebt, ist er wiederum ganz mit dem Evangelium verbunden. Nach eigenem Zeugnis ist in Wien Unermeßliches über ihn hinweggegangen, so daß er »einer zersplitternden Welt nur Splitter bringen kann«.[50] Die »Notizbücher«, wie er das Werk selbst nannte, sind von einem angefochtenen, lebensmüden und sich verlassen fühlenden Menschen verfaßt. Ein solches Buch schreibt man nicht freiwillig, es wird einem gleichsam diktiert. Aus diesem Grunde ist der *Winter in Wien* neben Simone Weils *Das Unglück und die Gottesliebe* und D. Bonhoeffers *Widerstand und Ergebung* eines der erregendsten Dokumente der Nachkriegszeit. Die Existenz wird als Todeskampf aufgefaßt, weshalb eine tiefe Beunruhigung von diesem Buche ausgeht. Er selbst war sich bewußt, daß dunkle Fragen darin aufgeworfen werden; die religiöse und die philosophische Problematik sind zu einer schweren Last geworden. »Vielleicht ist die Erkenntnis, daß etwas getan werden muß, was nicht getan werden kann, der wesentliche Gehalt unserer Zeit: Wir sind dort, wo Geschichte, wo die gläubige Existenz in der Geschichte ab absurdum geführt werden; wo eine seit Jahrtausenden bestehende und verschwiegene Problematik endlich durchbricht; wo der Kranke sich endlich seine Krankheit eingestehen muß.«[51] Während für Reinhold Schneider Christus stets der Herr der Geschichte war, vermochte er wegen der schwierigen Rätsel der Natur in diesem Buch nicht auch Christus als den Herrn des Kosmos zu schauen. Er ist an der Schöpfungsordnung irre geworden, aber wer will ihm daraus einen Vorwurf machen? Es ist die Grenze Reinhold Schneiders.

Da er absichtlich in einer »Theologia Tenebrarum« verharrte,[52] ist es naheliegend, zur Deutung dieses bestürzenden Finales den Begriff der Tragik zu Hilfe zu nehmen, der in seinem Denken eine große Rolle gespielt und über den Bruno Scherer ein Studie geschrieben hat. »Es wäre ja falsch, das Tragische als ausweglos-heillos zu begreifen; vielmehr treibt die tragische Form aus ihrem tiefsten Wesen zur Transzendenz; nur in ihr kann die Melodie der Schmerzen ausschwingen.«[53] Keineswegs wäre das eine verfehlte Interpretation. Aber sie genügt nicht. Der Ausgang von Reinhold Schneiders Leben muß in endgeschichtlicher Perspektive gesehen werden. Das Land wird nach ihm erneut in die Schmelze gegeben: »Ich weiß nicht, was kommt; ich weiß nur, daß ein Ende da ist.«[54] Er war vom nahen Ende der Geschichte überzeugt und kam sich jetzt als Vorbote des Entsetzlichen vor. Einzig die eschatologische Sicht wird der Bedeutung Reinhold Schneiders gerecht.

Es war kein Zufall, daß Reinhold Schneider das Wiener Manuskript dem Verleger abgab und wenige Tage danach auf der Straße hinfiel, ein Sturz, der am Ostersonntag seinen Tod herbeiführte; seine letzte Phase brach dadurch unvollendet ab. Im unmittelbar darauffolgenden Sterben liegt ein tiefer Sinn verborgen, der nach einer Deutung verlangt. Schon früh wurde der Opfergedanke für den Glaubensritter bedeutsam. Nach dem 20. Juli 1944 schrieb er: »Das Opfer ist alles«, und auf die Frage, ob Rettung in der Zeit möglich sei, sagte er: »Die Antwort ist nur das Opfer.«[55] Reinhold Schneider hat sich demnach in *Winter in Wien* selbst geopfert. Dies ist die wahre Sicht von seinem Ende, die alle bloß literarische Bewertung hinter sich läßt. Reinhold Schneider war ein Geopferter; er hat sich in seiner Bemühung, seiner Zeit die Wahrheit erneut zu enthüllen, buchstäblich aufgerieben, alle seine Kräfte verausgabt und seine ohnehin geschwächte Gesundheit völlig untergraben. Der Sturz auf der Straße war nur der Schlußstrich unter seinen Opfergang. Dieser sich opfernde Mensch flüsterte uns zu: »Ihr gelangt auf keinem anderen Weg zu einem neuen Verhältnis zu Christus, und Ihr überwindet die in den Raum der Kirche eingedrungene Verwirrung auf keine andere Weise als nur durch das Opfer Eurer Person.« Das Opfer und das Gebet müssen an die erste Stelle gesetzt werden.

Unsere Ausführungen begannen mit dem Hinweis auf das Gemälde von Ewald Vetter. Am Schluß ist ein merkwürdiges Foto zu erwähnen. Reinhold Schneider wurde oft fotografiert, nicht gerade zu seiner Freude. Es gibt aber ein Foto von ihm, das sich im Band »Reinhold Schneider, Leben und Werk in Dokumenten« befindet, auf dem der Dichter beim Verlassen des Wohnhauses in Freiburg in dem Moment festgehalten ist, als er durch das Gartentor auf die Straße schreitet. Wie auf dem Gemälde von Vetter, sieht man auch hier nichts von seinem Antlitz, nur der Rücken deutet ein vorsichtiges Schreiten an. In dieser geheimnisvollen Weise ist Reinhold Schneider von uns gegangen.

Wohin ritt er mit seiner seltsamen Rosinante? Ins Dunkel hinaus, in die Ewigkeit hinüber und, um das Ende mit dem Anfang zu verbinden, sprach er dabei leise die Worte seines gedichteten Benedikt Labre als ein Vermächtnis vor sich hin: »Denn das Kreuz kommt, und wir sollen es annehmen; es kommt von allen Seiten auf uns zu, und es ist also eine Zeit der Gnade. Aber was sollen wir tun, wenn im innersten Herzen der Menschen nicht eine Sehnsucht erwacht und sie aufblicken läßt nach dem Heiligenbild, unter dem sie Tag für Tag und Stunde für Stunde vorübergehen? Dieses letzte, was den Blick des Menschen wendet, kann nicht von Menschen ausgehen. Und doch ist dies das wichtigste. Denn wohin die Augen gerichtet sind, dahin werden auch die Wege führen ... Gehen Sie mitten hinein! Retten werden Sie nichts. Denn der Herr rettet, nicht die Menschen. Werden Sie zum Zeugen, mitten im Feuer!«[56]

(1973)

Anmerkungen

Zitierte Werke:
Macht und Gnade, 1940 = Macht
Las Casas vor Karl V. = Las Casas
Gedanken des Friedens, 1946 = Frieden
Das Erbe im Feuer, 1946 = Erbe
Die Stunde des Heiligen Franz von Assisi, 1946 = Franz v. Assisi
Der christliche Protest, 1954 = Protest
Rechenschaft, 1951 = Rechenschaft
Der Fünfte Kelch, 1958 = Kelch
Die Sonette von Leben und Zeit, dem Glauben und der Geschichte, 1954 = Sonette
Verhüllter Tag, 1954 = Tag
Der Balkon, 1957 = Balkon
Winter in Wien, 1958 = Winter
Erfüllte Einsamkeit, 1963 = Einsamkeit
Gelebtes Wort, 1961 = Wort

Briefwechsel, Reinhold Schneider – Erich Przywara, 1963 = Przywara
Briefwechsel, Werner Bergengruen – Reinhold Schneider, 1966 = Bergengruen
Leben und Werk in Dokumenten, ed. Schmitt, 1969 = Dokumente
Jochen Klepper: Unter dem Schatten deiner Flügel, 1968 = Klepper

1 *Einsamkeit,* S. 80.
2 *Kelch,* S. 280.
3 Vgl. H. U. v. Balthasar, *Reinhold Schneider,* 1953, u. J. Rast, *Der Widerspruch,* 1959.
4 Bergengruen, S. 120.
5 Klepper, S. 170.
6 *Las Casas,* S. 92.
7 Klepper, S. 309.
8 *Dokumente,* S. 37.
9 Klepper, S. 267.
10 W. Grenzmann, *Dichtung und Glaube,* 1950, S. 300.
11 *Sonette,* S. 49.
12 *Dokumente,* S. 133.
13 Mt. 10, 32.
14 *Sonette,* S. 9.
15 *Erbe,* S. 34 u. 122.
16 *Frieden,* Vorwort.
17 *Frieden,* S. 14.
18 *Frieden,* S. 126.
19 *Frieden,* S. 137.
20 *Dokumente,* S. 159.
21 *Erbe,* S. 81 u. 91.
22 *Frieden,* S. 143.
23 *Protest,* S. 100.
24 *Las Casas,* S. 181.
25 *Rechenschaft,* S. 33.
26 *Sonette,* S. 56.
27 Przywara, S. 37.
28 *Wort,* S. 110.
29 *Macht,* S. 124.
30 *Winter,* S. 213.
31 *Frieden,* S. 44 u. 46.
32 *Rechenschaft,* S. 87 u. 88.
33 *Franz v. Assisi,* S. 6.
34 *Protest,* S. 130.
35 *Frieden,* S. 40.
36 *Balkon,* S. 133.
37 *Tag,* S. 34.
38 Brief v. 1. Nov. 1954.
39 *Tag,* S. 183.
40 *Frieden,* S. 81.
41 *Tag,* S. 190.
42 Jer. 18, 15.
43 *Rechenschaft,* S. 57.
44 *Las Casas,* S. 71, 169, 186.
45 Mt. 5, 11.

46 *Dokumente,* S. 258, 271.
47 *Die Wahrheit des Ketzers,* ed. Schultz 1968, S. 201.
48 *Winter,* S. 110.
49 *Winter,* S. 119.
50 *Dokumente,* S. 227.
51 *Winter,* S. 159.
52 *Tag,* S. 223.
53 *Erbe,* S. 63.
54 *Tag,* S. 207.
55 *Dokumente,* S. 163 u. 169.
56 *Der Kelch,* S. 283 u. 286.

Friedrich Heer
Reinhold Schneider (1903–1958)

Wer war Reinhold Schneider? Eine Umfrage unter jüngeren Deutschen (14–25jährig) ergibt 1971: »Unbekannt.« Ein älterer Kritiker (achselzuckend): »Ein Vielschreiber.« Ein angesehener evangelischer Theologe (Mitte Sechzig): »Ein seinerzeit sehr angesehener christlicher Dichter, von Haus aus evangelisch, dann konvertiert zur römischen Kirche.« Ein katholischer Theologe: »Irgend etwas hat mit diesem Mann nicht gestimmt, kirchlich und auch politisch meine ich ...« Ein junger, sehr erfolgreicher Literat: »Ich kenne den Namen Reinhold Schneider ... habe einmal versucht, ihn anzulesen ... ganz ungenießbar heute ...« Ein Mann der jungen deutschen Linken: »Reinhold Schneider? Ja ... eine sehr achtbare Existenz ... hat sich als einer der ersten damals Prominenten in der Bundesrepublik um eine Verständigung mit der DDR bemüht.«

Das zu seinem fünfzigsten Geburtstag 1953 erschienene Buch von Hans Urs von Balthasar *Reinhold Schneider, sein Weg und sein Werk*, nennt 120 bis 1952 erschienene Editionen von schriftstellerischen Arbeiten des Reinhold Schneider. Von Balthasar, selbst einer der bedeutendsten europäischen Theologen der römischen Kirche, visiert Reinhold Schneider vorzüglich unter theologischen Gesichtspunkten an. Er nennt sein Werk »das ungewöhnlichste Werk des heutigen Deutschland«. Edzard Schaper und ihm folgend Theodor Heuss, zwei Männer, die sich Reinhold Schneider herzlich verbunden fühlten, sprachen ihn als »das Gewissen Deutschlands« an. Zwei Jahre vor seinem Tode erhält Reinhold Schneider, Ehrendoktor zweier Universitäten, Träger des Ordens pour le mérite (Friedensklasse), den Friedenspreis des Deutschen Buchhandels. Seine Rede in der Frankfurter Paulskirche (am 23. September 1956) rückt ihn vorübergehend noch einmal ins Rampenlicht der »Öffentlichkeit«.

In seiner Begrüßungsansprache zur ersten Vortragsveranstaltung der Reinhold-Schneider-Gesellschaft am 15. und 16. Mai 1971 in Freiburg im Breisgau zitiert ihr Vorsitzender Heinz

Ludewig (Hamburg), ein Schreiben des Propstes Grüber, Berlin, zu dieser Tagung: »Ich denke immer noch gerne an die Gespräche, die ich mit dem verstorbenen Bischof Dibelius über Reinhold Schneider hatte, der ja auch ein großer Verehrer Reinhold Schneiders war. Überhaupt bin ich dankbar, wenn es heute noch Kreise gibt, die das Andenken der großen Männer pflegen, die uns schon in die Ewigkeit vorangegangen sind und deren Testament wir zu erfüllen haben.« Heinz Ludewig selbst führt hier aus: »Es würde das Verständnis Reinhold Schneiders erleichtern, wenn man sich bewußt machte, daß er in seiner geistigen wie religösen Existenz in großer Einsamkeit gelebt hat und ihm nur wenige Persönlichkeiten (wie Albert Schweitzer) als Partner begegnet sind.«

Ludewig, der seit Beginn der dreißiger Jahre sich Reinhold Schneider persönlich verbunden fühlt, stellt 1971 selbst die Frage: »Wer war Reinhold Schneider? War er Dramatiker, Dichter, Kritiker, Historiker, Theologe oder Kulturphilosoph? Das alles ist, jedes für sich genommen, nicht unrichtig; doch davon abgesehen, daß jede thematische Abgrenzung eine Einschränkung bedeutet, hat Reinhold Schneider selbst solche Feststellungen, auch wenn sie noch so anerkennend gemeint waren, immer zurückgewiesen.«

Reinhold Schneider lebt im letzten Jahrzehnt seines Lebens, 1948 bis 1958, in der Überzeugung: Die im Umkreis des Zweiten Weltkrieges innerlich zerstörten Menschen haben mit ihren Verdrängungen ein Vakuum geschaffen, einen geistigen und seelischen Leerraum – eine Kaverne über einem Vulkan: Dieser wird aus den verdrängten Tiefenschichten explodieren und eine Menschheitskatastrophe heraufführen. – Einige Explosionen in Deutschland, zunächst in der Bundesrepublik, im Jahrfünft 1967–1972 – Explosionen in der Jugend, in Schulen und Universitäten, rund um die Großkirchen, mitten im politischen Raum – beleuchten einige Einsichten des Reinhold Schneider, die von den »öffentlichen Herumstehern« (dieses Wort hat Heidegger geprägt) in den goldenen Jahren der Gründerzeit der Bundesrepublik als pathologische Produktionen eines abseitigen Einsamen abqualifiziert wurden.

Blick auf ein Leben, das sich in seinem schriftstellerischen Werk mehr verbirgt als eröffnet: Reinhold Schneider wurde am 13. Mai 1903 in Baden-Baden als Sohn wohlhabender Eltern, die das damals renommierte Hotel Messmer führen, geboren. Einsame Kindheit. Nur im Winter findet sich die Familie irgendwie zusammen.

»Der evangelische Vater und die katholische Mutter hatten die Kinder (Reinhold und seine Brüder) äußerlich katholisch erzogen« (dies erinnert sein Schweizer Freund Josef Rast). Reinhold Schneider ist also nicht, wie noch heute vielfach vermeint wird, »Konvertit«, von Haus aus evangelisch. Das Kind Reinhold wächst in einer äußerlich »katholischen Umwelt heran, erlebt den Zusammenbruch der deutschbürgerlichen Kultur, des Wilhelminischen Reiches, erlebt (ohne es damals zu formulieren) einen Tod Gottes: einen jener Tode, die in Umbruchzeiten, in Krisen einer Gesellschaft, einer Epoche, alle Götter, alle Gottheiten mitmachen müssen, die in Bild und Wort und Kult verfestigt und fixiert wurden. Die Auferstehung von Göttern, Gottheiten, von »Gott« ist nur möglich über einen Karfreitag; dieser aber ist immer, konkret, ein Karfreitag eines Menschen.

Reinhold Schneider ist an einem Karsamstag in Freiburg auf der Straße zu Tode gestürzt, ist qualvoll an einem Ostersonntag 1958 gestorben. Manchmal meine ich, wenn ich die hohe, hochgewachsene, schmerzgeprägte Gestalt erinnere: *Er war ein Karfreitag*, sein ganzes Leben sei ein Karfreitag gewesen.

Zwei Jahre vor seinem Tode besieht Reinhold Schneider den Abbruch des elterlichen Hauses in Baden-Baden (er selbst erinnert seine Kindheit hier, in *Der Balkon*, Aufzeichnungen eines Müßiggängers in Baden-Baden, 1957): »Einmal ist hier ein Knabe auf und ab geeilt, Stunde um Stunde, in Erwartung eines Freundes, der niemals kam; unglücklich und dem Hause sich entfremdend, in das er niemals paßte . . .«

Das Haus, in das er niemals paßte: Das war die deutsche Gesellschaft – gab es eine deutsche Gesellschaft, nach 1918? Reinhold Schneider fand sie nicht. Da war die Kirche, Großkirche in Deutschland. Das einsame Kind, das zu dem einsamen Vater keine innere Verbindung gewinnt, findet in »seiner« Kirche nicht das größere Vaterhaus.

»Offenbar war es keinem Kaplan gelungen, eine personale Vorstellung der göttlichen Geistesmacht in mir zu erwecken, und auch heute noch befriedigen mich die Schwierigkeiten der Theologen nicht, es sei denn, sie beugten sich vor der strömenden Liebe selbst.«

Dem Kind, dem Knaben ist bereits das Antlitz Gott-Vaters entrückt. Im letzten Winter seines Lebens, im *Winter in Wien*, faßt er seinen Anfang und sein Ende zusammen: »Man muß beten, auch wenn man es nicht kann. Ich kann sehr wohl beten für andre, die Priester, Forscher, Staatsmänner, die Völker, die Kreatur, die Erde; für die Kranken zuerst, wie es sich versteht, und für die Toten ... für mich kann ich nicht beten; und des Vaters Antlitz hat sich ganz verdunkelt; es ist die schreckliche Maske des Zerschmeißenden, des Keltertreters; ich kann eigentlich nicht ›Vater‹ sagen. Marc Aurel und Epiktet beteten, ohne an Unsterblichkeit zu glauben, ohne an sie zu glauben, ehrten sie die Toten (von einem Wiedersehen in irgendeinem Sinne steht auch nichts in der Schrift).«

Heute entdecken christliche Theologen die Tiefendimensionen eines antiken Glaubens, der ohne »persönliche« Unsterblichkeit auskommt, entdecken die Tiefenschichten einer alt-jüdischen Frömmigkeit, die ganz ohne jenseitige Himmel und Höllen auskommt, und wagen es, diese Frömmigkeit auch im Glauben des jungen Juden aus Galiläa zu ersehen, der von der Großkirche zu einem jenseitigen Himmels-Kaiser, zum Kyrios Christos, entrückt wurde.

Das ist ein Glaube, der bewußt auf Trost verzichtet: auf Selbsttröstung, auf Selbstmitleid. Der junge Reinhold Schneider sucht Tröstung, sucht sie bei den Dichtern. Welt-fremd in einem fast tragikomischen Sinn sucht er nach dem Abitur die Magna Mater, die Mutter Natur: in der Landwirtschaft.

Der ganz »unpraktische« junge Mensch scheitert in einem Gutsbetrieb im Schwarzwald, dann im Kontor einer Dresdner Druckerei als kaufmännischer Praktikant: Er führt da ein Doppelleben, tagsüber in der ungeliebten »Tätigkeit«, nachts in der Traumwelt der Dichter und antiken Denker. Nachricht vom Tode des Vaters, Verzweiflung. Ein Selbstmordversuch. Das ist seine erste Entscheidung, sie prägt ihn fürs Leben: Wer sich auf solche Weise einmal von Welt und Menschen geschieden hat, wird sich nie mehr in ungeteilter Gegenwart an ihren Tisch setzen ... Meine Natur, ursprünglich viel zu weich, ist hart geworden.«

Selbstmord kann ein Freitod sein; dieser wird von den Stoikern bejaht und praktiziert, und, was von den meisten Theologen »übersehen« wurde, von der Kirche bis ins vierte

Jahrhundert anerkannt. Reinhold Schneider glaubt an den Lebens-Sinn des Opfers, des Selbstopfers: Der Mensch darf in äußerster Ausgesetztheit sich selbst verbrennen, sich selbst opfern; er darf sich selbst, er darf nie einen anderen Menschen opfern.

Im Blick auf dieses Selbstopfer, auf diesen Freitod-Glauben des Reinhold Schneider sind die Selbstverbrennungen des Jan Pallach in Prag, von französischen Schülern in Lyon, von buddhistischen Mönchen in Vietnam in der Diem-Ära neu zu sehen . . .

Meister geistlicher Selbstopferung waren spanische Mystiker. Nach seinem nunmehr bewußt vollzogenen Verzicht auf den »direkten«, materialen Freitod, kehrt der junge Mann Reinhold Schneider bei den großen Spaniern ein: Er sieht sie zusammen von Teresa von Avila und Juan de la Cruz bis zu Unamuno, dem Denker eines tragischen Lebensgefühls, der in seiner spanischen Übertragung Kierkegaards (der auch für Reinhold Schneider der Gefährte vieler Nächte wird) 1915 für Europa den Begriff »Existentialismus« prägt.

Spanien und Portugal werden die ersten Schicksalslandschaften des Reinhold Schneider: Er hat – noch in Dresden – als Autodidakt Spanisch, Portugiesisch, Alt-Englisch gelernt. Erste Reisen: nach Portugal, Spanien und Italien. Von Spanien will er nach Schweden zu Gustav Wasa. Reinhold Schneider erlebt alle historischen Gestalten, denen er in seinen Werken begegnet, als Begegnungen *in* Gegenwart (»Mein Glück ist Begegnung«). Es kommt (damals) nicht dazu. Reinhold Schneider zieht nach Berlin, nach Potsdam, fährt dann nach England; sein England-Buch, *Das Inselreich*, bedeutet die Wende in seinem Schaffen. Von England möchte er nach Rußland. »Doch die Ungunst der Zeit vereitelt diesen Reiseplan.« Bis zu seinem Tode kreist sein Denken um Rußland.

Berlin, Potsdam: Dieser Nicht-Preuße wird ein Dichter der »Ehre Preußens«. *Die Hohenzollern* bekunden diese seine politische, hochkonservative Gesinnung. Reinhold Schneider, der Einsame, findet in alt-preußischen Kreisen in Potsdam, in Berlin Aufnahme, eine erste politische Heimat in Deutschland: er, der nunmehr seine *apolitische* Zeit als deutscher Bildungs-Bürger einbringt in eine zeitnahe, gegenwartsnahe Konfrontation.

Reinhold Schneider ist in Potsdam Monarchist. Er besucht Ex-Kaiser Wilhelm II. in Doorn, liest ihm aus seinen Werken vor. Jahrzehnte später erhellt sich noch sein Gesicht – in einer Mischung von Ehrfurcht und Ironie (einer kritisch-liebenden Ironie, die diesem einsamen Deutschen eigen war), wenn er die gespenstisch-unwirkliche Atmophäre schildert, in der »Ihre Majestät« »ihren Dichter« empfing . . .

Potsdam, Preußen: Reinhold Schneider erlebt in evangelischen adeligen und großbürgerlichen Preußen, die er hier kennenlernt, Menschen eines reinen Dienstes, eines reinen Dienstwillens. Noch in seinen letzten Monaten bekennt er sich zu ihnen: »Immer schien mir Rittertum unabdingbar, gerade jetzt. Aber das Rittertum, verpflichtete Genossenschaft, das bedeutet heute Bereitschaft, Spott und Schande anzunehmen, die Ehre im ritterlichen Kreise sind.«

Rittertum unter dem Galgen. Rittertum am Schafott. Es ist die geistige Welt des Kreisauer Kreises, der Männer um Helmuth James Graf Moltke, der Männer des 20. Juli 1944, es ist diese Erfahrung eines Lebens in preußisch-evangelischer Verantwortung vor Gott und dem König (Kaiser), die da den jungen, in hochkonservativen Kreisen gerne gesehenen Literaten Reinhold Schneider umgibt. Eine Gesellschaft, ein Menschtum, das vieler Ehren wert und würdig war: politisch ausweglos, von innen her dem Untergang zukommend.

Vielleicht wäre Reinhold Schneider im Ghetto, in der Bildungs-Kirche dieser Berliner und preußischen Konservation »aufgegangen«, wäre nicht dies »passiert«. Immer stärker legen sich die Schatten des Dritten Reiches über Deutschland. Reinhold Schneider »antwortet« auf diesen Druck mit einer schweren Krankheit, 1938.

Mit dieser Krankheit kommt zum Ausdruck, zum Durchbruch, was ihn zutiefst »bewegt« und nun in der Auseinandersetzung mit *der* »Bewegung« (wie der Nationalsozialismus in seiner Frühzeit sich selbst verstehen wollte) um das Wort ringt: sein Glaube.

Zumal katholische Theologen haben diese Entscheidung von 1938 zu einfach interpretiert: »Rückkehr zur Kirche«. Gewiß: Reinhold Schneider wollte sich als treuer Sohn – als leidender, mitleidender Sohn – der Kirche verstehen, er litt in ihr und litt an ihr, wie viele »betrübte Katholiken« unserer Tage (Karl

Rahner hat das Wort »betrübte Atheisten« geprägt). Als Katholik stellt er sich der Tragödie der Kirche, der Päpste, dem ungeheuren, ja ungeheuerlichen Versagen – dem Schweigen des Papstes Pius XII. – angesichts der Greuel der »Endlösung«. Lange vor Rolf Hochhuth (der mir einmal erklärte, sein Drama *Der Stellvertreter* hätte eigentlich ein Katholik schreiben sollen) setzt sich Reinhold Schneider in dem bis heute unveröffentlichten Sonett-Zyklus *Et tu Petrus* mit diesem Sich-Versagen der Papstkirche in der Gegenwart auseinander.

Reinhold Schneider nimmt diese seine, die römisch-katholische Kirche todernst, lebensernst. Sein Papst-Drama *Der große Verzicht* ist eine der letzten Ausdrucksformen dieses seines katholischen Selbstverständnisses.

Hier aber ist gleichzeitig zu sehen: Der Glaube des Reinhold Schneider wurzelt vor seiner »Bekehrung« 1938 an in tieferen Schichten: in seiner Kindheit, in jenen innersten Dimensionen, in denen der Glaube (lutherisch gesprochen) immer in »Anfechtung«, in Zweifel, im Feuer des Unterganges steht. Die Frömmigkeit der Psalmen des Alten Bundes kennt ein Fluchen, das Gebet ist (»schläfst Du, Herr?«), kennt eine Auflehnung gegen Gott, die letzte Hingabe ist.

»Der Zweifel ernährt den Glauben, der Glaube den Zweifel.« Diese Notiz im *Winter in Wien* ist ständige Lebenserfahrung, Glaubenserfahrung des Reinhold Schneider seit seiner Entscheidung von 1938: Als Mann der Kirche stellt er sich der Frage, »ob ein Christ nicht ein Ketzer sein kann, ob über christliche Substanz, in Verschmelzung mit der ketzerischen, nicht doch das Gewicht, die Intensität entscheidet«. Man muß heute, wenn man die Frömmigkeit des Reinhold Schneider verstehen will, dieses Schwebende, Bebende, diese Zerreißprobe – Glaube in Unglaube, Unglaube in Glaube, Glaube vor dem Nichts – in seinen religiösen Gedichten wahrnehmen, will man ihren Sinn, ihre Tiefe erfahren.

Mit *diesem* Glauben ausgerüstet – er formuliert sich bereits in den ersten Jahren des Dritten Reiches! – wurde Reinhold Schneider in »rein religiösen« Gedichten zur einzigen Stimme des deutschen Widerstandes im Deutschen Reich im Raum der Poesie! 1936 entsteht das Sonett, das ein Fanal, ein Feuerbrand, abgeschrieben, vervielfältigt – (es gab damals eine Art deutschen Samisdat, eine »illegale« Verbreitung politischer Kleinschriften und vor allem Gedichte in den Zonen, die Hitler überherrschte) – eine deutsche Jugend und sehr breite Kreise aufwühlte:

»Allein den Betern kann es noch gelingen,
Das Schwert ob unsern Häuptern aufzuhalten
Und diese Welt den richtenden Gewalten
Durch ein geheiligt Leben abzuringen.«

»Auf kleinen Zetteln gingen die Deutungen und Aussagen Schneiders von Hand zu Hand: in den Brandnächten, in den Konzentrationslagern, in den Verliesen der Verlornen. Sie lagen auf der Brust derer, die über Kasernenhöfe zur Exekution schritten, steckten in den Jacken der Frontsoldaten. Und allen brachten sie Hoffnung, Vertrauen und Mut.« So erinnert sich sein Freund, der Schweizer Josef Rast. Ich selbst erinnere, wie immer wieder – an der Ostfront und an der Westfront des Zweiten Weltkrieges, im Europa Hitlers, dieser seiner »Festung ohne Dach« – offen den Bomben und Sprengsätzen – in den Briefen meiner Kameraden und in den Briefen, an mich gerichtet, Sonette Reinhold Schneiders eingelegt waren.

Das ist doch ein sehr merkwürdiges, sehr »deutsches« Ereignis: *Die politische Poesie*, der erste und auf Jahrzehnte hinaus einmalige »Protestsong«, diese einzige Dichtung des Widerstandes, die im Hitler-Deutschland und an allen seinen militärischen und politischen Fronten breite Schichten der Bevölkerung erreichte, die Sonette des Reinhold Schneider also *war eine »rein religiöse« Dichtung*, und sie war *als solche Ausdruck eines Glaubens, der von Anfang an existentiell in tiefster Anfechtung stand.*

Die Männer der Kirche, zunächst der römisch-katholischen Kirche, hatten damals – man ist sich heute noch nicht ganz der Tragweite dieser Tatsache bewußt – buchstäblich nichts zu sagen: Die vielberufenen und vielfach falsch zitierten Predigten Faulhabers in München, Galens in Münster sind Randerscheinungen, die nach dem Zusammenbruch des Regimes überbewertet wurden. Weder Galen noch Faulhaber lehnten grundsätzlich das Regime ab. Als nach dem Mai 1945 die Jagd der Verleger nach den Schätzen in den Schubladen begann, bargen die kirchlichen Schubläden buchstäblich nichts. Der Jesuit Delp verfaßte seine – sich der inneren Katastrophe seiner Kirche stellenden – Schriften im Gefängnis, angesichts des Galgens, wie der 1945 im KZ ermordete evangelische Pfarrer Dietrich Bonhoeffer.

Die *innere Zensur*, die sich gerade auch die bedeutendsten katholischen Theologen in der Ära der drei Pius-Päpste – Pius X., Pius XI., Pius XII. – selbst auferlegen, verhinderte noch lange Jahre, ja Jahrzehnte nach 1945 eine kritische Auseinandersetzung mit der deutschen Katastrophe, mit dem Ausfall des Gewissens, das angesichts der Barbarei einfach nicht »funktionierte«.

Neben den Sonetten fand Reinhold Schneider eine Form der Stellungnahme zum Ungeheuerlichen, die gerade noch, in Buchform, veröffentlicht werden konnte: sein *Las Casas vor Karl V.* entstand aus seiner Erwägung: »Ich sah in ihr (in dieser Geschichte) die Möglichkeit des Protestes gegen die Verfolgung der Juden.«

Bei der Verbreitung seiner Kleinschriften, seiner Gedichte kam Reinhold Schneider eine außerordentliche Hilfe durch einen mutigen Elsässer Verleger in Colmar. Dieser Mann wurde nach der »Libération« von den Franzosen eingekerkert, er starb im Kerker. Vergebens rang Reinhold Schneider, von seiner letzten irdischen Heimstatt aus, von der Mercy-Straße in Freiburg, mit den französischen Besatzungsbehörden um das Leben dieses Mannes. Diese seine erste »Vergeblichkeit« ab 1945 führt in die große Verdüsterung, die ihn bis zu seinem Tode überschattet.

Die Jahre der äußeren Bedrängnis, 1938 bis 1945, sind die Jahre seines legendären Ruhms. Das Wort kreist in Deutschland: »Solange er lebt und betet, wird Deutschland bestehen!« Das Regime selbst konnte ihn nicht mehr »übersehen«, obwohl die Unempfindlichkeit für eine Wahrnehmung des Spirituellen in vielen mit der Zensur befaßten Dienststellen den politischen Gehalt der »rein religiösen« Gedichte des Reinhold Schneider oft »übersehen« ließ. 1942 erhält Reinhold Schneider Druckverbot, er wird angeklagt. Das Kriegsende verhindert das Urteil wegen »Vorbereitung zum Hochverrat«.

Das ist *die* Erfahrung, ist das Reinhold Schneider prägende politische und religiöse Selbstverständnis dieses Mannes, erworben 1939 bis 1945: »Das Antlitz Deutschlands, wie wir es liebten, ist ausgelöscht.«

Das »schriftstellerische« Schaffen des Reinhold Schneider, der sich nun resolut von seinen »religiösen Sanitätsdiensten« im Kriege abwendet (ihm war eine Selbststironie eigen, die selten ist bei deutschen Geistern), wird ab 1945 von seiner dreifachen Verwundung gespeist: von seiner Verwundung als deutscher Patriot durch das Geschehen 1933–1945, als Christ in seiner Kirche, die sich mit allen ihr zur Verfügung stehenden Mitteln ab 1945 gegen eine Selbsterhellung, eine Reform an Haupt und Gliedern wehrt, als politischer Denker, der die Aufrüstungspolitik der Adenauer-Ära schlechthin für verbrecherisch hält.

Der deutsche Patriot Reinhold Schneider – dieser Mann ist von einer leidenschaftlichen Liebe zu Deutschland beseelt: Seine Landschaften, seine Dome, seine große Vergangenheit. im Heiligen Römischen Reich, im Reich des Geistes, der deutschen Bildung inspirieren sein Schaffen.

Immer wieder sinnt Reinhold Schneider den geistigen, den seelischen, den spirituellen Wegen nach, die in das Chaos führen – in der deutschen Geistesgeschichte des 19. Jahrhunderts: Wie wurde aus dem Volk der Dichter und Denker »das Volk der Richter und Henker« (Karl Kraus)?

Im Blick auf die fernere und die nahe Vergangenheit erklärt Reinhold Schneider 1946 in der Freiburger Universität: »Und noch einmal – aus einer Sorge, die keine Ruhe läßt – wage ich es zu sagen, was ich gesagt habe und allein sagen wollte: Unsere Auseinandersetzung mit Adolf Hitler ist nicht zu Ende und kann nicht zu Ende sein . . . zu ihr aufzurufen und anzuleiten, ist die erste Sache aller, die Verantwortung tragen für das Ganze, für Heute und Morgen und deren Herz stark genug ist, für das Volk und die Welt zu schlagen. Den Ort der Entscheidung hätte die Gewissenserforschung wohl erst erreicht mit der Frage eines jeden an sich selbst, was er getan hätte, sofern Adolf Hitler gesiegt hätte. Niemand, keine geistliche und keine weltliche Autorität, hat ein Recht, die Antwort auf die Frage nach der inneren Beteiligung des Einzelnen durch eine Entscheidung an der Oberfläche und von oben her vorweg zu nehmen und damit das Gewissen zu ersticken.«

Genau das ist geschehen – in den nun folgenden Jahren! Mit seinem Ankämpfen gegen diese Entscheidung an der Oberfläche, mit der wahrhaft obszönen Entlastung des deutschen Wissens und Gewissens durch Kirche, Universität, Politik beginnt sich Reinhold Schneider sein Grab zu schaufeln.

Die deutsche Universität: Sie hat sich durch eine Verfeierung (Reinhold Schneider erhält zwei Ehrendoktorate) dem unangenehmen Wissens- und Gewissensbildner entzogen. Die Misere der deutschen Universität, ab 1945: Karl Jaspers erfährt entsetzt an »seiner« Universität Heidelberg, wie da den allermeisten Kollegen ein Organ für die Wahrnehmung von Schuld, für die Bildung eines eigenen politischen Gewissens fehlt. Jaspers zieht die Konsequenzen, er geht nach Basel. Reinhold Schneider lebt aus der Erfahrung: Schuld bildet sich in der Geschichte. Die Geschichte jedes Volkes ist die Geschichte seiner Schuld, und einer möglichen Begnadung (»Die Völker sind die wahre Liebe meines Lebens; soweit ich sie eben verstehen kann, habe ich das Verlangen, von einem jeden täglich ein Wort zu hören«). Zu Reinhold Schneiders Lebzeiten verwehrt sich die deutsche Universitätwissenschaft nahezu zur Gänze – von einigen Randphänomenen abgesehen – der historischen Erhellung der deutschen Vergangenheit 1870 bis 1945.

Reinhold Schneider konnte nicht bis zu seinem Tode 1958 »warten«, bis deutsche Historiker, Kirchenmänner, Politiker einsehen würden, daß Hitler nicht ein Betriebsunfall war: Er sieht sie, die Männer der deutschen Bildungsautorität, der kirchlichen Autorität, der politischen Autorität, neues, endgültiges Verderben vorbereiten: durch ein Vor-Denken und Vorbereiten eines neuen Krieges. Ironie und Trauer in den Augen, erzählt er mir zwei »Episoden«: Konrad Adenauer stellt ihm das Ansinnen, als eine Art Ghostwriter Festreden für ihn, den Bundeskanzler, zu schreiben. Schneider lehnt höflich ab. Und dies: Er wartet, in einem Vorraum, auf Theodor Heuss. Bleich erschüttert tritt ihm dann der Bundespräsident entgegen: Er hat gerade eine Auseinandersetzung mit dem »eisernen Kanzler« gehabt . . .

Reinhold Schneider sah 1945 eine einzigartige Chance für »seine« Deutschen, eine neue Existenz zu beginnen, zu wagen: im Verzicht auf die alten Worte, die trügerischen Worte, auf die alten Waffen. In der Wiederbewaffnung der Bundesrepublik sieht er den Verfall an das schlechte Alte, das alte Töten und

Getötetwerden. Da erhebt er sich, als einziger, einsamer Sprecher – noch ist, auf lange Jahre hinaus, nichts zu hören von einer APO, von den Lautsprechern der sechziger Jahre, noch schwiegen beharrlich und weltklug (Karl Rahner prägt viel später das Wort »schuldummschlau«) die katholischen Theologen, die erst unter Johannes XXIII. langsam wagen, den Mund zu öffnen. Da wagt es Reinhold Schneider, das Wort zu ergreifen! für den Frieden, für den ganzen, den unbedingten Frieden. Friede – ohne Waffen!

Da er in der Bundesrepublik nicht mehr das Wort in der Öffenlichkeit ergreifen kann (kleine evangelische Gruppen stellen ihm ihre Organe zur Verfügung), da sich ihm gerade die katholische, die kirchliche Presse verweigert – läßt er in der DDR sein Wort vom Frieden veröffentlichen. Namenlose und namhafte Hetze setzt ein gegen den Mann, der dies weiß: »Die Christenheit sieht heute nicht, welche Katastrophe es ist, daß das Wort ›Friede‹ zur Parole der Gegner dessen werden konnte, der es sprach; und statt die Schuld bei sich selbst zu suchen, verfolgt sie die wenigen, die vom Todesernst dieses Wortes ergriffen wurden« (Brief an Friedrich Heer, 6. Juni 1951).

Reinhold Schneider sieht die systematische Vergiftung, Verhetzung, Verblendung und Verblödung des deutschen Volkes durch eine gelenkte Meinungsmache (1970 nennt man das wissenschaftlich: »Nachrichtenverschmutzung«), wie sie Regierung, Parlament, Presse, Kirche, große Interessenverbände betreiben. Am 9. Februar 1951 schreibt er mir: »Man muß die Öffentlichkeit fast für verloren ansehen. Ich mußte die politischen Betrachtungen, die ich in unserem Sender hatte, aufgeben; eine Zeitung, die wirklich sagt, was gesagt werden müßte, gibt es nicht mehr; Regierung und Parlamente dienen der Wahrheit nicht, aber auch nicht einmal der Volksmeinung, die doch wahrlich mit der Wahrheit nicht gleichgesetzt werden kann. Das Volk müßte heute auf die Straße, um einigermaßen zu sagen, was es will; sobald es aber erscheint, wird es wieder Objekt.« Handschriftlich fügt Reinhold Schneider diesen, mit der Maschine geschriebenen Seiten hinzu: »Von Aufrufen kann ich mir nichts mehr versprechen; sie haben nur den Wert eines Dokumentes für ›hinterher‹.«

Anrufe aus dem Freiburger Ordinariat: Wann er denn endlich in die ›Zone‹ übersiedle. Entfernung seiner Bücher aus katholischen Büchereien. Der »Fall Reinhold Schneider« zieht immer weitere Kreise. Viele seiner Freunde ziehen sich von ihm zurück. Der »Verräter« wird mit der Exkommunikation bedroht.

»Die Menschen sehen meinen Ausgangspunkt nicht: die Not um die geistige Mitschuld am Kriege (dem kommenden Krieg!), unter welchen Perspektiven er auch geführt werden mag; man versteht eben die geistliche, sittliche Sünde überhaupt nicht, sondern nur die der Tat (und auch über diese täuscht man sich). In dieser Richtung müßte viel getan werden, wenn wir ein wenig christlicher werden wollen« (Brief an Friedrich Heer, 24. Juni 1951).

Ein wenig christlicher werden: Reinhold Schneider ist nur als ein christlicher Denker, als eine christliche Existenz verständlich. Das bedeutet nicht, daß er von Christen verstanden wurde, verstanden wird. Das bedeutet nicht, daß er Nichtchristen nichts zu sagen hat: Er befindet sich in einem lebenslangen inneren Gespräch mit bedeutenden Nichtchristen: so mit Unamuno, Nietzsche, Paul Valéry, Gottfried Benn. Seine Existenz, sein Werk, sein Denken sind heute für beide aufzuschlüsseln: für Christen, zumal für Kirchenchristen, die ihn für ihr geschlossenes System beschlagnahmen wollen oder ihn als Kritiker der Kirche verwerfen. Für Nichtchristen, denen Reinhold Schneider verschlossen bleibt, da sie mit seiner Sprache, mit seinem Wortschatz, der um Erfahrungen von Schuld, Sünde, Tragik, letzte Freiheit kreist, nichts anzufangen wissen.

Schuld, Sünde: Reinhold Schneider sieht die Todsünde der Kirche darin, daß sie – zu seinen Lebzeiten – kein Nein gegen die Atomwaffen, kein Nein gegen den Krieg zu sagen, zu tun wagt. Mit dieser Weigerung, mit dieser Selbstverschließung der Kirche gegen das Evangelium, gegen die Botschaft aus dem Feuer der Freiheit, also gegen die Bergpredigt, bestätigt die Kirche – das ist seine tiefste Überzeugung – die Selbstverschließung der Christen in einem falschen Bewußtsein, in ihrer Verwehrung, sich mit ihren nichtchristlichen Mitmenschen zu solidarisieren, zu verbrüdern in gemeinsamer Weltverantwortung.

Politische Schuld ist in der Sicht Reinhold Schneiders – in völliger Übereinstimmung mit Karl Jaspers – schon der Verzicht auf Beteiligung an der Weltverantwortung. Reinhold Schneider hat sich in einem langwierigen Prozeß losgerungen aus der fatalen Apolitizität des deutschen Bildungsbürgertums (wie schwer wurde dies einem Schriftsteller wie Thomas Mann!), aus ihrem Unvermögen und Unwillen, politische Existenz – im Wort und Tun – zu wagen. Bezogen auf Thomas Mann kritisiert Reinhold Schneider die apolitische Haltung Goethes: »Er sollte erkennen, daß das Politische und Soziale ein Teilgebiet des Menschlichen ausmacht – und deshalb ihn anging, und daß der Frankfurter Meister und mit ihm viele Vertreter deutschen Geistes nicht recht hatten, als sie auf die Teilnahme am Politischen geringschätzig verzichteten.«

Schneider verwirft die politische Abstinenz des von ihm hochgeschätzten Friedrich Schiller, weil sie »auf das deutlichste das Auseinanderbrechen des geistig-sittlichen und politischen Lebens ausspricht, als ob es wirklich möglich sei, daß Sittlichkeit, Kultur und Charakter einer Nation unabhängig von ihren politischen Schicksalen Bestand haben können. Denn wenn der Charakter des Einzelnen sich im Strom der Welt bildet, so der eines Volkes doch erst recht. Hier wird aber mit einer Geste, die wir nicht anders als hochmütig nennen können, das Geschichtstheater andern Völkern überlassen, die sich mit dem ›Glanz‹ und den ›toten Schätzen‹ der Welt beschäftigen mögen, während der Deutsche mit dem Weltgeist selbst verkehrt und sich damit getröstet hat, daß sein Tag ›die Ernte der ganzen Zeit‹ sein werde.«

Verspottet von »feinsinnigen« deutschen Literaten, verdächtigt von Politikern, wagt Reinhold Schneider ab 1945 aktuelle Utopie: Er fordert das deutsche Volk zu einer radikalen Umkehr auf. Dieses Volk soll eine neue menschliche Geschichte zu leben wagen.

Mit dieser Forderung macht sich Reinhold Schneider »lächerlich«: Wie soll »Realpolitik« gemacht werden, wenn diese seine Proklamation (in seiner Friedenspreisrede) ernst genommen würde: »Es müßte geschehen, was noch niemals geschehen ist, wenn die Welt, die wir kennen und lieben, gerettet werden soll. Das heißt: Es müßte zum ersten Male seit Anfang Friede geschlossen werden im Sinne Kants.«

Wie sollen die Großkirchen, die heute noch in Deutschland das Geschenk des Adolf Hitler (der selbst bis an sein Lebensende als Katholik Kirchensteuer zahlt), nämlich die staatliche Eintreibung der Kirchensteuer, zäh festhalten (das sichert ihnen ein jährliches Einkommen von gegenwärtig fünf Milliarden DM), sich der Forderung des Reinhold Schneider stellen: »Die Welt hat jetzt erst die Stelle erreicht, wo sie dem Armen von Assisi nicht mehr ausweichen kann.« Die Armuts-Deklarationen des Papstes Paul VI. – in Indien! –, die Bekenntnisse zu einer »armen Kirche« auf dem II. Vatikanischen Konzil sind gutgemeinte kirchliche Rhetorik: Gewagt wird eine arme Kirche heute nicht in Europa (Westeuropa), wohl aber in Lateinamerika.

Reinhold Schneiders Utopismus – er ist ein eschatologischer Humanist (das hat Lothar Bossle in seinem Buch *Utopie und Wirklichkeit im politischen Denken von Reinhold Schneider* [Mainz 1965] schön aufgezeigt) – ist von anderer Art als der in den sechziger Jahren modisch gewordene linke Utopismus, der sich auf die hohen Glocken-Töne des marxistischen Ketzers Ernst Bloch und auf die Männer wie Marcuse (beide Marcuse: Herbert und Ludwig), Wilhelm Reich und andere beruft. Unverwandt im Letzten, steht Reinhold Schneiders politischer Utopismus doch in einer inneren Relation zu diesen ihm nicht bekannten Denkern: Er sieht den Traum von der Erfüllung großer Möglichkeiten als ein konstitutives Element des politischen Denkens an. Er bekennt sich zu einem notwendigen Vordenken guter Zukunft. Er wendet sich gegen jede Form einer historisch-politischen Statik. Geschichte – seine geliebte Geschichte – ist für Reinhold Schneider nicht akademische Historie, Ahnengalerie, Museum, Gemäldesammlung (auch in Form von historischen Werken), sondern flüssiges, feuriges Material, vulkanisch, das Gegenwart und Zukunft aufbrennt.

Geschichte ist für Reinhold Schneider tragisch. »Geschichte ist das Walten des verborgenen Gottes, der Sendungen gegeneinander auswirft.« Geschichte ist in ihrer Dialektik »unberechenbar und undurchschaubar«. Reinhold Schneider warnt: »Insofern Geschichtsphilosophen und Theologen nur einen Schritt darüber hinausgehen, ist ihre Kühnheit jeglicher Bewunderung wert, aber der Absturz ist fast sicher.«

Reinhold Schneider, gestorben 1958, hat die Auseinandersetzungen in der Dekade 1960–1970 um eine politische Theologie, eine Theologie der Revolution, der politischen Hoffnung, hat die Kämpfe im Großraum des linken Utopismus um eine neue

Aufschlüsselung Hegels und Marxens in Richtung auf einen radikalen offenen sozialistischen Humanismus, genährt vom Salz des Utopischen, nicht mehr erlebt. Es ist müßig, über seine Stellungnahmen zu diesem Zeitphänomen zu rätseln. Wahrscheinlich hätte er ein innerstes »Ja« mit einigen dezidierten »Nein« verbunden.

Sein »Ja« mochte sich einwurzeln in seiner Erfahrung im *Winter in Wien.* Reinhold Schneider schreitet durch das Heeresmuseum, sieht die Fahnen und Standarten, die Zeugnisse vergeblicher Siege und katastrophaler Niederlagen: »Schritt für Schritt, auf dem Wege durch diese Räume, verhüllt sich dichter und dichter Gottes Bild. Nun, im Ausgang ist es verschwunden. Vielleicht, das ist die einzige Hoffnung dieser Jahre, würde es sich wieder erzeigen, wenn die Menschen sich in Ehrfurcht frei machen würden von allem, was bisher Geschichte war: wenn sie sich, unter den Fahnen vollendeten, verhallenden Ruhms, ein Herz faßten zu einer geschichtlichen Existenz, die noch nie gelebt worden ist.«

Wer soll diese Existenz wagen? Reinhold Schneider hat den Aufbruch der Jugend in Hoffnung und Verzweiflung nicht mehr erlebt: die tausend Erhebungen (1968–69: zweitausend Unruhen und »Rebellionen« an Universitäten, von Tokio bis Berlin, von Berkeley bis Madrid, von Warschau bis Rio de Janeiro). Er denkt im letzten Winter seines Lebens an diese kommende Jugend: »Die noch nicht beamtete, noch nicht eingebürgerlichte, noch nicht einmilitarisierte Jugend sucht vielleicht ein neues Denken.«

Reinhold Schneider denkt an eine kommende Jugend in einem Kontext mit jenen »Einzelnen« (um Kierkegaard hier zu erinnern), die als »Spurenelemente« Welt – das heißt: die Gesellschaft des Menschen, die Völker – verändern können: »Man nimmt an, daß die Gene in der Art der Wirkstoffe im wechselnden Einsatz am Aufbau des Körpers arbeiten . . . die Wirkstoffe, wie etwa ein Sekret des Nebennierenmarks, Adrenalin, oder die Hormone der Nebennierenrinde, all die in sensibelstem Widerspiele ›steuernden‹ regulierenden Kräfte, deren Bedeutung und Wirkweise wohl noch viele Fragen stellen, sind dem gesamten Organismus gegenüber eine kaum mehr feststellbare Geringfügigkeit. Aber ohne sie kann er nicht gesund bleiben, kann er nicht leben. Sollte es sich mit den

Völkern anders verhalten? Kranken sie am Ausbleiben, am Versagen der Wirkstoffe, der Spurenelemente? Und was wäre zu tun? Zwei, drei Existenzen sind nichts in einem aus achtzig Millionen (oder dem Vielfachen) aufgebauten Volkskörper. Vielleicht aber können sie durch äußerste Intensivierung zu Wirkstoffen werden: zu jenen seltenen, kaum oder gar nicht bekannten personalen Leistungen, die in den Blutstrom eingehen, die innere Prozesse ermöglichen, beschleunigen, hemmen, ohne sich selbst zu verändern. Existenzen also wie Metalle. Ein einziger, der die Wahrhaftigkeit bis zum äußersten intensiviert, oder das Tragische an sich, die Kunst, den Glauben, die Liebe – kurz: extreme Existenzen tun not. Wer den Fehler macht, sie zu isolieren, sieht sie im Unrecht. Ein Wirkstoff, der ohne Gegenspieler bliebe, schädigt. Aber das Extrem findet immer seinen Gegner, wie der Ruhm seinen Feind, *ein Werk die Jugend, die es verwirft und zerstört.* Das Extrem kann in sich nicht vollkommen sein. Unsere wesentliche Armut ist die an Radikalität, an Menschen, die chemisch reine Elemente sind.«

Armut an Radikalität? Reinhold Schneider gesteht es der Jugend zu, Werke der Väter, der alten Generationen zu zerstören: auch viel von seinem Werk. Er sieht mir offen, still ins Gesicht, in seinem letzten Winter in Wien: »Die Zeit meiner christlichen Traktätchen ist längst vorbei . . .«

Was bleibt, für ihn selbst? Josef Rast erinnert sich an Aussagen von Reinhold Schneider aus seiner letzten Lebenszeit, die um das Motiv kreisen (in Reinhold Schneiders eigenen Worten): »In Wahrheit verliert man nichts auf dieser Erde, ich wünsche mir nur den Tod, ein Hund möchte ich sein unter dem Kreuze Christi, der schläft und nicht mehr aufwacht.« Im Blick auf den *Winter in Wien* erklärt Rast: »Er (Reinhold Schneider) sprengt ›lauteren Herzens‹ die Grenzen, weil er, vielleicht als erster bewußter Mensch der neuen Zeit, mit der Last der Jahrhunderte, das Christentum vor dem Nichts lebte.« Glaube, angesichts des Nichts, das die eigene Person erwartet. Glaube, der Schlimmes, ja Schlimmstes für diese Menschenwelt befürchtet. Und der doch Glaube ist. Reinhold Schneiders letztes Werk *Winter in Wien* ist in diesem unserem geschwätzigen zwanzigsten Jahrhundert, in dem red- und schreibselige Theologen immer neue Papierberge produzieren, eines der ganz wenigen Werke christlicher Zeugenschaft: Zeugnis des Glaubens, unter den Bedingungen des Nicht-Glaubens.

Kirchenmänner und ihm mit geringem Wohlwollen gegenüberstehende Theologen sagen angesichts dieses seines letzten Berichts über seine Lebens-Reise, diese Reise durch eine lange Nacht: »Der Mann war einfach fertig, am Ende. Ein Kranker, ein Schwerkranker, der in Verzweiflung ertrank.«

Dem ist nicht so. Reinhold Schneider befaßte sich in seiner letzten Lebenszeit vorwiegend mit naturwissenschaftlichen Fragestellungen, hatte eine ganze Reihe von Plänen, Reiseplänen; er wollte nach Wien übersiedeln, wollte heiraten! Keine Flucht in den Tod. Mitten im *Winter in Wien* bekennt er, ein zarter und zärtlicher Liebhaber des Lebens, allen Lebens (seiner Eichhörnchen in der Mercystraße in Freiburg, der Ochsen in Minho in Portugal, im Blick auf die anmutigen jungen Tänzerinnen – er besuchte in Wien vorzüglich die Operette, in der Volksoper): »Nur einem heftigen Willen zum Diesseits entkeimt (nach der Lebenskrise) der Glaube an das Jenseits; wer nicht will, der glaubt eben nicht.« »Wollte man missionieren, müßte man den Willen zum Diesseits stärken, die Angst taugt zu nichts. Aber wo sind die Argumente?«

Er stirbt, wie er gelebt hat: fragend, im Hirn, im Herzen, in seinem schmerzgeschüttelten Körper: ein Bündel von Fragen. Von ungelösten Fragen. Von unlösbaren Fragen. Im Blick auf Paul Claudel (eine Aufführung im Burgtheater *Das Buch von Christoph Columbus* vermerkt Reinhold Schneider: »Es ist fatal, wenn ein Dichter so viel weiß wie Gott.« Es ist fatal, wenn Theologen Gott »wissen«. Hier ist *die* Wasserscheide, zwischen einem theologischen und kirchlichen Selbstverständnis von eineinhalb Jahrtausenden, und einem gläubigen Selbstverständnis, das – mit den Mystikern der Ostkirche um Meister Eckhart, Tauler, mit den Bewegten um den jungen Luther – weiß: Glaube ist ein Sich-Ergreifen-Lassen; Religion will in den Griff nehmen: Gott, und den Menschen.

Als ein Ergriffener hat Reinhold Schneider gelebt. Seine Existenz ist größer als sein Werk. Was nicht bedeutet, daß dieses »übersehen« werden soll: Wohl aber ist aus seinen »Massen« auszuschmelzen, was an Spurenelementen, die radioaktiv wirken können, in ihm ist. Die Reinhold-Schneider-Forschung und -Interpretation steht in den allerersten Anfängen. *(1974)*

Gabrielle Schwébius
Zur Entdeckung Reinhold Schneiders, Deutscher und Europäer (1903–1958)

Im Nazi-Deutschland, von der Diktatur zugrunde gerichtet und von der geistigen Elite verlassen, war Reinhold Schneider für viele ein Leitstern, vor allem während der Kriegsjahre 1939–1945: er gab damals den historischen Essay auf, in dem er unbestrittene Meisterschaft erlangt hatte, und verfaßte Sonette, unzählige kleine Aufsätze, sowie heimliche Flugschriften, die als geistliche Stärkung für seine leidgeprüften Mitbürger, vor allem für die Frontsoldaten und die Bewohner der bombardierten Städte gedacht waren.

Reinhold Schneider gehört also zu dem, was man heute gemeinhin die »Innere Emigration« nennt,[1] aber man muß zugeben, daß ihm nach diesem Krieg, dessen Ende er so sehr herbeigewünscht hatte, nicht die literarische Fortune zuteil wurde, die man für ihn erhoffen durfte.

Ihm blieb zuerst einmal verhältnismäßig wenig Lebenszeit, während der auch die Krankheit ihren schweren Tribut forderte; nichtsdestoweniger widmete er die ihm verbliebene Zeit den Betrachtungen über sein Leben sowie über die politischen, literarischen und wissenschaftlichen Ereignisse der Nachkriegszeit.[2] Diese Betrachtungen wurden durch die Tatsache erschwert, daß Reinhold Schneider, weil er Deutschland nicht verlassen hatte, von den großen geistigen Strömungen seiner Zeit abgeschnitten worden war. Vor allem aber erschien im Deutschland des Wirtschaftswunders seine tragische Person wie eine Art Don Quijote, eines Ritters von der traurigen Gestalt mit einer apokalyptischen Botschaft ohne Realitätsbezug. Besaß er nicht die Kühnheit – oder die Torheit –, gegen die Wiederaufrüstung Stellung zu beziehen, gegen die Wehrpflicht, die Anwendung von Atomwaffen, die Zweiteilung Deutschlands, für die Wehrdienstverweigerung, die Ehrfurcht vor dem Leben, die Sühne der Kollektivschuld, kurz für einen christlichen Pazifismus in der Tradition des heiligen Franziskus von Assisi, Erasmus', Leibniz', Tolstois und Albert Schweitzers, um nur einige unter denen zu nennen, auf die er sich beruft?

Zu seinen Lebzeiten hatte Reinhold Schneider mehrere Preise erhalten,[3] aber er war nicht der Mann, der sich von den Erfolgen berauschen ließ, die seinen Namen zwar in die Zeitungen brachten, die aber den Zugang zu einem Werk nicht erleichterten, das in der Form schwierig war und, was den Hintergrund angeht, unzeitgemäß in jenen Jahren, als die siegreiche CDU das Land auf Wege lenkte, die Schneider kategorisch ablehnte.

Die Einrichtung eines Reinhold-Schneider-Archivs in der Badischen Landesbibliothek Karlsruhe, eine 1969 von dieser Bibliothek organisierte Reinhold-Schneider-Ausstellung, die nacheinander in Karlsruhe, Baden-Baden und Freiburg i. Brsg. gezeigt wurde, schließlich 1971 die Gründung einer Reinhold-Schneider-Gesellschaft waren nötig, damit die Botschaft Reinhold Schneiders erneut Zutritt zur Aktualität des deutschen Kulturlebens erlangte.

Auch verwundert der geringe Widerhall Reinhold Schneiders in Frankreich, wenn man bedenkt, daß seine Schriften während und nach dem Krieg weitgehend übersetzt und herausgegeben wurden.[4] Seine Studie über Corneille war sogar das erste deutsche Werk, dessen Neudruck die französischen Militärbehörden nach 1945 erlaubten. Schneider war vor allem von unserem großen Jahrhundert fasziniert.

Nach dem Krieg traf er französische Persönlichkeiten wie Robert Schumann, Albert Schweitzer, Gabriel Marcel[5] und verglich die deutsche Wirklichkeit mit der zeitgenössischen französischen Kultur. Für den kultivierten Franzosen von heute aber sind Bertolt Brecht, Thomas Mann,[6] Gottfried Benn und, in jüngerer Zeit, Heinrich Böll und Günter Grass für die deutsche Literatur der Nachkriegszeit repräsentativ geworden, und niemand spricht mehr von Reinhold Schneider, abgesehen von einigen Elsässern, die das Glück hatten, ihm zu begegnen und die erklären, tief von ihm geprägt worden zu sein.

Vielleicht kommt es der Vergleichenden Literaturwissenschaft zu, Reinhold Schneider aus dieser ungerechtfertigten Vergessenheit herauszuholen. Denn sein Leben ebenso wie die Sache, der er dienen wollte, betreffen die Komparatistik. So sagte er selbst während eines Vortrags in der Berliner Amerika-Gedenkbibliothek, der gemeinsame Nenner aller seiner Werke sei die Sorge, die europäische Tradition gegenwartsnah zu gestalten. Diese Tradition ist für ihn tragisch und christlich. Tragisch und christlich sind auch sein Leben und sein Werk, die man nicht voneinander trennen kann; denn sie durchdringen einander und befruchten sich gegenseitig unaufhörlich, trotz der absoluten Geringschätzung, die Schneider für jede Biographie oder Autobiographie hegte.

Reinhold Schneider wurde 1903 in Baden-Baden geboren, in einem engen Tal, das seine Kindheit und Jugend umschloß, wie er selbst in einem kurzen Selbstporträt vom 20. Januar 1931 schreibt. Sein Vater, Wilhelm, ist Schlesier und Protestant und stammt aus einer Familie von Handwerkern und Müllern. Von ihm scheint Reinhold Schneider die tiefe Melancholie zu haben, die der Schlüssel zu seiner Persönlichkeit ist. Die Mutter, Wilhelmine, geb. Messmer,[7] stammt aus dem Badischen und ist Katholikin bürgerlicher Herkunft. Reinhold Schneider spricht sehr wenig von ihr. Der Großvater mütterlicherseits hatte das Hotel Messmer, in dem Schneider aufwuchs, aufgebaut und geführt, auf dessen Balkon sich Könige und Kaiser zeigten, die dort abgestiegen waren, um ihre Kur zu machen.[8] Zweifellos entwickelte sich in dieser Umgebung seine Zuneigung zu den Hohenzollern und seine etwas abwegige Auffassung von der Krone. Wir können aber aus seiner Kindheit drei Dinge festhalten:

1) Die ersten Jahre Reinhold Schneiders situieren sich in der zwanglosen und unbekümmerten Atmosphäre der Belle Epoque, für die er später weder Verständnis noch Nachsicht haben wird.[9]

2) Es scheint, daß Reinhold Schneider als Kind weder bei seinem hypochondrischen Vater, der von seiner Arbeit stark in Anspruch genommen wurde, noch bei seiner Mutter, die ein wenig oberflächlich und nach Art der Zeit spießbürgerlich war, die Zuneigung fand, die eine harmonische Entwicklung begünstigt. Im Versagen des Vaters findet sich vielleicht die Motivation für die leidenschaftliche Suche nach geistlicher Vaterschaft, wie auch der Keim der religiösen Krise, die ihren Höhepunkt in *Winter in Wien* hat und sich in dem Ausruf äußert, das Gesicht des Vaters habe sich verhüllt.

3) Reinhold Schneiders Beitritt zur katholischen Kirche in den dreißiger Jahren und seine entschlossen ökumenische Haltung sind eine Sache der Konversion und nicht der Erziehung, da

seine in einer Mischehe lebenden Eltern den Religionsunterricht ihrer katholisch getauften Kinder an die bestehenden Erziehungsanstalten abgetreten hatten. Reinhold Schneider wird volljährig, ohne irgendeine persönliche Beziehung zu Christus oder zur Kirche zu haben.

Im Vorwort zu *Verhüllter Tag* zitiert Reinhold Schneider ein chinesisches Sprichwort, das er sehr schätzt, und nach dem der Mensch seiner Zeit ähnlicher ist als seinem Vater. Reinhold Schneider war in seiner Jugend, die mit den unglücklichen Jahren des Krieges und der wirtschaftlichen und sozialen Krise nach dem Krieg zusammenfiel, voll und ganz ein Sohn seiner Zeit. Nachdem er wie sein Bruder Willy die Oberrealschule in Baden-Baden besucht hatte (mit Latein, ohne Griechisch; sein ganzes Leben lang wird er bedauern, nicht Griechisch gelernt zu haben), bestand Reinhold Schneider 1921 das Abitur. 1922 verschlang die Inflation das Unternehmen und das Vermögen des Vaters, und Wilhelm Schneider überlebte den Zusammenbruch nicht.[10] Trotz eines völligen Mangels an Veranlagung für diesen Berufszweig, jedoch angetrieben von dem Wunsch, den intellektuellen Anforderungen zu entfliehen – eine Einstellung, die er mit zahlreichen Altersgenossen teilte –, machte Reinhold Schneider ein Praktikum bei einer Gutsverwaltung in Langenstein bei Stockach. Unfähig, die geforderte Arbeit zu leisten – Reinhold Schneider war 2,04 m groß –, verließ er die Domäne nach sechs Monaten, um »völlig zu kapitulieren«[11] und sich in Richtung auf eine kaufmännische Laufbahn zu orientieren.

In Dresden ist er sieben Jahre lang bei der Druckerei Stengel angestellt, wo er im wesentlichen die Handelskorrespondenz mit dem Ausland, vor allem mit Südamerika, bearbeitet. Er beherrscht Französisch, Englisch und Spanisch, das er sich selbst beigebracht hatte, sowie ein wenig italienisch und portugiesisch. Um seine Einnahmequellen aufzubessern, macht er in seiner Freizeit Übersetzungen. Er sagt selbst von dieser Zeit: »Die Arbeit war tot. Das Leben war unmöglich, äußerlich, innerlich sinnlos, wie das sich unter den Händen verzehrende Papiergeld, das nicht zum Nötigsten reichte.«[12]

Aber dieser Autodidakt war vom geistigen Leben begeistert. In arbeitsintensiven Nächten erwirbt er sich ein gewaltiges Wissen. Er liest Nietzsche, Kant, Shakespeare, Platon. Schopenhauer impft ihm die niemals gestillte Sehnsucht nach Indien ein.

Kierkegaard, und vor allem Unamuno, dessen Einfluß entscheidend sein wird, sind bevorzugte Autoren und bewahren ihn vor der Verzweiflung, einer Verzweiflung, die so tief war, daß sie ihn zu einem Selbstmordversuch getrieben hatte.[13] Von seiner geistigen Begegnung mit Unamuno schreibt er 25 Jahre später, dieser habe ihm jeden Augenblick gesagt, er solle sein Leben nicht in der Beschränktheit und Traurigkeit verbringen, die er, Schneider, bis dahin erfahren habe; er solle endlich den Mut zum Dasein haben, selbst wenn es absurd sein sollte.

Es muß kaum noch betont werden, daß diese Krise, die der junge Reinhold Schneider durchmacht, eine Kulturkrise war, die alle Intellektuellen seines Landes berührte. Man neigte zu einem mystischen Irrationalismus und einem ausgeprägten Anti-Individualismus. Trakl, Rilke, mit dem der junge Schneider die Todessehnsucht gemeinsam hatte, Stefan George, Hermann Hesse, Thomas Mann, Freud, Rudolf Steiner, um nur einige zu nennen, haben jeder auf seine Art diese Krise der Kultur zum Ausdruck gebracht.

Der Wunsch, die innere und äußere Apokalypse zu überwinden[14] und ein wachsendes Interesse für die Geschichte gestatten es dem jungen Reinhold Schneider, den Schritt zur schöpferischen Aktivität zu wagen. Das Werk Unamunos und ganz besonders ein Essay über Coimbra hatten seine Aufmerksamkeit auf Portugal gelenkt, wo er die Landschaft seiner Seele zu finden hoffte.[15] Er reicht seine Entlassung ein und fährt am 3. August 1928 zu Schiff nach Lissabon.[16] Im April 1929 reist er über Gibraltar, Genua und Norditalien zurück. Aus diesem Aufenthalt gehen seine ersten beiden Werke hervor: ein Reisetagebuch unter dem Titel *Portugal* hat zum Ziel, die Deutschen in diese ihnen noch unbekannte portugiesische Welt einzuführen, die in der Vergangenheit so beeindruckend war und in deren Melancholie er sich selbst wiedererkannte.[17] Vor allem aber ein Buch über Camões evoziert den in eine zu Ende gehende Kultur versetzten Dichter.[18] Es ist eine Art Ouvertüre, die bereits alle Themen des künftigen Werkes enthält. Camões wird die Galionsfigur, die sich am Anfang eines leidvollen Daseins erhebt.[19] Noch in Dresden hatte Reinhold Schneider die *Lusiaden* gelesen (im Urtext), und ein den Dichter darstellender Kupferstich gehörte zu seinen Kindheitserinnerungen. Da er dem Zusammenbruch Portugals im 16. Jahrhundert dichterischen Ausdruck verleihen wollte, evoziert er Camões als Repräsentanten und Verteidiger des Nationalcharakters und des nationalen Schicksals. Reinhold Schneider geht stets auf diese Weise vor. Er beschwört eine Landschaft oder eine Persönlichkeit, mit denen ihn eine gelebte Erfahrung verbindet, und diese Landschaft oder Persönlichkeit, selbst Träger einer Vergangenheit und einer Botschaft, werden seine Interpreten.

Die Erfahrung wiederholt sich mit Philipp II. Während seines ersten Aufenthalts in Portugal hatte Reinhold Schneider einen Ausflug nach Spanien gemacht. Er hatte den Escorial besichtigt, der zu ihm auf unwiderstehliche Weise von Philipp II. sprach, von diesem »Konflikt zwischen Religion und Macht, der metaphysischen und der irdischen Forderung, an der Spanien und sein großer König zerbrechen«.[20]

Dieses Buch, *Philipp II. oder Religion und Macht,* versteht sich als Ausdruck einer tragischen Einstellung angesichts des Lebens.[21] Es ist nicht die Arbeit eines Historikers, sondern eine Interpretation der Geschichte. Schneider schrieb an dem Buch während eines zweiten Aufenthalts in Portugal und Spanien (Frühjahr–Herbst 1930) und beendete es im gleichen Jahr in Paris. Reinhold Schneider, der sich in Philipp wiedererkannte und der ihn zudem als ersten Diener Gottes rehabilitieren wollte, hatte vor allem in der Nationalbibliothek in Madrid gearbeitet, und es ist nicht ohne Interesse, zu erfahren, daß die Abfassung dieses Buches mit seiner Entdeckung der spanischen Mystiker zusammenfällt, Theresa von Avila, Johannes vom Kreuz, Ignatius von Loyola, die er in seinem Werk unermüdlich heranzieht und denen er einige seiner hagiographischen Essays widmet.[22] Ich kenne keine bessere Anerkennung dieses Frühwerks als jene, die von Unamuno selbst stammt und von der Reinhold Schneider erst 1955 erfuhr. Unamuno drückt 1933 die Hoffnung aus, *Camões* und *Philipp II.* in eine iberische Sprache, spanisch oder portugiesisch, übersetzt zu sehen und schreibt: »In beiden Büchern sind einige Szenen enthalten, die zum Schönsten zählen, das über das Portugal und das Kastilien des 16. Jahrhunderts und aller Zeiten geschrieben worden ist.«[23]

Von diesem Augenblick an fühlt sich Reinhold Schneider auch zu den nordischen Ländern hingezogen, den »nordischen Menschen, (...) hellen, weißen Zimmern, Seen, Wäldern, Kühle und verhüllter Sonne«,[24] als Reaktion gegen den Süden, gegen das, was romanisch und katholisch ist, hin zu dem, was ihm vielleicht erlaubt, Abschied vom Tragischen zu nehmen. Dieser nordische Traum konnte erst 25 Jahre später verwirklicht werden, 1955 und 1956.[25] Inzwischen sehen wir ihn in Rom und Palermo (Frühjahr 1931) an *Innozenz der Dritte* arbeiten, einem Werk dramatischen Charakters (während sich *Camões* als lyrisch und *Philipp II.* als episch versteht), in dem der Konflikt zwischen Papst und Kaiser, zwischen Süd und Nord, dem Geistlichen und dem Weltlichen, der Freiheit und der Form behandelt wird. Reinhold Schneider hat dieses Buch mit ganzem Herzen geschrieben, aber da er wußte, daß der Zugang für das Publikum schwierig sein würde, verzögerte er die Veröffentlichung.[26] Aber hier beginnen Preußen und sein Sinn für die Form diesen Deutschen in ihren Bann zu ziehen, der anfangs in den Süden und Südosten Europas geblickt hatte. Er fühlt bereits, wie sich die Hydra des Nationalsozialismus erhebt, und diese Vorahnung drückt sich behutsam in drei Novellen aus, die noch mit seinen portugiesischen Studien verbunden sind und unter dem Titel *Das Erdbeben* veröffentlicht werden.[27] Aber nach einem Essay über Fichte[28] entsteht 1934 das dritte große Buch Reinhold Schneiders: *Die Hohenzollern. Tragik und Königtum.* Es ist unter den Klängen der ersten vom Radio übertragenen Massenkundgebungen geschrieben. Bald untersagt das Regime den Verkauf, und es wird erst 1953 wieder aufgelegt. Der Kronprinz bittet Reinhold Schneider im Sommer 1933 zu sich, und im April 1934 verlangt ihn Kaiser Wilhelm II. zu sehen, der in Doorn in den Niederlanden Zuflucht gesucht hatte. Anläßlich dieses Besuches ruft Reinhold Schneider aus: »Überall zu spät, überall auf Gräbern und Trümmern und eingesargten Herzen.«[29]

Im August 1934 unternimmt Reinhold Schneider eine erste Reise nach England. Er kehrt im März 1935 zurück. Zu dieser Zeit arbeitet er an seinem umfangreichsten historischen Werk: *Das Inselreich. Gesetz und Größe der britischen Macht.* Das Buch wurde offensichtlich schon im Jahr seines Erscheinens zensiert und erst 1955 neu aufgelegt. Es war Theodor Heuss, der es in der *Revue Européenne* vorstellte.[30]

Während er dieses Buch schreibt und bis zu seinem Umzug aus politischen Gründen nach Hinterzarten im Jahre 1937, dann, 1938, nach Freiburg, wo er bis zu seinem Tode bleibt, wohnt

Reinhold Schneider in Potsdam, wo er mit monarchistischen Kreisen und mit Persönlichkeiten wie dem Maler Leo von König in Berührung kommt, der ein Porträt von ihm malt,[31] sowie dem schlesischen Dichter Jochen Klepper[32] und dem Industriellen Heinrich Ludewig, dem Begründer der Reinhold-Schneider-Gesellschaft und des Maximilian Kolbe - Reinhold Schneider-Preises.[33]

Vor der Abfassung des *Las Casas,* dem unbestrittenen Meisterwerk Reinhold Schneiders, liegt ein wichtiges Ereignis: 1937 findet er zur Ausübung seines Glaubens zurück, die er seit der Kindheit aufgegeben hatte. Das ist ein wichtiger Schritt auf einem geistlichen Weg, der nicht einfach war, da er von der Lauheit, ja sogar der Gleichgültigkeit bis hin zu einem Apostolat führte, das ihn zum Martyrium hätte bringen können, um in der Nacht des Zweifels zu enden. Das mindeste, was man sagen kann, ist, daß Reinhold Schneider nie ein angepaßter Katholik gewesen ist. Dagegen war er eine der geistlichen Größen seiner Zeit. Pius XII. empfing ihn am 23. März 1941.

In diese Zeit fällt die eigentliche lyrische Produktion, Sonette, geschrieben im Laufe der Jahre, seit dem Machtantritt der Nationalsozialisten bis zum Ende des Krieges. Alle, die nicht streng persönlich sind, stellen einen leidenschaftlichen Protest gegen die Ereignisse dar, befinden sich aber bewußt in einer geistlichen Ordnung:

»Nun baut der Wahn die tönernen Paläste« (1936) oder »Allein den Betern kann es noch gelingen,/ Das Schwert ob unsern Häuptern aufzuhalten« (1936), »Jetzt ist des Heiligen Zeit« (1942), »Nun stirbt das Volk, es sterben hin die Reinen.« (1943).[34]

Im September 1938 erscheint im Insel Verlag *Las Casas vor Karl V. Szenen aus der Konquistadorenzeit.* Reinhold Schneider äußerte den Wunsch, dies möge sein letzter Abstieg in die Geschichte sein, die ihm von zu viel Grauen belastet schien. Wiederholt betonte er,[35] daß Las Casas sein Protest gegen die Verfolgungen der Juden durch die Nazis war. Es ist ein Werk von großer formaler Vollkommenheit, der Höhepunkt dieser ersten Schaffensphase.

Im Winter 1939 war Reinhold Schneider Gast in der Maison Goethe in Paris, 17 Avenue d'Iéna. Er vertiefte sich in das Studium der französischen Vergangenheit. Sein Essay über

Corneille und die Novelle *Vor dem Grauen,* welche die Gestalt des heiligen Benedikt Labre evoziert, sind symptomatisch für die Schriften, die während des Krieges erscheinen: kurze Essays oder Novellen und zur Zeit der Papierknappheit sogar Flugschriften, meistens sehr engagiert und fast ausschließlich von Rossé im Alsatia Verlag Colmar auf heimlich beschafftem Papier herausgebracht.

Dazu kommen zehntausende von Briefen, all das als Teil seines Dienstes als Laientheologe. Es wäre ganz sicher ungerechtfertigt, Kriterien der Ästhetik an diesen Teil des Werks anzulegen, der aus freien Stücken nichtliterarisch ist. Ebenso verhält es sich mit der Nachkriegsproduktion, die durch eine gewaltige Aktivität verdoppelt wird und die sich zum Teil von der Literatursoziologie deuten lassen sollte.

Wir werden die Beziehung Reinhold Schneiders zu Frankreich an anderer Stelle ausführlicher untersuchen. Hier wollten wir nur die Aufmerksamkeit auf einen tragischen Denker lenken, der sich in die Tradition Pascals, Kierkegaards und Unamunos einordnet, und auf ein vielschichtiges Werk (2300 Manuskripte), das in einer bewundernswürdigen Sprache geschrieben ist und der Vergleichenden Literaturwissenschaft komplexe und fesselnde Aufgaben stellen kann. *(1974)*

Anmerkungen

1 Reinhold Schneider hatte unter den Verschwörern des 20. Juli 1944 Freunde, vor allem K. L. Freiherr zu Guttenberg, den mutigen Herausgeber der *Weißen Blätter.* Pfingsten 1945 nennt die BBC London Reinhold Schneider die »Stimme des Rufers in der Wüste«.

2 Wichtig sind vor allem drei autobiographische Schriften, *Der Balkon* (1957), *Verhüllter Tag* (1954) und *Winter in Wien* (1958), sowie ein Drama, *Der große Verzicht* (1950).

3 Anläßlich des 100. Todestages von Annette v. Droste-Hülshoff erhält er am 24. Mai 1948 in Meersburg zusammen mit Gertrud von le Fort einen Gedenkpreis der Badischen Landesregierung, »dem Rufer in der Not unseres Volkes, dem dichterischen Gestalter der Vergangenheit und Gegenwart«; 1952 – dank Theodor Heuss, der ihn sehr schätzte – wird er zum Ritter des Ordens Pour le Mérite (für Wissenschaften und Künste) gewählt, der seit 1933 nicht mehr verliehen worden war; am 23. September 1956 vor allem erhält er nach Albert Schweitzer (1951), Romano Guardini (1952), Martin Buber (1953), C. J. Burckhardt (1954) und Hermann Hesse (1955) in der Frankfurter Paulskirche den Friedenspreis des Deutschen Buchhandels und

hält zu diesem Anlaß die wichtige Rede *Der Friede der Welt*; 1957 schließlich erhält er den 1. Preis der Bregenzer Festspiele für sein Drama *Der große Verzicht* (unter 479 Mitbewerbern aus 25 Ländern).

4 Werke Reinhold Schneiders, die ins Französische übersetzt sind: *Grandeur de Corneille et de son temps,* übers. von M. de Gandillac, Paris (Alsatia) 1943; *Le Chemin de Croix,* übers. von A. Knaebel, Paris (Alsatia) 1943; *Philippe II, ou pouvoir et religion,* übers. von Joachim Chaigneau und G. Clarétie, Paris (Flammarion) 1943; *L'Homme devant le jugement de l'histoire* (mit *Appel à la conscience allemande, le Salut de Faust, Le Retour à Dieu de l'Esprit allemand),* Paris (Flore) 1947; in der Reihe »Prière de l'art« bei Desclée de Brouwer: *François d'Assise* (1953), *Saint Pierre* (1955), *Saint Jean* (1956); *Le Missionnaire et l'Empereur,* übers. von M. de Gandillac, Paris (Seuil) 1952 – es handelt sich um das Meisterwerk Reinhold Schneiders, die Geschichte des Las Casas, geschrieben als Protest gegen die Judenverfolgungen der Nazis; *Le Saint, Maître de l'Histoire,* übers. von J. Ancelet-Hustache, Paris (Editions franciscaines) 1958.

5 Begegnungen mit Robert Schumann (Freiburg, 22. August 1949), Albert Schweitzer (Freiburg, August 1951 und August 1954, Gunsbach, August 1955 und September 1957), Gabriel Marcel (Wien, Januar 1958).

6 In einem Brief vom 18. Dezember 1953 drückt Thomas Mann seine Bewunderung für den Katholizismus Reinhold Schneiders aus: »Um ihre katholische Basis und Bindung sind Sie zu beneiden. Mir fehlt diese Geborgenheit, denn mein Protestantismus ist bloße Kultur, nicht Religion.«

7 Aus einer Linie, die bis zu Franz Anton Mesmer (1734–1815) zurückführt, dem Zauberer vom Bodensee, Begründer der Magnetwellentheorie, die unter dem Namen Mesmerismus bekannt wurde.

8 So erklärt sich der Titel *Der Balkon.*

9 Er sagt selbst: »Da ich 1903 geboren wurde, bewahre ich mir noch ein Bild der Vorkriegsjahre, einer mir kaum mehr verständlichen Leichtigkeit und Sorglosigkeit, das nun losgelöst, unerreichbar und auch nicht mehr wünschenswert über den Schatten und Möglichkeiten der Gegenwart schwebt.«

10 Seine Mutter heiratete am 12. August 1922 den Arzt Joseph Ludwig Maier, zu dem Reinhold Schneider ein stets ausgezeichnetes Verhältnis hatte.

11 *Verhüllter Tag,* S. 11.

12 *Erfüllte Einsamkeit,* Freiburg (Herder) 1963, S. 22.

13 *Begegnung und Bekenntnis,* S. 53. Seine alte Wirtin hatte ihn eines Morgens blutüberströmt aufgefunden. Das Problem des Selbstmords und seiner Motivationen beschäftigt ihn sein ganzes Leben lang; das lyrische Werk ist von Anspielungen auf seine angeborene Melancholie durchzogen, z. B.: »Mir war der Schwermut Erbe übermacht,/ Es ist mein Untergang und ist mein Lohn.« *(Sonett an meinen Vater),* oder: »War's nicht ein Herbsttag wie heut,/ Als am Tiefsten ermüdet/ Du Deine Hand erhobst, dieses Dasein zu enden.« *(Der romantische Selbstmörder in der Lössnitz)*; 1930 schrieb er in Madrid eine Novelle unter dem Titel *Ein Selbstmordversuch;* schließlich greift er das Thema wieder in dem Essay *Über den Selbstmord* auf, der 1947 erschien.

14 »Es ging mir um die Bewältigung des Untergangs«, schreibt er in *Verhüllter Tag,* S. 67.

15 Es ist ein eigenartiges Zusammentreffen, daß das erste mystische Erlebnis Simone Weils in Portugal stattfand und durch Gesänge von »herzzerreißender Traurigkeit« hervorgerufen wurde.

16 In Begleitung seiner Zimmerwirtin Anna Maria Baumgarten, die seit seinem Zuzug in Freiburg am 1. April 1938 seinen Haushalt führte. Unfähig zu kochen, duldete sie, daß er sich im wesentlichen von Brot und Wein ernährte und ist zum Teil für den Verfall seiner Gesundheit verantwortlich.

17 »Es berührte mich seltsam, daß diese Sphäre, in die ich selber reichte, fast unbekannt war in Deutschland; daß ein europäisches Volk, das auf einem gewaltigen historischen Hintergrund trauernd lebt, auch im 20. Jahrhundert noch seines Entdeckers harrt. (*Biographische Notizen* vom 12. Februar 1931).

18 Genauer Titel: *Das Leiden des Camões oder Untergang und Vollendung der portugiesischen Macht,* Hellerau (Hegner) 1930; 1952 ins Spanische übersetzt.

19 »Luis de Camões, der sozusagen zur Galionsfigur meiner fragwürdigen Lebensfahrt geworden ist.«

20 *Biographische Notizen* vom 12. Februar 1931.

21 Vgl. Brief an Anna Maria Baumgarten vom 23. Mai 1930.

22 Unter anderem *Die dunkle Nacht des heiligen Johannes vom Kreuz* und *Der Überwinder,* Ignatius von Loyola gewidmet.

23 Zitiert bei F. A. Schmitt/B. Scherer, *Reinhold Schneider. Leben und Werk in Dokumenten,* Karlsruhe (Badenia) 1973, S. 81–82.

24 An Anna Maria Baumgarten, Brief vom 26. April 1930.

25 Reinhold Schneider las regelmäßig die schwedische Presse.

26 Das Buch erschien posthum: Köln und Olten (Hegner) 1960.

27 Hegner, April 1932.

28 *Fichte. Der Weg zur Nation.* München (Langen-Müller) 1932.

29 Brief an Anna Maria Baumgarten vom 3. April 1935.

30 XIII (1937), S. 89.

31 Zur Zeit im Freiburger Rathaus.

32 Er beging mit seiner Frau und seiner Tochter 1942 Selbstmord.

33 Erstmals 1972 an zwei Polen verliehen, Hanna Malewska und Jan Dobraczynski.

34 Während des Krieges mit Hilfe von Behelfsmitteln verteilt, erfuhren sie nach dem Krieg mehrere Neuauflagen, die bisher letzte 1954 bei Hegner unter dem Titel *Die Sonette von Leben und Zeit, dem Glauben und der Geschichte.*

35 Zum Beispiel in einem Brief an Frau Heynemann vom 28. Juni 1947 oder an Otto Heuschele vom 9. September 1952.

Carl Friedrich von Weizsäcker
Reinhold Schneider in unserer Zeit

Heute wird Reinhold Schneider 70 Jahre alt. Vor 15 Jahren, am Ostersonntag 1958, ist er gestorben. Für einen Schriftsteller ist der physische Tod oft der Beginn eines Gangs in die Katakomben. Unmerklich und schnell entgleitet er der Aktualität, auch dort, wo er ihr in der Form des Widerspruchs verbunden war. Ein halbes Menschenalter später legen sich die Menschen ihr Leiden an der selbstverschuldeten Wirklichkeit in ganz anderen Begriffen aus. Dient man den heutigen Menschen, wenn man ihren Blick auf eine Gestalt in der Vergangenheit lenkt? Oder wird sie eines Tages neu verständlich aus der Katakombe hervortreten?

Reinhold Schneider sah in seinem letzten Lebensjahrzehnt mit an, wie sich unter dem Namen des Wirtschaftswunders der mächtige und erbarmungslose Prozeß der Industriegesellschaft wiederherstellte. Politisch lag unser Land damals in einem Schlaf, den man, wenn man optimistisch genug war, als einen Heilschlaf nach dem dreißigjährigen Krieg von 1914 bis 1945 auffassen konnte. Schneider sah die Bequemlichkeit, die Unmenschlichkeit, die Lüge in diesem Prozeß. Heute ist der politische Schlaf wenigstens an einer Stelle, auf der Linken, durch eine militante Wachheit abgelöst, der gegenüber die Vertreter des bestehenden Systems zwischen unerleuchteter Härte, d. h. Angst, und halberleuchteter Nachgiebigkeit, d. h. Angst, schwanken. Kann einem jungen Marxisten, der eine rationale Analyse der Gesellschaft in Anspruch nimmt, die leidvolle, liebevolle, dichterische, individualisierende, jede Tradition ehrende Stimme Schneiders etwas sagen? Vielleicht ja, wenn der Marxist spürt, was ihm selbst fehlt. Vielleicht ihm mehr als einem Konservativen, der sie als Stimme einer schon versunkenen Welt mißversteht. Aber dann werden es nicht die wechselnden Meinungen sein, durch die Schneider sich im langen qualvollen Lernprozeß seines Lebens hindurchgearbeitet hat, deren letzte ihm zuletzt noch entglitten ist, sondern der Mensch wird hervortreten, der keiner dieser Erfahrungen ausgewichen ist. Wollen wir vom Gespräch mit ihm lernen, so müssen wir ihm in seiner Fragwürdigkeit, mit seinen Fehlern, in seiner unerreichbaren Fremdheit begegnen. In Wahrheit ist jeder von uns so fragwürdig, so von Fehlern heimgesucht, sich selbst und anderen so fremd. Vielleicht führt uns gerade die Begegnung mit der unverhüllten Fremdheit zu uns, wenn sie in Liebe geschieht.

Es sei mir erlaubt, zu sagen, daß ich Reinhold Schneider, als er lebte, etwas schuldig geblieben bin und daß ich versuchen möchte, wenigstens ein wenig von dieser Schuld abzuzahlen, auch wenn das ihn als Person nicht mehr erreicht. Im Krieg hat er meine Frau und mich einmal in unserem Dahlemer Häuschen besucht, als ich am Uranprojekt arbeitete. Ich sehe noch den überlangen, überschmalen, magenleidenden Mann vor mir, dessen Glieder kaum auf einem Stuhl unterzubringen waren, und der Melancholie und Güte ausstahlte. Damals konnte man ja einem Fremden im ersten Augenblick anspüren, ob man offen mit ihm reden konnte, und uns war er kein Fremder, denn wir hatten viel von ihm gelesen. Den aktuellen Zusammenhang unseres Gesprächs weiß ich nicht mehr, Wir sprachen aber auch, wenn ich mich recht erinnere, auf meinen Anstoß hin, von Oliver Cromwell, d. h. davon, ob es einen christlichen Diktator geben kann, und auf seinen Wunsch vom Verhältnis der Physik zur Religion. Ich habe ihn auch nach dem Krieg nicht wiedergesehen. Ich empfand, daß er die religiöse Forderung auf eine Höhe erhob, der ich mich nicht – wie ich mir einredete, noch nicht – gewachsen fühlte. Zugleich fühlte ich mich verpflichtet und berechtigt, den Erkenntnisweg der Modernität, zumal der Naturwissenschaft, ohne Zögern weiterzugehen, und mir schien, als weiche er davor zurück. In der Mitte der fünfziger Jahre las ich sein Erinnerungsbuch *Verhüllter Tag* und sah, daß er gerade mit der Naturwissenschaft rang und daß er einiges, was ich geschrieben hatte, kannte. Ich hatte das Gefühl, ich sollte ihn nun besuchen, denn vielleicht könnte ich ihm auf diesem Weg ein wenig beistehen. Ich schob es hinaus, und als ich eines Tages von einer Amerikareise zurückkehrte, las ich im Schaufenster einer Buchhandlung von seinem Tod.

Ich möchte nun einfach sein Leben, soweit es mir vor Augen steht, nachzeichnen und dabei, wie sie sich anbieten, die Fragen berühren, die ihn und uns verbinden.

Das elterliche Hotel in Baden-Baden, in dem er aufgewachsen ist, hat er in dem späteren Buch *Der Balkon* gleichsam in Aquarellfarben gemalt. Er lebte, in der Familie und im Anblick des ständigen Durchzugs der Gäste jeder Saison, behütet und zugleich fremd, ein Kind, dem jener Zug von Narzißmus eigen gewesen sein mag, den man auch durch den ständigen Prozeß des Schreibens in seinen Mannesjahren durchzuspüren meinen kann. Wenn es nicht impertinent ist, darf man vielleicht die Bermerkung machen, daß guten Autoren oft in scheinbar fernliegenden Zügen ihrer Schriftstellerei der Beruf ihres Vaters noch anzumerken ist. Platon ist stets der politisch verantwortliche Aristokrat, Aristoteles der beobachtende Arzt; Kants, des Sohns eines Riemermeisters, Schriften haben etwas im besten Sinne Ledernes; und die vielen historischen Gestalten, die Reinhold Schneider in seinen Werken mit tiefer Einfühlung Revue passieren läßt, können in einer weniger respektvollen Minute an die vielen durchreisenden Gäste des Hotels Messmer erinnern.

Der Erste Weltkrieg führt zur finanziellen Katastrophe des Vaters, der das Hotel für Inflationsgeld verkauft. Der Sohn Reinhold, körperlich völlig ungewandt, scheitert an einer Landwirtschaftslehre und verbringt dann bleiche Jahre der Büroarbeit in Dresden, Melancholie, Einsamkeit, ein Suizidversuch. Er lernt Sprachen, liest viel, der Spanier Unamuno wird ihm einer der wichtigsten Autoren, er findet sich in der iberischen Welt wieder. Er wagt den Sprung einer Reise nach Portugal, bricht zum Schreiben durch im Reisetagebuch und dem Buch über den Dichter Portugals, Camões. Nun hat er auch seine künftige Lebensform gefunden, die des schauenden und schreibenden Wanderers. Diese Lebensform und ihre Hintergründe können wir nicht deutlicher beschreiben als mit seinen eigenen Gedichtzeilen:

»Die Nähe sah ich und die Ferne prangen,
Ich durfte Städte ohne Zahl durchmessen
Und habe viel des Herrlichsten besessen,
Allein am Süden hat mein Herz gehangen.

Doch hab ich mehr entbehrt noch als empfangen
Und nie im Glücke meinen Gram vergessen;

An mein erschauernd Herz ein Herz zu pressen,
Das sollt' ich nie auf dieser Welt erlangen.«

Um eines schwermütigen und begabten Schriftstellers willen würde ich nicht heute hier sprechen. Es ging Schneider letztlich nicht um die Selbstdarstellung von Gefühlen, sondern um Wahrheit. Vielleicht ist eben dies der gesunde Kern seiner Selbstquälerei, daß er sich mit nichts zufriedengeben konnte, was er nicht als wahr erkannte. Es gibt ja allgemein Menschen ein eigentümliches Spannungsverhältnis von Gesundheit, Krankheit und Wahrheit. Verstehen wir unter Gesundheit seelische und körperliche Normalität, so befähigt diese zur leichten Auffassung der im vorherrschenden Konsens der Menschen gängigen Wahrheiten, kann aber die Auffassung verborgener, verdrängter oder noch nicht reifer Wahrheiten gerade erschweren. So wie ein körperliches und ein seelisches Leiden einander hervorrufen oder auch vertreten können, so kann subjektives Leiden auch zur Sensitivität für Wahrheit in einem Verhältnis gegenseitiger Bedingtheit oder auch Vertretung stehen. Dabei werden dem kritischen Blick von außen die pathologischen Züge in einer so durch Leiden erworbenen Einsicht nicht entgehen, aber diese Züge heben nicht auf, daß sie im Kern eine Wahrheit ist, zu der die weniger Leidenden meist schlicht nicht den Mut haben.

Die Wahrheit, um die es Schneider ging, bezog sich auf das rechte Zusammenleben der Menschen in der großen Gemeinschaft, also auf die Politik. Das anscheinend unlösbare Problem aller Politik hat er selbst auf die Formel gebracht: Macht und Gnade. In dieser Spannung sieht er die bewegende Kraft der menschlichen Geschichte. Verfolgen wir gemeinsam, mit heutigem Bewußtsein, die Entscheidungen, die in diesem Geschichtsverständnis stecken.

Zuerst sollten wir Reinhold Schneider, zumal für seine ersten großen Bücher, die Berufsbezeichnung zuerkennen, die er verdient. Er ist Geschichtsschreiber. Er hat eine elementare Begabung, ein natürliches Vermögen, Geschichte einfühlend zu erzählen. Und zwar ist es der klassische Stoff aller älteren Geschichtsschreibung, den er noch einmal aufnimmt: Er erzählt die Geschichte der Herrscher und Reiche. Philipp der Zweite von Spanien, die preußischen Hohenzollern, das englische

Inselreich, das christliche Reich des Mittelalters, gespiegelt im Intermezzo Lothars von Supplinburg und der unerfüllten welfischen Kaiserdynastie. Dies nun erscheint dem modernen Bewußtsein altmodisch, denn Geschichtserzählung, zumal wenn sie zwar auf umfassender Lektüre, aber nicht auf eigentlicher Quellenforschung beruht, ist, so meint man, Literatur und nicht Wissenschaft. Reinhold Schneider selbst, dessen Wille zur Demut sich mit einer Bereitschaft des vital Schwachen verband, vielleicht anfechtbare Positionen auch dort zu räumen, wo er ein Recht hatte, sie zu verteidigen – Reinhold Schneider selbst hat nicht den Titel eines Historikers in Anspruch genommen, und wenn heute über ihn gesprochen wird, so nennt man ihn mit einem der ungenauen Wörter der Umgangssprache einen Dichter. Damit wird eine Grundtatsache unseres Verhältnisses zur Geschichte unter den Tisch gewischt.

Historie ist in der abendländischen Kultur wie wohl in allen anderen Kulturen, in denen es sie gibt, zunächst und eigentlich Geschichtserzählung. Diese Geschichtsschreibung ist immer zugleich beurteilend, aber die Form ihres Urteilens ist eben das von Reflexionen begleitete Erzählen. So wird die unverwechselbare Individualität des Königs David in den alttestamentlichen Samuelsbüchern gezeichnet, die bunte Fülle des alten Orients in seiner Spannung zu den Griechen bei Herodot, die Präzision und Irrationalität des Machtkampfes von Athen und Sparta bei Thukydides, das Entstehen der römischen Weltordnung bei Polybios. Unter dem typenprägenden Vorbild der alexandrinischen Philologie wird die Historie zur Gelehrsamkeit, und in der Neuzeit, voll erst in unserem Jahrhundert, wird sie im Wetteifer mit der Weltmacht Naturwissenschaft zur Forschung, zum Forschungsbetrieb. Nun ist unzweifelhaft, wieviel wir der historischen Forschung verdanken; aber die Gabe der Geschichtsschreibung hat neben ihr einen schweren Stand. Es ist zunächst eine Frage der Gewissenschaftigkeit. Wie kann ich die stets verbleibenden Lücken der Tatsachenerkenntnis durch eine erzählende Wendung auszufüllen wagen oder auch nur verbergen wollen? Aber in dieser Gewissenhaftigkeit steckt auch noch ein handwerklicher Hochmut, ein falsches Zutrauen zu den Tatsachen, die man denn doch zu wissen meint. In der Naturwissenschaft hat der Begriff der reinen Tatsache einen Sinn. Auch dieser Sinn ist nicht unproblematisch. Eine ausgesprochene

Tatsache ist stets schon begrifflich – also theoretisch – interpretiert, und die eigentliche Leistung des Forschers ist auch hier, wie Konrad Lorenz sagt, eine Gestaltwahrnehmung. Menschliches Handeln und Verhalten aber ist stets gelenkt von Intentionen, es ist Träger von Bedeutungen. Menschliches Handeln ist eo ipso symbolisch, es ist stets, auch wenn es stumm geschieht, eine Sprache. Die Sprache des Alltags aber – um einen alten jüdischen Scherz über eine Frau zu variieren – redet und redet und redet; aber was sie redet, das sagt sie nicht. Der nicht abreißende Fluß historischer Tatsachen redet, aber darum, was er sagt, streiten sich Biographik und Soziologie, Kausalanalyse, Geschichtsphilosophie und engagierte Deutung.

Wer selbst ein Stück Geschichte miterlebt hat und nachher sieht, was herauskommt, wenn es erforscht, gedeutet, dargestellt wird, wer den Streit der Deutungen erlitten hat, weil er selbst seinen ersten Parteinahmen zu mißtrauen begonnen hat und nun nach der schlichten Wahrheit fragt, der kann leicht an jedem Verständnis der Historie verzagen. Aber auch der Verzicht auf Historie ist ein Verhalten zu unserer eigenen Geschichte, denn diese ist eine Wirklichkeit, sie ist in den Strukturen aufbewahrt, die sie hervorgebracht hat, und der Entschluß, sie nicht anzusehen, ist psychologisch einfach eine Verdrängung. Vermutlich müßte das moderne Bewußtsein durch diese Reflexionskette von naiver Geschichtsbindung, kritischer Tatsachenforschung, historischer Skepsis und Erkenntnis des Verdrängungscharakters – marxistisch gesprochen der ideologischen Funktion –, des Tatsachenglaubens und der Skepsis hindurchgehen. Nach Vollzug all dieser Reflexionen kann das Bewußtsein wieder offen sein für die Frage: Hat vielleicht gerade der scheinbar naiv erzählende, dichterische Geschichtsdarsteller, hat vielleicht ein Reinhold Schneider eine Gestaltwahrnehmung oder noch genauer eine Symbolwahrnehmung, die uns etwas von dem aufschließt, was der redende Strom der Tatsachen, die alle Handlungen waren, eigentlich sagt?

Schneiders Geschichtsschreibung ist in ihrem ursprünglichen Ansatz weder antiquarisch noch kritisch, aber auch nicht monumental, sondern tragisch. Das tragische Verständnis der Geschichte hat einen doppelten Boden, und eben dadurch bietet es wenigstens eine Hoffnung, zu sagen, was sie redet. Wer einen tragischen Helden darstellt, muß ihn zuerst ganz und ohne Vorbehalt so verstehen, wie dieser sich selbst versteht, und dann muß er ihn so verstehen, wie dieser sich nicht verstehen konnte. Das Verstehen des tragischen Helden muß mit einer liebenden Identifikation, ja manchmal mit einem ekstatischen Sichverlieren an den Helden beginnen. Das Verstehen ist das Gegenteil einer ethologischen, psychologischen, soziologischen Kausalanalyse menschlichen Verhaltens, und zwar nicht, weil die analysierbaren Ursachen nicht bestünden, sondern weil Kausalanalyse selbst ein Verhalten mit einem Zweck ist. Im täglichen Umgang ist es, wie wir alle wissen, beleidigend, wenn ich einem Mitmenschen nicht abnehme, was er meint oder tut (und auch der offene Widerspruch ist ein solches Abnehmen, ein Halten des Kontakts), sondern wenn ich ihm oder, noch distanzierter, nur mir selbst sage, aus welchen Ursachen er so denken und handeln muß, wie er denkt und handelt. Reinhold Schneider nimmt seinen Helden immer ab, daß sie das meinen, was sie sagen und tun; er ist ihnen gegenüber von einer selbstverständlichen Höflichkeit des Herzens, und er kann, ja er muß geradezu jeden Konflikt von beiden Seiten her sehen. Um ein Beispiel zu nennen: Für einen modernen Historiker, der Wilhelm von Oraniens Greuelpropaganda hinter sich gelassen hat, liegt es nahe, Philipp den Zweiten von Spanien entweder nüchtern als Phänomen zu beschreiben oder zu fragen, welche psychopathologischen Ursachen diesen Mann veranlaßten, sich hinter Frömmigkeit, Pflichterfüllung, Zeremoniell und den Kuben und Kugeln der Architektur des Escorial zu verbergen. Schneider aber, dem freilich das Einschwingen auf die Melancholie des Königs leichtfällt, nimmt diese gleichwohl im vollen sachlichen Ernst, als das Bewußtsein einer Verantwortung, die so groß ist, daß kein Mensch sie aus eigener Kraft tragen kann. Damit aber geht das Verstehen des Helden, so wie er selbst sich verstand, unmerklich und unmittelbar über in das Verständnis dessen, was der Held nicht mehr wissen konnte, in die Geschichte, die ihre eigenen Gestalten wieder zu Fall bringt und verzehrt.

Die Helden von Schneiders Geschichtsschreibung sind fast durchweg Herrscher und deren Gegenspieler, Partner und Opfer. Es geht um die Macht, ihr Spiel, ihre Verwaltung, ihre Besessenheit und eben ihre Tragik. Hier begegnet ihr als Kritiker eine andere moderne Geschichtsdeutung, die marxistische. Diese sieht die Geschichte als den Kampf der Interessen, der von der Herrschaft zur Freiheit führt. Für sie ist die Tragik der Herrscher ein Stück Geschichtsdialektik, die Folge der versuchten Vereinbarung des letztlich Unvereinbaren, nämlich des Gesamtinteresses mit der Herrschaft. Ein tragisches Geschichtsbild erscheint dann als eine bürgerliche Drückebergerei, als ein Ausweichen aus lösbaren gesellschaftlichen Aufgaben in privates Mitgefühl mit Individuen der Eliten. Ein Dialog eines nicht-marxistischen Philosophen mit einem marxistischen in den letzten Jahren vollzog sich unter den zwei Aufsatztiteln: »Die Utopie der Herrschaftsfreiheit« und »Die Utopie des guten Herrschers«. In diesen Dialog tritt Schneider unmittelbar ein. Er hat – wenigstens im größten Teil seines schriftstellerischen Lebens – die Utopie der Herrschaftsfreiheit als eine Hoffnung auf das Ende der Geschichte in der Gnade gesehen, und die Utopie des guten Herrschers als ein Leitbild, an dem allein wir uns in der Geschichte, solange sie dauert, orientieren können, wissend, daß sie immer wieder an uns selbst scheitert. Für einen vorübergehenden Augenblick im Anfang der dreißiger Jahre hoffte er auf eine Verhütung der herannahenden politischen Katastrophe durch eine Wiedererrichtung der Monarchie. Aber seine politischen Irrtümer, aus der Verzweiflung über das klar vorausgesehene Unheil geboren, wiegen leicht und wurden rasch einem realistischeren und eben darum düsteren Bild des Geschehens geopfert. Viel wichtiger ist, ob im Grunde er recht hat oder die marxistische Hoffnung oder ob beide sich am Ende treffen. Niemand von uns, die wir in dem gegenwärtigen Geschichtsprozeß verstrickt sind, wird darüber mehr als eine Vermutung äußer können.

Wie die Mehrheit seiner europäisch-bürgerlichen Zeitgenossen nennt Schneider das kritische Phänomen nicht Herrschaft, sondern Macht. Darin stecken die gemeinsamen Jugendeindrücke unserer Generation, darin steckt aber auch ein analytischer Ansatz, den ich hier einen Schritt weit verfolgen möchte. Entkleiden wir das geschichtliche Phänomen der Herrschaft jeder mythischen Überhöhung, so bleiben in ihm noch drei wesentlich verschiedene Strukturelemente zu unterscheiden: erstens die funktionale Notwendigkeit zentraler Planung, zweitens die gesellschaftliche Institution von Rangordnungen zwischen Individuen, Familien und Klassen – und endlich die

Dynamik der Macht. Die Problematik des Herrschaftsbegriffs wird erst durchsichtig, wenn wir versuchen, uns eines dieser drei Elemente ohne die beiden anderen als realisiert vorzustellen, oder zwei von ihnen ohne das dritte. Planung, Rangordnung, Macht. Planung ist in einer komplexen Zivilisation notwendig, aber wie anders nimmt sie sich aus, wo sie nicht zum Vehikel der beiden anderen Elemente wird. Der kleine Junge möchte gerne der Mann mit der rote Mütze werden, der auf dem Bahnsteig die Züge abfahren läßt, denn er verwechselt die Funktion mit der Lockung von Rang und Macht. Rangordnungen sind, wie uns die Verhaltensforschung gelehrt hat, tierisches Erbe. Gleichheit der Menschen ist, wo sie gelingt, nicht ein wiederhergestellter Naturzustand, sondern eine hohe gesellschaftliche Leistung. Andererseits sind funktionale Rangordnungen, wo sie vom Bewußtsein der Gleichheit der Menschen als Personen durchleuchtet sind, sehr wohl zu ertragen, ja entlastend. Daß diese Entlastung selbst eine ideologische Bequemlichkeit, der Verzicht auf Emanzipation sein kann, das hat uns Älteren die Kritik der Jungen in den letzten Jahren eingebleut. Ich gebe das unmittelbar zu. Aber die irrationale Dynamik, die sich hinter allen ideologischen Masken verbirgt, ist es eben, die wir mit dem Namen Macht bezeichnen.

Anders als Eigentum, Rang und personale Beziehung, aber ähnlich wie der forschende Intellekt hat der Drang der Macht etwas Grenzenloses an sich. In dieser Grenzenlosigkeit ist er, biologisch gesprochen, ein Humanum, eine mit der Freisetzung des Handlungsspielraums von der instinktiven Vorprägung verbundene spezifische Fähigkeit des Menschen. Die dem Machtdrang innewohnende Nötigung zur unbegrenzten Akkumulation wirkt einerseits völlig irrational, ist aber, wenn sie einmal da ist, im so entstehenden Konkurrenzkampf eine Notwendigkeit. Marx hat diese Notwendigkeit in einer Analyse der Kapitalakkumulation klar beschrieben. Der vernünftige Zuschauer kann fragen: »Wer schon ein Million verdient hat, welches vernünftige Interesse könnte der haben, noch eine Million zu verdienen?« Psychologisch kann man antworten: »Nur wer so beschaffen ist, daß er auch die zweite Million wird verdienen wollen, bringt es zustande, die erste zu verdienen.« Objektiv aber weiß der so Beschaffene, was er tut, in der Ebene nicht der Vernunft, aber des Verstandes. Macht steht im

Konkurrenzkampf, sie ist stets bedroht, sie muß also den, der sie hat, mit Angst peinigen, die ihn nötigt, mehr zu akkumulieren, um sich zu schützen. Anders als die meisten Marxisten würde ich meinen, daß die Kapitalakkumulation in der bürgerlichen Gesellschaft ihren letzten Grund nicht im Privateigentum an Produktionsmitteln hat, sondern daß dieses Privateigentum bloß die Form war, in der die Bürger Zugang zu Macht bekamen. Funktionäre bürokratischer Staaten verhalten sich im Machtkampf mit anderen Mitteln doch nicht wesentlich anders. Der Unterschied ist, daß sich der Kapitalismus offen zu dieser Form der Machtakkumulation bekennt, und, vermutlich irrig, hofft, sie dadurch auf einen erträglichen Bereich einzuschränken. Die Versuchung des Kapitalismus ist der Zynismus, die Versuchung des Sozialismus der Zwang zur Lüge.

Solche Betrachtungen zeigen ein Problem und nicht die Lösung. Bis jetzt habe ich damit zurückgehalten, Reinhold Schneider als das zu bezeichnen, was er doch war, als einen Christen. Jeder von uns kannte in der Zeit des Nationalsozialismus das von Hand zu Hand weitergereichte Sonett, das ich hier ganz zitieren möchte:

Allein den Betern kann es noch gelingen,
Das Schwert ob unsern Häuptern aufzuhalten
Und diese Welt den richtenden Gewalten
Durch ein geheiligt Leben abzuringen.

Denn Täter werden nie den Himmel zwingen:
Was sie vereinen, wird sich wieder spalten,
Was sie erneuern, über Nacht veralten,
Und was sie stiften, Not und Unheil bringen.

Jetzt ist die Zeit, da sich das Heil verbirgt,
Und Menschenhochmut auf dem Markte feiert,
Indes im Dom die Beter sich verhüllen,

Bis Gott aus unsern Opfern Segen wirkt
Und in den Tiefen, die kein Aug' entschleiert
Die trocknen Brunnen sich mit Leben füllen.

Ich weiß nicht, wie die versunkene Sprachform und Bilderwelt dieses Gedichts heute auf junge Leser wirkt. Vermutlich erschwert sie den Zugang, während sie ihn manchen meiner Generation erleichterte. Man sollte vielleicht daran erinnern, daß in der Wahl der Sonettform eigentlich eine Bescheidenheit lag, die ohne den Anspruch formaler Originalität sachlich und geregelt den Inhalt aussprechen wollte. Und auf manche der Beter im Dom wartete damals das Konzentrationslager. Aber uns geht auch hier nur der Wahrheitsspruch an.

Die Täter, deren Werk scheitern wird, das sind alle Baumeister der Macht, nicht nur Hitler, sondern auch die, die ihn schließlich besiegt haben und die heute das politische Schicksal bestimmen. Woher die unerträgliche Gewißheit einer solchen Behauptung?

Reinhold Schneider hatte das tragische Bild der Geschichte gesehen und gezeichnet. Dann erst wurde er im Bewußtsein Christ. Der Insel Verlag hatte ihm ein kleines Buch über deutsche Städte unter dem Titel *Kreuzwege deutscher Geschichte* vorgeschlagen, und er widersprach. »Es widerstrebte mir durchaus, die deutsche Geschichte unter das Kreuz zu stellen. Auch ich wollte mich nicht darunter stellen, ich wollte nicht Christ sein. Ich mußte es werden. Denn ich war es von Anfang.« »Aber ich schlug an einem Weihnachtsabend in Potsdam die Heilige Schrift auf – ich hatte sie mir als Knabe in Luthers Übersetzung gekauft – und floh nach wenigen Kapiteln auf die kalte dunkle Straße. Denn es war ja klar: Unter diesem Anspruch der Wahrheit kehrt sich das Leben um. Dieses Buch kann man nicht lesen – ... Man kann es nur tun ... Und es ist unmöglich, auch nur eine Zeile zu begreifen, ohne den Entschluß, sie zu vollziehen.« »Während der Arbeit an meinem Buche *(Das Inselreich)* las ich neben den Quellen nur Shakespeare und die griechischen Tragiker; ich machte mir das zu einem strengen Gesetz. Das Tragische widerspricht dem Christentum nicht. Auf seinem eigensten Boden: dem repräsentativen Ort abendländischer Geschichte war ich vor das Kreuz gelangt. Und nun enthüllte sich auch das Kreuz, das von Anfang an in meinem Leben stand. An einem Neujahrstag, 37 oder 38, ging ich in Potsdam zum erstenmal zur heiligen Messe seit vielleicht zwanzig Jahren. Ich kam wie einer, der die Sprache verlernt hat, in die Heimat. Aber ich hatte die Sprache der Heimat nie erlernt, und nun, langsam, indem sich mir alle Lebensumstände umkehrten, versuchte ich sie zu lernen. Ich war auf die objektive

Wahrheit gestoßen, die Wahrheit in Fleisch und Blut und zugleich göttliche außerweltliche Macht. Sie ist für mich die einzige Macht, die ein Leben aus den Angeln heben kann« (*Verhüllter Tag*, S. 129–134).

Das ist die Stimme religiöser Erfahrung. Wer darf ihr widersprechen? Aber wer kann ihr folgen? So hatte Schneider selbst in seinem bisherigen Dasein diese Stimme aus dem Munde der Tradition vielfältig gehört und hatte sie respektvoll von sich fortgeschoben, hatte sie ins Humane, ins Ethische, ins Tragische relativiert. Wer sein Buch liest, wer diesen Vortrag hört, wird nichts anderes mit ihr tun können. Aber er wird wissen wollen, welches Leben und welche Erkenntnis Schneider unter dem Eindruck dieser Erfahrung gewann.

Die religiöse Erfahrung unterwirft den Menschen nicht einem von außen kommenden und eben darum ihm nur zum Teil angemessenen Gesetz. Sie ist die durch die Unmöglichkeit hindurchgegangene und darum verwandelnde Ermöglichung seines eigensten Seins. Reinhold Schneider als diese einmalige Person war ein liebender Leidender. »Christus hat das Leiden vergöttlicht ... Und mit den Wundmalen wird er vor uns, vor den Spielern des ausgespielten Weltdramas, erscheinen. Dieser Anblick wird uns vernichten. Dieser Anblick wird uns retten. Aber auf die Verehrung des vergöttlichten Leidens war meine tiefste Natur gerichtet; nichts war mir so gemäß, denn, wie Gregor der Große sagt, einem dunklen Gemüt kann nur durch den Anblick des Leidens geholfen werden. Es war nur die Härte der unverrückbaren Wahrheit, die meinen Protest erregte. Wir wollen nicht sein, was wir sein sollen, und wir wollen es doch. Die Zeit arbeitete mit. Sie war das furchtbare Werkzeug der Gnade ... Das Leiden in den Lagern und Gefängnissen ging mir nun nicht mehr von der Seele. Da ich dies schreibe, finde ich das Wort Taulers: ›Wohin Gott durch das Leiden mit dem Menschen wolle, dahin folge er Gott und ergebe sich in seinen göttlichen Willen‹« (*Verhüllter Tag*, S. 130–131). Ich verkenne nicht den gefährlichen Ton einer Mystik der Trauer in diesen Worten. Aber mit dieser Fähigkeit, mitzuleiden, schrieb Schneider nun im Krieg Gedichte und kleine Texte, die in Zehntausenden von Exemplaren, immer wieder abgeschrieben, durchs Land gingen und vielen Menschen Hilfe gaben. »Ein Gebetszusammenhang stellte sich her, der gewiß das schönste mir zuteil gewordene Geschenk war – echte Geschenke sind unverdient; es war wie ein verborgenes Reich, in dem ich mich beheimatet fühlte« (*Verhüllter Tag*, S. 185).

Für einige der Menschen, die so im Krieg miteinander verbunden waren, war das Kriegsende in allem Elend des Zusammenbruchs eine aufleuchtende Hoffnung und wurde die Restauration, der Wiederbeginn der Normalität der modernen Gesellschaft, eine in mancher Hinsicht schwerere Probe, als es die Extreme der zwölf Jahre gewesen waren. Zu ihnen gehörte Reinhold Schneider. Klare Einsichten nötigten ihn, Schritt für Schritt wieder aus der Heimat auszuziehen, die er gefunden hatte. Für uns andere ist diese letzte Phase seines Lebens vielleicht die wichtigste.

Daß ein Mensch, der durch religiöse Erfahrung in die Kriche geführt worden ist, in ihr nicht nur Heimat, sondern auch Feindschaft findet, ist eine alte Tatsache. Nach dem Krieg geschah in unserem Land eine völlig unverständliche und doch unheimliche Entwicklung. Der politische Wiederaufbau lehnte sich ausdrücklich ans Christentum an; er kompromittierte damit zwangsläufig das Christentum mit der Problematik einer weltlich restaurativen Politik. Schneider sprach die Sorge über das erneute Vertrauen auf Waffen aus, und es entstand für einige Monate ein Pressewirbel gegen ihn, ein »Fall Reinhold Schneider«. Später, 1956, erhielt er den Friedenspreis des Deutschen Buchhandels und zeigte in seiner Rede in der Paulskirche die neuen Horizonte, die sich ihm eröffnet hatten. Ich zitiere einige Stellen.

»Geschichtsbetrachtung? Philosophie? Aber die Führung liegt ja gar nicht mehr in solchen Händen. Die führende Geistesmacht dieser Epoche ist die Naturwissenschaft . . . Nun aber ist es eine Fiktion, daß die im höchsten Grad bewundernswerte Leistung der Naturwissenschaft, die eigentlich geniale, in der Sternstunde stehende dieses Jahrhunderts, eine freie sei, also wirklich führen könne. Frei ist nur das sittliche Bewußtsein. Und der Preis der Freiheit ist immer der Tod, die Bereitschaft dazu. Die Proteste der Forscher, ihre Angst und ihre Warnungen vor den Folgen ihrer Entdeckungen sind ergreifend und gewiß durchaus ernst gemeint. Es fehlt ihnen aber in gleichem Maße die Durchschlagskraft wie den Warnungen der Kirche: weil nämlich die Bereitschaft oder auch nur die Möglichkeit unbedingten Neins in ihnen nicht enthalten ist ...«

»Die These aber, daß der Feind mit der böseren Waffe niedergehalten werden könne und müsse, ist entweder Wahn oder Unaufrichtigkeit. Denn die Welt ist ja längst ein Ganzes geworden; Erfindungen teilen sich lautlos mit ...«

»Geschichtlichen Katastrophen pflegen Devisen vorauszulaufen oder vorangeschickt zu werden, die die Situation entstellen, indem sie sie vereinfachen. Eine solche ist die Alternative: Freiheit oder Leben? ...«

»Alle Katastrophen der Geschichte haben sich im Geistigen und Sittlichen ereignet, ehe sie sich in materiellen Machtkämpfen dargestellt haben.«

Schneider weiß, daß er der heute bestehenden Weltordnung keinen für sie praktikablen Friedensvorschlag unterbreiten kann: Er zitiert Kants Gedanken zum Frieden. »Da er ihn, wie er wohl wußte, in der Welt nicht herbeiführen konnte, so versuchte er es wenigstens auf seine ironisch-gütige Weise, in der Anmut seiner Humanität, mit der Verkündigung eines ewigen Friedens in der Philosophie ... Der Friede, sagt er, wäre nicht nur bewirkt, sondern für alle Zukunft gesichert, wenn das Gebot »Du sollst nicht lügen« Grundsatz werden würde. Und somit bleibt einem jeden von uns das wichtigste Friedenswerk überlassen – und es steht einem jeden frei, die Resonanz zu beobachten, die das Geschehen in uns und um uns, in der Ganzen Welt, im Raume solchen Ernstes, solcher Sittlichkeit hat.

»Und das ist ja der Inhalt der uns von dieser Stunde auferlegten Einsicht, daß geschehen muß, was noch nie geschehen ist, wenn die Welt, die wir vor uns sehen, die wir lieben, der wir dienen möchten, gerettet werden soll.«

Man kann drei der letzten Bücher Schneiders als einen in drei Schritten vollzogenen Abschied von der Welt, die er geliebt hat, verstehen. Die Selbstbiographie *Verhüllter Tag* nimmt gleichsam Abschied von seinem persönlichen Leben und der Zeit, in der er gewirkt hat. Die Schrift *Der Balkon* nimmt, indem sie den Abbruch seines elterlichen Hotels in Baden-Baden beschreibt, Abschied von der bürgerlichen Welt, der er entstammt. Sie schildert Wilhelm den Ersten, der jahrzehntelang in diesem Hotel zur Kur abstieg, konfrontiert Bismarck und Lassalle und zeigt, wie diese Reichsgründung, die im Sozialen versagte und von der Angst vor der Revolution bestimmt war, nicht dauern konnte. Die Stimmung des Abschieds ist sehr stark in diesem Buch. Das unerträgliche Fortschreiten des physischen Leidens und das nicht verhehlte Entgleiten religiöser Glaubenssätze gehen geheimnisvoll zusammen mit einer Leichtigkeit, ja Heiterkeit, die der schwerblütige Schriftsteller früher nie besaß.

Dies müssen wir spüren, wenn wir den dritten und größten Abschied verstehen wollen, den das Tagebuch des letzten halben Lebensjahres *Winter in Wien* ausspricht. Wien ist die Hauptstadt des Reichs. Schneider hatte sich auf all seinen Reisen im ganzen Europa stets von Wien ferngehalten, aus zu großer Nähe heraus. Nun geht er nach Wien, und das Tagebuch spiegelt den schmerzlich-schmerzlosen Abschied vom Reich, also von seinen eigentlichen politischen Gedanken. Dieser Abschied ist eingehüllt und ermöglicht in einem größeren Abschied. Ich kann ihn nur durch Zitate aussprechen.

»Ich habe mich in dem Verdacht, dasein zu müssen als Vorbote des Entsetzlichen, gegen das keine Warnung und keine Bitte hilft« (S. 277).

»Wie spät versteht man einen Freund: Man gerät, zwölf Jahre nach seinem schauerlichen Tod, auf seine Wege, in die Räume, in denen er zu Hause war; und nun erst, im gemäßen Medium, leuchtet sein Bild auf, und auf ein jedes der wenigen Worte, die das Gedächtnis noch wiederholen kann, fällt der erklärende Akzent. Verhält es sich aber so in der kurzen Spanne eigener Erfahrung, so müßte es uns klarwerden, wie barbarisch wir uns gegen die Vergangenheit verhalten. Es stimmt kein einziges Wort, das wir von ihr sagen und schreiben: nicht ein einziges Wort ist wahr« (S. 258).

»Vielleicht ist die Erkenntnis, daß etwas getan werden muß, was nicht getan werden kann, der wesentliche Gehalt unserer Zeit: Wir sind dort, wo Geschichte, wo die gläubige Existenz in der Geschichte ad absurdum geführt werden; wo eine seit Jahrtausenden bestehende und verschwiegene Problematik endlich durchbricht; wo der Kranke sich endlich seine Krankheit eingestehen muß« (S.159).

»Man muß beten, auch wenn man es nicht kann. Ich kann sehr wohl beten für andre, die Priester, Forscher, Staatsmänner, die Völker, die Kreatur, die Erde; für die Kranken zuerst, und für die Toten; das ist die stille Bestätigung eines rätselhaften

Zusammenhangs. Ich habe ein tiefes Bedürfnis danach, es ist das, was mich hält, was mich morgens in die Kirche ruft; für mich kann ich nicht beten, und des Vaters Antlitz hat sich ganz verdunkelt; es ist die schreckliche Maske des Zerschmeißenden, des Keltertreters; ich kann eigentlich nicht ›Vater‹ sagen. Marc Aurel und Epiktet beteten, ohne an Unsterblichkeit zu glauben ... Ihnen genügte der Kosmos, in den sie sich fügten. Aber unser Bild des Kosmos, das unabweisbare, kannten sie nicht« (S. 119).

»Das Phänomen ›Leben‹. Die Gottesanbeterin hat den Kopf des Männchens verspeist und sättigt sich nun am Vorderleib, während der Hinterleib sie begattet. (Welche Versklavung aller Kreatur! Blutdurst der Tanzfliegen zur Begattungszeit.)« (S. 201)

»Wollte ich, was sich in mir während dieses Winters ereignet, im Gespräch mit dem Phänomen Wien pathetisch ausdrücken, so müßte ich von einem inneren Unfall sprechen, vom Einbruch der dunklen Wasser in einen leer gewordenen Raum, einem Einbruch also von unten her. Man blickt nicht ungestraft in den Kosmos, die Tiefsee, die Geschichte – vielleicht auch nicht ungestraft in sich selbst, in den Menschen. Was mich überrascht, ist, daß ich keine Bangnis empfinde; daß es mich beruhigt, dort wieder anzulangen, wo ich in Jünglingsjahren war. Freilich: keine Vermessenheit! Dem Himmel ist so wenig zu trauen wie den Nerven; der inneren Resistenz; schon glimmen die verdächtigen Farben über dem Gespensterrad des Prater. Ich behaupte nicht, daß ich stärker bin als der Föhn« (S. 110).

» ... während der Hochmeister die Hostie, den Kelch erhebt ... Ich fühle mich aus dieser Wirklichkeit, diesem Wahrheitsbereich gleiten, ohne Einwand, immer in Verehrung und Dankbarkeit, ohne jegliche Rebellion, aber eben doch für mich, gezogen von meinem Daseinsgewicht, mit geschlossenen Augen, verschlossenem Mund« (S. 113).

Darf man solche Sätze noch kommentieren? Man muß es tun. Einige von Schneiders christlichen Freunden haben diese seine letzten Gedanken als eine Art Unsicherwerden aufgefaßt, das durch sein schweres Leiden begreiflich sei und doch den Kern des christlichen Glaubens nicht betreffe. So verständlich diese Reaktion ist, so unzureichend ist sie. Sie beraubt uns der Teilhabe an Schneiders Erkenntnis, die er, indem er diese

Aufzeichnungen für den Druck bestimmte, offensichtlich mit uns teilen wollte.

Zunächst ist in diesen Formulierungen keine Unsicherheit, kein Erlahmen der Kraft zu erkennen. Sie sprechen etwas klar Gesehenes ohne Schwanken aus. In Wahrheit hat Reinhold Schneider in seinen letzten Lebensjahren, zwanzig Jahre nach seiner christlichen Bekehrung, noch einmal den Mut und die Kraft besessen, sich der Härte einer unverrückbaren Wahrheit zu stellen, die seinen Protest erregte. Diese Wahrheit hat eine geschichtliche und eine kosmische Gestalt, und in beiden Gestalten ist sie durch die Naturwissenschaft vermittelt.

Die geschichtliche Forschung drückt sich ihm so aus, daß etwas getan werden muß, was nicht getan werden kann. Zum Symbol dieser Notwendigkeit wurde ihm, wie so vielen von uns in den fünfziger Jahren, die Atombombe. Die Kompromißlosigkeit des gegenständlichen Denkens der Naturwissenschaft hat eine technische Revolution hervorgebracht, die uns nicht erlaubt, mit den politischen und ethischen Kompromissen weiterzuleben, die unsere bisherige Geschichte geprägt haben. Die Atombombe als Erkenntnis kann nicht mehr abgeschafft werden, darum verlangt sie, den Krieg als Lebensform abzuschaffen. Die politischen Details dieses langen Weges, auf dessen ersten Stadien wir uns heute noch befinden, waren nicht Bestandteile von Schneiders Denken. Aber er wußte genug von den seelischen Dynamismen der Macht, um zu wissen, daß die Überwindung des Kriegs weder durch kluge Diplomatie noch durch einen letzten Machtkampf gelingen wird.

Fast noch erschütternder war für Schneider zuletzt der kosmische Aspekt der Naturwissenschaft. Das antik-mittelalterliche, von der christlichen Kirche bewahrte Bild der Welt als eines zweckvoll geordneten Hauses, korreliert der Vorstellung eines fürsorglichen Schöpfer- und Vatergottes, zerbrach ihm mit dem Blick in die Weiten des Kosmos und die Schrecken des Kampfs ums Dasein. Im sechsten Lebensjahrzehnt leistete Reinhold Schneider die Wandlung, ein moderner Mensch zu werden. Diese Wandlung war für ihn schwer, weil er all das wußte und festhielt, was das moderne Bewußtsein in seiner oberflächlichen Form vergißt, d. h. verdrängt. Er wußte, daß es für den Menschen keine Erlösung gibt, wenn er nicht seine persönliche Schuld als seine eigene Schuld bewußt auf sich nimmt. Wie beides zusammen zu denken sei, wußte er nicht mehr. Er sah nun die beiden Gesichter Gottes, des Erhalters und des Zerstörers, wie sie die Inder sehen. In diesem Augenblick, den er nicht auflösen konnte, ist er gestorben.

Aus dem Ton seiner letzten Schriften möchte ich – wenn es erlaubt und möglich ist, so tief ins Biographische zu dringen – schließen, daß Schneider nicht an der Unauflösbarkeit des Rätsels gestorben ist, sondern daß der herannahende Tod ihm die Augen geöffnet hat, etwas zu sehen, was in seinem bisherigen Denken verdeckt bleiben mußte und doch eine verborgene Quelle der Qual für ihn gewesen war. Der etwas übertrieben fordernde Ton seiner christlichen Versicherungen, der der Sprache von Neubekehrten oft so eigen ist, wird jetzt von ihm genommen. Das Rätsel des Leidens wird nicht gelöst, indem es aus dem undurchdringlichen Heilsplan Gottes in der Menschengeschichte in die Weite des Kosmos zurückgeschoben wird. Aber in die Brüderlichkeit, die für Schneider dem leidenden Menschen gegenüber immer natürlich war, wird nun alles Lebendige einbezogen. Reinhold Schneider, der sich nicht mehr bewahren muß, sieht. *(1974)*

Hans Jürgen Baden
Extreme Existenzen – Jochen Klepper und Reinhold Schneider

Es gibt seltsame Übereinstimmungen, überraschende Koinzidenzen zwischen Menschen, die im selben Jahr geboren sind. Bei diesen gleichzeitig Geborenen kann man dasselbe historische und geistesgeschichtliche Klima voraussetzen, dem sie ihr inneres Wachstum, ihre Probleme, ihre tragischen Verwicklungen verdanken. Sie sind einander verwandt wie die Weine des gleichen Jahrgangs; man empfindet es sogleich, wenn man sich näher mit ihren Biographien einläßt. Diese Schicksalsverwandtschaft, durch denselben Jahrgang motiviert, haben auch Reinhold Schneider und Jochen Klepper empfunden. Schneider notiert: »Zwischen uns beiden und unserem Lebensgang bestanden sehr tiefe Entsprechungen, von denen aber nie die Rede war.«

Schneider und Klepper gehören also schon durch das Jahr ihrer Geburt, 1903, unlösbar zusammen. Ihre erste Bekanntschaft, 1932 im Berliner Funkhaus, geschieht darum nicht zufällig, hinterläßt freilich zunächst keinen sonderlichen Eindruck. Die eigentliche Annäherung vollzieht sich erst nach der Lektüre von Schneiders Hohenzollern-Buch, das Klepper außerordentlich beeindruckt, und zwar zur gleichen Zeit, als er mit den Vorarbeiten zu seinem Roman über Friedrich Wilhelm I. beschäftigt ist. Er schreibt im April 1934 an Schneider: »Ich wünschte mir nur, Ihrem Buch einen nur annähernd ebenbürtigen Roman an die Seite stellen zu können! In den ganzen letzten Jahren hat kein anderes Buch einen auch nur annähernd starken Eindruck auf mich gemacht.«

Schneider und Klepper begegnen sich also in der schöpferisch-deutenden Bemühung um die preußisch-deutsche Geschichte, obwohl sie die Akzente verschieden setzen. Schneider ist in seinem Herzen immer Monarchist geblieben, er beteiligt sich bezeichnender Weise an einer Zeitschrift mit dem Titel *Monarchie*, die hernach in *Weiße Blätter* umbenannt wurde und eine Rolle in der Widerstandsbewegung spielte. Auch Klepper hat die Monarchie verehrt, wie sie durch die Gestalt Friedrich

Wilhelms I., des »Vaters«, repräsentiert wurde; er korrespondierte mit Wilhelm II., traf sich verschiedene Male mit dessen zweiter Frau Hermine. Aber er bewahrte eine gewisse Distanz gegenüber dem ehemaligen Kaiser, der in Doorn immer wieder die Holzhackerei unterbricht und an der Kontinuität der preußisch-deutschen Geschichte weiterbastelt. Schneider schrieb an einem Tisch, den ihm Wilhelm II. vermachte; der Schreibtisch stammte aus dem Marmor-Palais, Friedrich Wilhelm IV. hatte ihn benutzt. Ein Brieftelegramm folgte dem Geschenk, datiert vom 2. November 1937, das in einer grotesken Manier die Geschichte ignoriert: noch immer zeichnete Wilhelm als Imperator und Rex, begann das Wort Ich mit großen Anfangsbuchstaben. Das Schreiben trug den Aufdruck »Brieftelegramm Seiner Majestät des Kaisers und Königs«; es endete mit dem allerhöchsten Wunsch: »Möge an ihm (sc. dem Schreibtisch) noch manches von kernigem preußischen und deutschem Geiste beseelte Werk entstehen . . .« Auch beim Konprinzen im »Cecilienhof« verkehrte Schneider, war gerührt, daß ihm die Herrschaften seine gesellschaftliche Ungeschliffenheit nachsahen.

2.

Die Biographien von Schneider und Klepper zeigen nicht nur eine verehrende Übereinstimmung in bezug auf die preußisch-deutsche Geschichte und die Hohenzollern; diese Übereinstimmung erstreckte sich auch auf andere Daten, welche oft übersehen werden. Auffällig ist, daß Klepper die Witwe eines jüdischen Anwalts, Hanni Stein, heiratet, die 13 Jahre älter war als er. Die Frau, mit der Reinhold Schneider zusammenlebte, Anna Maria Baumgarten (er nennt sie in einem Testament des Jahres 1957 »Gefährtin meines Lebens«), hätte fast seine Mutter sein können: der Altersabstand zwischen ihnen betrug 22 Jahre. Ein Kenner der Vita Schneiders wie Karl Pfleger hat diesem Verhältnis den Eros abgesprochen; möglicherweise war Schneider das Gebiet des Eros überhaupt verschlossen. Im *Verhüllten Tag* bemerkt er dazu: »Mit Recht ist mir vorgeworfen worden, daß in meiner Arbeit, im Sein und Tun der Gestalten der Eros nicht zu seinem Recht komme . . . Ich sehe keine Glücksmöglichkeit, keinen idyllischen Zug.« Gleich darauf heißt es vom Eros: »Er ist heidnischen Ursprungs, tragischer Gott . . . Der Eros wird zum reinen Leiden und unterliegt damit dem Heil. Ich lernte begreifen, daß nur der Verzicht bleibt, wo die Wahl zwischen Verzicht und Lüge gestellt ist. Denn das Demütigendste ist die Lüge.«

In diesen Formulierungen werden die Grenzen Schneiders gegenüber dem Eros abgesteckt: er sah sich außerstande, himmlische und irdische Liebe, Agape und Eros, aufeinander zu beziehen und deren Verwandtschaft wahrzunehmen.

Dieser Altersabstand beider Autoren gegenüber ihren Frauen läßt den Schluß zu (bei Klepper ist es eine Vermutung, bei Schneider sind wir dessen gewiß), daß sie bei der Frau nur die Schützerin und Hüterin, die Geborgenheit suchten. Die Frau verliert ihre erotische Anziehungskraft, sie verwandelt sich in die Mutter, das Geschlecht wird ganz (oder fast ganz) ausgeschaltet. Dies ist auf jeden Fall ein wesentlicher Aspekt beider Biographien, der Mangel an Eros dokumentiert sich überall im Leben und Werk. Damit wird die Tiefe, die Intensität und Dauerhaftigkeit der Beziehung zwischen Klepper und seiner Frau, zwischen Schneider und Anna Maria Baumgarten keinen Augenblick in Frage gestellt. Es zeigt sich, daß auch jenseits des Geschlechtlichen Bindungen von Mann und Frau möglich sind, die sich als verläßlich, ja unzerstörbar erweisen. Insofern sind beide Lebensläufe exemplarisch, als in ihnen der Gott Eros entthront wird. Es läßt sich vermuten, daß der sexuelle Aspekt nicht der alleinige, vielleicht nicht einmal der entscheidende Gesichtspunkt in der Beziehung zwischen Mann und Frau ist.

3.

Eigenartig bleibt das Verhältnis beider Männer zur Mode, zur Wohnkultur und äußeren Lebensgestaltung. Hier scheint sich zunächst eine bestürzende Diskrepanz anzudeuten, sie wird von Schneider beim ersten Besuch Kleppers deutlich empfunden: »Als ich ihn in Südende besuchen wollte, stieß ich auf ein mehrstöckiges vornehmes Mietshaus. Ich lebte in unsäglich bedrückenden Verhältnissen, ohne Platz für Bücher, vor einer elektrischen Birne, der ich ein Papierhütchen aufgesteckt hatte, weil mir der grüne Glasschirm gebrochen war, ich konnte mir nicht vorstellen, daß ein Schriftsteller so luxuriös wohne, ging um das Haus herum und wagte mich dann die Hintertreppe hinauf. So kam ich – ich glaube im obersten Stock – zur Verwunderung des Mädchens in der Küche an.«

Dieser Hang zum Mondänen blieb Schneider völlig fremd; verglichen mit den Lebensumständen Kleppers, war er von einer vollendeten Anspruchslosigkeit. Es ist eine groteske Vorstellung, Reinhold Schneider sich als Bauherrn vorzustellen, mit Architekten und Handwerkern verhandelnd; er war zufrieden, irgendwo unterzukriechen, da er seine Bücher abstellen konnte und in der Arbeit ungestört blieb. Das Meublement kümmerte ihn nicht; es wurde, als er von Potsdam in den Schwarzwald verzog, für ihn auf Betreiben Kleppers bei Freunden und Gönnern gesammelt. Klepper dagegen baute mit ungewöhnlicher Liebe, mit Sachverstand und ästhetischer Sorgfalt sich zweimal in Berlin ein Haus; ein Mieterdasein im Stil Schneiders wäre für ihn unerträglich gewesen.

Schneider erscheint gegenüber Klepper als der Unbehauste, Flüchtige; kein größerer Abstand läßt sich denken zwischen den Weihnachtsfeiertagen, die Schneider allein verbringt, verloren in Dunkel und Schwermut, und den kerzenerhellten Familienfeiern bei Klepper, die im Tagebuch *Unter dem Schatten deiner Flügel* ausführlich beschrieben werden.

Ein Beispiel: Eintrag vom 24. Dezember 1937: »Es war dreiviertel acht geworden bis zur Einbescherung, zu der wieder mit dem kleinen Apostelglöckchen geklingelt wurde, nachdem ich die diesmal besonders reichlichen Lichter angesteckt hatte. Das Barockzimmer strahlte vom bunten Christbaum her, der – ohne Ketten, kleine Kugeln und gar zu viel Beiwerk – besonders schön wirkte: eine tiefgrüne zarte ebenmäßige Tanne, keine Silbertanne: goldene Nüsse, Silberglöckchen, rote Äpfel, nur die großen bunten Kugeln, gelbe Lichter, der große Stern, die alte kleine Madonna, der Wachs- und Rauschgoldengel und der friedvolle klare Schleier des Silberlamettas.

Nach der Bescherung gingen wir sogleich zu Tische; wir speisten wieder vom großen Silber, vom weißgoldenen Service von Hannis Eltern, das wir fürs Fest wieder einmal hervorgeholt haben. Goldene Sterne mit gelben Wachslichtern standen um einen Kranz loser Tanne; im alten Blumenkübel zu den goldenen und roten Bändern weiße Alpenveilchen.

Dann wurden die Weihnachtsbücher, namentlich die mit Bildern, Schneiders ›Leo von König‹ und Fechters ›Backsteingotik‹ durchgeblättert, danach die Stube wieder verdunkelt, weil nur im Renaissancezimmer die Tannenleuchter auf dem flachen, alten Schranke brannten und der hohe Silberleuchter inmitten der zarten Pracht des Wintergartens angesteckt wurde. Da war nun der Punsch auf dem Teewagen arrangiert, mit viel Silber, altem Porzellan, Äpfeln, Nüssen in der Beuthener Bernsteinschale (von meiner frühesten Kindheit an war es Weihnachten so), Hannis herrlichem Weihnachtsgebäck. Mitternacht mit dem fernen Geläut einer Christnachtsglocke kam heran, ehe wir müde und zufrieden schlafen gingen; das Haus lag klar, zart in seinem Schmuck und nach all dem munteren Treiben so friedevoll und geordnet zur heiligen Nacht in der tiefen, tiefen Dunkelheit.«

Doch schmilzt, im Laufe der nationalsozialistischen Einschränkungen und Verfolgungen, dieser Abstand von selbst dahin. Die irdische Geborgenheit, die Klepper so wohltuend empfand, wird zur Chimäre; ihm bleibt nur das »ewige Haus«, dessen er im Glauben versichert ist. Eine Bekannte von mir kam zufällig am 11. Dezember 1942 am Hause in Berlin-Nikolassee vorbei, als die drei Särge aus dem Haus getragen wurden. Nun blieb das Haus Kleppers mit all seinen Kostbarkeiten wie eine leere Hülse zurück, und das ewige Haus war die letzte Realität. So erfuhr Klepper gegen Ende seines Lebens auf dramatische Art, was für Schneider Gewißheit von Anfang an war – eine Gewißheit, die sich ihm noch verstärkte, als er später Zeuge des Abbruches seines väterlichen Hotels in Baden-Baden wurde: daß wir, wie es in der Bibel heißt, hier keine bleibende Statt besitzen, sondern von der Geburt bis zum Tode Fremdlinge und Beisassen bleiben – wie leidenschaftlich wir uns auch in unsere Häuser, unsere jeweiligen Wohnungen vergraben, uns in ihnen zu sichern trachten.

Auch zur Mode: zu dieser raschlebigen, eitlen, unzuverlässigen Welt der Mode besaß Jochen Klepper durchaus ein Verhältnis. Er hat einen Roman geschrieben, der eigens in dieser Welt spielt: *Die große Direktrice*, später umbenannt in: *Das Glück der Vergänglichkeit.* Dieser Roman hat übrigens, obgleich er verschiedentlich umgearbeitet wurde, keinen Verleger gefunden. Wir wissen aus Kleppers eigenen Worten, daß es sich hier um die »Lebensgeschichte einer häßlichen, liebenden Frau« handelt. »Durchgehend sind in meinem Buche«, schreibt er in anderem Zusammenhang, »das Endlichste und das Unendliche, das Flüchtigste und das Bleibende ineinander gespiegelt. Beide erlangen dasselbe Maß an Realität.«

Es ist undenkbar, daß sich Reinhold Schneider einem ähnlichen literarischen Entwurf zugewandt hätte. Trotzdem findet sich auch bei ihm einmal eine Notiz über die Mode, welche uns überrascht und die Verwandtschaft beider Schicksale von einer ganz neuen Seite zeigt. »Wer die Mode ignoriert« – heißt es bei Schneider –, »versäumt die Zeit; sie hat keinen sensibleren Seismographen.«

Übrigens hat Reinhold Schneider – auch das gehört in diesen Zusammenhang – in seiner letzten, dunkelsten, scheinbar ausweglosesten Zeit in Wien eine Art schwermütiger Zuneigung zur Operette entwickelt. Dies ist das notwendige Pendant zu seinen grüblerischen Meditationen, die keinen Ausweg, kein Fundament mehr erkennen, sondern alles sich auflösen lassen im gespenstischen Wirbel der Vergänglichkeit. Hier bleibt nur der Trost der Operette, man wird für ein paar Stunden befreit von der »Verdammnis der Geschichte«, es »dreht sich die bunte, die ganze Welt, schwerelos und unbelastet vom betörenden Nihilismus der Walzermelodie.«

So zollen Schneider und Klepper, jeder auf seine Weise, gegenüber der Welt, diesem alten faszinierenden Äon, zum Tode verurteilt, in Schuld verstrickt, in Gestalt der Operette und der Mode ihren ausdrücklichen Tribut.

4.

Jochen Klepper und Reinhold Schneider sind tragische Existenzen; doch ist die Art und Weise, wie sich bei ihnen das Tragische manifestiert, von ihnen Besitz ergreift, durchaus unterschiedlich. Schneider ist eine tragische Figur vom Ursprung her; er lebt und entfaltet sich in diesem düsteren Medium, er hat keine andere Wahl. Bei Klepper jedoch tritt das tragische Element erst später ins Leben ein, aufgrund bestimmter geschichtlicher und persönlicher Konstellationen, denen er sich nicht zu entziehen vermag. Schließlich gerät Klepper in eine Ausweglosigkeit, welche der griechischen Tragödie entliehen sein könnte. Doch unterscheiden sich beide Autoren in ihrer Disposition fürs Tragische. Unter veränderten historischen Umständen wäre Kleppers Geschichte vielleicht untragisch verlaufen, während Schneider von Anfang an gezeichnet war. Er scheint für ein tragisches Schicksal vorherbestimmt, schon seine Mutter ahnt es. Sie schreibt Ende 1946 an ihren Sohn: »Du weißt ja, mein geliebtes Kind, so ganz konnte ich Dir nie folgen. Du wähltest den Märtyrerweg, ich war und bleibe ein Weltkind.«

Diese seine ursprüngliche Affinität zum Tragischen hat Schneider immer wieder betont, außerdem in den verschiedenen Stadien seines Lebens mit ergreifender Eindrücklichkeit dargestellt. Das Tragische ist der Ausgangspunkt; entscheidendes Lebensproblem bleibt, wie sich der christliche Glaube mit dieser tragischen Veranlagung auseinandersetzt: ob er von ihr übermächtigt, in ihre Düsternisse hineingerissen wird – oder ob sich der Glaube imstande zeigt, dieses Dunkel immer wieder zu durchlichten. So steht Schneiders Glaube im gründlichen Konflikt mit seinem Charakter. Von seinem Hohenzollern-Buch gesteht Schneider, daß es kein christliches Buch war noch sein sollte, » . . . ich sah im Tragischen den Sinn der Geschichte«, heißt es. Von daher versteht man, daß Schneider immer wieder oft täglich, die griechischen Tragiker gelesen hat: sie erschlossen eine Welt, die ihm gemäß und in der er von Anfang an beheimatet war.

Daß die immanente Tragik mit der Ausweglosigkeit eines ist, hat Schneider früh erfahren. Im Jahre 1922 will er sich das Leben nehmen; die Versuchung bleibt, auch wenn die Tat später für ihn als Christen undurchführbar ist. »Die Versuchung ohnegleichen war nicht das Leben, sondern der Tod«, heißt es. Schneider verweist auf Plinius, der den Selbstmord als »einzigen Trost des Menschen« feiert. Dies sei des Menschen Vorrecht vor den Göttern, erfahren wir im gleichen Zusammenhang: »sie können ihn nicht ins Leben zurückrufen, ihm nicht die Unsterblichkeit aufdrängen. Ich weiß auch heute nicht, welche Kraft die hinunterziehenden Mächte bezwingen soll, wenn nicht die Kraft Jesu Christi. Entzieht sich diese Kraft einen Augenblick, so ist kein Widerstand mehr. Ich halte die Neigung zum Selbstmord für eine angeborene Versuchung, ein nichtlösbares Problem. Zeiten, unvorhergesehene Umstände, Demütigungen, Rückschichten können dazu zwingen. Die eigentlichen Selbstmörder aber sind diejenigen, die dazu geboren wurden. Es ist eine furchtbare Sünde: das aufrührerische Nein an den Urheber des Daseins.«

Hier wird deutlich, in welch erregender Weise sich die Schicksale Schneiders und Kleppers überschneiden. Schneider, der sich als tragische Figur, als fleischgewordene Dissonanz im Weltgefüge verstand, war der Gedanke an den Selbstmord vertraut, er lauerte gleichsam vor der Tür, seine Versuchung ließ sich nicht abweisen. Schneider war, wenn man seine Formulierung auf ihn selbst anwendet, der geborene Selbstmörder – wie etwa Klaus Mann oder Cesare Pavese, von denen man mit Fug Gleiches behaupten könnte –; nur der Glaube hinderte ihn später, sich mit diesem Gedanken soweit einzulassen, daß die Tat unvermeidlich war.

Jochen Klepper hingegen standen solche Erwägungen ursprünglich ganz fern; auch besitzt er zum Tragischen kein ursprüngliches Verhältnis wie Reinhold Schneider. Im Vergleich zur Schneiderschen Schwermut wirkt die Existenz Kleppers klar, präzise, eindeutig, sie zeigt preußische Konturen. Erst bestimmte »unvorhergesehene Umstände« (Schneiders Formulierung), von denen Klepper wie vom Orkan während des Dritten Reiches überfallen wurde –: erst bestimmte, uns allen geläufige Umstände machten Klepper zum Selbstmörder wider Willen.

Der geborene Selbstmörder und der Selbstmörder wider Willen kontrastieren hier also in aller nur erdenklichen Schärfe: beide sind und bleiben tragische Figuren. Der eine, weil er dieses dunkle Erbe im Blut trug und ihm wehrlos ausgeliefert war; der andere, weil er in eine geschichtlich-politische Lage hineingeriet, aus der es für ihn keinen Ausweg gab.

5.

Im Jahre 1939 schrieb Klepper an Schneider: »Sie und ich gehören ja dem selben Jahrgang an; das bedeutet heute eine Verbundenheit ganz für sich.« Wir haben bereits einige Aspekte dieser Verbundenheit kennengelernt; sie lassen sich vermehren, und der kürzlich edierte Briefwechsel beider Schriftsteller ist eine Fundgrube in dieser Hinsicht.

Der Eindruck aufeinander und voneinander war außergewöhnlich. Klepper schreibt in seinem Tagebuch am 9. Mai 1935 »Dieser Mensch ... ist mir Schicksal geworden.« Schneiders autobiographisches Werk *Verhüllter Tag*, 1954 erschienen, enthält ein ganzes Kapitel über Jochen Klepper. Übrigens ließ die erste Begegnung durchaus nicht ermessen, welche Bedeutung diese beiden Männer füreinander gewinnen sollten (davon war schon die Rede). Schneider bemerkt rückblickend, nachdem sie sich im Berliner Funkhaus kennengelernt hatten, wo sie über Änderungen an einem Schneiderschen Manuskript verhandelten: »Er saß am Fenster eines hellen Büros in der Masurenalle. Wir verstanden uns nicht oder jedenfalls nicht gut. Sein allzu gepflegtes Äußere, eine gewisse moderne Eleganz mißfielen mir.«

Dieser erste Eindruck, durchaus vordergründig, änderte sich, als Schneider und Klepper sich näher kennen, vor allem ihr Werk gegenseitig achten lernten. Sie tauschten ihre Bücher, mit persönlichen Widmungen versehen, Schneider bekennt von Klepper: »An der Wiedererrichtung des Kreuzes in meinem Leben hat er einen großen Anteil. Mehr kann Freundschaft nicht sein.«

Es empfiehlt sich allerdings, mit dem Begriff Freundschaft in diesem Falle zurückhaltend zu sein. Trotz lebhaftem Verkehr während der Berliner Zeit wurden sie niemals im geläufigen Sinn des Wortes Freunde, auch fanden sie nicht zum brüderlichen Du – eine Anrede, zu der sich Klepper sonst häufiger entschloß.

Das Verhältnis Schneiders und Kleppers zum Dritten Reich war unterschiedlich; natürlich wirkte sich diese Ambivalenz auch in der persönlichen Beziehung beider zueinander aus. Schneider lehnt den Nationalsozialismus von Anfang an mit Leidenschaft, aus innerster Überzeugung ab. Im *Verhüllten Tag* heißt es: »Ich fühle mich besudelt. Aber auch die deutsche Geschichte war mir entfremdet. Denn ich konnte nicht leugnen, daß die sich vollziehende Parodie des Reiches in Zusammenhängen geschah, daß nicht ein Gedanke neu war. Neu war nur die beispiellose, folgerichtige Roheit des Vollzuges.«

Zwischen Schneiders Auffassung der Historie und jener Geschichte, wie sie von 1933 bis 1945 »gemacht« wird, ist nicht der leiseste Kompromiß möglich. Schneider sah sich mit seiner ganzen Existenz zum Widerstand aufgerufen. Er verkörpert die christliche Resistance, die Unvereinbarkeit von totalitärer und christlicher Gesinnung im Dritten Reich. Er demonstriert an seiner Person, durch sein Wirken, daß sich Totalitarismus jeder Observanz und Christentum wie Feuer und Wasser zueinander verhalten.

Schneider spricht von einer Zeit, »da ich mich in religiösem Sanitätsdienst bemühte und mich keineswegs schämte, ein bißchen literarisches Ansehen – und literarischen Hochmut – durch die Veröffentlichung von Traktaten zu beeinträchtigen.« Hier verrät sich die melancholische Rückschau der Wiener Notizbücher von 1957/58, unmittelbar vor dem Tode. Fast herablassend klingt es, wenn von religiösem Sanitätsdienst, von Traktaten die Rede ist; es wird deutlich, daß Schneider sich von seiner Aristie bereits wieder entfernt hat. Aber zweifellos war dies der Gipfelpunkt: als Schneider, zusammen mit seinem tapferen Verleger Joseph Rossé vom Alsatia-Verlag in Kolmar, eine Flut von Schriften und Gedichten hinausgehen ließ, um seinem Volke (damals war es noch keine Fiktion, zu sagen: seinem Volke) in dessen schwerster Stunde Trost, Vertrauen, charismatischen Mut einzuflößen. In diesem kleinen Verlag wurden mehr als eine Million Kleinschriften gedruckt (etwa zwölf Titel) und durch alle möglichen Kanäle an die Fronten geleitet. Die Wirkung war ungewöhnlich, sie wird sich natürlich nie exakt registrieren lassen. Die Aufgabe, die Schneider hier vor sich sah, und seine Berufung, die ihm von vielen Unbekannten bestätigt wurde (die Zuschriften stapelten sich bei ihm, er konnte sie nicht mehr beantworten, schließlich nicht mehr lesen), taten ihm unendlich wohl. Das Dunkel zerriß, welches über ihm gebreitet lag, er wurde – vorübergehend – aus der tragischen Existenz entlassen. Im April des Jahres 1942 schreibt er an die Frau des Malers Leo von König: »Der Gedanke bemächtigt sich meiner, daß das Jahr 1942 mein Jahr sein könnte, das Jahr, für das ich gelebt habe.« Es ist kein Zweifel mehr möglich: Schneider wird gebraucht, als Schriftsteller und Christ bestätigt, seine geistlichen Einsichten gewinnen eine unabsehbare Resonanz – dies alles wirkt auf ihn zurück und macht ihn (ein Eigenschaftswort, das man sonst nicht auf ihn anzuwenden wagt) zum ersten Male glücklich. Ein Dokument unter vielen, die uns erhalten sind: Nauda Herbermann, Schriftleiterin des *Gral*, mehrere Jahre im Konzentrationslager inhaftiert, schrieb 1946 an den Herder-Verlag: »Sagen Sie Herrn Schneider, daß sein Buch *Der Kreuzweg* mir von Herrn Dompropst Donderer ins KZ geschickt worden sei; daß ich ihn im Strohsack immer versteckt gehalten habe und daß er von einer Baracke zur anderen gewandert ist, von einem Häftling zum anderen. Ich kannte ganze Stücke schon auswendig.« Dies ist ein Beispiel dafür, wie eine Autorschaft durch eine Leserzuschrift für immer gerechtfertigt werden kann; hier gelten weniger ästhetische als religiöse Maßstäbe. 1940 schreibt Schneider an Klepper den entscheidenden Satz: »Die religiöse Existenz steht über der künstlerischen.«

6.

Schneider besaß eine gründliche Abneigung gegen die Macht, die er nach Art Jacob Burckhardts, je länger je mehr, als das radikal Böse beurteilte; er sah diese dämonische Macht im Nationalsozialismus und dessen Trabanten kulminieren. Schneider gehörte von Anfang an auf die Seite der Resistance; er zählte innerhalb der deutschen Widerstandsbewegung zum Kreisauer Kreis und nahm in Berlin an vertraulichen Besprechungen mit Luckner, York, Moltke, Guttenberg teil.

Für Klepper lag der Fall weitaus komplizierter. Er stammte aus Schlesien, war seiner Herkunft nach preußisch-deutscher Geschichte in ganz anderer Weise verpflichtet als Schneider, für den das Hohenzollern-Buch und der königliche Schreibtisch im Grunde nur ein Intermezzo darstellten. Klepper konnte die Erwartung nie ganz unterdrücken, daß sich hinter den Fassaden des braunen Byzantinismus doch ein wenig von preußischem Geist behauptet, vielleicht wieder durchsetzt. Er hoffte vor allem auf das Militär, er hatte einigen Anlaß dazu. Hohe Offiziere wollten ihm wohl, schätzten seinen großen Roman, sorgten dafür, daß für dieses Buch unter der Hand immer wieder neues Papier besorgt und es durch das Oberkommando der Wehrmacht als Soldatenlektüre verbreitet wurde. Die Auflagen des *Vater* stiegen sprunghaft.

Natürlich war Klepper gegenüber der Entwicklung nicht blind.

Er sah den Terror wachsen – aber er hielt das Militär für eine Art Oase inmiten der ideologischen Verkommenheit. Er hätte, ohne Zynismus, mit Gottfried Benn von der Emigration zur Wehrmacht sprechen können. Deshalb wünschte er sich Soldat zu sein, und er war dankbar, endlich eingezogen zu werden. Wir wissen aus verschiedenen Äußerungen, wie gern Klepper beim Militär war. Die soldatische Existenz stellt für ihn nicht nur ein Refugium dar; er hoffte zugleich, daß er auf diese Weise seiner Familie helfen könnte. Inzwischen war eingetreten, was Schneider dem Freunde schrieb: »Sie sind – äußerlich gesehen – tief in die Geschichte hineingerissen worden, in ihre Not und Gefahren; ich lebe am Rande auf einer der Inseln, die es in den heftigsten Erschütterungen wohl immer gegeben hat.«

Klepper war nicht fürs Tragische vorherbestimmt, er hatte die Tragik vielmehr durch einen Akt freier Entscheidung entbunden, evoziert: durch seine Heirat mit einer Jüdin und durch seine Vaterschaft zu zwei jüdischen Kindern, Brigitte und Renate, genannt Reni, die seine Frau mit in die Ehe brachte. Frau und Kinder fielen nun unter die berüchtigten Nürnberger Gesetze. Die militärischen Folgen waren für Klepper: er konnte weder befördert noch ausgezeichnet, ja er mußte schließlich, als Ehemann einer sogenannten Nichtarierin, als »wehrunwürdig« aus der Truppe verstoßen werden. Manch einer wäre froh darüber gewesen, derart abgestempelt und der Kriegsmaschinerie entzogen zu sein; er hätte dies als Glücksfall betrachtet und darüber seine Glossen gemacht; anders dagegen Klepper, der offenkundig unter diesem Ausschluß litt und ihn vergeblich durch seinen Divionskommandeur zu annullieren trachtete.

Kleppers Frau war zwar, als mit einem »Arier« verheiratet, durch das Gesetz geschützt; die Kinder jedoch blieben der Willkür des Staates ausgesetzt und mußten, um ihres nackten Lebens willen, in Sicherheit gebracht werden. Bei der älteren, Brigitte, gelang es, die Ausreise nach England noch rechtzeitig zu erwirken; Brigitte heiratete drüben und wurde Mutter eines Kindes – eine der wenigen erfreulichen Nachrichten, die Klepper in der letzten Zeit seines Lebens empfing. Klepper hat noch selbst den Taufspruch für seinen Londoner Enkel ausgesucht: »Meine Zeit steht in deinen Händen«, ein Wort aus dem Psalter.

Inzwischen beginnt der Kampf um die Emigration der zweiten

Tochter, der sich durch alle Phasen in dem großen nachgelassenen Tagebuch Jochen Kleppers *Unter dem Schatten deiner Flügel* niedergeschlagen hat. Dieses Tagebuch wurde erst 1955 ediert, mit einem eindringlichen Geleitwort Reinhold Schneiders. Auch die höchsten diplomatischen Beziehungen zur Schweiz und nach Schweden öffnen die verschlossenen Tore des Dritten Reiches nicht, selbst die Loyalität des Innenministers Frick verschafft keine Hilfe.

Klepper weiß, daß er Frau und Tochter niemals verlassen wird; es bleibt nur ein Ausweg: der gemeinsame Tod. Von Woche zu Woche gehen sie diesem Letzten unausweichlich entgegen. Es ergibt sich eine Situation, die mit geläufigen Worten nicht mehr ausgesagt werden kann. Eine Tagebuchnotiz aus dem Jahre 1940 lautet: »Über die allgemeine Sorge spreche ich über das, was mich bedrückt, auch mit Hanni nicht. Aber heute sagte sie mir selbst: ›Zwänge man sich nicht, innerlich ganz primitiv zu leben – eine Stunde des Nachdenkens müßte einen wahnsinnig machen‹.« Die tragische Lage Kleppers erfährt ihre letzte unerträgliche Steigerung dadurch, daß sich für ihn als Christen der Tod durch eigene Hand verbietet. Selbstmord ist für ihn Sünde, es gibt für ihn keine Ausflucht dieser Art. Er wähnt, daß dies die einzige Sünde sei, die nicht vergeben werden könne: die Sünde wider den Heiligen Geist, von der im Neuen Testament die Rede ist. Es gelang den Auslegern niemals, diese schwierige Stelle zu erhellen; Klepper glaubte, den Schlüssel zu besitzen, welcher das Tor zum Schrift-Sinn öffnete. Die Sünde wider den Heiligen Geist war für ihn mit dem Selbstmord identisch. Mußten sich von daher seine inneren Qualen nicht vervielfachen, als er wußte, daß diese Tat Gottes Barmherzigkeit in alle Ewigkeit ausschloß?

Aber Klepper, dem die ganze Last des Ernstfalles auferlegt war, sah sich zu einer Trennung von seiner Familie außerstande. Drei Tage vor dem gemeinsamen Tod schreibt er: »Gott weiß, daß ich es nicht ertragen kann, Hanni und das Kind in diese grausamste und grausigste aller Deportationen gehen zu lassen. Er weiß, daß ich ihm dies nicht geloben kann, wie Luther es vermochte . . .«

Klepper zweifelte keinen Augenblick daran, daß Selbstmord »Ungehorsam« gegen Gott ist und daß sich darin der endgültige Bruch des Vertrauens gegenüber Gott kundtut. Der wichtige

Passus – vom Oktober 1941 – lautet: »Wir wissen, was der Selbstmord in unserem Falle wäre: dreifacher Mord, Ungehorsam gegen Gott, Preisgabe der Geduld, Flucht aus der Führung Gottes, Behaupten der negativen dem Menschen belassenen Macht, Hinwerfen des Vertrauens . . .«

Hier summieren sich geradezu die Absagen an Gott; Klepper gibt sich über die Folgen keinen Illusionen hin. Aber er hat sich, mit den Seinen, zu der Gewißheit durchgekämpft, daß auch eine solche Tat letztlich nicht in der Gottesferne geschehe, sondern »unter dem Schatten deiner Flügel«. Klepper schreibt: »Immer wieder muß ich mich fragen: bedeutet der beharrliche Wunsch zu sterben einen ›Bruch‹ im Glauben, einen Bruch mit Gott? Und immer wieder, ohne etwas zu beschönigen, muß ich sagen: Nein. Denn was auf Erden war mir mehr als das Evangelium? Was auf Erden habe ich mehr geliebt, verehrt, an was mich mehr gebunden gefühlt, an was mehr geheftet, als an alles, was Glaube und Kirche heißt?«

Zu Weihnachten 1942 wollte Klepper seiner Frau eine wertvolle alte Plastik schenken, einen segnenden Christus. Als sie in der Nacht zum 11. Dezember aus dem Leben scheiden, geschieht die Tat angesichts dieses Bildes, unter den aufgehobenen Händen Christi. Sie geben die Hoffnung nicht preis, sondern sie sterben im Aufblick zu dem, der die Herzen mit Hoffnung füllt, wo alle menschliche Hoffnung endet: Hoffnung wider die Hoffnung, spes contra spem.

Die letzte Eintragung des Tagesbuches lautet: »Nachmittags die Verhandlung auf dem Sicherheitsdienst. Wir sterben nun – ach, auch das steht bei Gott – Wir gehen heute gemeinsam in den Tod. Über uns steht in den letzten Stunden das Bild des Segnenden Christus, der um uns ringt, in dessen Anblick endet unser Leben.«

Klepper hätte sich niemals das Leben genommen, wenn ihm der freiwillige Tod nicht durch die verzweifelte Lage der Familie, durch deren Ausweglosigkeit aufgezwungen wäre. Auch Schneider hat den Tod, freilich unter ganz anderen Umständen als Klepper, gesucht und auf der Straße in Freiburg durch einen Sturz, der eine Schädelfraktur nach sich zog, gefunden. Schneider hat sich das Leben nicht genommen, aber er hat seinen Tod herbeigesehnt. Durch das gesamte Wiener Tagebuch zieht sich dieser Wunsch, sterben zu wollen, die

Bühne zu verlassen, das Stück so rasch wie möglich zu beenden. Wir wissen nicht, wie weit solch konzentrierter Sterbenswunsch den Lauf des Schicksals beeinflussen kann, doch halte ich es für möglich. So wären also auch an diesem Punkt Schneider und Klepper einander verwandter, als man zunächst anzunehmen geneigt ist. Die Sehnsucht nach dem Tode, wie sie in *Winter in Wien* zum Ausdruck kommt, erinnert an bestimmte Passagen aus Klaus Manns Tagebuch *Der Wendepunkt*, vor allem an eine vom Jahre 1942: »25. Oktober. Der Todeswunsch – sonst nichts. 26. Oktober. Der Todeswunsch ... (Wie lang erträgt man das?) 27. Oktober. Der Todeswunsch. Ich wünsche mir den Tod. Der Tod wäre mir sehr erwünscht. Ich möchte gern sterben. Das Leben ist mir unangenehm. Ich mag nicht mehr leben. Es wäre mir äußerst lieb, nicht mehr leben zu müssen. Der Tod wäre mir entschieden angenehm. Ich wünsche mir den Tod. 1. November. Immer noch am Leben ...«

Es überrascht nicht, daß wir Reinhold Schneider zum ersten Mal auf dem Totenbett – eine Photographie des Verstorbenen und die Totenmaske sind uns erhalten – glücklich sehen, schwerelos, heiter, verklärt, einverstanden mit dem letzten Rollenwechsel, den er über alles ersehnt hat.

7.

Die Übereinstimmung der Schicksale von Schneider und Klepper manifestiert sich schließlich in der religiösen Erfahrung. Bei Schneider, aufgrund seiner Veranlagung, ist das Gottes-Bild tragisch bestimmt; bei Jochen Klepper dunkelt es in dem Maße, als sich das Unheil über der Familie zusammenzieht, zusehends nach, bis wir schließlich bei beiden vor der Imago des zornigen, unbegreiflichen, furchtbaren Gottes stehen, dessen Wege für die Betroffenen undurchschaubar geworden sind. Trotzdem bleiben, bei aller Übereinstimmung, Nuancierungen unverkennbar, die man im Auge behalten muß, wenn man Klepper und Schneider Gerechtigkeit widerfahren lassen will.

Bei Schneider erscheint das Gottesdunkel kompakter, unwiderruflicher, endgültiger, verschlossener als bei Klepper. »Ich hatte von Anfang das Gefühl,« – heißt es im *Verhüllten Tag* –, »tief ins Dunkel zu gehen. Wolle es Gott, daß es ein winziger Anteil ist an der heiligen Finsternis des Nicolaus von Cues und des Johannes vom Kreuz, der Karfreitagsnacht auf dem Grabe!«

Schneider erliegt dem Sog der Finsternis, der mystischen Nacht – er hat keinen anderen Wunsch als diesen: sich in ihr zu verlieren, darin für immer unterzugehen. Aber auch die zarten Konturen von Glaube, Liebe, Hoffnung erlöschen in der Nacht. Angesichts der Finsternis, die triumphiert, wird der Mensch von einer grenzenlosen Müdigkeit überfallen. Er vermag das Leben nicht mehr zu bejahen. »Ohne Lebensbejahung«, lesen wir in den Wiener Aufzeichnungen, »keine Religion; das Ja zum Leben ist vielleicht die eigentliche Gnade, die Kanzel der Verkündigung ... Wenn ich das Leben nicht mehr will, nicht mehr wollen kann, so vermag auch Gott nichts über mich, denn Gott ist das Sein, und dieses ›Nicht mehr‹ ... entrückt seinem Bereich.« Das sind unheimliche, bestürzende Sätze; der Leser von *Winter in Wien* weiß, daß sie hier durchaus nicht isoliert auftauchen, sondern das ganze Mosaik dieser melancholischen Reflexion durchziehen. Es liegt im Zuge solcher Erwägungen, daß die Hoffnung auf ein ewiges Leben gänzlich in den Hintergrund tritt: der Schwermütige wird nur von dem einen Wunsch beseelt, daß endlich Schluß sei und die Leiden der Existenz für immer in Nacht versinken.

Damit wird der Glaube an die Auferstehung liquidiert – denn dieser Glaube setzt eine letzte Zukunft voraus, und deren Prämisse ist wiederum das eindeutige Ja zum (ewigen) Leben. Es finden sich bei Schneider so extreme Sätze wie diese: »Ich weiß, daß Er auferstanden ist; aber meine Lebenskraft ist so sehr gesunken, daß sie über das Grab nicht hinauszugreifen, sich über den Tod hinweg nicht zu sehnen und zu fürchten vermag. Ich kann mir einen Gott nicht denken, der so unbarmherzig wäre, einen todmüden Schläfer unter seinen Füßen, einen Kranken, der endlich eingeschlafen ist, aufzuwecken.« Wie weit ist dieses Nichts, das für immer der Qual des Lebens, der Wünsche und der Irrtümer enthebt, von jenem Nichts unterschieden, das Gottfried Benn apostrophiert? Wird hier nicht auf Hoffnung überhaupt verzichtet, welche, unlösbar an die Auferstehung Christi gebunden, das Fundament des christlichen Glaubens bildet? Wurde die Anziehungskraft Gottes und seiner Verheißungen von der Faszination des Nichts für immer verdrängt?

Hier ist die Grenze des Glaubens erreicht. Ein Urteil steht uns nicht zu, geschweige denn eine Kritik. Reinhold Schneider, der sich selbst als extreme Existenz bezeichnete, hat diese auch im Christlichen demonstriert. Wir geraten an einen Punkt, wo der Glaube sich endgültig dem Dunkel auszuliefern scheint; sein Bedarf am Schauspiel des Lebens, an Zeitgenossenschaft ist gründlich gedeckt: »Ich stelle keine Ansprüche mehr; ich habe genug gesehen für mein Billett. Ich bekomme ein schlechtes Gewissen: soviel habe ich ja gar nicht bezahlt. Auch braucht man das Stück nicht abzusitzen; ich gehe gerne in der Pause.«

Der christliche Glaube besitzt viele Aspekte; er gleicht dem Insektenauge, das sich aus zahlreichen Facetten zusammensetzt. Das Schneidersche Spektrum bleibt, wie ich annehme, vielen von uns fremd; wir haben uns auch hier jene göttliche Toleranz zu eigen zu machen, die in dem Worte Jesu beschlossen liegt: »In meines Vaters Hause sind viele Wohnungen.«

Damit verbietet sich jede Kritik an Schneiders innerer Verfassung; doch wird man sagen müssen, daß die Finsternis unaufhaltsam wächst. Der Satz, »daß es eben der Herr ist, der uns in die Nacht geführt, dies ist die wesentliche Erkenntnis; von ihr bekommt die Nacht ihren Sinn, wird sie schon leise erhellen, daß sie wohl Nacht bleibt, aber nicht mehr ohne Trost« –: dieser Satz Schneiders, an Klepper 1938 geschrieben, ist fünfzehn oder zwanzig Jahre später so nicht mehr wiederholbar. Die Nacht bleibt ohne Helligkeit, auf Trost wird kein Wert mehr gelegt, die Nacht Gottes läßt sich von der Nacht des Grauens, der Nacht des Nichts keinesfalls mehr unterscheiden. Die Geschichte schließt mit dem Kreuzes-Drama, mit dem Schrei »Mein Gott, warum hast du mich verlassen?« unwiderruflich ab; es handelt sich um die Leidensgeschichte, bei der das Grab geschlossen bleibt, Ostern findet nicht statt, auf Auferstehung wird kein Wert gelegt.

Die letzten Äußerungen von Reinhold Schneider in seinen Wiener Notizbüchern und bei anderer Gelegenheit haben heftige Auseinandersetzungen über seinen Glaubensstand hervorgerufen. Es konnte der Eindruck entstehen, der Glaube habe hier endgültig vor der Schwermut das Feld geräumt, das Herz dieses exemplarischen Christen sei inzwischen von einem melancholischen Nihilismus okkupiert worden. Es bleibt ein fataler Vorgang, wenn ein Christ, an dessen Tapferkeit eine ganze

Epoche sich aufgerichtet hat, seine geistliche Waffenrüstung ablegt, Stück für Stück, und sich am Ende seines Lebens skeptisch und ohne Hoffnung zeigt wie irgendein beliebiger Ungläubiger.

Indessen wird man Schneider mit einer derartigen Bewertung nicht gerecht, obwohl sich der Verdacht nicht abweisen läßt, daß sein Geist sich schließlich in der Schwermut verloren habe. Das Fazit lautet: Das Nichts wird mit dem Nichts zusammenschlagen über meinem Grabe; es hat nichts damit auf sich; schlösse das Grab bald!«

Man kann solche und ähnliche Bemerkungen aus dem Schneiderschen Werk zusammentragen, – kein Zweifel: er operiert vor einem nachtschwarzen Hintergrund. Trotzdem enträt diese Nacht nicht jeder Hoffnung und Zukunft. Freilich bedarf es einer außerordentlichen Geduld, um sich an diese Dunkelheit zu gewöhnen und jenes zarte Licht wahrzunehmen, das gelegentlich aufblitzt. Man fühlt sich an die Mystik des Johannes vom Kreuz erinnert, bei dem der Glaube ähnlich in der Nacht versinkt, bis sich kein Weg mehr in diesem alles verschlingenden Dunkel abzeichnet. Der Mensch stirbt, wie Christus gestorben ist; dieser geistliche Tod bleibt die Voraussetzung eines neuen Lebens, das aus dem Grabe von Schwermut und Ohnmacht österlich hervorbrechen soll.

Der große Apostel hat an die Korinther geschrieben, daß wir jederzeit das Sterben Jesu an unserem Leibe tragen, damit auch das Leben Jesu an uns offenbar werde. Diese Gewichte des Sterbens und der Auferstehung verschieben sich unaufhörlich in der Existenz; es geschieht selten, daß sie sich genau die Waage halten. Es mag Christen geben (und zu ihnen gehört offenbar Reinhold Schneider), welche zunächst die Kraft und die Herrlichkeit des inneren Lebens an sich erfahren und glaubwürdig bezeugt haben; dann aber mußten sie das Sterben Christi, die Kreuzesnacht am eigenen Leibe nachholen, und zwar so gründlich, daß ihr Dasein vollständig in Finsternis zu versinken schien.

Der Betrachter, dem die spirituelle Erfahrung fehlt, gewahrt nur diese Finsternis, er sieht die Wellen der Schwermut über dem Betroffenen zusammenschlagen. Das Martyrium gipfelt in dem Ruf: »Mein Gott, warum hast du mich verlassen?«; diesem Aufschrei wird keine Antwort zuteil, und kein himmlisches

Licht erleuchtet – auch nur für den Bruchteil eines Augenblicks – den Schauplatz des Elends.

Schneider widerlegt, durch sein Beispiel, jene verbreitete These, daß der Christ die Anfechtung hinter sich gebracht und die alte Existenz verlassen habe wie eine Wohnung, die man hinter sich abschließt. Es gibt, auch für den Christen, keine sogenannte heile Existenz. Schneider hat die Hölle der Schwermut betreten und sie am Ende seines Lebens – das ist der Eindruck – nicht wieder verlassen. Das Wirken der Gnade ist, in dieser letzten Phase, dem äußeren Auge nicht mehr sichtbar. Nur dem Glauben bleibt die Gewißheit, daß im Ewigen das rechte Verhältnis von Schwermut und Mut, Finsternis und Licht, Müdigkeit und charismatischer Freude wiederhergestellt wird.

Auch der Weg Jochen Kleppers wird, durch die geschichtlich-persönlichen Umstände, zu einem Kreuzesweg, aber er verliert sich nicht derart im Nächtigen wie das Schicksal Reinhold Schneiders. Das Wort Gottes erhellt die Tage und Nächte bis hin zum gemeinsamen Tod; die Sprüche aus den Herrnhuter Losungen stehen jeder Eintragung im Tagebuch voran. Gültigkeit und Konsistenz dieser Worte werden nicht angetastet, von der Anfechtung nicht ausgehöhlt. In einem abendlichen Trostlied hat Kleppers Erfahrung ihren Niederschlag gefunden; die Nacht löscht niemals ganz die göttlichen Umrisse, sie bleibt von einer ergreifenden Durchsichtigkeit:

In jeder Nacht, die mich umfängt,
darf ich in deine Arme fallen,
und du, der nichts als Liebe denkt,
wachst über mir, wachst über allen.
Du birgst mich in der Finsternis.
Dein Wort bleibt noch im Tod gewiß.

(1975)

Ralf Schnell

Natursymbolik und Seinstranszendenz in Schneiders ›Las Casas vor Karl V.‹

In seinem Roman *Las Casas vor Karl V.* versuchte Reinhold Schneider, an dem historischen Stoff der Kolonisation Süd- und Mittelamerikas durch Portugal und Spanien im 16. Jahrhundert eine aktuelle Auseinandersetzung mit dem Dritten Reich zu führen. Er sah in diesem Stoff »die Möglichkeit eines Protestes gegen die Verfolgung der Juden; zugleich ergriff mich das alte Thema von der Schuld Europas, der Christenheit an der Welt, die Tragödie der Expansion«.[1] Die Parallelen zur faschistischen Gegenwart sind augenfällig: Unterdrückung, Ausbeutung, Völkermord erscheinen auch in *Las Casas vor Karl V.* als konstitutive Elemente einer unerbittlich ausgeübten Machtpolitik, die unter dem Anspruch der Missionierung durchgesetzt wird. Die Aktualität dieser Problematik wurde von Schneiders Lesern ebenso begriffen wie von den faschistischen Machthabern: obwohl der Verfasser offiziell zu den »unerwünschten« Autoren gezählt wurde[2], erlebte das Buch nach seinem ersten Erscheinen 1938 in den Jahren 1940 und 1941 weitere Auflagen.[3]

Mit der Gestalt des Paters Las Casas, eines historischen Kämpfers gegen die spanische Kolonialpolitik[4], läßt Schneider eine religiös begründete Argumentation gegen die Verteidigung des staatlichen Machtanspruchs auftreten. Die Gründe für die Position des Paters erfährt der Leser aus der Schilderung von Vorgeschichte und Realität der Kolonisation, die der Konquistador Bernardino de Lares Las Casas auf der gemeinsamen Überfahrt von den »Neuen Indien« nach Spanien gibt. Bernardino erzählt Las Casas von den Greueltaten seiner Landsleute und seinen eigenen Verfehlungen und unterstützt ihn mit seiner Aussage als Zeuge im Disput mit dem Staatsrechtler Sepulveda vor Karl V. Der Monarch gibt schließlich Las Casas recht: der Pater geht als Bischof von Chiapa nach Mexiko, um die von Karl V. erlassenen »Neuen Gesetze« zu verbreiten.[5]

Die zentrale Problematik, die in *Las Casas vor Karl V.* zum

Ausdruck kommt, ist die Frage nach menschlicher Schuld, die Schneider als notwendig und daher als tragisch begreift, und nach dem Ausgesetztsein des Menschen in einer Welt, die er zu beherrschen glaubt. Im Schlußbild des Romans, das die Ausfahrt des Paters Las Casas beschreibt, faßt Schneider diese Problematik noch einmal symbolisch zusammen:

Am anderen Tage fuhr die Flotte aus. Die Schiffe lichteten die Anker und vertrauten sich der Strömung an, die sie ungestüm fortnahm; nur der ›Salvador‹ stockte an der Hafenausfahrt und konnte erst mit harter Mühe freigemacht werden. Dann bewegte der Segler sich schwankend meerwärts zum Erstaunen, ja zum Schrecken der Zuschauer; er legte sich auf die Seite, so daß viele schon den Kiel zu sehen glaubten; endlich füllte der Wind die Segel, und das einsame Schiff des Bischofs von Chiapa strebte, bald hoch emporsteigend, bald wieder sinkend, der schon vorausgeeilten Flotte nach (LC 202 f.).

Die Schwierigkeiten bei der Ausfahrt und die drohende Gefahr des Kenterns, verursacht durch die Unberechenbarkeit der Elemente, die Einsamkeit des bischöflichen Schiffs und das Auf und Ab auf dem Meer stehen für die Aussage des Werks insgesamt. Schneider versucht seinen Lesern im Dritten Reich sowohl die Notwendigkeit des Leidens an und in der Gegenwart als auch die von ihm als existentielle Bestimmung angesehene Bewegung des Auf und Nieder, dem dennoch das einsame Bemühen um Handlungsfähigkeit und Fortschritt entgegengehalten werden soll, zu vermitteln. Die Möglichkeit des Scheiterns und – wie der Roman zeigt –, des Schuldigwerdens kennzeichnet das menschliche Handeln als ein – im Sinne Schneiders – tragisches Bemühen, das der Gefahr der Vergeblichkeit ausgesetzt ist.

Daß Schneider seinen Titelhelden Las Casas diese Problematik im Schlußbild seines Romans symbolisch auf *elementare* Weise erfahren läßt, deutet auf die Funktion solcher Natursymbolik: sie schränkt die gesellschaftliche und historische Handlungsfähigkeit des Menschen ein, indem sie einen Raum vorgegebener naturhafter und transzendenter Grundbedingungen konstruiert, der der Beeinflussung durch den Menschen entzogen ist. In dieser Konstruktion mischen sich bei Schneider existenzphilosophische und christlich-religiöse Elemente. Während in der Auf- und Niederbewegung des Schiffs die resignative Absage des existenzphilosophischen »Mythos von Sisyphos« (Camus)[6] an den historischen Prozeß bildhaft vorweggenommen zu sein scheint, wird mit dem aktiven Einwirken elementarer Naturkräfte ein transzendentaler Ausweg aus der Widersprüchlichkeit menschlicher Existenz, eine metaphysische Lösungsmöglichkeit von Konflikten angesprochen, die für Schneider allein in christlicher Glaubensgewißheit begründet liegt.

Doch diese Glaubensgewißheit bedeutet nicht lediglich einen Ausweg, sondern verdinglicht sich zugleich zur Maxime von Gesetzeskraft. Das wird etwa deutlich, wenn Schneider Las Casas von einem »ewigen Recht« (LC 72) sprechen läßt, das es in den Kolonien durchzusetzen gelte, oder wenn er die Schiffe auf der Überfahrt nach Spanien in einen Sturm geraten läßt und hierbei Assoziationen an das Jüngste Gericht erweckt:

> Da fuhr mit einem Mal ein gewaltiger Sturm zwischen sie [. . .] Bald danach klaffte der Himmel auf, als sollte ein Feuermeer niederstürzen, und pausenlos, gleich dem Erguß des Feuers, hallte der Donner über die See wie vom Einbrechen grenzenloser Räume, deren Gewölbebogen von Pfeiler zu Pfeiler niederkrachten. Regenfluten überspülten die Planken und schäumten in alle Kammern hinab, während die Winde von allen Seiten gegeneinander ankämpften und das Fahrzeug sich zuwarfen oder entrissen; Feuer und Wasser schienen zugleich das Schiff verzehren und verschlingen zu wollen. Einen Tag und eine Nacht schwebten so die Menschen gewissermaßen außerhalb der bekannten Welt, im Banne einer anderen, noch furchtbarern; Kolumbus mochte auf seiner letzten glücklosen Reise als ein gebrochener Mann solche Stunden durchbangt und die Mahnung des ewigen Richters in ihnen vernommen haben (LC 15 f.).

Deutlicher noch als bei Las Casas' Ausfahrt konstruiert Schneider hier ein Ausgeliefertsein des Menschen an übermächtige Naturgewalten, die den spanischen Passagieren, die in den eroberten Gebieten gottgleich über Menschen und Ressourcen herrschten, als objektive Grenzen entgegentreten. Mit der Schilderung des Sturms als einer existentiellen Grenzsituation erweitert er die historisch überwindbaren Schranken des Menschen gegenüber der Natur zur prinzipiellen Grenzziehung einer Naturgesetzlichkeit von überzeitlicher Dauer. Nicht der Arbeitsprozeß als Vergegenständlichung des »Stoffwechsels mit der Natur« (Marx)[7], sondern die unüberwindbare Prädominanz von Natur und Übernatur, die »Allgewalt ewiger Mächte«

charakterisiert die Geschichte des Menschen. Mit dem vergleichenden Hinweis auf die »letzte glücklose Reise«, auf der Kolumbus möglicherweise die »Mahnung des ewigen Richters« vernommen habe, wird der Gesetzescharakter dieser Konstellation betont und religiös gewendet. In der letzten Verantwortung vor Gott haben sich die historischen Taten der Menschen zu bewähren, in der Gewißheit eines kommenden Jüngsten Gerichts ist Geschichte an den Normen eines übergeordneten »ewigen Rechtes« zu orientieren.

An zwei Gestalten seines Romans hat Schneider die Konsequenzen dieser Konstruktion exemplifiziert: an dem Ritter Bernadino, der einen Erkenntnisprozeß durchläuft, an dessen Ende die Aufgabe aller seiner irdischen Güter und die Überantwortung an göttliche Gnade steht, und an dem Eroberer Cortez, der, schemenhaft nur und nahezu leitmotivisch auftretend (LC 5 ff., LC 113, LC 188, LC 199), die Inkarnation des zu spät Bekehrten darstellt, der weder von seinen letzten Gütern noch von der beschönigenden Korrektur seiner eigenen geschichtlichen Rolle ablassen will. Beide verkörpern jenen Begriff des Tragischen, der aus Schneiders Konstruktion von existentiellem Ausgesetztsein und übergeordnetem göttlichen Gesetz resultiert. In aufdringlicher Symbolik hat Schneider auch die Durchsetzung dieses Gesetzes in seiner Erzählung realisiert: Bernadinos Sohn, der seinen Vater zunächst nicht kennt, gibt diesem als Priester die Sterbesakramente und reist mit Las Casas zurück in die Neue Welt, um dort mit dem Vermögen seines Vaters die Missionierung vorantreiben zu helfen. Nur die restlose Absage an materielles Gut und die vorbehaltlose Hingabe an die Normen des christlichen »ewigen Rechtes«, so will Schneider an der Entwicklung Bernadinos zeigen, eröffnen die Möglichkeit einer Aufhebung der tragischen Schuld, in der der Mensch notwendig befangen ist.

Den autobiographischen Skizzen Schneiders, die 1954 unter dem Titel *Verhüllter Tag* erschienen, sind die Bedingungen des Entwicklungsprozesses zu entnehmen, der den Autor von einem als tragisch sich verstehenden Nihilismus in das rückhaltlose Bekenntnis zum Katholizismus geführt hat. Unbegriffene Lebensangst und die regressive »Sehnsucht nach einem Leben in der Natur, jenseits der Städte«[8] verdichten sich in den zwanziger Jahren zu einem historischen Agnostizismus, in dessen Folge Schneider gesellschaftliche Problematik auf individuelle Existenznot reduziert und den Ausweg des Suizids zu gehen versucht: *Untergang* sollte der Titel seines ersten Gedichtsbandes ursprünglich lauten.[9] Schneiders Angst vor der Stadt, seine Flucht in eine Natur, in der er gleichwohl nicht zu leben vermag, sind kennzeichnend für die Reaktionsweise eines konservativen Bürgertums, das auf den Technikkult der Weimarer Republik keine Antwort als den Rückzug auf die eigene Individualität weiß. Technik, zur zweiten Natur erhoben[10], wird zur Naturgewalt, deren kapitalistische Rationalität undurchschaubar, deren Allmacht unüberwindbar scheint. Sie wird – in allen Schattierungen der arbeitsteilig organisierten sogenannten »modernen Industriegesellschaften« bis hin zur Administration – als »nackte Herrschaft« erlebt und interpretiert, ihr Komplement bildet das Desiderat »reiner Innerlichkeit«[11], das auch in der technisch bereits »überfremdeten« Natur keine Erfüllung mehr zu finden vermag.

Erst die Lektüre von Schriften des spanischen Philosophen Unamuno (1864-1936), insbesondere seines Buches *Del Sentimiento trágico de la vida en los hombres y en los pueblos* (1913), das 1925 unter dem Titel *Das tragische Lebensgefühl* in deutscher Sprache erschienen war[12], hebt die Daseinsangst Schneiders auf und bestätigt sie zugleich:

> Was mich aufwühlte, tröstete, bestätigte, gerade in meinem innersten Schmerz, war die Existenz als Todeskampf und der leidenschaftliche Streit mit der Zeit, die unentwegte Herausforderung.[13]

Weniger das religiöse Problem der Unsterblichkeit, über das Unamuno handelt, sondern vielmehr die von Schneider als tragisch angesehene Existenz des Menschen im vergeblichen Kampf um seine Unsterblichkeit beginnt ihn seit Ende der zwanziger Jahre zu faszinieren und bestimmt bis in die Konzeption von *Las Casas vor Karl V.* die existenzphilosophische Komponente seiner literarischen Arbeit. Das Substrat dieser Konstruktion, die zum geschichtsphilosophischen Axiom stilisierte Problematik des Tragischen, führt Schneider zu einer mystischen Geschichtsauffassung, die den historischen Prozeß seiner konkreten materiellen Bedingungen entkleidet und in einer Sphäre von Ideen auflöst, für die das tragische Element der notwendigen Vergeblichkeit menschlichen Handelns überhistorisch bestimmend bleibt.

Gleichwohl empfand Schneider Ungenügen an diesem kontemplativ-deskriptiven Geschichtsbild: »Ich hatte keinen Boden unter mir: nichts als die Überzeugung vom Mechanismus des Tragischen, der das geschichtliche Leben zerreibt.«[14] Einen Ausweg aus dieser Situation schien die Politik der NSDAP zu garantieren, in der Schneider zunächst einen abstrakten Ordnungsfaktor und einen Repräsentanten der staatlichen Macht erblickte, an deren Stärkung ihm, wie Aufsätze von 1933 zeigen, aus einem obrigkeitsgläubigen, auf Restitution der Monarchie zielenden Denken heraus gelegen war.[15]

Erst als Schneider in den Jahren nach der faschistischen Machtübernahme von den KZ-Verbrechen hört, die Propaganda der Faschisten durchschaut und die zunehmende Aggressivität ihrer Innen- und Außenpolitik wahrnimmt, erhält er den entscheidenden Anstoß für seine Hinwendung zum Christentum, ohne hierbei jedoch die historischen und gesellschaftlichen Bedingungen des Faschismus zu reflektieren:

> Aber diese Dinge haben mich, mein Verhältnis zu Welt und Geschichte verändert. Es wurde mir deutlich, daß sie nur gesteigerter Ausdruck der Geschichtstragödie sind, der unabänderlichen. [. . .] Ich sah mich vor das nackte Kreuz gedrängt und verharre in dieser Stellung.[16]

In der Herrschaft des Faschismus in Deutschland sieht Schneider vor allem seine Auffassung von Geschichte als Tragödie bestätigt, deren tragischer Charakter nach 1913 allenfalls deutlicher zum Ausdruck gekommen sei. So stellt sich ihm das Dritte Reich als ein Szenarium von Leiden und Verfolgung dar, auf das einzig das Christentum eine Antwort zu geben in der Lage scheint: 1937 tritt Schneider in die katholische Kirche ein. Aus dieser Zeit datieren auch seine ersten christlich-religiösen Gedichte. Der Autor Schneider fühlt sich »in gewissem Sinne einberufen, endgültig abberufen vom literarischen Leben in die religiös-geschichtliche Existenz«.[17]

Las Casas vor Karl V. markiert eine Zwischenposition in der Entwicklung Schneiders. In der Verbindung von existenzphilosophischen und christlich-religiösen Elementen sind im Roman wesentliche Relikte von Kontemplation und Resignation seiner Tragik-Auffassung und erste Ansätze einer christlichen Glaubensgewißheit aufgehoben. Die in der Schilderung des Sturms und der Ausfahrt wirksame Natursymbolik[18] ist für beide Aspekte der Entwicklung Schneiders gleichermaßen kennzeichnend: sie betont die tragische Absurdität menschlichen Handelns, verweist jedoch zugleich auf die metaphysische Geborgenheit des Menschen.

Diesen zweiten, den christlich-religiösen Aspekt nimmt Schneider im letzten Teil seines Werks, im Gespräch zwischen Karl V. und Las Casas, noch einmal auf und akzentuiert ihn in einer besonderen Weise. Zu Beginn dieses Gesprächs stellt Karl V. die reale Aussicht auf Veränderung, die durch seine »Neuen Gesetze« bewirkt werden könne, resignativ in Frage, indem er erklärt: »Wollen und Vollbringen sind weit getrennt« (LC 188 f.). Zwar sieht er die Notwendigkeit des Kampfes um Veränderung, doch stuft er diesen Kampf mit einem Wort des spätmittelalterlichen Mystikers Thomas a Kempis (1379 od. 1380–1471) in die Kategorie des Leidens ein (LC 189). Auf Thomas a Kempis läßt Schneider Karl V. auch zum Abschluß des Gesprächs zurückgreifen:

›Mein Sohn, laß dich durch die Lasten, die du um meinetwillen auf deine Schultern genommen hast, nicht mutlos und durch die Drangsale, die dich umgeben, nicht trostlos machen. Sieh nur auf meine Verheißung hin. Sie soll dir bei jedem Ereignisse Mut und Trost in die Seele legen. Ich bin ja reich und mächtig genug, dir für alles, was du tust und leidest, eine Vergeltung zu schaffen, die allen menschlichen Maßstab weit übersteigt. Deine Arbeit hier wird nicht mehr lange währen, und die Schmerzen, die dich jetzt zu Boden drücken, werden bald ausgeschmerzt haben. Harre noch eine kurze Weile, und du wirst das Ende aller Plage schnell kommen sehn. Es wird doch noch eine Stunde kommen, in der es heißen wird: nun ist alle Arbeit und alle Unruhe zu Ende. Klein ist doch alles und von kurzer Dauer, was zeitlich ist und deshalb mit der Zeit vorübergeht‹ (LC 195).

Das Zitat, dem 47. Kapitel im dritten Buch der Schrift *De imitatione Christi* von Thomas a Kempis entnommen[19], holt eschatologische Gewißheit in eine – von Karl V. wie von Reinhold Schneider – resignativ erlebte Gegenwart, in der sich Geschichte in ihrer tragischen Bestimmung zu erfüllen scheint. Die Mühen eines diesseitigen Kampfes werden mit dem Versprechen jenseitigen Glücks sublimiert, die Vertröstung auf ein jenseitiges Heil besitzt implizit die Funktion der Beschwichtigung diesseitigen Leidens. Die Ambivalenz des Schneiderschen antifaschistischen Engagements wird damit deutlich: was als Protest, als Möglichkeit literarischen Widerstandes gegen den Völkermord an den Juden in seinem Werk dadurch angelegt ist, daß durch den aufopferungsvollen Einsatz Las Casas' eine – im oben zitierten Sinne Brechts – reale Veränderung unmenschlicher Zustände bewirkt wird, nimmt Schneider durch das Zitat eschatologischer Glaubensgewißheit in der Substanz zurück. Zugleich mit dem scheinbar tröstlichen Hinweis auf die Vergänglichkeit des Leidens wird der Kampf um Veränderung zu einer uneigentlichen, weil diesseitigen Bemühung verkleinert. Die Suche nach dem Halt, den Schneider im Christentum glaubt finden zu können und zu müssen, weil er in seiner Welt des »tragischen Nihilismus« keinen »Boden« unter sich fühlt, führt ihn aus der ihn umgebenden empirischen Welt hinaus in eine Religiosität, die letzten Endes widerstandslos vor dem verharrt, was sich ihr als historisches »Leiden« tragisch objektiviert. Im Rückblick auf das Jahr 1940 stilisiert Schneider Vergeblichkeit zum Selbstwert: »Wir standen längst in der Zeit, da im vergeblichen Protest der einzig erreichbare Wert war«.[20]

(1976)

Anmerkungen

1 Reinhold Schneider, *Verhüllter Tag*, Köln und Olten 1954, S. 146.

2 Vgl. die tabellarische Zusammenstellung »unerwünschter« Autoren bei Dietrich Strothmann, *Nationalsozialistische Literaturpolitik*. Ein Beitrag zur Publizistik im Dritten Reich, Bonn 3. Aufl. 1968, S. 244 ff.

3 Vgl. Hans Urs von Balthasar, *Reinhold Schneider*. Sein Weg und sein Werk, Köln und Olten 1953, S. 247.

4 Vgl. Bartolomé de Las Casas, *Kurzgefaßter Bericht von der Verwüstung der Westindischen Länder*, hrsg. von Hans Magnus Enzensberger, Frankfurt/M. 1966.

5 Schneider hat die historischen Vorgänge in seiner Erzählung frei verändert. Tatsächlich wurden die Neuen Gesetze (Las Nuevas Leyes de Las Indias) 1542 erlassen und bereits 1554 von Karl V. unter dem Druck von Interessengruppen wieder zurückgewonnen. Der Disput des Las Casas mit Sepulveda fand jedoch erst 1550 statt. Las Casas selbst ist nach 1547 nicht wieder nach Westindien zurückgekehrt. Er starb 1566, ohne – trotz aller äußeren Erfolge – eine substantielle Änderung der Kolonialpolitik durchgesetzt zu haben. Vgl.

Enzensberger, a.a.O., S. 131–162. – Wie es scheint, hat Schneider diese Veränderungen gegenüber dem historischen Ablauf vor allem des Schlusses seiner Erzählung wegen vorgenommen, der einen »offenen« Ausgang der Mission des Paters Las Casas anzeigt.

6 1943 veröffentlichte Albert Camus seine Arbeit über das Absurde unter dem Titel »Le Mythe de Sisyphe«. – Vgl. Albert Camus, *Der Mythos von Sisyphos.* Ein Versuch über das Absurde, Hamburg 1959 (= rowohlts deutsche enzyklopädie 90).

7 Karl Marx, *Das Kapital*, Bd. I, MEW Bd. 23, Berlin/DDR 1969, S. 198.

8 Schneider, *Verhüllter Tag*, a.a.O., S. 43.

9 Ebd., S. 65.

10 Eine solche Identifikation von Natur und Technik, aus der der kapitalistische Produktions- und Herrschaftsprozeß ausgeblendet bleibt, findet sich beispielsweise im Werk des konservativen Kulturphilosophen Hans Freyer, *Revolution von rechts*, Jena 1931. – Vgl. hierzu Helmuth Lethen, *Neue Sachlichkeit 1924–1932.* Studien zur Literatur des »Weißen Sozialismus«, Stuttgart 1970, S. 90 f.

11 Am Beispiel Max Webers machte Jacob Taubes auf dem Soziologentag 1968 deutlich, daß »reine Innerlichkeit und nackte Herrschaft wie konkav und konvex zueinander passen«. – Jacob Taubes, Kultur und Ideologie, in: *Spätkapitalismus oder Industriegesellschaft.* Verhandlungen des 16. Deutschen Soziologentages, hrsg. von Theodor W. Adorno, Stuttgart 1969, S. 129.

12 Miguel de Unamuno, *Das tragische Lebensgefühl*, München 1925. – In seiner Einleitung feierte Ernst Robert Curtius den spanischen Philosophen als »heute die größte Gestalt des spanischen Geistes« (ebd., S. V). Apologetisch beschrieb Curtius das Syndrom des seiner Gegenwart entfremdeten konservativen Kulturpessimismus – »Aber die ewigen Daseinsfragen traten immer wieder fordernd und quälend vor die Seele des modernen Menschen« (ebd. S. VII) – und begrüßte Unamunos zentrale Problematik der Unsterblichkeit mit der Begründung »daß endlich einmal wieder in dem aufgeklärten, skeptischen, überfeinerten Europa die ewige religiöse Sehnsucht der Menschenseele laut wird [. . .]« (ebd., S. X).

13 Schneider, *Verhüllter Tag*, a.a.O., S. 66.

14 Ebd., S. 86.

15 Vgl. Bruno Scherer, *Tragik vor dem Kreuz.* Leben und Geisteswelt Reinhold Schneiders, Freiburg 1966, S. 50 f. – Scherer vermag keine Begründung für diese Verbeugung Schneiders vor den faschistischen Machthabern zu geben und erklärt zur Verteidigung seines Autors lapidar: »Jedenfalls hoffte er für das deutsche Volk nur das Beste« (ebd., S. 51).

16 Schneider, *Verhüllter Tag*, a.a.O., S. 195.

17 Ebd., S. 185.

18 Die Naturelemente werden auch an anderen Stellen als eigenständig wirkende metaphysische Kräfte in die Darstellung einbezogen, vgl. z. B. LC 21, LC 35, LC 37, LC 43, LC 59.

19 Das Kapitel trägt die Überschrift »Daß alles Schwere um des ewigen Lebens willen ertragen werden muß«. – Vgl. Thomas von Kempen, *Die Nachfolge Christi*, Stuttgart 1949, S. 205. – Die Schrift »de imitatione Christi« wurde 1441 vollendet. Vgl. ebd., S. XXI.

20 Schneider, *Verhüllter Tag*, a.a.O., S. 140.

Peter Meinhold
Der beispiellose Friede
*Schriften, Vorträge und Briefe Reinhold Schneiders zum Friedensgedanken**

Erst in jüngster Zeit ist die Aktualität des umfassenden literarischen, poetischen und zeitkritischen Werkes Reinhold Schneiders erkannt und für die Gegenwart fruchtbar gemacht worden.[1] Diese Tatsache hat letztlich ihren Grund in dem Bemühen Reinhold Schneiders, die Problematik der europäischen Geschichte aufzudecken, indem die in ihr ringenden gesetzlichen Kräfte von beharrenden und konservativen, von vorwärtsdrängenden und revolutionären Gestaltgebungen mit ihrer Dialektik von politischer Gebundenheit und der diese immer transzendierenden christlichen Freiheit des Glaubens gedeutet und die Gegenwartsbezogenheit aller Ereignisse herausgearbeitet werden. Der Historiker Reinhold Schneider hat die Vergangenheit niemals nur um ihrer selbst willen, gleichsam als ein museales Stück, betrachtet. Er hat sie stets nach den sich in der Gegenwart zeigenden Fortwirkungen interpretiert und aus dieser ihrer Aktualität immer auch das verantwortliche Handeln, wie es die Forderung der Stunde ist, abgeleitet. So ist die Kritik an seiner Zeit in höchstem Maße von der Verantwortung vor der Geschichte und dem Willen zu geschichtlichem Handeln geprägt gewesen.

In diesem Ansatz seines Denkens ist es auch begründet, daß Reinhold Schneider kein Anhänger der Politik und der Ideologie des Nationalsozialismus hat sein können. Bis zur Gefährdung der eigenen Person und bis zur Aufopferung der eigenen Freiheit hat er in einem letzten Gegensatz gegen die politischen Aktionen des Dritten Reiches und alle ihre Motivationen gestanden. Er ist aber nicht in der Verneinung geblieben, sondern hat sich, oft im Verborgenen und Unerkannten, darum bemüht, die geistigen Gegenkräfte zu wecken, die den einzelnen

* Es handelt sich um die gekürzte bzw. erweiterte Fassung eines Vortrages, den ich auf Einladung der Katholischen Universität Lublin am 15. Januar 1976 in Lublin und am folgenden Tage in Warschau gehalten habe.

in dem ungeheuren Umbruch, der mit dem Dritten Reich über die europäische Welt gekommen war, stärken und ihn in der Ablehnung des Nationalsozialismus und seiner geistigen Hintergründe erhalten konnten. Das immense Werk ist noch nicht aufgedeckt, das Reinhold Schneider durch Briefe, Botschaften, Gedichte, Artikel und hundertfachen persönlichen Zuspruch schriftlich und mündlich mit dieser Zielsetzung ausgerichtet hat. Wird es einmal in seinem vollen Umfang, soweit dies heute noch möglich ist, freigelegt sein, dann werden das ganze Ausmaß seines Wirkens, die von ihm ausgehende einzigartige geistige Kraft und die letzten Beweggründe seiner kritischen Haltung überblickt werden können. Dann wird auch deutlich werden, daß dieser Kritiker seiner Zeit zugleich einer ihrer furchtbarsten und immer anregend bleibenden Repräsentanten der in ihr enthaltenen Tendenzen gewesen ist.

Zu den Reinhold Schneider zutiefst bewegenden politischen Problemen gehört nicht zuletzt die Frage nach Krieg und Frieden als den beiden geistigen, das Weltgeschehen bestimmenden Potenzen. Gerade infolge der von ihm aufgedeckten Dialektik dieser beiden Größen kommt seinen Friedensbemühungen eine höchste Aktualität zu. Sie sind keineswegs als für unsere Zeit als erledigt zu betrachten, sondern mit der Fülle ihrer Begründungen aufzugreifen und in die Gegenwart zu übernehmen.

Man kann *Reinhold Schneiders Verständnis des Begriffes »Frieden«*, der ein in seinem gesamten Schrifttum begegnendes, wesentliches Motiv seines Denkens ist, mit allen seinen Bezügen humaner, soziologischer, wirtschaftlicher und politischer Art nur mit dem Ziel darstellen und entwickeln, zu erkennen, daß alle seine einschlägigen Äußerungen auf das *Tun des Friedens* und also auf eine vom Menschen zu vollbringende Lebenshaltung abzielen. Erst jüngst ist dieser Aufgabe eine im Jahr 1975 an der Universität in Bern in der Schweiz verfaßte Arbeit nachgegangen.[2] Das Denken Reinhold Schneiders über die Praxis des Friedens ist niemals ohne Bezug auf die wirkliche Situation in der Welt gewesen. Er hat sie als einen nicht aufzulösenden, weil niemals endenden Kampf zwischen dem human Notwendigen, dem politisch Möglichen und dem christlich Gebotenen verstanden.[3]

Man kann von seinen frühen bis zu seinen späten Schriften die

Entwicklung dieser Motivationen in ihren verschiedenen Abwandlungen verfolgen. *Im Grunde ist Reinhold Schneider von einer einheitlichen Konzeption des Friedens beherrscht.* Der Friede ist für ihn nicht eine Art Flucht vor den Schrecken dieser Erde und der Friedlosigkeit der Menschen, obgleich diese sich selbst immer wieder mit der Vorläufigkeit der Waffenstillstände begnügt und diese als »Frieden« ausgegeben haben, sich selbst und die Menschheit damit betrügend. Der Friede ist für Reinhold Schneider das Zeichen für innere Freiheit, für die Stärke und das Vertrauen des Glaubens, vor allem aber für die christliche Zuversicht, welche die Friedfertigkeit der Menschen unter die göttliche Verheißung gestellt weiß.

Obgleich also die Idee des Friedens im Schrifttum des jungen und reifenden Reinhold Schneider ebenso wie im Spätwerk des gereiften Mannes begegnet, so ist sie doch vornehmlich von ihm in vier Schriften entwickelt worden, die der Zeit von 1946 bis 1956 angehören.

Reinhold Schneider hat zuerst eine Reihe von kleineren Schriften unter dem Titel *Gedanken des Friedens* zusammengefaßt und diese Sammlung mit einem vom 16. November 1945 stammenden Vorwort bei dem Verlag Herder in Freiburg erscheinen lassen.[4] Diese Sammlung von 12 Aufsätzen, denen zwei Sonette beigefügt sind, enthält jene Arbeiten aus der Zeit unmittelbar nach dem Zusammenbruch von 1945, der immer wieder die Beziehung auf den Frieden und seine inneren Voraussetzungen umschreiben. Reinhold Schneider sagt es selbst im Vorwort des Buches, daß es die Absicht dieser Sammlung sei, »den Frieden als eine große Möglichkeit, eine ernste Aufgabe – nicht etwa eine Gegebenheit – an die Herzen (zu) tragen«.[5]

Er will den Frieden letztlich als eine innere Kraft beschreiben, die im Herzen des Menschen gegründet ist. Aber von dort wirkt sie sofort nach außen, um sich den Raum zu schaffen, in dem der Friede gelebt werden kann. Reinhold Schneider sagt ausdrücklich: »Der Friede muß vor allen Dingen getan werden in unserem inneren Leben, dessen wir mächtig bleiben und das wir verantworten müssen in jedem Falle.« So werden wir zu dem durchgreifenden, unser ganzes Sein bestimmenden Entschluß aufgerufen, »Gedanken des Friedens« zu denken, indem wir jenen Frieden in unser Herz nehmen, den Gott über die

Schöpfung gebreitet und der Auferstandene in das Leben der Völker und Menschen getragen hat.[6]

Diese Äußerungen lassen erkennen, *daß der Friede im Sinne Reinhold Schneiders eine doppelte Wurzel hat.* Es handelt sich einmal um den Frieden als einem Urzustand der Natur, wie er noch heute, wenn auch gebrochen, in der Schöpfung trotz aller sie verderbenden Sündhaftigkeit des Menschen wahrgenommen werden kann. Der Unfriede in der Welt hat seinen letzten Grund in der Lüge und Ichbezogenheit des Menschen, der sich der Natur bemächtigt, um sie sich zu unterwerfen, der sie damit aber auch in aller Eigenmächtigkeit zerstört und die Friedlosigkeit seines Herzens in die Welt hineinträgt. Trotzdem ist auch an der durch den Menschen zerstörten Schöpfung noch der Abglanz jenes vom Schöpfer ursprünglich über sie gebreiteten Friedens erkennbar.

Diesen Frieden hat der Auferstandene der Menschheit aufs neue gegeben, indem er die Menschen mit Gott versöhnt und ihre Herzen befriedet hat. Christus selbst ist der Träger einer Friedensbotschaft gewesen, die die Welt sich selbst nicht hat geben können. Der Friede Christi ist ein Geschenk der Gnade, das dem zuteil wird, der in aller Wahrhaftigkeit sich nach diesem Frieden sehnt und ihn ganz in sich hineinzunehmen bestrebt ist. Dieser göttliche Friede ist nicht von der Welt, aber er wirkt doch, wie Reinhold Schneider sagt,[7] auf die Welt als eine von oben gekommene Macht. Die Welt ist immer auf ihn angewiesen, denn er allein kann auch ihren Bestand sichern.

Reinhold Schneider wird nicht müde, schon in seiner ersten Friedensschrift das *Tun des Friedens* zu betonen. Es beginnt damit, daß wir uns selbst zum Frieden hin überwinden. Der Friede muß zuerst in uns selbst, in unser Herz, seinen Einzug halten. Er muß in unserem Hause seinen Anfang nehmen. Reinhold Schneider unterstreicht die weltweite Auswirkung dieses Friedens: »Wo Häuser des Friedens sind, wird sich das Land befrieden.«[8] Gerade in einer von Haß glühenden Welt gilt es, den Frieden zu denken, nein, ihn wirklich im eigenen nächsten Umkreis zu vollziehen.

Es muß also der Mensch, dessen Herz von Gott befriedet ist, auch den wahrhaftigen Frieden in sich tragen und um sich verbreiten. Reinhold Schneider stellt in diesem Zusammenhang *den Frieden, den Christus gebracht hat,* in seiner Qualität über den Frieden, den der Schöpfer über die Natur ausgebreitet hat. Der Friede beruht letztlich auf der Wahrheit, die Christus selbst ist und die den Menschen ebenso unter das göttliche Gericht stellt, wie sie ihn zu schonungsloser Selbstkritik führt. Gerade der der Anfechtung ständig ausgesetzte Mensch hat als Christ die neue Möglichkeit des Friedens, wenn er mit ganzer Seele bestrebt ist, dem Tode keine Brücken zu bauen und im Geiste das Friedensreich anbrechen zu lassen.

Reinhold Schneider versteht unter dieser Haltung des Christen den *»Vollzug des inneren Friedens«,* der die Wandlung der Herzen zur Voraussetzung hat, die wiederum eine »unbarmherzige Begegnung« mit uns selbst, mit unserem Tun und mit unserer Geschichte fordern, von der wir uns nicht freisprechen können, für die wir immer einzustehen haben«.[9]

Schon diese erste Schrift aus dem Jahre 1945/46 läßt wichtige Motive im Friedensdenken Reinhold Schneiders anklingen. Er ist aber bei dieser Konzeption des Friedens nicht stehengeblieben, sondern hat sie durch die Auseinandersetzung mit der konkreten Geschichte in allen Epochen der Menschheitsentwicklung weitergeführt. Reinhold Schneider verfügt ja in einer einzigartigen, nur selten anzutreffenden Breite über geschichtliche Kenntnisse. Aber diese sind bei ihm nicht eine Anhäufung von Daten gewesen. Er hat sich auch nicht mit der Freilegung der verschiedenen im geschichtlichen Leben wirksamen Komponenten begnügt. Er hat vielmehr die Geschichte nach ihrer inneren Dialektik als ein letztes Ringen sich gegenseitig anziehender und abstoßender, bedingender und ausschließender Motive und Ideen gedeutet.

Insbesondere hat ihn *das Spannungsverhältnis von Krieg und Frieden* gerade für die europäische Geschichte beschäftigt.[10] Doch hat er auch die Geschichte der beiden Amerika, die Geschichte des alten Hellas und die Geschichte Roms unter den gleichen Aspekten betrachten und nach ihrer inneren Bewegung deuten können. Was aber die Geschichte Europas anbelangt, so ist sich Reinhold Schneider darüber im klaren gewesen, daß sie ein äußerst beschwerlicher, weil immer wieder der Gefährdung, dem Abbruch und Unterliegen ausgesetzter Aufstieg von einer friedlosen, sich in den Völkern bekriegenden Welt ist. Nur unter unmenschlichen Opfern haben größere befriedete Räume langsam gewonnen werden können. Doch auch sie bleiben immer wieder vom Unfrieden bedroht, solange nicht der Mensch selbst ein anderer geworden ist und den Frieden zu denken und zu tun vermag.

Von dieser Position aus ist die Wende zu verstehen, die Reinhold Schneider von 1950 bis 1952 mit seiner Polemik gegen die deutsche Politik jener Jahre und insbesondere gegen die lehramtlichen Äußerungen der katholischen Kirche in den Diskussionen um den atomaren Krieg genommen hat. Reinhold Schneider hat zwar nicht den Übergang zu einem es sich mit seinen Argumentationen leicht machenden Pazifismus vollzogen, wohl aber *die Frage nach Krieg und Frieden als die Frage nach dem Wesen des Christentums* gedeutet und sie in einer tiefen existentiellen Weise beantwortet, womit er den meisten seiner kirchlichen und unkirchlichen Zeitgenossen hoch überlegen war.[11]

Reinhold Schneider ist von dieser Frage aus in die Auseinandersetzung mit den geistigen Hintergründen der Politik Konrad Adenauers und den sie stützenden Theologen und Kirchenmännern geraten. Die von diesen Kreisen in Gang gesetzte Entwicklung darf sich nach seiner Auffassung nicht als »christliche Politik« geben, weil sie an dem jeden Christen verpflichtenden Gebot Jesu vorbeigeht, nach dem das Böse mit Gutem zu überwinden und jede Verteidigung mit der Waffe schlechthin aufgehoben ist. Krieg und Evangelium sind letzte, unvereinbare Gegensätze; der moderne totale Krieg ist »ein Verbrechen entsetzlichster Art«.[12] Man muß sich heute zum uneingeschränkten Gehorsam gegen das Evangelium entschließen, das keine Ausbildung mit der Waffe, keine »allgemeine Wehrpflicht« und keinen Fahneneid zuläßt. Die Stunde fordert das Zeugnis des Glaubens, das Bekenntnis zur Macht der Gewaltlosigkeit und den Aufbruch des freien christlichen Gewissens, das nur mit den Waffen des Lichtes in einer Welt der Finsternis zu handeln hat.[13]

Über die Konsequenzen dieser Haltung ist sich Reinhold Schneider durchaus klar gewesen. Das geschichtliche Dasein der Kirche muß durch Leiden bestimmt sein, von dem sie in ihrer Erdenzeit niemals befreit werden kann. Es gewinnt für ihn von dieser Idee aus die Geschichte in ihrer Breite, die Kirchen- und auch die Heiligengeschichte, einen neuen Sinn, weil sie »den schmerzlichen Zwiespalt« zwischen dem offiziellen Christentum, einer nach außen gehenden Repräsentation und dem im Verborgenen leidenden, wahren Heiligen offenbar machen. So fällt über die Quäker das Urteil, daß sie allein »die richtige Haltung« gegenüber dem Problem von Krieg und Frieden eingenommen haben,[14] während die Haltung Pius' XII. und dessen zu Notwehr und Verteidigung aufrufende Weihnachtsbotschaft aus dem Jahre 1948 einer schneidenden Kritik unterzogen werden. Mit Entsetzen stellt Reinhold Schneider fest, daß wesentliche Initiativen für die deutsche Aufrüstungspolitik, wie sie von Adenauer betrieben worden ist, mit der Haltung des Vatikans übereinstimmen. Er empfindet darin nicht nur eine schwere Belastung für die Zukunft, sondern erkennt auch die Haltung des Kirchenpräsidenten Niemöller an, dessen Behauptungen, daß diese Politik »in Rom gezeugt, in Washington geboren« sei, er bestätigt sieht. Die »Bekennende Kirche auf dem Wege« betrachtet Schneider mit Respekt, weil sie eigentlich die katholische Seite beschämen müsse.[15]

Die Auseinandersetzungen um diese Fragen haben Reinhold Schneider persönlich schwer belastet, der von sich sagen muß, daß er »noch nie so elend« wie gerade zu diesem Zeitpunkt[16] gewesen sei. Aber trotz der äußeren Zermürbung *hat er seine Friedensidee zu der Gestalt eines absoluten, allein vom christlichen Glauben her begründeten Verweigerns jeden Kriegsdienstes und eines konsequenten Pazifismus fortgebildet.* Er fühlt sich innerlich genötigt, der von päpstlicher und auch von evangelischer Seite vertretenen »Lehre vom gerechten Krieg« zu widersprechen und den Gutachten amerikanischer katholischer Theologen über die Anwendbarkeit modernster Waffen eine kompromißlose Absage zu erteilen. Er macht den päpstlichen Äußerungen den Vorwurf, daß sie über die Gewissensnot der Wehrpflichtigen einfach hinweggehen, ohne auf die junge Christen heute bewegende Problematik einzugehen oder seelsorgerliche Aspekte erkennen zu lassen. Reinhold Schneider sieht sich in schweren Konflikten mit der Öffentlichkeit, in der die Tendenz zur Aufrüstung sich durchsetzt und von der Geistlichkeit unterstützt wird, wo sie auf Widerstand trifft. Er leidet unter dem politischen Ausnahmezustand des deutschen Volkes, das als geteiltes in der Gefahr des Bruderkrieges steht und zum Schlachtfeld der Welt werden kann.[17]

In dieser Not hat Reinhold Schneider seine Stimme in der

damaligen »Ostzone« erhoben und in der dort erscheinenden Zeitschrift *Aufbau* zwei Aufsätze publiziert. Sie sollten das Gespräch zwischen den beiden Teilen der Welt, die in Deutschland aufeinanderstoßen, zwischen Ost und West, herbeiführen und damit der Wegbereitung des Friedens dienen. Er hat diesen ihm so schwer verdachten Schritt in voller Überzeugung und als der verantwortlich handelnde Historiker getan, der das deutsche Volk zu einer politischen Vermittlerrolle zwischen Ost und West berufen sieht, die ihm durch die Geschichte zugewiesen ist. Es ist die historische Aufgabe der Deutschen, die Spannungen in der Welt abzubauen, die Gegensätze auszugleichen und eine Stätte der Begegnung und der Vermittlung für die gegnerischen Seiten abzugeben.[18]

Diese politischen Überlegungen hängen mit Reinhold Schneiders Friedensidee unlösbar zusammen. Jeder Kriegsdienst ist für ihn mit dem Gebot Jesu Christi ebenso unvereinbar, wie die allgemeine Wehrpflicht »ein unmenschliches und widerchristliches Gesetz« ist.[19] Das heilige Wort »Friede« darf nicht zum Parteiruf der Feinde Christi werden, die dort mit ihrem Programm ansetzen, wo die Christen den tiefen Widerspruch zwischen Lehre und Leben sichtbar machen.[20] Es ist eine »Katastrophe der Christenheit«, daß das erste Wort des Auferstandenen heute seinen Gegnern überlassen wird. Der Christ kann nur der verfolgte »Zeuge der Wahrheit« sein, wie mit einem Wort gesagt wird, das den Kundigen sofort die geistesgeschichtlichen Perspektiven erkennen läßt, unter denen Reinhold Schneider sich selbst gesehen hat.[21]

Der Beginn der fünfziger Jahre bezeichnet im Leben Reinhold Schneiders eine tragische Epoche, die wir hier nur mit wenigen Andeutungen haben berühren können, die aber wegen ihres einmaligen, aufschlußreichen geistigen Gehaltes eine ausführliche Darstellung erfordert. Reinhold Schneider hat in diesen Jahren die Friedensidee in ihren letzten Konsequenzen durchdacht und sie mit dem Willen zum Alleingang, der nicht die innere Überzeugung verleugnet, gegen seine Zeit, gegen die offizielle Politik und Kirchlichkeit vertreten.

Ohne die konkrete Auseinandersetzung mit den in diesen Jahren aufbrechenden Tendenzen zu Aufrüstung und militärischer Verteidigung, mag sich diese selbst auch als Notwehr verstehen, ist die Entwicklung des Friedensgedankens bei

Reinhold Schneider nicht zu begreifen. Erst in ihrem Licht werden auch seine späteren Äußerungen zur Sache des Friedens ganz deutlich. Daß diese schließlich die Anerkennung gefunden haben, die sich in der Zuerkennung des Friedenspreises des Deutschen Buchhandels an den Dichter ausdrückte, ist neben der persönlichen Bindung an Theodor Heuss, der die politische und kirchliche Kritik Reinhold Schneiders immer mit dem tiefsten Respekt verfolgt und die Motivationen seiner Äußerungen von überlegter Warte aus beurteilt hat, vor allem der inneren Konsequenz Reinhold Schneiders selbst zu danken, der in den Jahren der öffentlichen Diffamierung und des Ausgeschlossenseins von den Massenmedien sich selbst treu geblieben ist.

Reinhold Schneider hat in dieser Zeit *die Idee des Friedens existentiell vertreten*: »Wo die Christen abweichen von der Nachfolge Christi, dort ist die Stelle, wo die Feinde des Christentums sich bewaffnen können.«[22] Für ihn hat sich das Christsein in dieser seiner kompromißlosen Haltung realisiert, die sich das Gesetz ihres Handelns nicht vom Gegner diktieren läßt, sondern sich zu eigener Aktivität mit dem Zeugnis des Glaubens und dem Bekenntnis des christlichen Gewissens berufen weiß. Gerade darin hat Reinhold Schneider die ihm durch seine Zeit gewiesene Aufgabe gesehen, daß es gelte, das Zeugnis für den Frieden zu leben und für die Freiheit des christlichen Gewissens einzutreten, um so die Nachfolge Christi in der Welt von heute zu üben.[23]

Mit dieser Einstellung hat sich Reinhold Schneider keiner Partei und keiner politischen Ideologie verschrieben. Ihn deswegen als »Kommunisten« oder als den Vertreter irgendeines »Gewaltsystems« anzusprechen, ist ein schweres Unrecht gewesen, das die Sauberkeit seiner Motive verkannt hat. Er hat von sich selbst sagen können, daß er auch bei Veröffentlichungen in östlichen Zeitungen oder Zeitschriften, »nie etwas anderes gefordert als die Freiheit des christlichen Gewissens«. Deshalb trifft auch die Folgerung zu, die er selbst aus dieser Tatsache gezogen hat: »Wo man diese Forderung annimmt, ist nicht mehr Kommunismus.«[24] In den für ihn bitteren Jahren der Auseinandersetzung um die öffentliche Geltung des Friedensgedankens ist Reinhold Schneider zu einer Fortbildung desselben gekommen, in der sich dann das neue Moment einer Erziehung zum

Frieden im Sinne der Heranbildung einer allgemeinen Friedensgesinnung bei den Menschen und unter dem Einsatz der religiösen Kräfte findet.

Aus dieser an der konkreten Geschichte geübten Fortbildung der Gedanken ist bei Reinhold Schneider die zweite Schrift hervorgegangen, die sich mit den grundsätzlichen Problemen des Friedens befaßt. Ihr Titel lautet: *Der Friede der Welt.* Sie ist im Insel-Verlag (Wiesbaden) im Jahre 1956 erschienen.[25]

Die Schrift macht deutlich, daß Reinhold Schneider sich an jene *europäischen Friedensdenker* anschließt, die Europa in den Augenblicken seiner äußersten Gefährdung durch die seine Völker ergreifenden Verheerungen des Krieges an die hohe Aufgabe des Friedens gemahnt und für die Herbeiführung einer Friedensgesinnung sich eingesetzt haben. Reinhold Schneider zeigt sich in dieser Schrift als ein ebenso tiefer wie überlegener Interpret und Fortführer jener großen Schar von Friedensdenkern, die immer nur als Einzelne und Einsame in ihrer Zeit aufgetreten sind. Er verfolgt ihre Spuren vom Friedensreich des Gotenbischofs Ulfilas bis zu den Friedensbemühungen der mittelalterlichen Kaiser und Könige, die den Frieden als eine neue politische Wirklichkeit zu behaupten sich bemüht haben. Er setzt sich mit den Friedensschriften eines Erasmus von Rotterdam und Sebastian Franck ebenso auseinander wie mit den Friedenswerken eines William Penn. Insbesondere aber hat Reinhold Schneider der Friedensschrift des Immanuel Kant ein neues Verstehen und eine für unsere Zeit neue Wertung durch seine Interpretation bereitet. Die Friedenskundgebungen eines Albert Einstein und Leopold Ziegler hat er im Hinblick auf das Schicksal der Welt nur bejahen können.

Aber allen diesen Boten des Friedens gegenüber hat Reinhold Schneider den Frieden als *die einmalige Möglichkeit* bezeichnet, die dem Menschen unserer Generation in die Hand gegeben ist, damit er sie im bewußten Gegensatz gegen die moderne, auch die wissenschaftliche Forschung in ihr Werk einbeziehenden Rüstungsanstrengungen verwirkliche. Der Friede der Welt erscheint so als etwas, das geschehen muß, weil es noch niemals geschehen ist, wenn die uns unbekannte Welt und der uns noch bekannte Mensch gerettet werden sollen: »Es müßte geschehen: *ein Denken des Friedens von Grund aus,* wahrhaftig in jeder Faser.«[26]

Diese Schrift vom Jahre 1956 hat Reinhold Schneider aus der in ihm tief verwurzelten Abneigung gegen die Tendenzen geschrieben, die wie in aller Welt, so auch in Europa, das Denken ergriffen und die Politik bestimmt haben, indem sie den Krieg durch kriegerische Mittel bekämpfen wollten. Er hat in der gleichen Weise die mangelnde Bereitschaft einer ganzen Generation zur Selbstkritik und zum Umdenken verurteilt. Die aus diesem Mangel resultierende Willigkeit, immer weiter aufzurüsten und mit den Mitteln des Krieges dem Krieg zu begegnen, hat an ihm ihren unerbittlichen und kompromißlosen Gegner gehabt. Die Schrift des Jahres 1956 hat Reinhold Schneider ebensoviel Verurteilung und Ablehnung seiner Gedanken eingetragen, wie sie auch die Einzigartigkeit und die geistige Überlegenheit dieses Friedensdenkers offenbar gemacht hat. Er hat sich darin verzehrt, gerade die Menschen in Deutschland *zu innerem Wandel und zum Umdenken in bezug auf das Verhältnis von Krieg und Frieden* aufzurufen. Nicht zuletzt ist es dieser Schrift zu danken, daß Reinhold Schneider im Jahre 1956 mit dem Friedenspreis des Deutschen Buchhandels ausgezeichnet worden ist.

Aber diese Ehrung ist für ihn der Anlaß gewesen, zwei weitere grundsätzliche Äußerungen zur Problematik des Friedens und der Friedensgesinnung abzugeben. Sie tragen beide den eben schon angeführten Titel *Der Frieden der Welt* und sind doch ganz verschiedenen Inhalts und von unterschiedlicher Ausrichtung.

Bei der Verleihung des Friedenspreises des Deutschen Buchhandels hat Reinhold Schneider *in der Frankfurter Paulskirche* am 23. September 1956 die grundlegende Rede über den »Frieden der Welt« gehalten. Wenige Tage später hat er *zu dem gleichen Thema in Düsseldorf* am 27. September einen ebenfalls fundamentalen Vortrag dargeboten, der weitere Aspekte konkreter Friedensbemühungen aufweist.[27]

In *seiner Frankfurter Rede* hat Reinhold Schneider eine Reihe von neuen Gesichtspunkten für die Erfassung des Problems des Friedens herausgestellt. Er hat es als das »Existenzproblem« der modernen Welt bezeichnet, ob es ihr gelingen werde, zum wirklichen Frieden zu kommen. Reinhold Schneider denkt dabei nicht an einen neuen »Waffenstillstand«, sondern an den *Frieden als einen politischen Dauerzustand.* Er hat die wirkliche

Sinnesänderung der Menschen im Sinne einer grundsätzlichen Friedensbereitschaft der Völker und der einzelnen zur Voraussetzung. In höchst eindrucksvoller Weise kann Reinhold Schneider zeigen, wie gerade in der Geschichte Europas Krieg und Frieden auf eine tragische Weise miteinander verbunden sind. Die europäische Geschichte kennt eine Tradition des Krieges, vor allem in ideeller Hinsicht, der eine Tradition des Friedens entgegensteht, die durch immer neue Friedensdenker, die gerade in den am schwersten die europäische Welt erschütternden Jahren aufgetreten sind, vertreten wird, die ihre Mahnrufe für den Frieden in die europäische Welt haben erschallen zu lassen.

Angesichts dieser die Geschichte Europas bestimmenden Entwicklung kommt Reinhold Schneider zu der Erkenntnis, daß der Friede der Gegenwart nicht nur ein europäischer sein dürfte, sondern die ganze Welt umfassen müsse. Der Frieden in der Gegenwart kann nur als »Friede der Welt« oder als »Ewiger Friede« realisiert werden. Reinhold Schneider greift damit die Formulierung des deutschen Philosophen Immanuel Kant auf. Die Herbeiführung des Friedens bedeutet aber praktisch die Beseitigung aller Kriegsursachen, auch solcher, die zu ihrer Zeit noch nicht erkennbar hervortreten, weil sie in den Herzen der kriegführenden Völker verwurzelt sind.

Aufgrund dieser Perspektiven fordert Reinhold Schneider, daß *der Friede als ein geistiger Wert* wieder erkannt und in unserer Generation vertreten werde. Er ist sich aber darüber klar, daß eine solche Aufnahme des Friedens nur durch eine innere Umwandlung des einzelnen Menschen erreicht werden kann. Die Änderung, die die Vertretung des Friedens als eines geistigen Wertes erforderlich macht, muß in den einzelnen Menschen beginnen, um durch sie nach außen wirken zu können. Reinhold Schneider fordert *die Arbeit der Friedfertigen,* die sie im Vertrauen auf die Macht des Geistes und seines schließlichen Sieges aufzugreifen haben. So fordert er in der Frankfurter Rede aufs neue, daß der Friede zu tun sei: »Was soll denn nun geschehen und getan werden? Es müßte geschehen, was noch niemals geschehen ist, wenn die Welt, die wir kennen und lieben, gerettet werden soll. Das heißt: es müßte zum ersten Mal seit Anfang Friede geschlossen werden im Sinne Kants.«[28]

So klingt die Frankfurter Rede mit der Hoffnung auf die Arbeit von friedensbereiten Menschen im Vertrauen auf die Macht der geistigen Veränderungen aus, die sich ihrerseits in der Geschichte und in den Menschen realisieren, die die Gedanken des Friedens leben, erleiden, aber auch an ihnen scheitern. *Ein Friede ohne Opfer ist nicht möglich*, denn dieses allein kann den Willen zum Frieden erst wirklich glaubwürdig machen. Reinhold Schneider weiß, daß die von ihm geforderte Änderung der Herzen nicht eine allmähliche Entwicklung in Richtung auf den Frieden meint. Vielmehr denkt er an die einmalige, plötzliche Umkehr, an die bewußte Wende im Sinne der Bekehrung des Apostel Paulus, denn nur sie kann langsam die Geschichtswelt verändern. Es ist der Ruf an den Menschen unserer Tage, den Krieg in sich selbst und in der Beziehung von Mensch zu Mensch zu beenden. Reinhold Schneider weiß, daß es dafür höchst reale Vorbedingungen zu erkennen und zu erfüllen gibt:[29] »Voraussetzung im Innern ist soziale Gerechtigkeit, die Achtung vor einer jeden reifen Überzeugung, die Würdigung der Arbeit und jeder echten Leistung.« So kann der Friede zur geschichtlichen Darstellung der glaubensstarken Liebe zu Gott, zur Menschheit und aller Kreatur werden.

Mit dieser Zielsetzung hat die Frankfurter Rede deutlich gemacht, *daß es nicht möglich ist, den Frieden ohne die Kräfte des Glaubens zu konzipieren* und zu realisieren. Der Friede erscheint ohne die Mitwirkung des Christentums durch seine amtlichen und außeramtlichen Vertreter in dieser Welt, insbesondere aber auch ohne die Kooperation der Kirchen, nicht möglich.

In seinen nur wenige Tage nach der Frankfurter Rede gehaltenen *Ausführungen von Düsseldorf* hat Reinhold Schneider gerade diese Linie noch weiter ausgezogen und damit seiner Idee des Friedens eine neue Komponente hinzugefügt, die gerade in der Gegenwart rezipiert worden und dadurch zu einer allumfassenden, uns als Christen fordernden Bedeutung gekommen ist.

Der Düsseldorfer Vortrag steht unter dem gleichen Thema wie die Rede von Frankfurt. Auch er handelt vom »Frieden der Welt«. Auch er knüpft noch einmal an die bekannte Schrift zum Frieden von Immanuel Kant an. Diese wird jetzt von Reinhold Schneider als »der bedeutendste Beitrag der Deutschen« zur

Sache des Friedens überhaupt bezeichnet. In seiner tiefen Einfühlung hat Reinhold Schneider die Motivationen des deutschen Philosophen in der Vertretung der Idee des Friedens aufgenommen und weitergedacht. *Der Friede fordert* eben *immer den Raum, in dem er gelebt werden kann,* wenn er nicht nur eine Idee oder ein niemals in die Wirklichkeit eingehendes Ideal bleiben soll. In Düsseldorf hat es Reinhold Schneider deshalb als die Frage an die Menschheit von heute bezeichnet, ob es ihr gelingen werde, von dem »Waffenstillstand«, unter dem sie lebt, zu einem dauerhaften Frieden als einem politischen Gesamtzustand zu kommen.[30]

Nach Reinhold Schneider kann aber eine Lösung dieser Frage nicht getrennt von der wirklichen Geschichte erreicht werden, weil sie nicht nur eine solche der ständigen Selbstbehauptung, sondern auch die des Schutzes der Menschen ist, den diese immer wieder durch Krieg und Rüstung zu erlangen suchen, um arbeiten und aufbauen zu können, wie die Geschichte zeigt. Erst wer tiefer blickt, wird die ungeheure Schwierigkeit erkennen, die der Lösung der Friedensfrage heute entgegensteht. Es ist von dem, der den Frieden will, eben nicht nur ein höchster sittlicher Ernst, sondern auch *eine Vertrautheit mit der Geschichte* gefordert. Wer für den Frieden ist, muß wissen, daß es die Forderung der Stunde ist, etwas zu tun zu versuchen, was aller Geschichte schlechthin widerspricht. Er muß das absolute »Nein« zu aller Rüstung und aller ihr direkt und indirekt in die Hände arbeitenden Forschung sagen können.

Diese Wandlung ist ohne ein Schuldbekenntnis aller am Kriege Beteiligten schlechterdings nicht möglich. Erst das Eingeständnis eines allgemeinen »mea culpa« kann die Voraussetzung dafür sein, daß eine *Friedensgesinnung* unter den Menschen möglich wird. Im Unterschied zu der Frankfurter Rede betont Reinhold Schneider in seinem Düsseldorfer Vortrag die ungeheure Schwierigkeit, die einem solchen neuen Tun des Friedens in einer ganzen Generation entgegensteht. Der Weg des Friedens durch die europäische Geschichte war immer schwer, weil man meinte, ihn nur durch neue Rüstungen letztlich sichern zu können. Reinhold Schneider kommt zu der von einer leichten Resignation überschatteten Forderung: »Es müßte also von uns das Unwahrscheinlich-Notwendige, das Beispiellose entweder getan oder doch ergriffen, doch wenigstens gesucht werden.«[31]

Gerade diese Forderung läßt nun die Düsseldorfer Rede Reinhold Schneiders in eine ganz neue Forderung ausklingen. *Er weiß um die Schwierigkeit, den christlichen Glauben in unserer Zeit zu bekennen* oder ihm gar eine führende Rolle für die Gestaltung der Welt zuzuschreiben. Aber in der gegenwärtigen Lage der Welt kann selbst die Versöhnung der christlichen Kirchen Europas im Hinblick auf eine neue Aktivierung des christlichen Glaubens nicht mehr ausreichen. Reinhold Schneider wendet seinen Blick deshalb auf *die Religionen der Menschheit.* Er fordert ihre neue Aktivität für die Sache des Friedens:[32] »Es müßte ein Bündnis vorbereitet werden, unter allen, die überhaupt noch glauben an eine übernatürliche Realität.« So sollte man danach streben, feste Verbindungen zwischen allen religiösen Überlieferungen herzustellen, um so eine »wirklich geschichtsmächtige Friedensmacht« erstehen zu lassen. So kommt Reinhold Schneider gegen Ende seiner Düsseldorfer Ansprache zu der Forderung:[33] *»Alle religiösen Kräfte der Welt müßten sich in der Richtung auf den Frieden vereinen,* und eine jede Befriedung unter ihnen, immer zuerst an der nächsten Stelle, wird befriedend wirken.«

Eine solche, von allen Religionen getragene Weltfriedensbewegung ist in den letzten Jahrzehnten mehrfach angestrebt worden. Die *Christliche Friedenskonferenz*[34] betonte die ökumenische Ausrichtung. Die Lambeth-Konferenz der Anglikanischen Kirchengemeinschaft (1968) beauftragte den Erzbischof von Canterbury, sich zusammen mit anderen christlichen Gemeinschaften[35] und mit den Repräsentanten der Weltreligionen in Verbindung zu setzen.[36] Im Oktober 1970 trat in Kyoto in Japan die »Weltkonferenz für Religion und Frieden« zusammen.[37] Auf dieser Konferenz waren elf Weltreligionen – Buddhisten, Christen, Hindus, Jains, Juden, Konfuzianer, Muslims, Shintoisten, Sikhs, Anhänger von Zoroaster und der Bahai-Religion – und eine Reihe neuer japanischer Religionen vertreten, die teils buddhistischer, teils christlicher Tradition entstammen. Die Botschaft dieser Konferenz[38] schließt mit dem Satz: »Es ist unsere Hoffnung, daß diese Konferenz uns hilft, unsere Verantwortung zu erkennen und anzunehmen, die wir als Männer und Frauen eines religiösen Glaubens für die Herbeiführung eines wahren und dauerhaften Friedens haben.« Auf einer zweiten Konferenz im Spätsommer des Jahres 1974 in

Löwen in Belgien[39] wurde versucht, die Thesen von Kyoto zu konkretisieren. In vier Kommissionen sind deshalb die Probleme von Abrüstung und Sicherheit, von wirtschaftlicher Entwicklung und menschlicher Befreiung, von »Menschenrechten und Grundfreiheiten« und von »Umwelt und menschlichem Überleben« behandelt worden. Die Löwener Erklärung macht deutlich, daß man sich über die Schwierigkeiten klar war. Sie beginnt mit dem Satz eines anwesenden buddhistischen Vertreters, der zugleich die Schwierigkeit einer Arbeit für den Frieden bezeichnet: »Ich gehe auf Dornen, aber mit festem Schritt schreite ich wie auf Blumen.«[40]

Was Reinhold Schneider für das Zusammenwirken der Religionen in der Welt gefordert hat, wurde in diesen Ansätzen ernst genommen. Der Friede fordert den weltweiten und den ganz nahen, engbegrenzten Raum, in dem die Menschheit ihn verwirklichen und der einzelne Mensch in seinem Umkreis ihn leben kann. Wir müssen, wie es gerade die Friedenskundgebungen der christlichen Kirchen in unserer Zeit gefordert haben, *den Frieden in eine Praxis überführen*, an der man ablesen kann, daß die entscheidenden Wahrheiten des christlichen Glaubens, Friede und Gerechtigkeit, stets auch einen humanen, sozialen und politischen Bezug einschließen.

Wenn wir an der Verwirklichung dieser Ideen zu unserem Teile arbeiten, werden wir ein in die Zukunft weisendes Wort Reinhold Schneiders in der uns gegebenen Welt zu verwirklichen anheben:[41]

> »Der sich befriedende, der von Gott befriedete,
> der in seiner Schuld seiner Würde, in seiner
> Verfehlung seiner Verantwortung wieder inne
> gewordene Mensch kann und darf allein der Träger
> zukünftiger Geschichte sein.«

(1977)

Anmerkungen

1 Die »Mitteilungen der Reinhold-Schneider-Gesellschaft« bieten in jedem ihrer Hefte ein reiches Material, auf das sich die obige Behauptung gründet, vgl. den Aufsatz von H.-J. Schultz, Reinhold Schneider, in: *Mitt.*, Heft 13,

März 1975, S. 44–50 und das Buch von Ingo Zimmermann, *Der späte Reinhold Schneider.* Eine Studie, Freiburg-Basel-Wien 1973.

2 Rita Meile, *Der Friede bei Reinhold Schneider.* Studien zu einem Grundmotiv in seinem Werk. Phil. Diss., Bern 1975. – Vgl. das Referat von Ekkehard Blattmann, Schneideriana-Forschungsbericht, in: *Mitt.,* 7 Heft 16, Dezember 1975, S. 43–67, bes. S. 47 ff. – Vgl. ferner Rita Meile, Gewissenserziehung im Dienste des Friedens, in: *Mitt.,* Heft 10, April 1974, S. 36–41. – Inzwischen ist als Buch erschienen: Rita Meile, *Der Friede als Grundmotiv in Reinhold Schneiders Werk* (Sprache und Dichtung Bd. 24, Bern und Stuttgart 1977.

3 Das Thema des öffentlich ausgeschriebenen Studienpreises 1974 der Reinhold-Schneider-Stiftung lautet: »Reinhold Schneiders Wegweisung zum Frieden: Ist das christlich Gebotene und human Notwendige auch das politisch Mögliche?«, s. das Sonderheft der *Mitt.,* vom Oktober 1973 zum »P.-Maximilian-Kolbe-Reinhold-Schneider-Gedenkpreis«. In diesem Heft ist auch die Frankfurter Rede vom 23. September 1956, S. 6–19 und der Düsseldorfer Vortrag vom 27. September 1956, S. 20–45, wiedergegeben, ebenso das Vorwort zu dem Buch *Der Friede der Welt,* Wiesbaden 1956, S. 4-5.

4 Reinhold Schneider, *Gedanken des Friedens.* Gesammelte kleine Schriften, Freiburg i. Br. 1946.

5 So in dem eben genannten Werk auf der ersten unpaginierten Seite des Vorworts.

6 Ebd. auf der unpaginierten ersten und zweiten Seite des Vorworts.

7 Ebd. S. 21.

8 Ebd. S. 22.

9 Ebd. S. 23/24.

10 Vgl. seine Bemerkungen über die »Dialektik von Krieg und Frieden« und die sie umgebenden Ausführungen in dem Buch *Winter in Wien,* Freiburg i. Br. [3]1958, S. 59; über den Pazifismus ebd. S. 64.

11 Reinhold Schneider in einem (nicht veröffentlichten) Briefe vom 23. August 1950: »Die Frage führt in eine unheimliche Tiefe. Der Krieg stellt heute die Frage nach dem Wesen des Christentums. Ich kann Ihnen nicht verschweigen, daß ich einen immer tieferen Zwiespalt mit der Kirchengeschichte, auch der Heiligengeschichte, fühle.« Schon im zweiten Weltkrieg ist er zu dieser Überzeugung gekommen, wie er in seinem vom 27. Juni 1951 datierten Brief an die Dichterin Gertrud von Le Fort sagt: »Während des letzten Krieges bin ich zu der Überzeugung gekommen, daß der *Christ keine andere Macht hat als die der Gewaltlosgkeit.* Ich habe diese Überzeugung damals ausgesprochen und bin ihr treu geblieben.«

12 In einem undatierten Brief aus dem Jahre 1950 an Heidingsfelder: »Krieg und Evangelium sind unvereinbar ... Der totale Krieg ist ein Verbrechen entsetzlichster Art!«

13 Offener Brief von Reinhold Schneider, in: *Der christliche Sonntag* II. Jg. (1950) Nr. 39 vom 17. September, S. 304.

14 Reinhold Schneider im unveröffentlichten Brief vom 23. 6. 1951.

15 Ebd.: »Nach den römischen Gesprächen wird alles noch unheimlicher werden; ich bekomme den Argwohn nicht los, daß wesentliche Initiativen vom Vatikan ausgehen; jedenfalls ist dessen Beziehung zur Rüstung problematisch ... was Niemöller behauptete, scheint nun bestätigt.« – Im Nachwort zum Schreiben vom 28. 6. 1951: »Das einzige Licht geht von der ›Bekennenden Kirche auf

dem Wege‹ aus; die Begründungen befriedigen mich oft nicht. Aber die Haltung muß uns beschämen.« – Von Niemöller wird im Schreiben vom 11. 7. 1951 gesagt: »Ich bin mit Ihnen über Niemöller eins; er sieht die geschichtliche Macht des Zeugnisses; mit seinen Begründungen harmonisiere ich oft nicht. Aber in seiner Haltung ist er ein Turm, dem wir keinen entgegengestellt haben.«

16 Brief vom 28. 6. 1951.

17 Offener Brief an den Herausgeber des *Christlichen Sonntags* (vgl. oben Anm. 13) S. 304. Die »Erklärung« Reinhold Schneiders vom 21. Februar 1951 für den *Christlichen Nachrichtendienst* ist wiedergegeben im Brief vom 2. Juni 1951. – Brief an Gertrud von le Fort vom 27. Juni 1951. – Vgl. das Schreiben vom 25. September 1950.

18 Aus dem Artikel für die in Ost-Berlin erscheinende Zeitschrift *Aufbau*, der auch in dem Brief vom 2. Juni 1951 wiedergegeben ist: »Die geschichtliche Bestimmung« (Forts. S. 50 f. der Vorlage).

19 Reinhold Schneider in seiner »Erklärung« in den *Werkheften katholischer Laien*, 1951, Heft 7.

20 Vgl. die »Erklärung« Reinhold Schneiders in den *Werkheften katholischer Laien*, 1951, Heft 7: »Wir sollten uns fragen, wie es geschehen konnte, daß das heilige Wort ›Friede‹ zur Parole der Feinde Jesu Christi werden konnte.«

21 Reinhold Schneider im Brief an Johannes R. Becher vom 16. Januar 1951.

22 Schreiben vom 2. Juni 1951. – In dem in Anm. 21 erwähnten Brief an J. R. Becher heißt es: »Man kann die Wahrheit nur leben.«

23 In dem Schreiben an Johannes Becher vom 16. Januar 1951 heißt es: »Ich möchte, wie Sie wissen, Christ sein, das ist alles. Für den Christen gibt es keine Partei; der Christ kann keine andere Waffe tragen als die des Lichtes; entschließt er sich zu einer Waffe dieser Welt, so verrät er bereits das Gottesreich.«

24 Reinhold Schneider im Schreiben vom 2. Juni 1951 über seinen Brief an Johannes R. Becher vom 16. Januar 1951.

25 Die Schrift ist auch wiedergegeben in Herderbücherei Bd. 507, Freiburg i. Br. 1974, S. 11–93, mit einem Beitrag von Carl Friedrich v. Weizsäcker, Reinhold Schneider in unserer Zeit, und mit der Schrift von Immanuel Kant, Zum ewigen Frieden 1795.

26 Vgl. die Anm. 25 genannte Ausgabe a.a.O., S. 88.

27 Vgl. dazu die oben Anm. 3 genannten Wiedergaben, nach denen wir zitieren.

28 *Mitteilungen*, Okt. 1973, S. 16.

29 Ebd. S. 18.

30 Ebd. S. 23 ff.

31 Ebd. S. 34.

32 Ebd. S. 39.

33 Ebd. S. 40.

34 Die *Christliche Friedenskonferenz* als Zeitschrift wird vom Internationalen Sekretariat der Christlichen Friedenskonferenz herausgegeben, das seinen Sitz in Prag hat. Schriftleiter ist Pfarrer Jiři Svoboda in Prag.

35 Vgl. meinen Aufsatz »Neuere Friedenskundgebungen der Kirchen« in: *Den Frieden erjagen*. Beiträge zur Theologie und Verkündigung des Friedens, Trier 1970, S. 85–135.

36 Vgl. den offiziellen Bericht: *The Lambeth-Conference 1968*. Resolutions and Reports, S.P.C.K. und Seabury Press, London and New York 1968, bes.

Resolutions Nr. 8, 9, 10 und 17.

37 Vgl. den Bericht: *Religionen – Frieden – Menschenrechte*. Dokumentation der Ersten Weltkonferenz der Religionen für den Frieden, Kyoto 1970, hrsg. von Maria A. Lücker, Wuppertal 1971.

38 Die »Conference Message« der World Conference on Religion and Peace, Kyoto, Japan, October 16–22, herausgegeben vom Sekretariat der Weltkonferenz in Tokio.

39 *Neue Perspektiven des Friedens*. Zweite Weltkonferenz der Religionen für den Frieden Löwen/Belgien 1974. Dokumente und Berichte, hrsg. von Maria A. Lücker, Wuppertal 1975.

40 Vgl. die Löwener Erklärung ebd. S. 12 ff.

41 Reinhold Schneider im Vorwort zu *Gedanken des Friedens*, vgl. oben Anm. 4.

Hans Jürgen Schultz
Reinhold Schneiders Gedanken des Friedens

Die deutschen Buchhändler und Verleger verliehen Reinhold Schneider im September 1956 ihren Friedenspreis. Die Laudatio in der Paulskirche hielt Werner Bergengruen. In Schneiders Schriften, sagte er, stehe das Wort »Friede« keineswegs an erster Stelle. Stimmt das?

Tatsächlich kam die Vokabel anfangs bei Schneider nur sparsam vor. Im letzten Jahrzehnt seines Lebens dagegen hat er sich wohl von keinem Thema so engagieren lassen wie von diesem. Allerdings blieb sein Begriff vom Frieden kompliziert. Wie Gesundheit nicht ohne Krankheit, Heiligkeit nicht ohne Dunkel zu definieren ist, so meinte er, daß Krieg und Frieden »auf tragische Weise« ineinander verwickelt sind, daß sie sich zugleich ausschließen und doch dialektisch bedingen. Nächst seinen Freunden verdanke man seinen Feinden das Beste, schrieb Schneider, und er wolle nicht vergessen, ihnen dafür Dank abzustatten. Als Historiker hielt er Kriege sogar für einen starken Motor der Geschichte: ohne den Abwehrkampf der Griechen gegen die Perser beispielsweise hätte es kein Abendland gegeben, kein Europa.

Uns wollen solche Sätze kaum noch über die Lippen. Sie erinnern an mancherlei Ideologien von der Fruchtbarkeit, ja von der Herrlichkeit des Kämpfers. Aber mit ihnen hatte Schneider nichts gemein. Er sträubte sich lediglich gegen Vereinfachungen und gegen geschichtsfremde Vorstellungen. Er war kein Militarist. Ihn als Pazifisten auszugeben, wird indessen auch nicht gelingen. In einem Bewußtsein von der unaufhebbaren Ambivalenz von Krieg und Frieden hat er dieses Thema bis zur Neige problematisiert. Unterhalb des Skrupulösitätsgrades seiner Reflexionen hat unser Nachdenken über Krieg und Frieden kein ausreichendes Niveau.

Während des Winters in Wien, wenige Monate vor seinem Tode, hat Schneider wiederholt das Heeresmuseum besucht. Seine Schilderung ist aufschlußreich. Jeder Satz eine Huldigung für die große Armee des Kaisers, die in vielen glanzvollen

Schlachten von Belgrad bis Flandern, in Niederlagen und Siegen, ihr Blut vergossen hat. Bei seinem Gang durch das Arsenal verneigte sich Schneider vor den Fahnen des Alten Reiches und des Alten Österreich, vor den Standarten und Waffenröcken, den kostbaren wie den unauffälligen Zeichen und Zeugnissen einer ruhmreichen Vergangenheit. Und dann ging er still zum Ausgang. Er blieb auf der Schwelle stehen und wußte: diese Geschichte kann und darf nicht fortgesetzt werden. Wir müssen uns aus ihr entlassen, sie verabschieden. Ehre den Toten! Aber die Schlachten der Zukunft bedürfen eines anderen Mutes: sie müssen mit Mitteln, über die wir noch nicht verfügen, die es womöglich niemals geben wird und von denen doch unser Leben und Überleben abhängt, ausgetragen werden. »Heldentum« kann sich forthin nicht mehr mit Waffengewalt, es muß sich als »Passion« darstellen. Der »Unglaube der Macht«, notierte Schneider, wird sich vom »Glauben der Machtlosigkeit« beschämen und ablösen lassen müssen.

Im Tagebuch liest man: »Die explosiven Veränderungen, die sich in dieser Stunde ereignen, können uns nicht lassen, wie wir waren, verweigern, was wir wollen, fordern, was wir nicht vermögen. Die Zepter wurden im Dunkel vertauscht; ein unbekannter Souverän ist gekommen von verschlossener Stirn; seine Strahlung ist in uns eingedrungen, ist Bestandteil geworden unseres Selbst.« Und an anderer Stelle: »Das Vorhandensein atomarer Waffen ist mir selber zum Seelenleid geworden; die uns geglückte Verbesserung der Kanonen – man kann Kanonen überhaupt nicht verbessern, sondern nur verschlimmern – erscheint mir ebenso untragbar wie unausweichlich. Angesichts dieser Paradoxie zu kämpfen, geht über unsere Kraft; es muß doch sein.« Wieder und wieder beschwor nun Schneider die Öffentlichkeit: »Es muß etwas geschehen, was noch niemals geschehen ist.« Das Wort Friede bezeichnet eine Überforderung, etwas Nochnichterprobtes und Niedagewesenes. Was es meint, ist aus dem Vorrat des Bekannten nicht zu zitieren. Wer Frieden will, kann sich auf Erfahrung allein nicht verlassen. Er muß mit einem großen Risiko zu operieren bereit sein. Wer »keine Experimente« will, kann keinen Frieden wollen. Konservativ war das nicht, was Schneider da dachte.

In seinem Essay *Der Friede der Welt* – einer Vorstudie zu der konfessorischen Rede in der Paulskirche – hat Schneider seine

»Gedanken des Friedens« zusammengefaßt. Diese äußerst konzentrierte und von unbestechlichem Ernst diktierte Schrift ist der Beitrag unseres Zeitalters zu der immer nur an den Rändern offizieller Meinungen sich entwickelnden Tradition der »Kriegsbüchlein des Friedens« (Sebastian Frank, 1539). Sie ist keine akademische Expertise, sondern ein Pamphlet, ein Flugblatt, ein Appell von um so herausfordernderem Nachdruck, als er im Zusammenhang mit der persönlichen Geschichte ihres Autors gesehen werden muß.

Im Krieg fanden Reinhold Schneiders Meditationen und seine Sonette unter abenteuerlichen Umständen und meistens auf illegalen Wegen zu ihren Lesern. »Haltungen gegenüber der Gewalt zu gestalten«, hatte er sich vorgenommen. Doch in dem Maße, in dem er der Ohnmacht seiner Versuche inne wurde, verwandelte sich Protest in Tröstung. Schneiders ganzes Bestreben war, »ein paar Worte zu finden, die den Menschen helfen könnten, das Unabweisbare zu tragen«, also auszuhalten. Als »Samariterdienst« verstand der Dichter seine Arbeit: bestenfalls konnte er Wunden lindern. Mit gebundenen Händen gab er Zeichen.

Bedenkt man die Empfindlichkeit, die Dünnhäutigkeit, die Fragilität dieses Schriftstellers, so kann es nachträglich nicht erstaunen, daß all das, was sich in der Kriegszeit schon anbahnte, nach 1945 offenkundig wurde: Schneider, der nie Gefallen daran gefunden hatte, »Papierrosen der Literaturgeschichte« zu produzieren, fühlte sich jetzt »endgültig abberufen vom literarischen Leben«. Die Ausdrucksmöglichkeiten der Kunst waren erschöpft; sie erschienen ihm unangemessen für seine Intentionen. Das Prophetische vertrieb das Poetische. Etwas Drängendes machte sich bemerkbar. Er spürte, »immer das tun« zu müssen, »was nicht erwartet wird«.

Ich höre noch seinen Stoßseufzer in der Paulskirche: »Ich wäre sehr froh, wenn ich Pazifist sein könnte.« Er beneidete die Pazifisten »um die Meinung, daß es möglich sei, die Kriege aufzuheben, den Blutstrom der Erde zu stillen«. Doch er konnte sich dem gutgläubigen Grundmuster des Pazifismus, trotz immer wieder bekundeter Sympathie, nicht vorbehaltlos verschreiben. Für ihn spielte »alles Geschichtliche unter einem Gewitterhimmel«. Geschichte sei »das Drama einander bekämpfender Sendungen«, »einander herausfordernder und steigernder Ideen«. Sie wird bewegt durch den Doppelauftrag von Innozenz und Franziskus, von Schwert und Wort. Eine Lösung dieses Widerstreits zugunsten einer der beiden Seiten konnte sich Schneider innerhalb der Geschichtswelt nicht vorstellen. Deswegen verblieb für ihn nur »eine rein personale Entscheidung«, die für seine Mitmenschen keine unbedingte Verpflichtung enthalten sollte und die sich gerade wegen der eigenen Unbedingtheit nicht eignete als Impuls für ein politisches Programm. Diese rein personale Entscheidung brachte ihn in die »Nähe der Gefolgschaften des heiligen Toren von Assisi, der bekanntlich auch den ihm sich anschließenden Laien Eid und Waffen verboten hatte«. Friede, hat Schneider mehrfach geschrieben, ist »der Welt entgegen«. Sie ist anders gesonnen. Er wird den Erdkreis nicht gewinnen. Und doch muß er gedacht, gesagt, gemacht werden. Schneider nennt den Frieden die »zweifelhafteste aller Hoffnungen«. Spes contra spem. Wer Frieden anstrebt, »kann dem Vorwurf der Torheit nicht entgehen. Es ist fast unvermeidlich, daß er in Gesellschaft von Narren gerät. Aber besser, auf einem Narrenschiff zu reisen als auf einem Flugzeugträger . . .«

Reinhold Schneiders Pazifismus zerbrach an seinem Pessimismus. Schneider war, seinem Naturell wie seinem Intellekt nach, pazifistisch. Gegen die aufwendige Bemühung, mit allen möglichen, sogar wissenschaftlichen Argumenten die Gewalt, die todbringende Aggression, den Krieg als Faktum und Fatum zu betrachten und für seine traurige Notwendigkeit Verständnis zu erwecken, läßt er den Mönch Las Casas sprechen: »Die Gelehrsamkeit läßt sich an jedes Roß hängen und von ihm fortziehen. Mehr hatte ich nie zu sagen und werde ich nie sagen können als dieses eine: Wir können mit schlechten Mitteln Gutes nicht erreichen.« Dennoch konnte sich Schneider nicht beschwichtigen beim Anblick der Antinomie, daß ausgerechnet Friedensabsichten so häufig das Gegenteil bewirken, daß das Freundliche das Häßliche, das Recht das Unrecht, die Wahrheit die Lüge auf den Plan ruft. Den Frieden bezeichnete er einmal als »eine Gabe, die uns in den Händen zerbricht, wenn wir sie weiterreichen wollen, als ein Glas, das zerspringt, wenn wir es zum Munde führen, um seinen Gehalt zu genießen«. Geschichtliche Existenz bedeutet für ihn: Existenz im Widerspruch. Es gab Pazifisten, die sich am Attentat gegen Hitler beteiligten, um

Pazifisten zu bleiben. Denn Unschuld kann Schuld, Untätigkeit Untat sein. Der Kampf ist ohne Ende. Friede kennt keinen Sieg. Siegen kann man bloß mit den Waffen der anderen Seite. Also ist Friede allein zu beschreiben und zu betreiben als Alternative zum Krieg, die partout sein muß, obwohl denen, die für sie eintreten, Verfolgung statt Erfolg beschieden ist.

Daß Reinhold Schneider gelegentlich ein »deutscher Gandhi« genannt, daß vor allem sein Las Casas mit dem Mahatma verglichen wird, ist nur oberflächlich richtig. Gandhi war ein erfolgreicher Politiker. Er hat Pazifismus für ein Gebot der Vernunft gehalten. Er war überzeugt, daß der Krieg »der Welt entgegen« sei, nicht der Friede. Ohne jetzt befinden zu wollen, wer von beiden »realistischer« war, Gandhi oder Schneider, wäre doch immerhin festzustellen, daß sie tatsächlich in einem wichtigen Punkt übereinstimmten: Friede ist nach ihrem Verständnis mehr als das Ergebnis eines völkerrechtlichen Arrangements. Sie haben die Frage nach der Rolle des einzelnen in dem Geschehen, das Frieden oder Unfrieden hervorbringt, erneut gestellt und auf das dringlichste so beantwortet, daß Friede in und bei uns selber beginnen müsse. Unser Verhalten im Alltag, in der Familie, im Beruf oder im Straßenverkehr kann eine Mikrologie des Friedens von globaler Relevanz werden. »Seelenfriede« und »Weltfriede« korrespondieren miteinander. Wie die furchtbaren Waffen, die unsere Ära bestimmen, rückschließen lassen auf einen geistigen und sittlichen Grundriß, auf dem sie erfunden werden, so wird an künftigen Formen des Lebens und Zusammenlebens wie an einem Plasma erkennbar werden, ob unsere Generation der Einberufung zum Frieden oder zum Kriege gefolgt ist. »Kommende Geschichte«, sagte Schneider in der Paulskirche, »wartet auf das Klima, das wir ihr bereiten . . . Das Klima wird mitbestimmt von einer jeden, auch der verborgensten Existenz . . .«

Friede setzt die »Vernichtung jeder möglichen Kriegsursache« voraus. Er muß von der Wurzel her vollzogen werden. Die Leistungen politischer Routine beurteilte Schneider sehr skeptisch: »Die Konferenzen auf höchster Ebene – Topkonferenzen – sind ohne Gefahr: die Partner reichen einander die Hand unterm Tisch, ein jeder verlangt, was der andere nicht gibt; das bedeutet, daß ein jeder behält, was er hat . . . und die Regierungen können ihre Völker ihrer friedlichen Bestrebungen vertrösten. Es ist einfach: man sieht durch fehlerloses Glas, keiner spielt die Karte aus, die der andere nicht ausstechen wird. Das ist streng befolgte Konvention im Vorspiel der Katastrophe.« Weil das so ist, läßt sich der Friede durch keine noch so perfekte Verhandlungspolitik in den »Völkerpalästen und lärmigen Kongreßhallen« bewerkstelligen, wenn ihr nicht eine veränderte Einstellung der Menschheit entspricht, eine Nachgiebigkeit, eine Offenheit, ein Entgegenkommen, eine Fähigkeit zur »Selbstaufgabe um des größeren Ganzen willen, ein gewisses Opfer, nicht an Überzeugungen, aber an dem Recht, sie durchzusetzen«. Zum erstenmal müßte ein »Friede geschlossen werden im Sinne Kants. Aber Kant machte eine Vorbedingung, nämlich die, daß mitten im Kriege ein Vertrauen auf die Denkungsart des Feindes übriggeblieben sein müsse; sonst könne kein Friede geschlossen werden, und die Feindseligkeit müsse in Ausrottungskrieg ausschlagen . . .« Diese Anknüpfung an Kants Idee des Friedens verbindet Schneider mit Gandhi. Frieden kann man nicht haben, ohne ihn zu geben. Die Basis von Organisationen des Friedens sind »Gedanken des Friedens«. Gedanken sind – nach Kant – intelligible Taten. »Keine Macht der Welt vermag uns zu befrieden und zu beschützen, wenn wir nicht selber uns entschließen, Gedanken des Friedens zu denken.« Schneiders Ruf zum Frieden war vor allem ein Ruf zur Herbeiführung der Voraussetzungen des Friedens: ein Ruf zu radikaler Sinnesänderung.

Mit dieser Einstellung, die Reinhold Schneider nicht bloß dozierte, sondern die er werbend, ja beschwörend und zugleich resignierend verkörperte, wurde er zum Kritiker der Politik Adenauers. Er traute seinen Augen nicht, da er sehen mußte, daß man aus der jüngsten Geschichte nichts gelernt hatte, daß Hitler keine Zäsur gebracht haben soll, daß man vielmehr nach unheilvollen Jahren möglichst zügig wieder zur Tagesordnung übergehen wollte und sich ohne Versuche einer Bewältigung der Vergangenheit mit einem verchromten Scheinfrieden abfand. Man wollte zufriedengestellt, aber nicht zum Frieden bestellt werden. Angesichts der »organisierten Unbußfertigkeit« begab sich Schneider in die Reihe der unbequemen Mahner: es kam zu Begegnungen und Korrespondenzen mit Gustav Heinemann oder Albert Schweitzer oder Robert Jungk und anderen, die bis heute politisch nicht ernst genommen werden, obwohl man ins

Staunen geraten kann, wenn man die Brisanz ihrer damaligen Äußerungen im Rückblick erkennt. Sie protestierten miteinander gegen den wieder aufkommenden, uralten Kannibalenaberglauben, daß »die perfideste Politik im Grunde die bewunderungswürdigste« sei – solange sie Erfolg hat, versteht sich.

Als plötzlich die Wiederbewaffnung, entgegen vorherigen Beteuerungen, beschlossen wurde, rief Schneider seine Landsleute zum Nichtmitmachen auf, verwarf die allgemeine Wehrpflicht, griff die grassierenden Verteufelungen, den Antikommunismus an, weil er letztlich Antipolitik war, und verfocht die These, dem Kommunismus sei nur mit »unbeirrbarer sozialer Gerechtigkeit«, mit einer Gesellschaft, die sich nicht »vom Unrecht ernährt«, zu begegnen und keinesfalls mit Goliaths Gebärde der Stärke, die Angst verhüllen soll. Wer einen Atomtod in seine Rechnung einbeziehe, zerstöre nicht nur andere, sondern primär sich selber. Die Freiheit, die zu verteidigen er vorgibt, hat er längst verloren. Schneider scheute sich nicht, eine in der DDR laufende »Volksbefragung über Remilitarisierung« zu unterzeichnen. Friedensaufsätze von ihm erschienen in kommunistischen Zeitschriften. Seine Zwischenrufe, seine Warnungen und seine Vorschläge lösten äußerst nervöse Reaktionen aus. Sie trafen buchstäblich ins Schwarze. Es war der deutsche politische Katholizismus der fünfziger Jahre, die Verbindung von Klerikalität mit der politischen Praxis und Ideologie des kalten Krieges, welche die Widerrede eines Mannes, bei dem man sich bereits auf Heiligenverehrung eingestellt hatte, nicht ertragen konnte. In dem politisch-religiösen Herrschaftskartell, dessen nomineller Christlichkeit Schneider seinen Kampf ansagte, waren die tragenden Ideen tabuisiert. Der alte Mann an der Spitze verstärkte den Bann. Ein Katholik, der dies Kartell in Zweifel zog oder gar gegen es rebellierte, schien auch auf jene höchste Instanz einen Anschlag zu verüben, die diesen Patrioten und Patriarchen eingesetzt hatte. Deswegen ist es kein Zufall, kommentiert Walter Dirks, daß Reinhold Schneider nicht vom Verfassungsschutz bedroht oder verfolgt wurde, sondern von katholischen Wortführern, von den Gefangenen der Symbiose aus Religion und Politik. In mehreren Phasen mußte Schneider die Ablehnung oder Anfeindung erfahren: von der heimlichen Distanzierung bis zur offenen Diffamierung. Wollte man seine Einsprüche zunächst als marginale Lamentationen abwerten und mit Arroganz zurückweisen, so wurde die Stimmung alsbald dermaßen affektiv, daß Beschimpfungen, Verdächtigungen, Androhungen zu seinem täglichen Brot gehörten. Schneider wurde nach allen Regeln der Kunst verfemt, mißachtet, ausgestoßen. In einem Brief berichtet er:

»Von meinen Büchern kann ich nicht leben. Meine Existenz beruhte darauf, daß ich monatlich etwas für den Sender und einige Rezensionen oder Aufsätze schrieb. Diese Möglichkeit habe ich in der letzten Zeit verloren. Meine sowohl auf religiösen wie auf politischen Überzeugungen gegründete Ablehnung der Rüstung, meine Polemik mit der den Krieg rechtfertigenden Theologie, mein Bemühen, über alle Gesetze hinweg eine menschliche Beziehung zu den Gegnern des Glaubens zu erhalten und dort ein christliches Wort zu sprechen, wo keines gesprochen wird, haben mir erbitterte Feindschaft eingetragen. Ich mußte das erwarten. Man hat aber offenbar die Absicht, meine Existenz, zu zerstören. Dieselben Blätter und Blättchen, die so lange Zeit von meiner Arbeit zehrten, beschimpfen mich auf jede Weise. Eine Verteidigung ist nicht möglich. Das Ziel ist erreicht: man wagt nicht mehr, mit mir zu arbeiten . . .«

Das war 1951. Erst nach Schneiders Tod lenkte man wieder ein, war geneigt, seine politischen Irrungen und Wirrungen zu vergessen, und an seinem Grabe flossen Krokodilstränen. Daß sich die Wut gegen ihn nicht völlig zu einem »Fall Reinhold Schneider« zugespitzt hat, ist wohl nur zu erklären mit jener wunderlichen Legierung von Gereiztheit und Sattheit, von Überheblichkeit und Angst, die wir uns in den Karrierejahren nach dem Zusammenbruch angeeignet haben. So bereitete sich anstelle des »Falles« etwas noch Beunruhigenderes vor: ein »innerer Unfall«, wie Schneider es nannte, dem der äußere folgte, an dem er zu Ostern 1958 starb.

Viele Interpreten möchten das Kapitel der Stellungnahme gegen die atomare Aufrüstung gern aus Schneiders Biographie verdrängen oder als Fehltritt auslegen. Sie wollen ihn wieder auf Maß bringen und selber entscheiden, was zu ihm paßt, was nicht. Mir scheint aber, daß gerade die radikalen Aspekte seines Denkens eben keine Entgleisungen, sondern Pointen in seinem Leben und Werk sind. Obschon die Hochachtung der Tradition die revolutionäre Tendenz dieses Mannes beständig zur Ordnung rief und bremste, sah er sich gezwungen, unaufhaltsam zu gehen, nur zu gehen, »nicht um anzukommen, sondern um zu gehen ... Ich muß gehen. Ich lausche nicht zurück; denn ich weiß, es geht kein Schritt mehr hinter mir.« Das war die Stimme eines Einsamen, der sich »von der Truppe gelöst« hatte, der nicht umhin konnte, »Wahrhaftigkeit bis zum Äußersten zu intensivieren«, der stellvertretend für andere das Malheur unserer Zeit erlebte, aber doch – so betonte er – »keine Bangnis« verspürte. Ich sehe ihn vor mir, wie er mich das letzte Mal besuchte: Im Gespräch vornübergeneigt, »Vorbote des Entsetzlichen«, der mehr wußte, als er sagen konnte, und daher ein diszipliniertes Schweigen übte, aber sich plötzlich wieder zu seiner ganzen riesigen Größe aufrichtete, um Depressionen zu verscheuchen, um auch etwas von der versteckten Heiterkeit zu erkennen zu geben, die ihm eigen war und der er durch den roten Wein gern eine sanfte Unterstützung zukommen ließ. Er litt darunter, sich nicht mehr verständlich machen zu können oder zu dürfen. Einem Schriftsteller, einem zur Mitteilung, zur Geselligkeit veranlagten Menschen widerfuhr am Ende die Isolation. Kaum noch vertraute er der Sprache. Sprache ist Hoffnung, gehört zu werden. Schneiders Stimme wurde immer leiser.

Sie wurde immer leiser, aber gleichzeitig deutlicher. Sie meldete den Abbruch einer Epoche. Gern hätte sie den Anbruch einer neuen verkündet. Doch Schneider bekannte: »... meine Lebenskraft ist so sehr gesunken, daß sie über das Grab nicht hinauszugreifen, sich über den Tod hinaus nicht zu sehnen und nicht zu fürchten vermag«. Im Abschied, wenn schon Gelassenheit zur Verzweiflung sich gesellt, kann einem eine Freiheit der Erkenntnis zuteil werden, wie sie Schneiders Notizbücher 1957/58 dokumentieren. In dieser Freiheit ist er mit Dietrich Bonhoeffer verwandt. Beide sprachen aus einer letzten Einsamkeit heraus, der eine in der Zelle des Gefängnisses im Berliner Vorort Tegel, der andere in den Kaffeehäusern von Wien. Sie waren an eine äußerste Grenze gelangt, hatten sich von den Zwängen angelernten Denkens gelöst und hielten nun suchend und fragend Ausschau, ob es Rettung gäbe gegen das Drohende. Bonhoeffers und Schneiders Aufzeichungen ziehen unerbittlich Bilanz und kommen zu dem Schluß, daß

Verlust und Gewinn nicht mehr in die Waage zu bringen sind. Und nur mit diesem Eingeständnis, nur mit dem Mut zu »an das Häretische streifenden Fragen« kann man sich auf den Weg machen zu neuen Auspizien. In solcher Bilanz kehren sich die Bedeutungen um: Wer »verliert«, der kann »gewinnen«. Es war Bonhoeffer und Schneider aufgegeben, sich aufzugeben.

Neben dem Heeresmuseum ist es das Naturhistorische Museum, das Schneider während des Wiener Winters fasziniert. Mit unheimlicher Eindringlichkeit, mit dem Sprachmittel einer provozierenden Ödnis beschreibt er seine wiederholten Gänge durch die Ausstellungen. Er sieht in die Abgründe einer Vergangenheit, die so rätselhaft ist wie das Weltall, das zu erobern wir begonnen haben. Die Naturwissenschaft, die Natur selber, verändert oder verdrängt sein bisheriges Geschichtsbild. Schneider gewahrt, daß die Schöpfung unheimlich und der Himmel leer ist. Eine Entwurzelung, eine Entbergung findet statt. Sämtliche Garanten des Daseins verlieren ihre Zuverlässigkeit, ihre Unverbrüchlichkeit. »Vielleicht«, trägt Schneider ins Tagebuch ein, »ist die Erkenntnis, daß etwas getan werden muß, was nicht getan werden kann, der wesentliche Gehalt unserer Zeit. Wir sind dort, wo Geschichte, wo gläubige Existenz in der Geschichte ad absurdum geführt wird; wo der Kranke sich seine Krankheit eingestehen muß. Wir müssen leidenschaftlich das erstreben, woran wir im Geheimen verzweifelt sind.«

Schneider ertrug nur, was er in den Museen empfand, indem er regelmäßig die Operette besuchte: »Warum sollte ich nicht gestehen, daß sie mein Trost ist? Jedes Auge weint sich einmal aus; die Trauer um meine Pläne klingt ab ... Ein melodisches Gleichnis befreit für ein paar Stunden von der Verdammnis der Geschichte.« Also Flucht? Schneiders Berührung mit dem Wiener Walzer, ganz und gar zu dieser Stadt gehörig, hat tiefere Dimensionen: hier begegnet ihm der »Zauber des Nihilismus«, ein »Nihilismus mit Herz«. So konnte er sich trotz all der düsteren Gesichtspunkte gelegentlich »in fast seliger Übereinstimmung« mit seinem Geschick befinden. Wien »arbeitete« an ihm.

Als Schneider über den Minoritenplatz ging, um an einer kleinen Feier für Max Mell teilzunehmen, sprach Otto Hahn ihn an. Die Begegnung traf ihn. Sie vervollständigte das Wiener

Erlebnis. Hahns Bestimmung, seine Persönlichkeit beschäftigten ihn seit langem, weil »die Forscher als Regenten der Zeit, in Fesseln der Zeit, mehr als die Künstler zu sagen haben vom Menschlichen, vom Schicksal des Geistes, von Geschichte«. Schneider hörte einen Vortrag von Hahn: den Versuch einer Rechenschaft, persönliche Freiheit darzustellen in einer Welt, in der die Entscheidung bereits gefallen ist. »Die Forschung war nicht darauf vorbereitet, die Verantwortung für Geschichte, ihren Übergang in Geschichte anzunehmen.« Die Physiker hatten wie Kinder mit dem Feuer gespielt, und es schlug empor, ehe sie es erwarteten. Sie hatten die Folgen ihrer Entdeckungen nicht kalkuliert. Sie erschraken vor den eigenen Wirkungen. Achtzehn deutsche Atomforscher entschlossen sich mit ihrer Göttinger Erklärung, nein zu sagen zur Entwicklung von unabsehbaren Vernichtungspotentialen in ihrem Land; aber sie wußten, daß sich ihnen morgen das Ja der Tausende entgegenstellen würde. Um dies Dilemma, daß die Wissenschaft, womöglich in bester Gesinnung betrieben, unterderhand zum Feind des Menschen werden könne, ging es in Hahns Vortrag. »Die Zuhörer spüren«, hält Schneider noch am selben Abend fest, »daß es sich nicht um einen Vortrag handelt, sondern um ein Ereignis. Während sie danken, packt der Redner, über einen Stuhl gebeugt, die Tafeln, die ihm zum Vortrag dienten, sorgfältig in seine Mappe: Macht und Unmacht des Geistes, Macht und Unmacht des Gewissens und also: Persönlichkeit. – Ein junger Autogrammjäger, dem es gelang, ins Künstlerzimmer zu dringen, stellt die naive Frage, ob denn nicht auf die Botschaft Christi der Friede der Welt gegründet werden müsse, ob der Friede nicht aus ihr folge? Otto Hahn läßt sich nicht darauf ein; er weist den Frager an mich. Aber auch ich lasse mich nicht darauf ein: Christus ist nicht der Ordner der Welt. Er ist unsere tödliche Freiheit ...«

Dieser Freiheit entspricht Schneiders spätes Gefühl der Verpflichtung, mit allem, was er tut, »den Willen zum Diesseits zu stärken«. Er will mit der Kraft, die ihm verblieb, daran mitwirken, daß unser »Gewissen immer feinfühliger wird, harmonisch klingend wie ein gut gestimmtes Instrument«. Den Menschen ist so viel Verantwortung anzuvertrauen wie noch nie. Das Korrelat zu der Freiheit, die tödlich sein kann, heißt Wagnis. Anstelle der bekannten Tapferkeit zum Kriege bedarf es einer unbekannten, weit wagemutigeren Tapferkeit zum Frieden. Man muß – wie beim Spiel – auf eine Karte setzen, ohne bereits sicher zu sein, daß das verfängt. Man muß das Risiko eingehen, nicht schon heute recht zu haben, sondern vielleicht erst morgen. Man muß sich auf eine Zusage einlassen, auf ein Gebot, auf ein An-Gebot, das selber Gewähr ist für das, was wir bisher dem Gewehr übertragen haben. In der Sprache Reinhold Schneiders könnte man unsere Haltung gegenüber dieser gefährlichen Freiheit auch »Gehorsam« nennen. Gehorsam nicht als Unterwerfung, sondern eben als Wagnis, als Absprung. Gehorsam als ein Vertrauen, das sich nicht auf schon gemachte Erfahrungen gründet, sondern das zu unwahrscheinlichen, ungeahnten Erfahrungen bereit ist:

»Oft ist gesagt worden, der Verzicht auf Waffen fordere den Krieg heraus und lasse die Verzichtenden des Mordes schuldig werden; aber wir wissen mit Bestimmtheit nur, daß wir nicht töten sollen, nicht, wie die Geschichte unsere Gewaltlosigkeit beantworten wird.«

Und:

»Ich habe immer die Meinung vertreten, daß ein entschiedenes Nein zur Rüstung die moralische Autorität der Kirche auf eine seit dem Mittelalter nicht mehr innegehabte Höhe steigern könnte; zugleich aber würde sie den Bruch mit dem ganzen Weltgefüge bedeuten, denn die Spitze, in der alle Kräfte zusammenstrahlen, ist die moderne Waffe.«

(1977)

Rita Meile
Reinhold Schneiders Sonette
Eine Studie über Dokumente des inneren Widerstandes im nationalsozialistischen Deutschland

I. Einführung

1. Ist reine Defensive echter Widerstand?

Kurz nach dem Ende des 2. Weltkrieges nannte der Londoner Radiosender unter zwei deutschen Autoren, die innerhalb ihres Landes in den zwölf Jahren des Nationalsozialismus die Wahrheit gesagt und »Rufer in der Wüste« gewesen seien, den Namen Reinhold Schneiders. (LWD 150) Ähnliche Verlautbarungen – auch über Amerika und den Vatikan kommend – deuten etwas sehr Wesentliches an: sie erklären die erstaunliche Resonanz, die der einsame Kämpfer nicht nur bei einem Teil seiner Landsleute, sondern weit über die Grenzen seines Landes gefunden hatte.

Wer verstehen will, worauf Reinhold Schneider mit seiner Sendung als Rufer in der Wüste abzielte, muß sich mit dem Thema des *inneren Widerstandes* im nationalsozialistischen Deutschland auseinandersetzen.

Innerer Widerstand! Das Wort wirkt wie ein symbolischer Titel, der Reinhold Schneiders Werk vor und während des 2. Weltkrieges treffend charakterisiert. Was meint die sprachliche Formulierung? – Wer innerlich widersteht, hält fest an herkömmlicher Gesinnung und Denkungsart; oder, negativ formuliert: er macht keine Zugeständnisse an die nationalsozialistische Ideologie; er entfernt sich; er trennt sich: er sagt *nein.*

Hier stellt sich sofort eine interessante Frage. Darf das Neinsagen, also die reine Defensive, zum echten, zum sich bewährenden Widerstand gezählt werden? – Steht nicht dem harten Nein in Deutschland eine ins Ungeheure wachsende Suggestion gegenüber, welche den ablehnenden oder auch nur schwankenden Willen ergreift – und ihn oft ja sagen läßt – gegen sich selber?

Nirgends wird diese eigenartige Entwicklung treffender

gekennzeichnet als in Thomas Manns Novelle *Mario und der Zauberer* aus dem Jahr 1930. – Das Erschreckende der Macht, die der Zauberkünstler Cipolla während seiner Vorstellung in der Bretterbude von Torre di Venere über sein international gewürfeltes Publikum erkämpft, besteht in einer immer blendender gelingenden Demonstration der Willensentziehung: Was der Mann mit dem Stärkungsgläschen und der Reitpeitsche mit dem Klauengriff von seinen anfangs widerstrebenden Partnern erreicht, ist ein passives, auf Gegenwehr immer ausgeprägteres Verzichten, welches sich am Schluß in einen Taumel der Hingabe, in wehrlosen Tanz und völlige Unterwerfung steigert.

Einzig der römische Colonnello versucht, der dämonischen Selbstsicherheit des Hypnotiseurs entgegenzutreten durch seine Anfrage, ob er sich anheischig mache, auch ihn tanzen zu lehren – gegen seinen eigenen Willen. (MZ 50) Wenn das Unglaubliche kurz darauf trotzdem geschieht, daß die Glieder des angeblich Willensstarken – trotz vorgefaßtem Entschluß zur Gegenwehr – in Zucken und Zerren und endlich in Tanz übergehen, so deckt Thomas Mann scharfsichtig auf, wo die psychisch-moralischen Gründe dieser Niederlage zu suchen sind.

Der Widerstand des Römers beschränkt sich auf ein bloßes Nein. Er hat dem positiven Willen des Zauberers nichts entgegenzusetzen als reine Defensive.

»Verstand ich den Vorgang recht«, so schreibt er in seiner Novelle *Mario und der Zauberer*, »so unterlag dieser Herr der Negativität seiner Kampfposition. Wahrscheinlich kann man vom Nichtwollen seelisch nicht leben; eine Sache nicht tun wollen, das ist auf die Dauer kein Lebensinhalt . . .«. (MZ 51)

Die geistigen Konsequenzen zieht der Leser selber. Eine Aussicht auf Erfolg bestünde darin, der in Taten verkörperten Macht der Finsternis und des Bösen eine inhaltlich positive Kraft des Guten entgegenzustellen.

Damit kehren wir zurück zum inneren Widerstand Reinhold Schneiders, den wir vorhin in groben Zügen als scharfes Nein an die nationalsozialistische Ideologie umschrieben.

In seinem Aufsatz »Innere Emigration. Die innerdeutsche Literatur im Widerstand. 1933-45« macht Herbert Wiesner Unterscheidungen. Der Ausdruck erscheint ihm von Anfang an insofern unklar und fragwürdig, als er verschiedene Verhaltensweisen zuläßt: Er bedeutet vorsichtiges Schweigen angesichts der ständigen Bedrohung; er weist aber auch hin auf wagemutigen literarischen Widerstand.[1]

Reinhold Schneider gesellt sich nie zu jenen Neinsagern, welche aus Furcht schweigen, um sich einem isolationistischen Abwehrfrieden hinzugeben. Er entschließt sich zum Kampf, welcher keineswegs bei einem Nein stehenbleibt: Seine ganze Natur ballt sich vielmehr zusammen zu einem einzigen positiven Impuls, der als Frage, als zwingende Forderung, als verjüngende Kraft in sein Volk eindringen soll. Wie Bergengruen, Schröder, Gertrud von le Fort bleibt er zurück im dem Lande, über das sich der blutige Vorhang des Terrors senkt. Die Begründung seines Verbleibens in Deutschland erfahren wir im *Verhüllten Tag*, wo er schreibt:

»Ich kann nur leben mit meinem Volke; ich möchte und muß seinen Weg mitgehen – Schritt für Schritt; so hoch ich diejenigen achte, die aus Gesinnung emigrierten, so habe ich nie daran gedacht, Deutschland zu verlassen; es hat sich auch ergeben, daß eine geistige Einwirkung auf ein der Diktatur unterworfenes Land von außen kaum möglich ist.« (VT 99)

2. Positive Kraft im Widerstand

Als die ersten Erdstöße des neuen Regimes das Land erschüttern, nimmt der Dichter todesmutig Stellung. Der Begriff des Stellungnehmens entstammt der militärischen Terminologie. Im Falle Reinhold Schneiders handelt es sich vor allem um ein Fechten mit den geistigen Waffen des Wortes. Der Dichter klagt an, er deutet, er verwirft, er unterscheidet.

Geistiger Widerstand heißt hier vor allem Auseinandersetzung mit der Zeit – in der Ergründung und Sichtbarmachung ihrer zeitlosen Werte. Zur Zeit des Dritten Reiches, wo Geschichte aus ihren Ufern tritt und das Erbe hinwegreißt (SZ 7), lebt Reinhold Schneider von den Aussagen und Formen christlich-abendländischer Tradition.

Pflege der Tradition bedeutet keineswegs Flucht vor der grauenhaften Wirklichkeit in das Alt-Bewährte und Problemlose. Um diesem Mißverständnis vorzubeugen, umschreibt Reinhold Schneider den Begriff der Tradition als Auseinandersetzung, als »leidenschaftlichen Kampf«. (BBS 15)

In ständigem Widerspiel zu seiner Zeit richtet der Dichter

Bilder und Symbole auf, an denen sich Anarchie und Verirrungen im nationalsozialistischen Staat messen lassen.

Die vorher erwähnte geistige Einwirkung auf das der Diktatur unterworfene Land sieht Reinhold Schneider vor allem vom Pol der Wahrheit her. Wahrheit! Thomas Mann, der Wortführer der äußeren Emigration, nennt im Jahr 1937 »diesen ganzen mit geistiger Natur und elementarer Sprengkraft geladenen Komplex« das »Absolute«. *(Schriften zur Politik* 111)

Dem Absoluten ist Reinhold Schneider fortan verpflichtet; nach ihm richtet er sein ganzes Wesen. – Sein Werk während der zwölf Jahre der nationalsozialistischen Herrschaft ist nichts anderes als die dichterische Antwort der Wahrheit an Not, Verwirrung und Krieg.

Des Dichters eigene realpolitische Einsicht in die Sinnlosigkeit der nationalsozialistischen Staats- und Lebensform verleitet ihn nicht dazu, in die Arena der aktuellen Tagespolitik hinabzusteigen. Im Jahrzwölft der strengsten Zensur, wo das Wort stirbt, »so wie der Wipfel dorrt« (So 50) und diese Leere nur ausgefüllt wird vom »Lärm der Rede« (SZ 14), macht sich Reinhold Schneider vielmehr zum Fürsprecher des Wortes, das aus der Wahrheit lebt, die Menschen mit dem Dauernden verbindet.

Die leidenschaftliche Auseinandersetzung mit den Problemen der unmittelbaren Gegenwart – im eben erwähnten Sinn – erfolgt im geheimen dichterischen Wort, welches ihm als letzte Zuflucht der Freiheit erscheint.

Folgende Verse stammen aus dem Jahr 1951, finden aber ohne weiteres ihre Anwendung auf die Tätigkeit des Dichters während der nationalsozialistischen Diktatur:

»Das Wort ist frei, ein brausend Element, Das Gleiches schmilzt und eint und Fremdes trennt.« (So 77)

Gemeinsam mit Werner Bergengruen, welcher das Kennzeichen der Tyrannis ebenfalls im Mißbrauch des Wortes erblickt[2] (Das Dauernde, in: *Der Ewige Kaiser* 45), wird er als Verteidiger von Wahrheit und echter Tradition zu einer der wichtigsten Keimzellen des geistigen Widerstandes.

II. Dokumente des inneren Widerstandes: die Sonette

Mit dem Ausbruch des Krieges steigen Leid und Ungewißheit,

Bedrohung und Gefährdung.

Reinhold Schneider legt alle Pläne für großangelegte Arbeiten beiseite. Was jetzt not tut, sind kurze, klare, in sich geschlossene Anrufe. Was jetzt not tut, ist unmittelbare Auseinandersetzung mit der Gegenwart.

Der Dichter tritt vor sein Volk als Prophet, als Rufer und Mahner, mit der sternklaren Sicherheit einer religiösen Sendung. Er fühlt sich »endgültig abberufen vom literarischen Leben in die religiös-geschichtliche Existenz«. (VT 185)

Sonette, so heißt der erste Versband, mit welchem Reinhold Schneider im Jahr 1939 an die Öffentlichkeit tritt. (So 9) Die Entstehungszeit vieler Sonette liegt jedoch weit zurück. Klarheit verschafft hier die graphische Darstellung des Schneiderschen Sonettschaffens von Elisabeth Schmidt. Ihre Sonettkurve zeigt zwei größere Höhepunkte (1928 und 1943) und zwei kleinere (1938 und 1945). Das eigentliche Aufblühen der dichterischen Formkraft fällt also nach ihr in die Jahre 1927/28.[3]

Vom Oktober des gleichen Jahres stammt Reinhold Schneiders bisher unveröffentlichter Essay *Das Sonett*, welcher auf der Badischen Landesbibliothek in Karlsruhe zu finden ist.

Hier hebt der Dichter – in der langen Liste der Meister und Vollender des Sonetts, von Petrarca bis Mörike – vor allem zwei portugiesische Namen hervor: es sind Camões und Anthero de Quental. (MK)

Die befruchtende Wirkung des Camões auf Reinhold Schneider ist also nicht zu übersehen. Das Jahr 1928 muß wie ein Hin- und Herfluten zwischen den beiden großen Geistesverwandten gewesen sein: Nicht nur der epische Dichter erwacht zu dieser Zeit in Reinhold Schneider mit *Leiden des Camões*. Das Zusammenfallen des ersten Höhepunktes seiner eigenen Sonettproduktion mit der lobenden Anerkennung der Lyrik des Portugiesen dürfte einen Schluß zulassen, der in den Bereich der größten Wahrscheinlichkeit rückt: Camões schenkt Reinhold Schneider auch die lyrische Form, das Sonett.

1. Symbolwert der Form

In seinem Essay *Das Sonett* versucht Reinhold Schneider nun, das Geheimnis, welches über der strengsten aller lyrischen Formen ruht, teilweise zu lüften. (MK)

Ist es der Reiz der Schwierigkeit, welche die Dichter immer wieder in ihren Umkreis lockt? Oder unterliegen sie dem Zauber der gegossenen Form, weil sie Unsterblichkeit verheißt? Reinhold Schneider weiß wohl: »Die strengste Form verspricht die längste Dauer.«[4] (Anm.: Das Sonett, MK) – Diese Erkenntnis trifft nach ihm vor allem zu bei Camões, welcher seinem ganzen Volk in geschliffenster Form ein zeitloses Grabmonument setzt. Wenn Reinhold Schneider im epischen Werk des Portugiesen die Vollendung der Form bewundert, die »als Erwiderung auf die Drohung der Vergeblichkeit, des Untergangs gelungen ist« (LC 209), so hat dieses Urteil auch seine Geltung in bezug auf seine Lyrik.

Reinhold Schneider wandelt in den Stufen Camões', wenn er – mitten im Formzerfall und geistiger Verwilderung seiner Zeit – den gigantischen Versuch unternimmt, gerade durch strengsten Formwillen der herrschenden Gewalt entgegenzutreten.

Die Form interessiert Reinhold Schneider vor allem insoweit, als sie zentral mit der Rettung von Erbe und Tradition zusammenhängt. Diese Einsicht tritt besonders hervor im *Inselreich*: »Jetzt, da das Erbe fast verloren war, kann nur strengste Form den Inhalt sammeln, so wie es der Brunnenschale bedarf, wenn der Quell zu versickern droht.« (IR 536)

In den Sonetten geht es Reinhold Schneider vor allem um die Vergegenwärtigung christlich-abendländischer Tradition. Dabei tendiert der Dichter vielmehr auf die Geltendmachung ihrer inneren Stärke, ihrer tiefsten Werte denn auf Wiedererrichtung äußerer Umrisse. Die Form soll jetzt im Menschen erstehen.

In diesem Zusammenhang geht dem Dichter der zwingende Zusammenhang zwischen Formlosigkeit und Tyrannis auf: »Wenn die Form zerbrochen ist, herrschen die Gewalten.« (H 276)

Heilung kann für ihn nicht von einer rein äußerlich erneuerten Formerziehung kommen.

Der Dichter tritt deshalb dem ungeformten und ungeprägten, gesichts- und haltungslosen Menschen entgegen durch tiefe Besinnung auf das Wesen christlich-abendländischer Tradition und der sie beinhaltenden inneren und äußeren Lebensform. Als Verkünder der geoffenbarten Wahrheit, als Verwalter und Bewahrer des dichterischen Erbes sucht er neue Haltungen zu schaffen, aus denen heraus die Formen echt werden. Dies ist, in groben Linien skizziert, der geistige Rahmen der Sonette.

Aus all dem Gesagten, ja schon aus der Einsicht von 1928 geht hervor, daß die Form an und für sich Symbolwert besitzt für Reinhold Schneider.

Diese Einsicht scheint auch Rudolf Hagelstange zu teilen in seinem Aufsatz *Die Form als erste Entscheidung*. Der Beitrag ist zu finden im Sammelband Hans Benders *Mein Gedicht ist mein Messer*. Hier mißt der junge Autor vor allem der Form des Sonetts fundamentale Bedeutung zu. Die zahllosen, vor allem während der letzten Kriegsjahre in Deutschland kursierenden Sonette – Hagelstange nennt vor allem Reinhold Schneider, aber auch Haushofer, Britting, Holthusen, Andres – führen ihn dazu, das Sonett zu einer »Modeform des Widerstandes« zu stempeln. (Bender 38)

Verlockung durch Schwierigkeit der Form; Verheißung der längeren Dauer; Widerstand: all dies bietet dem Dichter jedoch nicht letzte Erklärung der immer erneuten Blüte der Kunstform des Sonetts; sie bleibt letztlich unerklärlich für Reinhold Schneider.

Trotzdem ist die stichhaltigste seiner Begründungen wohl in der gleichzeitigen Erfassung von Form und Inhalt zu suchen. Die Wahl des strengsten aller Rahmen wäre demnach ebenfalls bedingt durch den bedeutenden Inhalt:

»Sonette: ein betörendes Lied von Keats, ein Grabmonument von Camões, ein Kampfruf Rückerts, eine Tragödie Unamunos; das Sonett ist nicht zu umschreiben; denn gerade weil seine äußeren Linien so eng gezogen sind, ist sein Inhalt unermeßlich. Eines aber ist allen gemeinsam: intensivstes Gefühl; denn gerade der stärkste Gehalt drängt zur strengsten Form.« (Das Sonett; MK)

2. Inhalt: Religiöses Ringen unter der Gewalt verhaßten Befehls.

In den Sonetten verdichten sich die Züge der Gedankenwelt Reinhold Schneiders auf das äußerste. Es übersteigt deshalb den Rahmen dieser Arbeit, in einer gedrängten Übersicht deren ganzen Inhalt zu erschöpfen, alle Gesichtspunkte der Beurteilung geltend zu machen. In den einleitenden Erörterungen wurde übrigens schon die Richtung angegeben, welche Reinhold Schneider in seinen Sonetten und kleineren Schriften vor allem während des Krieges verfolgt.

Es soll hier genügen, ein besonders überragendes Merkmal der Sonette, das gleichsam für alle steht, etwas schärfer herauszuarbeiten.

Reinhold Schneider hat einmal seine dichterische Arbeit während der Kriegsjahre umschrieben als »religiöses Ringen unter der Gewalt verhaßten Befehls«, als »Fragen und Suchen nach ... dem Sinn unfaßbarer Ereignisse, Leiden, Verbrechen«; als mahnenden Zuruf nach »Erwachen, Besinnung, Läuterung«. (EE 31/32)

In dieser Aufstellung erkennen wir gleichzeitig die grob skizzierten Hauptlinien der Sonette.

Die wohl bekannteste Perspektive wird oft in der Deutung des verwirrenden Geschehens unter der nationalsozialistischen Herrschaft erblickt.

Für Reinhold Schneider ist es die Zeit, wo »Menschenhochmut auf dem Markte feiert«. (So 86) Der polemische Ton, den man hier bereits herausmerkt, wird vollends deutlich in folgenden Versen aus dem Jahr 1936, welche zu den unvergänglichen Zeugnissen des geheimen Deutschland gehören:

»Nun baut der Wahn die tönernen Paläste
Und läßt sein Zeichen in die Straßen rammen;
Er treibt das blind verwirrte Volk zusammen
Vom Lärm zum Lärm und vom Fest zum Feste.

Schon reißt der höllische Schwarm verruchter Gäste
Die letzten mit, die bessrer Art entstammen.
Und tanzend in des Hauses grellen Flammen
Entweihn sie noch der Toten arme Reste.« (So 84)

Die »tönernen Paläste« sind der frappante Hinweis auf die Unbeständigkeit und Kurzlebigkeit des Reiches. Im Hinweis auf den willenlosen Tanz vieler aber erscheint das Erschreckende der mitreißenden Suggestion des Regierenden jener Zeit.

Doch Reinhold Schneider bleibt nicht bei der Beschreibung und gleichzeitigen Verurteilung des Gegenwartsgeschehens stehen. Er hilft mit, das Unabänderliche zu tragen, dessen Sinn zu deuten. Diese Aufgabe der Sinngebung und Sinnfindung des anscheinend Chaotisch-Sinnlosen aber steht ganz im Dienste des Trostes, des Friedens. Erst mit dem Auftauchen eines gefundenen Sinns kommt etwas zur Ruhe, das bis dahin in Unruhe war, nähert sich, was immer von der Sehnsucht nach dem Frieden getrieben war, diesem Frieden selber.

»Wie sollte ich trösten?« fragt sich Reinhold Schneider vor der Totenmaske eines Gefallenen. Und er findet die Antwort: »Licht weiß nur von Licht.« (So 115) – »Gruß des Lichtes« wollen diese Sonette sein, wie es ausdrücklich in der Einleitung zu einer als Manuskript gedruckten Feldpostausgabe im März 1942 heißt. (LWD 137) – Es ist außerordentlich auffällig, wie oft der Begriff »Licht« auftaucht in den Sonetten. Als Symbol der Gnade, des Gottesreiches, des Friedens stellt der Dichter das Licht der Nacht, der düsteren Tragik rein irdischer Macht gegenüber.

Gottesreich und Weltreich, Licht und Dunkel, nirgends taucht der weltgeschichtliche Gegensatz zwischen den beiden Reichen deutlicher auf als in den Sonetten. Vor dem Auge des Lesers spielt sich der mit unerhörter Wucht geführte Kampf zwischen Gut und Böse, zwischen Gott und Satan, zwischen Himmels- und Dämonenscharen fast sichtbar ab. Dies zeigen folgende Verse:

> »Ein Blitz zerwirft des Abgrunds Felsenglieder
> Und alle Tiefen lästern Golgotha;
> Des Himmels Heere stehen leuchtend da,
> Und furchtbar wankt ein Streiten hin und wieder.«
> (So 132)

Der Dichter selber stellt sich in die vorderste Front des eben erwähnten Kampfes. Damit nähern wir uns dem ersten Aufgabenbereich, welchen Reinhold Schneider angibt in der Aufzählung der während des Krieges verfolgten Ziele: dem religiösen Ringen nämlich unter der Gewalt verhaßten Befehls. (EE 32) Das Thema steht in den Sonetten unbestreitbar im Mittelpunkt.

a) Das »Gottesreich in der Zeit«

Wenn der Leser sich heute einen Überblick über Reinhold Schneiders Sonette verschaffen will, greift er nach dem Werk *Die Sonette von Leben und Zeit, dem Glauben und der*

Geschichte. (1954) Der anspruchslose Titel wirkt wie ein Inhaltsverzeichnis.

Jedes einzelne hier enthaltene Sonett hat seine Geschichte, weist zurück auf jene geheim erschienenen, von Hand zu Hand weitergegebenen Sonettausgaben wie *Apokalypse*, *Gnade der Zeit*, *Die neuen Türme*, *Waffen des Lichtes*, etc., auf denen noch der Flammenschein der vergangenen Zeit liegt.

Das Gottesreich in der Zeit: so heißt der wohl packendste aller Titel. Er umreißt den ersten Leitgedanken der Sonette während des zweiten Weltkrieges. Unerbittlicher Ernst und kompromißlose Zielstrebigkeit kommen darin zum Ausdruck; gleichzeitig legt er ein beredtes Zeugnis ab von der Kühnheit des Autors, welcher sich mit dem Thema in diametralsten Gegensatz zum Dritten Reich mit seinem Alleinherrschaftsanspruch stellt. Es fehlt also nicht an Spannung, bevor die eigentliche Problemhandlung beginnt.

Die Entstehung des Buches ist merkwürdig. Das *Gottesreich in der Zeit* ist nichts anderes als eine Auswahl aus Reinhold Schneiders Sonetten und religiösen Aufsätzen. Gliederung und Anordnung des Buches sowie der illegale Druck kommen zustande durch den Mut von Heinrich Kessel, Caritasdirektor für das Ruhrbistum, damals Wehrmachtspfarrer in Krakau, dem besetzten Polen.[5] In einem Brief an den Papiergroßhändler und Freund Schweinichen gibt Reinhold Schneider als Zeitpunkt dafür das Jahr 1942 an (LWD 139); der vom 24. August 1952 datierte Aufsatz »Gottesreich in der Zeit«, welcher die Entstehung des Buches schildert, verschiebt ihn ungefähr in den Herbst 43. (EE 32)

Das Buch, welches längst zu einer bibliophilen Rarität geworden ist, erscheint im Oktav-Querformat als Taschenbuch, in gelbem Umschlag, mit dem Druckort »Reichshof«.

Einer der darin enthaltenen Essays trägt wiederum den Titel »Das Gottesreich in der Zeit«. Hier blickt Reinhold Schneider in den dunklen Spiegel der Geschichte. Sie enthüllt ihm keineswegs die ganze Wahrheit ihres Seins und Tuns. Eine Erkenntnis aber schenkt sie ihm bereitwillig: Sie besteht darin, daß der innerste Gehalt der Zeit nicht im Streit, nicht im gegenseitigen äußeren Verdrängen irdischer Mächte liegt. (GZ 126)

Sie findet sich vielmehr in jenem Vorgang, den er das unmerkliche Durchdringen menschlicher Schlachtenpläne durch die Gnade, durch das Gesetz des Gottesreiches kennzeichnet. (a.a.O. 126)

Ohne sich vom Gespenstertanz rein irdischer Macht, toter Ideen und Formen (GE 85) verwirren zu lassen, verkündet Reinhold Schneider eine für die nationalsozialistische Zeit wahrhaft umwerfende Botschaft. Sie lautet: Das Gottesreich steht mitten in der Zeit! (a.a.O. 130)

Diese Friedensmitteilung will der Dichter als Anruf verstanden wissen. Der Mensch soll sich endgültig entscheiden zwischen den Feldzeichen des Gottesreiches und jenen des Weltreiches. In den Sonetten bereitet Reinhold Schneider den Acker für die Entscheidung, für die endgültige Antwort des Menschen. Hier richtet er seinen zweifelnden Zeitgenossen in dunkler und dennoch begnadeter Stunde (a.a.O. 73) jene grandiose Geschichtsvision des Gottesstaates auf, welche Augustinus mitten in Umbruch und Krise des 5. Jahrhunderts seinem Volk übergeben hatte, um darin den Sinn aller Geschichte zu finden.

Hier versucht der Dichter den Durchbruch zur Neugestaltung des chrsitlichen Weltbildes, das mit seiner von Gott getragenen, Diesseits und Jenseits umspannenden Daseinsordnung die Eingrenzung des in sich stehenden Menschen sprengt. Hier wird mit reiner Unbedingtheit alles Zeitliche auf das Ewige bezogen. Hier soll der Mensch seinen ursprünglichen Platz wieder einnehmen: in der Mitte zwischen der natürlichen und der übernatürlichen Welt.

Mit diesem Versuch einer Wiederherstellung des universalen Ordnungskosmos strahlt das christliche Mittelalter, das erste Reich mächtig hinein in die Zeit des Dritten Reiches. Die »Gegenwart des Vergangenen« erweist sich in Reinhold Schneiders Sonetten als lebendige, »fortzeugende Substanz«. (CP 110)

Die letzte ideologische Basis aller entscheidenden Taten des mittelalterlichen Reiches, die der Verwirklichung des Gottesreiches auf Erden – erwacht zu neuem Leben in Reinhold Schneiders Sonetten, ja nach längerem Zusehen erweist sie sich als deren innerster Kern.

b) Verwirklichung des Gottesreiches

Was bedeutet der Versuch einer Verwirklichung des Gottesreiches konkret für den Dichter? – Das Problem hängt aufs engste zusammen mit dem Bemühen um Wiederherstellung des gestörten Verhältnisses zwischen Gott und Mensch.

Das Sonett »Das Volk« aus dem Jahr 1939 zeigt die Wirkung des Abfalls von Gott, der das christliche Abendland in das Dunkel der Ungäubigkeit stößt und die Pforten des Reiches der brutalen Gewalt seines irdischen Gegenreiches öffnet. Der Preis, den der Mensch für die Blendwerke dieses Wahnreiches zahlt, ist der Verlust der Sendung, die Seele selbst, der Friede.

»So hat dein Schmerz vom Glauben sich gewendet,
Und als du Heiliges gabst für Schuld und Wahn,
Trat in der Not dich der Versucher an,
Das Reich zu fordern, dem du bist gesendet.

Und wie die Gnade dem, der sie verfehlt,
Zum Fluche wird, und Fluch und Fluch sich türmt,
Wo eine Gnade ohnegleichen war,
Verblutest du der Macht, die dich entseelt ...«.
(So 90; GZ 76)

Aus dieser Stelle geht ebenfalls hervor, warum Reinhold Schneider den Krieg als Erscheinung des menschlichen Lebens bekämpft. Hier steht nicht das Maß an Vernichtung im Mittelpunkt, das er an äußeren Werten, an Gütern der Zivilisation hervorruft, sondern vor allem die Zerstörung, die er der Seele des Menschen zufügt. In dieser Unbill liegt der Anfang von Unruhe und Verwirrung.

Mitten in Krieg, Vernichtung und Massensterben umreißt deshalb der Dichter die Notwendigkeit des bewußten Lebens vor der Wirklichkeit des lebendigen Gottes. Christliche Existenz erscheint ihm als das Leben in und unter der Herrschaft Gottes. Damit weist er auf die Möglichkeit des Heils, aus Erneuerung und Vollendung des menschlichen Daseins, auf das Weiterdringen der großen Ordnungen im verborgenen. Reinhold Schneider wird zum Seelsorger seines Volkes.

Neben dem wesenhaften Zusammenhang zwischen Herrschaft Gottes und Heil des Menschen erscheint aber noch eine zweite Perspektive, welche zugleich apostolische Relevanz besitzt. Reinhold Schneider bleibt nicht stehen beim Werden des Menschen allein aus seinen inneren Möglichkeiten. Für ihn handelt es sich immer um ein Wachsen im geschichtlichen

Raum, zur geschichtlichen Stunde. Die Sonette sind deshalb auch als Weckruf zu geistigem Samariterdienst, zu aktiver Seelsorge zu verstehen.

Da Seelsorge nichts anderes als Dienst am Heil des Menschen ist, das Heil aber nur durch die Herrschaft Gottes erlangt wird, weist Reinhold Schneider mit der ganzen Inbrunst eines persönlichen Anliegens auf den notwendigen Dienst am Kommen der Herrschaft Gottes hin. Furchtbar soll uns des Richters Frage treffen.

»Ob Stund um Stunde wir Sein Reich erstritten.« (Unveröffentlicht, MK)

Die Stimmen der Schwachen sollen

»wie lebendig Erz
In Menschenseelen Gottes Reich verbreiten.« (So 92) (GZ 27)

In dieser Verantwortung für das »Seelenheil der Welt« aber erblickt Reinhold Schneider die letzte Bedeutung des Reiches. (EF 11) Von hier führte eine Linie rückwärts zur irdischen Beschaffenheit des ersten Reiches, dessen Macht und Würde nur erklärbar ist im Zusammenhang mit seiner religiösen Sendung, der Wahrung des Reiches Gottes im Reiche.

Reinhold Schneider ist allerdings zu sehr Realist, um den Weg der Heiligen Krone in umgekehrter Richtung beschreiben zu wollen. Geschichte kennt keine Rückkehr, keine Wiederkunft im wörtlichen Sinne. – Aus diesem Grund sucht der Dichter den Namen des Reiches zu lösen »von der Gefangenschaft der Erdenmacht«. (V 15) Was bleibt, ist ein inneres, geistiges Reich, dessen Wiedergeburt aus erneuertem, religiösem Geiste er anstrebt, und dessen Wesen er in der Vaterunser Bitte »Zu uns komme Dein Reich« zusammenfaßt.

In diesem Kommen des Reiches erblickt Reinhold Schneider den eigentlichen Inhalt der Geschichte. (a.a.O. 32) Auf das Anbrechen des Gottesreiches im Innern sind Sonette wie religiöse Essays gerichtet. Der Kern der Reichsidee wächst empor auf dem Boden christlicher Eschatologie: »Das Reich, um das es von Anfang ging und am Ende am ernstesten gehen wird, ist das Reich in uns.« (GW 220)

In dem Zusammenhang aber des einzelnen, in die Entscheidung gestellten Lebens mit dem Heranreifen des Gottesreiches und seines Friedens sieht Reinhold Schneider nicht nur eine zentrale Wirklichkeit des menschlichen Lebens: er eröffnet sich ihm als Wunder, als »Mysterium der Geschichte«, vor dem er ehrfürchtig erschauert ... (GZ 128)

Die letzte ideologische Basis des abendländischen Mittelalters, die Verwirklichung des Reiches Gottes im Reiche, dürfte sich also, bei aller Kenntnis der Stufen in Reinhold Schneiders innerem Werdegang, als die sinngebende Mitte der Sonette erweisen, mit der alles mit allem organisch zusammenhängt ...

c) Wirkung des »Gottesreiches in der Zeit«

Was das Werk *Das Gottesreich in der Zeit* bedeutsam und kostbar macht, ist aber nicht nur sein Inhalt, sondern auch seine bemerkenswerte Resonanz.

Das an die Feldgeistlichen, Divisions- und Lazarettpfarrer aller Kriegsfronten verschickte Buch findet in erstaunenswerter Schnelle den Weg zum Herzen des Volkes. Die Sonette, welche aus dem Leben kommen, kehren nach dem Willen ihres Verfassers wieder in das Leben zurück. (LWD 77) Sie richten die Zweifelnden auf; sie trösten die Schlaflosen; ja sie dringen bis in das Grauen der Gefangenenlager, der Bombenkeller, der vordersten Kriegsfront.

Reinhold Schneider selber bezeichnet das Schicksal des Buches als »eine Geschichte, die nie erzählt werden kann«. (EE 33)

Die Äußerung dürfte gleichzeitig verstanden werden als eine Anspielung auf jenen Vorgang, den man das »Zerlesen der Sonette« bezeichnen kann. Das Volk nimmt diese Gedichte auf und singt sie weiter: es dichtet mit und fügt hinzu, kürzt und ändert. Wie zur Zeit vor der Buchdruckerei wird der Wortlaut gewisser Gedichte durch Abschriften entstellt. (Bemerkung des Dichters in einem unveröffentlichten Brief vom 3. 8. 1942, MK) Etliche Gedichte werden namenlos und teilen das Schicksal der alten Volkslieder: sie werden allverbindlich; andere kursieren unter dem Namen des Freundes Werner Bergengruen oder umgekehrt. (So 16)

Das Schicksal des *Gottesreiches in der Zeit* scheint symptomatisch zu sein für die Geschichte etlicher geheim zirkulierender Sonettausgaben, welche Harald von Koenigswald schildert in seinem Vorwort zu *Die Sonette von Leben und Zeit, dem Glauben und der Geschichte.*

Die Frage drängt sich deshalb auf nach der seltsamen Zugkraft jener einfachen Schriften Reinhold Schneiders, welche weder einem literarischen Ereignis, noch einem ausgesprochen ästhetischen Kunstwerk, noch dem Abriß einer neuen Philosophie gleichzusetzen sind ...

Licht kommt vielleicht von dem im Jahr 1949 veröffentlichten Essay »Dichter ohne Volk«. Hier sinnt Reinhold Schneider der schon von Goethe ausgesprochenen tragischen Frage nach, warum in Weimar das Volk fehlte. Einzige Überbrückung der schmerzlichen Kluft und Möglichkeit der ersehnten Begegnung erschließt sich ihm – in Anschluß an die Griechen, Dante und Calderon – in der allverbindenen Macht einer einzigen Überzeugung von den höchsten Dingen: »Das Erhabenste wird volkstümlich auf dem Grunde des Glaubens.«[6]

Was das Buch *Das Gottesreich in der Zeit* im besonderen aber über alle anderen Ausgaben heraushebt, ist die Resonanz aus dem anderen Lager: die Antwort aus dem »Weltreich«.

Reinhold Schneiders Bemühen um die Verwirklichung des Gottesreiches in der Zeit wird gedeutet als »Vorbereitung zum Hochverrat«. Der Krakauer Band führt im April 1945 zu dieser schwersten der gegen ihn erhobenen Anklagen. (EE 33)

Wenn auch helfende Freunde und das baldige Ende des Krieges das mit Sicherheit vorauszusehende Todesurteil verhindern, bleibt diese Anklage doch Zeichen des tödlichen Kampfes zwischen Macht und Gnade, Weltreich und Gottesreich im nationalsozialistischen Deutschland.

III. Ausklang

1. Du zauberst mit dem Liede ...

In Reinhold Schneiders Sonetten wird die Distanz der Form von der Glut des Gefühls durchpulst.

Was wir vernehmen, ist die Stimme der Wahrheit, des Gewissens, der Verantwortung: sie bezeugt den Willen, den Gottesstaat im Erdstaat zu begründen, das Ewige in der Zeit zu vertreten und seinen Wirkungsbereich auszudehnen.

In der Erzählung *Der Tröster* vom Jahr 1933 zeichnet die epische Kunst Reinhold Schneiders die Linie dieser Sendung nach. Wenn der Dichter Friedrich von Spee den eigentlichen

Inhalt seines Zeitalters, des 17. Jahrhunderts und des Dreißigjährigen Krieges als »ungeheuren Krieg der Geister und des Glaubens« (GA 94) umreißt, so steht er selber an der vordersten Front dieses Kampfes. Seine Wirksamkeit wird kurz umrissen bei seiner Ankunft auf Kloster Falkenhagen, wo der knapp einem Attentat Entronnene als Genesender weilen soll. Hier heißt es:

»Du zauberst mit dem Liede, das dir kein Feind entreißen kann, die Seelen in ihre Heimat hinüber.« (a.a.O. 100)

Mit dem Hinweis auf Zauberei spannen wir den Bogen zurück zu Thomas Manns Novelle *Mario und der Zauberer.* Das moralische Resultat dieser parabolischen Geschichte wurde am Anfang dieses Referates umschrieben in der Erkenntnis, daß die reine Defensive in der Verteidigung zusammenbricht, wenn sie sich auf keine solideren Elemente stützt.

Reinhold Schneider selber steht ebenfalls in der Defensive. Auch er wirft der dämonischen Zauberkraft seiner zeitgenössischen Machthaber ein definitives Nein entgegen. In Reinhold Schneiders Sonetten wird aber der suggestiven Macht des Bösen zusätzlich eine inhaltlich positive Kraft des Guten entgegengestellt.

Genau an diesem Punkt setzt eine rückläufige Bewegung ein. Während tausend laute Worte des Herrn der zwölf Jahre unversäumt ins Bedeutungslose fallen und über Nacht verkümmern, leben des Dichters stille, der ewigen Wahrheit verpflichtete Worte nach eigenen Gesetzen weiter. Sie finden Widerhall; sie helfen mit, die Not zu bestehen. Ihre rücksichtslose Klarheit wirkt sich zwingender aus als alle Zauberei einer verzauberten Gegenwart. Die Kraft des Mitgeteilten bewährt sich – allen Widerständen gegenüber – als höherer Widerstand, der seinerseits wieder Zaubermacht besitzt.

»Du zauberst mit dem Liede, das dir kein Feind entreißen kann, die Seelen in ihre Heimat hinüber.« Mit diesen Worten umreißt der Dichter unausgesprochen seine eigene, von den Sonetten ausgehende Wirkung. Geschichte ist Heilsgeschichte, scheint uns der Dichter hier zuzurufen. Auf die Seelen, auf das, was sich im Innersten des Menschen begibt, kommt alles an.

2. Innerer Widerstand im wörtlichen Sinn

Damit kehren wir zurück zum anfangs erwähnten Begriff des

inneren Widerstandes, welcher viel mehr ist als ein Aufschrei gegen Wahn und Verblendung der Zeit.

Liest man das Sonett »Ins Innerste« vom Jahr 1946 aufmerksam durch, so erscheinen jene Verse fast als das Manifest einer Schule, als der Rück- und Ausblick auf eine mächtige Erneuerungsbewegung:

»Ins Innerste! O laß es mich erringen,
Daß unbeirrt, von keinem Blick geblendet,
Zu dir sich hin die ganze Seele wendet
Und sich der Geist ergibt den letzten Dingen!

. . .
Gewähre mir die ernstgestimmte Kraft
Die, abgekehrt, erschaut ein einzig Ziel
Und um dies Eine Tat und Welt nicht achtet!

O tief geheime, höchste Leidenschaft!
Ich trete ahnend aus beschloßnem Spiel
Und werde stark, da mich Dein Ruf entmachtet.« (So 196)

Innerer Widerstand! Die eben vorgetragenen Verse bezeugen, daß der Begriff bei Reinhold Schneider zu verstehen ist als ein Abbiegen von der breiten Straße der rein irdischen Macht, an der fast alle bauen, um Bewegung, Gesetz und Sinn der Welt in den Lichtquellen der Gnade zu entdecken.

Der Weckruf »Ins Innerste« ist nichts anderes als der Hinweis auf die erlösende Gegenwart Gottes im Menschen. In der Vertrauenshaltung einer dauernden und uneingeschränkten Hingabe an Gott erblickt der Dichter den einzig gangbaren Weg.

»O tief geheime, höchste Leidenschaft
Ich trete ahnend aus beschloßnem Spiel
Und werde stark, da mich Dein Ruf entmachtet.« (So 196)

Mit dem Hinweis auf die Entmachtung durch den Ruf Gottes ist wiederum von einer Willenshingabe die Rede. Diesmal handelt es sich aber nicht mehr um eine Verwandlung im Sinne einer Verzerrung, einer Entseelung, einer Selbstpreisgabe wie in *Mario und der Zauberer*. Der vor Gott stehende Mensch erstarkt; er findet zu sich selbst; er wird neu geboren, um einzugreifen in den »ungeheuren Krieg der Geister und des Glaubens«. (GA 94)

Mit den Sonetten stehen wir – heute genauso wie vor dreiunddreißig Jahren, am 8. Mai 1945 – vor einem Stück Seelengeschichte des geheimen Deutschland. Die Gedichte spiegeln die geistige Gegenfront der während des Krieges zum Siege gelangten Zeitideen. Wir müssen sie kennen, um das ganze Bild der Epoche im Auge zu behalten.

Und doch! Sind die Sonette nur Erinnerung? Dürfen wir sie – als interessante geschichtliche oder literarische Dokumente – einfach wieder aus der Hand legen? Verweist nicht die Gewalt der äußeren Ereignisse, wie zu Reinhold Schneiders Zeit, erneut auf die Welt des Innern? »Die Engel und die Drachen streiten weiter«, schreibt er im Gedicht »Die Überlebenden« vom Jahr 1946. (So 226) Tatsächlich trifft die Aussage des Dichters ins Herz unserer Zeit, mitten in die gewaltige Spannung zwischen himmlischen und dämonischen Mächten.

Hat also – angesichts der tausendfältigen Formen der modernen Bedrohung und Verführung – die Stunde des inneren Widerstandes wieder geschlagen? Die Stunde der Antwort, wo ein bloßes Nein, wo die reine Defensive nicht mehr genügt?

Wieder werben Reinhold Schneiders Sonette in ihrer zeitlos gültigen Gestalt um die Seelen der Menschen, und alles Edle ihrer Bilder, vor allem die Idee der Wiederherstellung des Gottesreiches in der Zeit, wirbt mit ihnen. Werden die Richtbilder aus Deutschlands schwerster Zeit wieder ins Leben dringen? Die Leuchtkraft der Hoffnung spricht aus Versen wie folgenden:

> »Das Große bleibt, und was zur Form erhoben,
> Es wird das Ungestaltete besiegen.« (So 195)

Das Ungestaltete, die Suggestion, der Untergang, werden nicht besiegt durch bloßes Zurückweichen, durch ein Nein. Was wir brauchen, sind wirksame, einsatzbereite Waffen des Geistes. In Reinhold Schneiders Sonetten stoßen wir auf sie.

Was uns hier am tiefsten bewegt und erschüttert, ist die Entdeckung der positiven Macht der Erfülltheit der Seele. Sie ist Hinweis auf das Unbezwingbare im Menschen.

(1978)

Abkürzungen und Anmerkungen

MK: Manuskript Karlsruhe

So: Die Sonette von Leben und Zeit, dem Glauben und der Geschichte. Köln und Olten 1954

GZ: Das Gottesreich in der Zeit. Sonette und Aufsätze. Reichshof 1944. Als Manuskript gedruckt

LC: Das Leiden des Camões oder Untergang und Vollendung der portugiesischen Macht. 2 1957

VT: Verhüllter Tag. Köln und Olten 1954

SZ: Schriften zur Zeit. Baden-Baden 1948

IR: Das Inselreich. Gesetz und Größe der britischen Macht. Leipzig 1936

H: Die Hohenzollern. Tragik und Königtum. Köln und Olten 1953

EE: Erfüllte Einsamkeit. Hrsg. von Curt Winterhalter. Freiburg-Basel-Wien 2 1963

GE: Gedanken des Friedens. Gesammelte kleine Schriften. Freiburg 1946

CP: Der christliche Protest. Zürich 1954

EF: Das Erbe im Feuer. Betrachtungen und Rufe. Freiburg 1946

V: Das Vaterunser. Neuausgabe mit einem Vorwort des Verfassers. Freiburg 4 1968

GW: Gelebtes Wort. Hrsg. von Curt Winterhalter. Freiburg-Basel-Wien 1961

BBS: Briefwechsel Werner Bergengruen – Reinhold Schneider. Freiburg i. Breisgau 1966

GA: Das Getilgte Antlitz. Erzählungen. Köln und Olten 1953

LWD: Reinhold Schneider. Leben und Werk in Dokumenten. Hrsg. Franz Anselm Schmitt. Olten 1969

MZ: Thomas Mann: Mario und der Zauberer. Ein tragisches Reiseerlebnis. Berlin 1953

SP: Thomas Mann: Schriften zur Politik. Frankfurt a. Main 1970

Bender: Mein Gedicht ist mein Messer. Lyriker zu ihren Gedichten. Hrsg. von Hans Bender. München 1969

Werner Bergengruen: Der Ewige Kaiser. Graz 2 1951

1 Herbert Wiesner, Innere Emigration. Die innerdeutsche Literatur im Widerstand. 1933-45; in: *Handbuch der deutschen Gegenwartsliteratur.* Hrsg. von Hermann Kunisch, München 1965, S. 697.

2 Das Dauernde, in: *Der Ewige Kaiser*, 45.

3 Elisabeth Schmidt, *Tragik und Kreuz.* Versuch einer Interpretation der Lyrik Reinhold Schneiders. Wien 1963.

4 Das Sonett, MK.

5 *Militärseelsorge.* Zeitschrift des kath. Militärbischofamtes. Bonn 2, 1959/60, Heft 1-4, S. 35.

6 Dichter ohne Volk. In: *Der christliche Sonntag* 1, Freiburg i. Br. 1949, S. 133.

Yoshitaka Yokotsuka

Aus der Tiefe der dunklen Nacht

Eine Skizze von Reinhold Schneiders Weg der Angst

(I)

Ich habe genug gesehen für mein Billett[1]

Erst kurz vor seinem Tod fing Reinhold Schneider an, von sich und seiner Zeit zu erzählen, was er bis dahin kaum getan hatte. Als seine Lebensaufzeichnung *Verhüllter Tag* veröffentlicht wurde, stand er im fünfzigsten Lebensjahr. Es ist durchaus vorstellbar, daß Menschen, die auf ein halbes Jahrhundert zurückblicken, sich entschließen, ihre Vergangenheit aufzurechnen und über die Zukunft nachzudenken. Reinhold Schneiders Entschluß jedoch wurzelte in noch tieferem, schmerzlicherem Drang; er wollte den Versuch wagen, wie er im Vorwort zu *Verhüllter Tag* sagt, »beendeter Tradition einen letzten Wert zu geben und wenigstens die Schlüssel verbrannter Häuser zu wahren, Zeichen zu retten und mit ihnen die Wirkung auf die innerste Gestalt«.[2] Nichts weist auf die Absicht, eine Selbstbiographie zu schreiben. Der Weg, den er darzustellen beabsichtigte, heißt nur »der Weg vom tragischen Nihilismus zum Glauben«, aber nicht »mein Weg«. Trotz dieser Aussage ist unmißverständlich, daß dieser Weg der seine ist, weil er an anderer Stelle schreibt: »Es war mein Weg und meine Bestimmung, vom nihilistischen Pessimismus zum christlichen durchzudringen, von der absoluten Tragik zur Tragik unter der Gnade«.[3] Im Versuch, »beendeter Tradition einen letzten Wert zu geben«, versteckt sich also bereits Reinhold Schneiders Absicht, seinen eigenen Lebenslauf und den Wandel der Zeit in gegenseitiger Reflexion darzustellen. Aber seine Aufzeichnung blickt nicht nur auf die Vergangenheit zurück und vermißt sie. Das wird in dem Werk *Der Balkon*[4] klar. Hier erzählt er, beim Abbruch seines Elternhauses Hotel Meßmer in Baden-Baden anwesend, die Schicksale der deutschen sowie europäischen Adligen und Prominenten. Er sah im Abbruch seines Elternhauses den Zusammenbruch einer Zeit; das unverkennbare Ende einer Zeit und einer

Tradition, die die Monarchie ermöglicht und getragen hatte; eine Monarchie, die christlich begründet war und christliche Aufgaben trug, und an der Reinhold Schneider bis zum Tod festhielt. Auch in *Winter in Wien*, seiner letzten Schrift, deren Erstdruck er nicht mehr erlebte, bekennt er, daß er nun erlebt und gesehen habe, was zu erleben und zu sehen ist.[5] Seine zurückblickenden Schriften stellen also Abschiedsgrüße an die Zeit und Tradition dar, die ihn erzog und trug, aber auch eine Quelle seines Leidens war.

Die Widerspiegelung des eigenen Lebenslaufes im Wandel der Zeit findet man häufig in selbstbiographischen Schriften. Auch Reinhold Schneider, der »keine Grenze zwischen Geschichtlichem und Subjektivem«[6] sah, läßt in seinen selbstbiographischen Skizzen sein Leiden und seinen Schmerz unverkennbar als den der Welt und seiner Zeit sichtbar werden.

In welcher geistigen Situation sich Reinhold Schneider an seinem Lebensabend befand und was für einen Weg er ging, soll hier, unter besonderer Berücksichtigung seiner Lebensaufzeichnungen und nach Möglichkeit mit seinen eigenen Worten, dargestellt werden, um den Inhalt und die Bedeutung seiner Angst verständlich zu machen.

(II)

Der Schwermut Erbe ward mir übermacht,
Es ist mein Untergang und ist mein Lohn;[7]

Die Schwermut und die Angst zum Untergang begleiten ihn eben »aus des Anfangs Nacht«. In *Verhüllter Tag* wird erzählt, er sei aus dem Schlafe vom Gefühl eines Sturzes ins Bodenlose erschrocken.[8] Dieser Erfahrung entzog er sich, wie er selbst bekennt, niemals bis zu seinem Tod. Er konnte dem Bannkreis dieser Erfahrung nicht entfliehen, sondern sein ganzes Leben ordnete sich vielmehr der Tiefe dieses »Bodenlosen« unter, dem Drang, sie zu ermessen und die Bedeutung des abgrundtiefen Dunkels zu begreifen.

Zwar ist solche Neigung gewiß mit seiner angeborenen Schwermut verbunden; »die Lebensstimmung ist angeboren; sie macht die Erfahrung nicht, aber sie korrespondiert. Sie ist ein Element des Geschicks«;[9] aber frühe Erfahrungen lassen ihn, auf natürliche Weise, nicht sofort seine Lebensthemen ahnen. Der Weg dazu war keineswegs eben und leicht, wenn auch nicht sehr lang.

Johannes vom Kreuz schien Reinhold Schneider die Veranlassung zum Begreifen seiner Themen gegeben zu haben. Im Jahre 1930, als er mit der Stoffsammlung für *Philip II.* beschäftigt war, begegnete er zum erstenmal der Gedankenwelt dieses Mystikers. Er drückt diese Begegnung so aus: »Zum erstenmal streifte mich die dunkle Nacht des hl. Johannes vom Kreuz: das Nein an Alles, in dem Alles gewonnen wird.«[10]

Johannes vom Kreuz förderte unter der führenden Mitarbeit der hl. Theresia von Avila die Reform des Karmeliterordens und wurde dabei von den Nichtreformierten im Kloster zu Toledo in strenge Haft gesetzt. Auf seine Erlebnisse und Meditationen in einer engen, dunklen Grube sind seine mystischen Schriften *Aufstieg zum Berge Karmel* und *Die Dunkle Nacht* sowie auch zahlreiche Gedichte zurückzuführen. In diesen Schriften sublimiert er seine persönliche mystische Erfahrung zur nichtpersönlichen, allgemeingültigen und redet, die dunkle Nacht, die er in der Grube durchlebt habe, sei die dunkle Nacht, die alle Seelen, die zum Gotteslicht der Vollkommenheit gelangen wollen, durchwandern müssen. Johannes vom Kreuz bezeichnet in dreifacher Hinsicht diesen Übergang der Seele als eine Nacht.[11] Erstens; beim Ausgangspunkt müsse die Seele auf das Verlangen nach dem Genuß aller Dinge dieser Welt verzichten. Dieses Verzichten sei für das Gefühl des Menschen wie eine Nacht. Zweitens; das Mittel oder der Weg, auf dem die Seele zum Gotteslicht gelangt, sei der Glaube, der auch für die Vernunft des Menschen wie die Nacht sei. Drittens: das Ziel des Wanderns der Seele sei Gott, der unfaßbar und unendlich, und gleichfalls für die Seele in diesem Leben wie eine dunkle Nacht sei.

Die dunkle Nacht der Seele des hl. Johannes vom Kreuz, zumal »die Erfahrung, daß Licht Dunkel ist, daß Gottes Licht sich als Dunkel darstellt«,[12] stellt Reinhold Schneider in seiner Erzählung *Die dunkle Nacht des hl. Johannes vom Kreuz* dar. Aber es läßt sich nicht so einfach belegen, ob er schon damals, als er dieser Erfahrung des Johannes vom Kreuz zum erstenmal begegnete und dessen Weg zur Vollkommenheit in seiner Erzählung wiederzugeben versuchte, empfand, daß diese Erfahrung auch seine eigene ist, oder daß sie einmal sein Weg werden soll. Jedenfalls kann man sagen, daß sich durch die Beschäftigung mit der Erzählung die geistige Verbindung zwischen den beiden vertiefte und verdichtete. In der Tiefe seiner Existenz blieben unauslöschlich die Spuren des Heiligen. Und als er sich an seinem Lebensabend »einem Felsental, dessen Ausweg er nicht sieht, dem ›dunklen Ort‹, in dem ein unlösbarer Schmerz begraben ist«,[13] nähert, begegnete er wieder jener Dunklen Nacht des hl. Johannes vom Kreuz und betete, daß die Finsternis, die ihn völlig umfaßt hält, die vom strahlenden Licht Gottes erzeugte Finsternis sei.

(III)

Ich begann zu werden, was ich war.[14]

Reinhold Schneider war Christus und dem Christentum noch nicht nahe gekommen, vielmehr arbeitete er noch im Bannkreis des Nihilismus, als er der geistigen Welt des hl. Johannes vom Kreuz zum erstenmal begegnete.

Sein Vater gehörte zur evangelischen Kirche und seine Mutter zur katholischen. Die Kinder wurden katholisch erzogen, dennoch gingen sie zu Weihnachten gewöhnlich mit dem Vater zum evangelischen Gottesdienst. Solch eine religiöse Umgebung und Atmosphäre wurde wahrscheinlich eine indirekte und entfernte Ursache für den einzigartigen Glauben Reinhold Schneiders, der sich, wenn auch der Kirche sehr treu, vielmehr mit Christus unmittelbar verbunden fühlte. Aber diese geistige und religiöse Lebensumgebung seiner Kindheit scheint seinen von Christus entfernten geistigen Zustand in den zwanziger und frühen dreißiger Jahren auszulösen, von dem er in *Verhüllter Tag* zurückschauend erzählt: »Ich vermißte ihn (den Glauben) nicht. Ich hatte ihn ja niemals besessen«,[15] oder »es ging mir nicht um Gott; ich hatte kein Bewußtsein seiner Gegenwart; ich fühlte nur die brennende Wunde des Daseins«,[16] dessen Schwere ihn sogar zum Selbstmordversuch verführte. Er war vor Verlegenheit ratlos, als er nach langer Zeit zum erstenmal zur heiligen Messe ging, und er gesteht aufrichtig, »ich kam wie einer, der die Sprache verlernt hat, in die Heimat. Aber ich hatte die Sprache der Heimat nie erlernt«.[17]

Reinhold Schneider lehnte den Vorschlag des Insel Verlags ab, mit dem Titel *Kreuzwege deutscher Geschichte* ein kleines Buch über deutsche Städte zu schreiben (1933).[18] Das Selbstzeugnis, das er für diese Verweigerung ablegte, erregt besonders unsere Aufmerksamkeit; »Es widerstrebte mir durchaus, die deutsche Geschichte unter das Kreuz zu stellen. Auch ich wollte mich nicht darunter stellen, ich wollte nicht Christ sein«.[19] Dieses Geständnis steht völlig im Gegensatz zu seiner Auffassung von der europäischen Geschichte, wie sie in späteren Jahren in zahlreichen historischen Erzählungen und Essays entwickelt wurde. »Unter der Fahne des Kreuzes traten«, schreibt er in einem Essay, »die abendländischen Völker den Weg in die Große Geschichte an.«[20] Zu dieser sozusagen christlichen Geschichtsauffassung und zu seinem dieser Auffassung zugrunde liegenden Glauben führte seine umfangreiche Geschichtsschreibung *Das Inselreich.*[21] Vor dem Geschichtsschreiber Reinhold Schneider, der die Geschichte des Inselreichs England zu begreifen versuchte, »stand Christus überall ... als Macht«,[22] und er erblickte »auf der britischen Insel die Geschichte des ›Gegenreichs‹«.[23] In bezug auf Heinrich VIII. sagt er an anderer Stelle, Heinrich VIII. habe die Verbindung zwischen England und dem Christentum zerrissen, auf dem seine Kultur ruhe, indem er mit Rom gebrochen habe.[24] Aber seine Reform hatte keine Verwandtschaft mit »dem aus dem Innern hervorbrechenden Revolutionären, das in der deutschen Reformation mächtig war«,[25] und es ging Heinrich VIII. nicht um Glauben, sondern allein um die Macht. Unter dem Zepter seines Reiches, das von diesem furchtbaren Willen zur Macht errungen wurde, liegt kein Reich der Seele und von dem anderen Reich, das er ignorierte, wird die Wirklichkeit der Geschichte immer noch erschüttert. Diese Wahrheit und zugleich das andere Reich der Seele entdeckte Reinhold Schneider durch die Arbeit am *Inselreich.*

Theodor Heuss, der nach dem Krieg erster Präsident der Bundesrepublik wurde, besprach diese Geschichtsschreibung günstig.[26] Dagegen warf der *Völkische Beobachter* der Geschichtsauffassung Schneiders vor, daß sie völlig unter dem Einfluß der Überreste mittelalterlicher Dogmatik stünde; daß sein geistiges Auge offenbar verblendet sei, so daß er das Fortschreiten und die Veränderung der Geschichte nicht erkennen könne. Diese negative Kritik über ihn und seine Schrift kann man als ersten Gegensatz zwischen ihm und der herrschenden Macht der Zeit bezeichnen. Reinhold Schneider hatte aber mit einem solchen Vorwurf schon vor der Veröffentlichung des Buches gerechnet; er hatte den Plan,[27] durch die Beschäftigung mit dem Rußland-Buch dem *Inselreich* und damit auch dem herrschenden Dritten Reich ein Gegenbild zu schaffen. Er hatte schon damals ein Sonett »Allein den Betern«,[28] das während des Krieges sehr berühmt und beliebt wurde, geschrieben. Von da an verdichtete sich seine innere Haltung, die Auseinandersetzung mit dem Nazismus, zu dem festen Entschluß zum Widerstand und zum Protest. Es läßt sich wohl sagen, daß das Jahrzehnt nach der Erscheinung des England-Buches im Jahre 1936 sein fruchtbarster Lebensabschnitt war, in dem er einen hohen geistigen Aufschwung erlebte und viele Werke, die man später zu seinen wichtigsten Schriften rechnen sollte, geboren wurden.

(IV)

Ich kann nur leben mit meinem Volke[29]

Das historische Schrifttum einschließlich *Las Casas vor Karl V.* oder *Vor dem Grauen*[30] sowie auch die zahlreichen Sonette und die Essays wie »Macht und Gnade« oder »Das Vaterunser«, die alle während dieser zehn Jahre geschrieben wurden, waren weitbekannt als Warnung und Anklage, aber auch als Trostwort für seine Zeit und sein Volk. Eine große Anzahl kleiner religiöser Bücher wurden illegal in Kolmar im Elsaß gedruckt, um seinem Volk, das unter dem Kriegsfeuer und der Unmenschlichkeit und dem Verbrechertum des Dritten Reiches litt, Trost und Ermutigung zu geben.

Seine jederzeit von der Gestapo gefährdete Aktivität ließ sich durch »das Gefühl in irgendeinem, wenn auch noch so bescheidenen Sinne der herrschenden Macht entgegenwirken zu können«,[31] ertragen. *Las Casas vor Karl V.* zeigt uns die Art und Weise seines »bescheidenen« Widerstandes.

Las Casas vor Karl V. stellt den einsamen Kampf eines Dominikaners Las Casas dar. Er erhob Anklage gegen die furchtbare Situation auf den den Spaniern gehörenden Westindischen Inseln, und betonte, daß man die Indios als Menschen, als echte Christen behandeln soll. Was Reinhold Schneider mit der Darstellung der Gestalt des Las Casas und seines Kampfes beabsichtigte, läßt sich leicht verstehen, und seine Absicht wäre unverkennbar, auch wenn es seine eigenen Worte nicht gäbe; »Als ich im Winter 1937/38 den ›Las Casas‹ schrieb, schien sich mir mit diesem Thema eine Möglichkeit zu bieten, ein Wort gegen die Judenverfolgung und gegen die radikale Herabsetzung des Menschenwertes zu sagen«.[32]

In Valadolid im Jahre 1550 setzt sich Las Casas in der Anwesenheit des Kaisers Karl V. mit dem berühmten Geschichtsschreiber und Polemiker Sepulveda wegen der spanischen Kolonisationspolitik und der Behandlung der Einheimischen auf den Westindischen Inseln auseinander. Sepulveda verlangt unter Hinweis auf Aristoteles und Plato die Unterscheidung zwischen »einem höher gearteten, höher entwickelten Volk und den tiefer stehenden Völkern«,[33] und behauptet, um die tiefer stehenden, nichtchristlichen Völker zu bekehren, sei es dem höher entwickelten Volk erlaubt, sie mit Gewalt zu bezwingen und im Fall eines Widerstandes auch Krieg gegen sie zu führen. Dagegen erhebt Las Casas Anspruch auf die Menschenrechte der Indios, indem er die wahre Aufgabe der echten Christen und des Kaisers der christlichen Spanier predigt. Durch den Mund von Las Casas versucht Reinhold Schneider zu erläutern, daß »Gott den Menschen frei geschaffen hat und vor ihm kein Unterschied zwischen den Menschen ist«,[34] daß »wer mit dem Schwert diese Welt betritt, der sieht sie nicht; er hat Gottes Welt schon verloren«.[35] Die Worte des Dominikaners, daß »ich täglich fühle, wie Gottes Welt verdorben wird, weil falsche Gedanken in den Menschen wohnen und sie zu unfrommen Taten zwingen«,[36] kommen aus der eigenen täglichen Erfahrung des Autors. Reinhold Schneider war mit Las Casas darin einig, daß die Menschen »zu einer jeden Stunde vor der Ewigkeit stehen«.[37] Auch die Anrede des Las Casas an den Kaiser Karl V., der zögert, die richtige Entscheidung zu treffen: »Frage niemanden, frage nur dich selbst . . ., frage deine Liebe und dein Gewissen«,[38] diese Anrede war ohne Zweifel die Botschaft Reinhold Schneiders an die Deutschen.

Jedenfalls erwähnt man dieses Buch vielfach als eine der Leistungen, die das Wesen sowie die Art und Weise des literarischen Widerstandes Reinhold Schneiders oder auch der »Inneren Emigration« zeigt. Aber in der Gestalt des Kaisers Karl V. kann man zugleich die Tragödie der Mächtigen auf Erden finden.

Was Reinhold Schneider, der »Geschichte nur an der Stelle zu erleben vermag, wo eine berufene Kraft sich am Jenseits bricht«,[39] am stärksten ergreift und interessiert, sind »die grandiosen Versuche, das Unmögliche zu verwirklichen«.[40] Der Anspruch des Las Casas an Karl V. war gerade dieser Versuch, das Unmögliche zu verwirklichen. Kaiser Karl V., als Haupt des Heiligen Römischen Reiches Deutscher Nation und zugleich als König des spanischen Reiches, verkörpert die beiden sich widersprechenden, d.h. religiösen und weltlichen Autoritäten. Mit anderen Worten, er trägt die religiöse Sendung der Christianisierung der Welt und gleichfalls die profane Aufgabe der spanischen oder europäischen Kolonialpolitik. Aber er stellt hier keine feste heldische Gestalt dar, die diese beiden Autoritäten großmütig wahrt und genießt, sondern vielmehr eine schwankende, melancholische, die ihren Zwiespalt kaum zu ertragen vermag.

Die Forderung des Dominikaners, daß der Kaiser sein Apostelamt erfüllen solle, scheint zu scheitern an dem von Sepulveda vertretenen eigenmächtigen christlichen Glauben und der damit unterstützten kolonial-imperialistischen Macht. Aber in Wahrheit wurde nicht Las Casas, noch sein christlicher Anspruch besiegt, sondern die Macht, die seinem Anspruch keine Genüge leisten und des christlichen Apostelamtes nicht mehr walten konnte.

Aus dem unlösbaren, unversöhnbaren Widerspruch der beiden Aufgaben, d.h. der religiös-heiligen und der profan-politischen, nimmt Reinhold Schneider die Tragödie der Geschichte. Solch eine Tragödie widerspricht, seiner Meinung nach, dem Christentum nicht.[41] »In der christlichen Tragödie scheitert die Welt noch einmal, wie sie an Christo gescheitert ist, während er an ihr zu scheitern schien.«[42] Diese Aussage gilt nicht nur für eine Dramaturgie, sondern auch für die Tragödie Christi und der weltlich Mächtigen überhaupt. Für Schneider ist die Geschichte eine Bühne solch einer Tragödie und sie ist auch »der Prozeß, in dem Heilige, Helden und Dichter verbrannt werden, sich in den königlichen Flammenmantel hüllten«. Ganz folgerichtig richten sich seine Blicke nicht auf die geschichtlichen Ereignisse selbst, sondern auf die einzelnen, die den geschichtlichen Entscheidungen mit oder wider Willen beiwohnten. Trotzdem denkt er nicht, daß ein einzelner Mensch die Geschichte und die Welt verändern kann. »Die geistigen, sozialen, politischen Probleme, die sie (= die Welt) aufwühlen, muß er (= ein Einzelner) annehmen.«[43] Aber der Wirklichkeit gegenüber kann der Einzelne sein Ja oder Nein sagen. Dabei »liegt es nicht am Wort, sondern es liegt daran, daß er sein Ja oder Nein lebt«.[44] Die Freiheit der Entscheidung steht dem Menschen und zwar dem Einzelnen zur Verfügung. »Der echte Inhalt einer Zeit, eines Staates«, schreibt Schneider, »sind seine gelebten Freiheiten.«[45] Infolgedessen bedeutet für ihn die Freiheit eine Tat und ein Entschluß des Gewissens des moralischen Menschen. Der Einzelne muß den Mut haben, allein mit der Freiheit zu sein, weil sie ein für die Welt verantwortliches Wagnis ist, das Ja oder Nein zu leben, das er der Wirklichkeit gegenüber aufgebracht hat. Seiner Aussage blieb Schneider treu, und er übte tapfer seine Freiheit aus, sich zu entschließen und diesen Entschluß, zumal das Nein an die Wirklichkeit der Kriegs- und Nachkriegszeit, zu leben. Es sind ihm die Bibel und das Vaterunser, die ihm jenes Wagnis, die Freiheit der Entscheidung zu leben, vorstellen und die ihn sowie einen jeden Einzelnen beharrlich, unvermeidlich dazu drängen.

(V)

Geschichte ist, wie Baader lehrte, Heimkehr zu Gott[46]

Seine Begegnung mit der Heiligen Schrift beschreibt Schneider, zurückschauend auf Weihnachten der Potsdamer Zeit: »Dieses Buch kann man nicht lesen ... Man kann es nur tun. ... Und es ist unmöglich, auch nur eine Zeile zu begreifen, ohne den Entschluß, sie zu vollziehen.«[47] Christus war ihm »lebendes Wort« und stand direkt seinem Gesicht gegenüber, indem Christus auf den Entschluß drang, diesem »lebenden Wort«, d.h. dem Leben Christi selbst nachzuleben. Im Vaterunser empfing er am stärksten diesen Drang zu Entschluß und Wagnis. »Das Vaterunser beten in seiner höchsten Bedeutung ist ein Wagnis«,[48] erklärt er in seinem Essay »Das Vaterunser«.

»Das Vaterunser« ist typisch für seine religiösen Schriften, die während des Krieges geschrieben wurden. Darin spricht er unermüdlich davon, daß die Herzwurzel der Sünde tief in unserem Leben stecke;[49] daß im Kampffeld der Geschichte über das Seelenheil des Einzelnen und der Welt entschieden werde;[50] daß die Stunde der Schuld auch die Stunde der Verheißung sei;[51] daß wir also aus der ganzen Tiefe des Abgrundes beten müssen.[52]

Wie in seinen anderen religiösen Schriften sieht er auch hier in den täglichen Ereignissen eine endgültige Entscheidung der Menschen. Jede Entscheidung auf dem Kampffeld der Geschichte hat für sein Auge einen apokalyptischen Charakter, daher ist »jeder Tag der Geschichte Gerichtstag«.[53] Zwar hält er die Geschichte auch hier für eine Heilsgeschichte, jedoch ist ihr Prozeß ein dunkler, leidensvoller. So durchzieht eine Art Krisenbewußtsein dieses Buch; »es (= unser Gebet) kommt aus einem tiefen Dunkel, und es hat wohl nicht die Kraft, die Not dieses Dunkels emporzutragen«,[54] heißt es in der Einleitung. Aber gerade in dieser Notzeit blieb er jener Freiheit treu, seinen Entschluß zu leben, und wurde davon gestützt; von der Verantwortlichkeit und von dem Auftragsgefühl des Dichters dem Ganzen gegenüber, wie es Ricarda Huch am Anfang ihrer Gedichte »Der Dichter«[55] schreibt: Nicht aus sich spricht der Dichter; den heiligsten Willen zu künden,/Gibt ihm ein Gott die weithin tönende Stimme./»Führe mein Volk«, spricht er, »und weicht es von meinem Rechte,/Straf es, erleuchte es, bring es zurück zu den ewigen Sternen!/«

Reinhold Schneider nannte seine Tätigkeit während des Krieges »Sanitätsdienst«.[56] Dies bedeutete aber auch Christus zu helfen, der als Arzt die kranke Welt betrat.[57] Er stimmte mit Pascal im Glauben überein, daß »Krankheit der christliche Zustand ist«.[58] Die Welt ist krank und sie zu heilen stimmt mit der Versöhnung der Schuld überein, so ist auch möglich das Paradox des Christentums; die Stunde der Schuld ist auch die Stunde der Verheißung und des Heils. Eben weil die Welt krank ist, mischte das Göttliche sich in die Menschengeschichte. Reinhold Schneider nahm seine Sendung auf, indem er Christus, dem Arzt, als Sanitäter half.

Er erwähnt vielfach Donoso Cortés, den spanischen Diplomaten und Politiker des 19. Jahrhunderts, der auch Elisabeth Langgässer erheblich beeinflußte.[59] In seinen Briefen und auch in seiner Hauptschrift »Der Staat Gottes« sagt er in bezug auf die Rettung der Menschheit sehr pessimistisch: »Ich habe leider noch nie ein Volk gesehen, das zum Glauben zurückgekehrt ist, wenn es ihn verloren hatte.«[60] Schneider nimmt diesen Pessimismus Donoso Cortés' als denkbar auf.[61] Trotzdem kann man in seiner Tätigkeit und seiner Aussage der Kriegszeit nicht wenige Beweise dafür finden, daß er wenigstens an die Möglichkeit der Bekehrung eines Volkes glaubte. Damals sah er die Hitlerzeit für das folgerichtige Ergebnis der Flucht der Menschen vor Gott an, aber gleichfalls glaubte er fest daran, daß, inmitten dieser Notzeit, ein Volk wirklich auf der Heimkehr zu Gott sei.[62] Auch wenn die Bekehrung nur bei den Einzelnen bleibt, sind diese Einzelnen Stellvertreter und stehen vor Gott für ihr Volk ein.[63] Mit solch einer Überzeugung beschäftigte er sich, ungeachtet der Bedrohung durch die Gestapo wegen Hochverrates, mit seinem Sanitätsdienst und rief sein Volk auf, »für diejenigen (zu) beten, denen das Gebet unter der Gewalt der Stunde im Herzen erstarb«.[64]

Er schreibt, es sei ein großer Trost, daß wir zum Beginn des Vaterunsers gerade »Vater« sagen dürfen.[65] Und es sei uns auch nur im Vertrauen auf den Herrn möglich, das Wagnis des Vaterunser-Betens auf uns zu nehmen.[66] Er war damals ganz erfüllt von dem festen Glauben. Man kann bei ihm keinen Schatten der Angst finden, sondern er hatte nur Sorge um sein Volk und dessen Zukunft. Auch das Feuer, das Tag und Nacht über ihn und sein Volk fiel, trieb ihn nicht in Angst vor dem Untergang, weil das Feuer für ihn das Fegefeuer oder das Reinigungsfeuer war. Er glaubte fest daran: »Wo Werk und Städte gleich dem Dornbusch brennt, / Ist nah Dein Antlitz, Dein zermalmend Wort.«[67] Daher konnte er sein Volk zum neuen Leben aufrufen, und so bezeichnete ihn der Londoner Rundfunk als »den Rufer in der Wüste«.[68] Aber diese Gestalt »des Rufers in der Wüste« trifft kaum mehr für den späten Schneider zu, der dann gestehen muß: »Ich kann eigentlich nicht ›Vater‹ sagen.«[69] Im Jahre 1957, sechzehn Jahre nach der Erscheinung »Des Vaterunsers« und ein Jahr vor seinem Tod, schrieb er in dem neu zugefügten Nachwort schmerzensvoll: »Was vermag das Gebet? Es hat nicht vor dem Menschenofen bewahrt; es hat nicht die Freiheit gebracht; Völker nicht erlöst. ... Aber Mütter, Bräute, Väter, Freunde haben es in die Nacht geschickt und keine Antwort vernommen.«[70]

Reinhold Schneider versank dann in tiefer Finsternis, die seinen Lebensabend vollständig verhüllte. Um den Grund und das Motiv aufzufinden, warum er, der einmal ein Zeichen des Trostes und des Gewissens seines Volkes gewesen war, in die Finsternis fallen konnte, muß man den tragischen, unglücklichen Beziehungen zu den politischen sowie religiösen Umständen in den späten vierziger und den frühen fünfziger Jahren ausführlich nachgehen; besonders dem »Fall Reinhold Schneider«, der seinen Ursprung in dem in der Ostzone in der Monatsschrift *Aufbau* erschienenen Beitrag hatte, in dem er vom Standpunkt eines Christen streng gegen die von der Adenauer-Regierung begonnene Wiederbewaffnung Stellung nahm. In bezug auf seine literarische Leistung muß man besonders seine Bühnendichtung in Betracht ziehen, die als Ergebnis seiner Nachkriegserlebnisse entstand und neben seinen Sonetten hoch eingeschätzt wird.

Hier sollen aber diese beiden Betrachtungsgegenstände nicht erwähnt werden. Hier soll die Frage erläutert werden, was für eine Nacht den Dichter umhüllte und was Schneider in der Finsternis erstrebte.

(VI)

Keine Epoche ist, wenn sie verstanden werden soll, in solchem Maße auf Metaphysik angewiesen wie diese, die das Metaphysische mit Erbitterung verleugnet hat.[71]

Reinhold Schneider weist auf drei Themen der Geschichte hin. Erstens: die Frage nach dem freien Menschen und dem freien Staat. Zweitens: das Verhältnis Europas zur Welt. Drittens: die Einwirkung der Naturwissenschaften auf die Schicksale der Völker. Das Herz des späten Schneider fand in dem dritten Thema seine Wurzeln. Er als sittlicher Mensch focht einen schweren Streit mit der Naturwissenschaft und der hochentwikkelten Technik. Carl Friedrich von Weizsäcker hat recht, wenn er sagt: »Fast noch erschütternder war für Schneider zuletzt der kosmische Aspekt der Naturwissenschaft.«[72] Aus den Zeilen seiner letzten Schrift *Winter in Wien* kann man eine einsame Gestalt eines Menschen emportauchen sehen, der sich dem ungeheuren und gewaltigen Angriff der Naturwissenschaft aussetzt und von ihm mit zunehmender Geschwindigkeit überwältigt wird. Die moderne Naturwissenschaft und die vielzweigig komplizierte Forschung geben ihm keine Antwort, sondern stellen nur Fragen.[73] Der Glaube, der ihn in den Kriegsjahren, in denen er noch mit Sicherheit sagen konnte, »die Reichweite des Gebetes läßt sich mit den Mitteln der Wissenschaft nicht erhellen«,[74] stützte, kann solchen naturwissenschaftlichen Fragen und Problemen keine Lösung bieten.

In ihrer Novelle *Am Tor des Himmels*[75] stellt Gertrud von le Fort den tragischen Zwiespalt zwischen dem Glauben und der modernen Wissenschaft dar, der zur Katastrophe in Hiroshima und Nagasaki führen sollte. Dieser tragische Zwiespalt kam daher, daß die Kirche die naturwissenschaftliche Wahrheit und deren historische Wirkung in ihre eigene Geschichtsauffassung nicht aufnehmen konnte. Reinhold Schneider hatte, wie es scheint, auch die Absicht, »die Tragödie Galileis, des Christen vor der Schöpfung auszugestalten«[76] von dem Standpunkt, daß »als Galilei zum erstenmal sein Fernrohr gegen den Himmel richtete und die Milchstraße in Sternenhaufen zerfiel; . . .: da begann diese Zeit, die unser Schicksal, unser Wesen ist«.[77] Aber ihm blieb weder Kraft noch Wille zur Ausarbeitung der Tragödie übrig. Was er damals noch vermochte, war nur zu bestätigen, daß »unser Versagen an der Zeit . . ., darin besteht, daß es uns bisher nicht gelungen ist, die Technik . . . und ihre etwa erahnbaren Entwicklungen in den Rahmen einer zureichenden Vorstellung von Geschichte zu fassen«.[78] Die Atombombe und die modernen mächtigen Waffen als Symbole dieser hochentwickelten Technik waren ihm »das Seelenleid«,[79] und er äußerte sich dahin, daß es unsere wichtigste Aufgabe sei, die Technik, die diese furchtbare Waffe hervorbrachte, geistig und sittlich zu bewältigen.[80]

Karl Jaspers setzte sich auch für die Bewältigung der Atombombe ein und entwickelte seine Überlegung in *Die Atombombe und die Zukunft des Menschen.*[81] Darin sagt er bestimmt, die neue Situation, die durch das Dasein der Atombombe hervorgerufen worden sei, verlange eine ihr entsprechende Antwort und es genüge nicht, neue Institutionen zu finden; uns selbst, unsere Gesinnung, *unseren sittlich-politischen Willen* müssen wir verwandeln.[82]

Ob Schneider diese Meinung Jaspers', die eigentlich auf einen Rundfunkvortrag im Herbst 1956 zurückzuführen ist, hörte oder kannte, kann man nicht klären. Wenn er sie gehört oder gelesen hätte, hätte er sicher Jaspers völlig zugestimmt. Aber er hatte keine Kraft mehr, die neue Ära der Menschheit zu durchschauen wie Jaspers, dem es noch möglich war, die neue Situation »in jedem möglichen Horizont auf je bestimmte Weise (zu) fassen«.[83] Man kann nur schwer sagen, daß ihm die geistige und sittliche Bewältigung des Atomzeitalters gelang. Für ihn blieb die wissenschaftliche Frage bis zu seinem Tod eine existenzielle und religiöse Frage.

Heute scheinen, der Meinung Schneiders nach, die Naturwissenschaften, die Technik und deren Forscher die Geschichte zu führen. Und die Technik ist ins so Gewaltsame und Riesenhafte gewachsen, daß »Gelehrte und Techniker, . . ., die Verantwortung für die Konsequenzen ihrer Entwicklungen und Konstruktionen den Staatsmännern«[84] zuschreiben müssen. Vielmehr liegt der Fortschritt der Wissenschaft und Technik vom ersten Schritt an in der gewaltigen Hand der Politik und kann keinen Ausgang daraus finden. Infolgedessen spiegelt sich Technik für das Auge Schneiders in Waffen und Rüstung, die jetzt von der Politik als Werkzeug ihrer Machtgier mißbraucht werden. Schneider schreibt: »Proportional ihrer Steigerung aus dem Menschlichen« fällt diese politische Macht, die ein noch nie dagewesenes gewaltiges Werkzeug in ihrer Hand hat, »in das Unpersönliche, in das Unmenschliche«.[85]

Vor dem unmenschlich gewordenen Wesen der Macht mußte er die Monarchie aufgeben: die Monarchie, die er bis zum Ende als Einheit von einer Geweihten und dem Volk hochschätzte, die er als Sakrament zu schützen wagte, und die »als solches mit Bezug auf die Stabilisierung der Freiheit vertrauenswürdiger als die Demokratie«[86] ist. Diese Monarchie konnte er nicht mehr wünschen in der heutigen Welt, die die Liebe verloren hatte, weil er sie als »die ins Metaphysische weisende Ordnung, . . ., als Einheit von Macht und Liebe«[87] liebte.

Die Kirche, der einen Dienst zu leisten bis zu seinem Tod ein inniger Wunsch Schneiders war[88], besteht auf ihrem sogenannten »Krieg der Gerechtigkeit« und will kein Wort ergreifen gegen die immer heftiger werdende Aufrüstung. Über diese Haltung der Kirche klagt er, »daß ein entschiedenes Nein die moralische

Weltautorität der Kirche auf eine seit dem Mittelalter nicht mehr innegehaltene Höhe steigern könnte«.[89] Zugleich wirft er der moraltheologischen Auslegung vor, daß sie den Krieg der Gerechtigkeit zu verteidigen versuche unter Bezugnahme auf die biblische Begebenheit der Tempelreinigung Christi.[90]

Er übt zurückschauend strenge Kritik an der Kirche: »Am Tage des Synagogensturmes hätte die Kirche schwesterlich neben der Synagoge erscheinen müssen.«[91] Vielleicht hat er recht. Aber er ist dabei nicht frei von den Mißverständnissen für die Lage und die Tätigkeit der Kirche während der Kriegsjahre, und man könnte auch dabei die Zurückkoppelung seiner unglücklichen Erfahrungen der Nachkriegszeit finden, wie man sie beim »Fall Reinhold Schneider« sehen kann, bei dem ihm die Berliner Kirchenzeitung mit der Exkommunikation drohte. Jedenfalls war das Problem, wie die Kirche in der modernen Welt, in der Krise der Welt sein soll, Anlaß zu seiner Entfernung von der Kirche, obwohl er bis zu seinen letzten Tagen nicht aufhörte mit dem Kirchenbesuch, um dort einsam mit Christus zu sprechen.

In der Gestalt Schneiders, der sich auf solche Weise allmählich der Kirche sowie auch dem politischen Wandel Europas und der Welt entfremdet, spiegelt sich die der Welt wider, die geistig, religiös und auch politisch in Verwirrung zu geraten scheint. In der Welt, deren Ziel man sich kaum vorstellen kann, wird ihm die Geschichte immer unbegreiflicher.

Die Unbegreiflichkeit der Geschichte stellt Elisabeth Langgässer in ihrem Roman *Märkische Argonautenfahrt* symbolisch dar; in der Gestalt der alten Klio, der Muse der Geschichtsschreibung, die mit Tafel und Griffel am Wegrand sitzt und Eintragen und Ausstreichen wiederholt.[92] Auch Schneider gesteht: »Ich bin nicht mehr imstande, die Reflexe der gegenwärtigen Welt anders aufzufangen als auf Notizzetteln.«[93] Vor der erweiterten, oder vielmehr diffusen und chaotischen geschichtlichen Welt und auch vor dem unendlichen Raum des Alls erfaßte ihn die Angst, ob es auch darin den Platz Christi gibt, d. h. ob es den Platz eines Christen Schneider gibt. Und wenn nicht, die Angst, ob er und »die von langer Geschlechterreihe erworbene unschätzbare Einsicht verhallt, . . ., ins Nirgendwo«.[94] Jetzt tauchte jene Erfahrung seiner Kindheit wieder auf, aus dem Schlafe vom Gefühl eines Sturzes ins Bodenlose erschrocken, und er konnte endlich ihre letzte Bedeutung finden.

Was Reinhold Schneider auszudrücken versuchte mit den Worten: »Der Kosmos ist Wort eines außerdimensionalen Gottes«,[95] ist keine pantheistische Lobpreisung Gottes, sondern das ewige Schweigen Gottes, weil er selbst dem obigen Satz zufügend auslegt: »Das heißt: ein jedes Ding ›bedeutet‹, aber die Bedeutung weist ins Dunkle.« Er kann jetzt seine Singularität und Verlassenheit im dunklen All nicht mehr ertragen.

Trotz seiner Versicherung, »ich kann sehr wohl beten für andre«,[96] gelang es ihm nicht mehr, feste Solidarität zu gewinnen und tiefe Anteilnahme an der Kirche zu zeigen wie in der Kriegszeit. Jetzt ersehnt er, der vor sechzehn Jahren erklären konnte, allein der Mensch vermöge »Vater« zu sagen in Vertretung von der ganzen Schöpfung,[97] nur noch »den Untergang mit der Kreatur«[98] ins Dunkle.

Aber seine Dunkelheit und Singularität waren es, die jener hl. Johannes vom Kreuz in der Grube durchlebt und als »den Weg zur Vereinigung mit Gott«[99] bezeichnet hatte. Da fand auch Schneider das Kreuz, wie es der Heilige einer Nonne gesagt hatte: »Verlange nichts anderes als das Kreuz, und zwar ohne Trost.«[100]

Wie Johannes vom Kreuz wurde er durch die Auffindung des Kreuzes endlich frei. Die Freiheit, die er jetzt gewann, bedeutete selige Übereinstimmung mit seinem Geschick,[101] ganz so wie Christus wahrlich und wirklich frei werden konnte, indem er nach der Vorsehung des Vaters den Weg zum Kreuz ging.

Den letzten Aufschrei Christi am Kreuz: »Eli, eli, lema sabachtani?« – man kann sich nicht vorstellen, daß Schneider nicht gewußt hätte, daß diese Worte am Anfang des 22. Psalms stehen und schließlich zum Lobgesang und vollkommenen Vertrauen auf Gott führen –, diesen Aufschrei faßt er dennoch ohne jeden Zusammenhang mit den Psalmen auf, und dabei sieht er Angst und Leid eines Menschen Christi, der auf der Erde sowie im Kosmos ganz verlassen ist.[102] Für Schneider bedeutete die Menschwerdung Christi vor allem die Vermählung Christi mit dem Leid und der Verlassenheit des Menschen.[103] Seine Einsamkeit war die Einsamkeit Christi, der im Garten von Gethsemane, fern von den Jüngern, in einer großen Angst allein betete. Das Vaterunser, das Christus den Jüngern, ihrer Bitte entsprechend, lehrte, kann Schneider nicht mehr zu sprechen wagen mit dem Wort »Vater«.[104] Das unfaßbare

Antlitz des Vaters scheint ihm verlorenzugehen.[105] Dennoch sagt er, den letzten Mut fassend: »Beten über den Glauben hinaus, gegen den Glauben, gegen den Unglauben, gegen sich selbst, . . .; solange dieses Muß empfunden wird, ist Gnade da; es gibt einen Unglauben, der in der Gnadenordnung steht. Es ist der Eingang in Jesu Christi kosmische und geschichtliche Verlassenheit, vielleicht sogar ein Anteil an ihr.«[106]

Vor »dem Schweigen der unendlichen Räume« scheint es ihm besser zu sein, »zu sterben mit einer brennenden Frage auf dem Herzen, als mit einem nicht mehr ganz ehrlichen Glauben«.[107] Er kann weder Ja noch Nein sagen, nur noch fragen ohne zu wissen, ob ihm geantwortet wird. Übrig blieb ihm nur die Wahrhaftigkeit und die Aufrichtigkeit, diese Frage nach der Wahrheit weiterzutragen. An die Einsamkeit und Angst Christi denkend betrat er allein die Brücke, die sich noch über die Geschichte und die tiefe Finsternis des Alls spannt, die aber jeden Augenblick weggerissen werden kann, und die man nur bezeugen kann, indem man sie beschreitet.[108] Spiegelte sich diese Brücke im Auge Schneiders, der sagte: »Jetzt ist mir alles durchsichtig und klar«,[109] immer noch als »die Brücke ins ewige Leben?«[110]

Die Finsternis, in der er sich endlich befand und beruhte, war »die Dunkle Nacht« des hl. Johannes vom Kreuz; die Finsternis vor dem großen Licht und zugleich Finsternis im Grab Christi.

Man kann nicht sagen, daß Reinhold Schneider die Angst des verlassenen Pilgers überwinden konnte, der allein durch die Geschichte und den dunklen Kosmos pilgern muß. Er ging uns voran und nahm unsere Problematik von heute vorweg. Aber die Brücke, die er beschritt, und die Finsternis, in der er sich befand, sind nicht die unsere. Jeder von uns muß seine eigene Brücke betreten und durch seine eigene Finsternis wandern mit der Angst vor Entfremdung und Alleinsein inmitten der heutigen Massengesellschaft, die trotz ihres Durstes nach Heil und Erlösung noch keinen richtigen Weg dazu gefunden zu haben scheint.

Was Reinhold Schneider uns heute bieten kann, ist nicht, wie wir unsere Angst bewältigen können, sondern die Bedeutung des Alleinseins mit der Angst. Ob wir unsere Angst und Gefahr, in die unendliche Finsternis des Nihilismus zu fallen, überwinden können, um einen neuen Weg in der menschlichen Geschichte zu bahnen, das müssen wir selbst entscheiden. *(1978)*

Abkürzungsverzeichnis zu den Werken Reinhold Schneiders

CP = *Der christliche Protest.* Zürich, Verlag der Arche, 1954
EE = *Erfüllte Einsamkeit.* Freiburg/Br., Herder, 1963
LC = *Las Casas vor Karl V.* Szenen aus der Konquistadorenzeit. Frankfurt/M., Verlag Ullstein, 1968 (Erstdruck 1938, Leipzig)
MG = *Macht und Gnade.* Wiesbaden, Insel Verlag, 1946
PS = *Pfeiler im Strom.* Wiesbaden, Insel Verlag, 1958
SO = *Die Sonette von Leben und Zeit, dem Glauben und der Geschichte.* Köln, Jakob Hegner Verlag, 1954
VT = *Verhüllter Tag.* Köln, Jakob Hegner Verlag, 1954
VU = *Das Vaterunser.* Neuausgabe mit einem Nachwort des Verfassers und mit acht Illustrationen von Hans Holbein d.J., Freiburg/Br., Herder 1968
WW = *Winter in Wien.* Aus meinen Notizbüchern 1957/58, Freiburg/Br. 1975 (Erstdruck 1958)

Anmerkungen

1. WW. S. 214.
2. VT. S. 9.
3. zit. nach W. Bergengruens Geleitwort zu CP. S. 16.
4. *Der Balkon.* Aufzeichnungen eines Müßiggängers in Baden-Baden, Wiesbaden, Insel Verlag 1957.
5. WW. S. 214.
6. VT. S. 10.
7. An meinen Vater, in: SO. S. 23, geschrieben 1926.
8. T. S. 20.
9. VT. S. 216.
10. VT. S. 83.
11. Johannes vom Kreuz, *Sämtliche Werke* Bd. 1, *Aufstieg zum Berg Karmel,* übers. v. P. Ambrosius A S. Theresia, München (Kösel Verlag) 1967, S. 14.
12. Die geistige Gestalt des heiligen Johannes vom Kreuz, in: MG. S. 289.
13. VT. S. 213.
14. VT. S. 74.
15. VT. S. 26.
16. VT. S. 60.
17. VT. S. 134.
18. VT. S. 129.
19. VT. S. 129–130.
20. Das Schweigen, in: MG. S. 79.
21. *Das Inselreich.* Gesetz und Größe der britischen Macht, Leipzig (Insel Verlag) 1936.
22. VT. S. 133.
23. Heinrich VIII. und Englands Durchbruch zur Macht, in: MG. S. 45.
24. Ebd. S. 46.
25. Franz Anselm Schmitt (Hrsg.), *Reinhold Schneider, Leben und Werk in Dokumenten,* Freiburg/Br. (Walter Verlag) 1969, S. 101 ff.
26. Ebd. S. 104.

27. SO. S. 86, geschrieben 1936.
28. VT. S. 98.
29. Vor dem Grauen, in: *Die dunkle Nacht*, Kolmar (Alsatia) 1943.
30. VT. S. 166.
31. Franz Anselm Schmitt, a.a.O. S. 116.
32. LC. S. 128 f.
33. LC. S. 115.
34. LC. S. 152.
35. LC. S. 152.
36. LC. S. 156.
37. LC. S. 157.
38. VT. S. 145.
39. W. Bergengruen, a.a.O. S. 14.
40. VT. S. 133.
41. Theologie des Dramas, in: *Homo Viator* II, Modernes christliches Theater 2, Köln (Jakob Hegner) 1963, S. 15.
42. WW. S. 89.
43. Daran glaube ich, in: EE. S. 52.
44. Ebd.
45. Ebd.
46. Reinhold Schneider, Der Mensch vor dem Gericht der Geschichte, in: *Mitteilungen der Reinhold-Schneider-Gesellschaft*, Nr. 13, S. 71.
47. VT. S. 131.
48. VU. S. 48.
49. VU. S. 62.
50. VU. S. 45.
51. VU. S. 68.
52. VU. S. 67.
53. Das Schweigen, in: MG. S. 85.
54. VU. S. 9.
55. Ricarda Huch, Der Dichter, in: *Gesammelte Werke* Bd. 5, Gedichte, Dramen, Aufsätze und andere Schriften, Köln (Kiepenheuer & Witsch) 1971, S. 318.
56. WW. S. 31.
57. WW. S. 127, auch: Die Kranken besuchen, in: PS. S. 229.
58. VT. S. 148.
59. Elisabeth Langgässer, *Das unauslöschliche Siegel*, Hamburg (Claassen) 1959, Kapitel 2.
60. Juan Donoso Cortés, *Der Staat Gottes*. Eine katholische Geschichtsphilosophie, übers. u. hrsg. u. einglt. v. Ludwig Fischer, Darmstadt (Wissenschaftliche Buchgesellschaft) 1966, S. 29.
61. VU. S. 52.
62. VT. S. 190.
63. Ebd.
64. VU. S. 85.
65. VU. S. 10.
66. VU. S. 48.
67. Advent 1944 II, in: SO. S. 23.
68. Franz Anselm Schmitt, a.a.O. S. 35.
69. WW. S. 191.

70. VU. S. 98.
71. *Der Mensch vor dem Gericht der Geschichte*, S. 61.
72. Carl Friedrich von Weizsäcker, Reinhold Schneider in unserer Zeit, in: *Merkur*, Jg. 27, 1973, Heft 9, S. 826.
73. An der Schwelle des Alls, in: PS. S. 11.
74. Das Gebet in der Geschichte, in: MG. S. 148.
75. Gertrud von le Fort, Am Tor des Himmels, in: *Erzählende Schriften* Bd. III, München (Ehrenwirth) und Wiesbaden (Insel) 1956.
76. WW. S. 131.
77. Geschichte – unser Leben, in: EE. S. 43.
78. WW. S. 70.
79. Ebd.
80. Ebd.
81. Karl Jaspers, *Die Atombombe und die Zukunft des Menschen.* Politisches Bewußtsein in unserer Zeit, München (Piper) 1958.
82. K. Jaspers, a.a.O. S. 49.
83. K. Jaspers, a.a.O. S. 24.
84. Das Drama des Geistes in der Geschichte, in: PS. S. 59.
85. WW. S. 141.
86. WW. S. 48.
87. VT. S. 97.
88. VT. S. 212.
89. WW. S. 158.
90. Ebd.
91. VT. S. 155.
92. Elisabeth Langgässer, *Märkische Argonautenfahrt*, Hamburg (Claassen) 1959, S. 127.
93. WW. S. 231.
94. WW. S. 60.
95. Das Schweigen der unendlichen Räume, in: PS. S. 240.
96. WW. S. 119.
97. VU. S. 21.
98. WW. S. 133.
99. Johannes vom Kreuz, a.a.O. S. 14.
100. Die geistige Gestalt des heiligen Johannes vom Kreuz, in: MG. S. 286.
101. WW. S. 209.
102. zit. nach Bergengruen, a.a.O. S. 24.
103. Begnadete Nacht, in: CP. S. 141.
104. WW. S. 119.
105. WW. S. 131.
106. WW. S. 261.
107. Das Schweigen der unendlichen Räume, in: PS. S. 242.
108. VT. S. 221.
109. Maria van Look, *Jahre der Freundschaft mit Reinhold Schneider*, Weilheim/Oberbayern (Otto Wilhelm Barth-Verlag) 1965, S. 243.
110. VU. S. 34.

Edwin Maria Landau:
Paul Claudel und Reinhold Schneider

»Wenn ein Dichter eine Zeit betreten hat, so geschah es, um sie zu verändern und zu erweisen, daß er mächtiger als der Kaiser ist.« In diese Worte, die auf das Unsägliche und dennoch dem offenen Ohr Vernehmbare des Dichterwortes hinlenken, ließ Reinhold Schneider im September 1948 seine Betrachtungen über *Claudels Weltgedicht*, wie er es bezeichnete, über den *Seidenen Schuh*[1] münden. »Mächtiger als der Kaiser«, dieses etwas rätselhaft klingende Wort ist Claudels »Hymne zum sechshundertsten Todestag Dantes« entnommen, wo es heißt:

> »Mächtiger als der Kaiser hab ich die Erde
> zur Einheit gebracht,
> und weil man mir den Frieden verweigert,
> so hab ich ihn selber gemacht.«[2]

Das Wort »Friede«, in diesem Kreise ausgesprochen, läßt endgültig erkennen, daß die Namen der beiden großen herausragenden christlichen Dichter unseres Jahrhunderts, des französischen und des deutschen, nicht willkürlich nebeneinander gestellt wurden. Es ist, als erkennte sich Reinhold Schneider in Claudel wieder und sähe sich von ihm bestätigt, wenn er in dem erwähnten Vortrag dem aufgeführten Satz den noch gewichtigeren voranstellt: »Vielleicht gehören sehr viel Mut, sehr viel mehr Männlichkeit, geschlossene Selbstzucht dazu, die Einheit, den Frieden zu denken als die Angst.« Ein Satz, den Reinhold Schneider Wort für Wort bis zur äußersten Gefährdung seines Lebens und unter Hinnahme schändlicher Schmähung, Verdächtigung und Verkennung durch seinen unbeirrbaren Einsatz für Wahrheit, für Frieden, der allein auf Wahrhaftigkeit gegründet werden kann, bezeugt hat.

Gerade im Hinblick hierauf lohnt es sich, an den Artikel »Verantwortung« zu erinnern, den Reinhold Schneider im März 1951 im *Aufbau* in Ost-Berlin veröffentlichte, weil in der Bundesrepublik keine Zeitung sich zum Abdruck bereit fand.

Da heißt es: »Vermutlich würde sich das deutsche Volk, wenn es befragt würde, ohne beeinflußt zu werden, in der Mehrheit heute noch gegen die Bewaffnung entscheiden ... Die geschichtliche Bestimmung Deutschlands war und ist, die großen, die Welt erfüllenden Spannungen aufzunehmen, auszutragen, auszugleichen, nicht aber sich mit den steigenden Spannungen zu laden; es soll, wenn es eine geschichtliche Existenz führen soll, Ort der Begegnung sein, nicht Herd; isolierende Schicht, nicht der Zünder des Geschosses ...«[3] Kein geringerer als Bert Brecht bestätigte dies 1956 in einem Rundbrief, den er auch Reinhold Schneider schickte: »Wollt ihr wirklich den ersten Schritt tun«, heißt es da, »den ersten Schritt in den Krieg? Den letzten, den in das Nichts, werden wir dann alle tun. Und wir wissen doch alle, daß es friedliche Möglichkeiten der Wiedervereinigung gibt, freilich nur friedliche ... Da ich gegen den Krieg bin, bin ich gegen die Einführung der Wehrpflicht in beiden Teilen Deutschlands, und da es eine Frage an Leben und Tod sein mag, schlage ich eine Volksbefragung darüber in beiden Teilen Deutschlands vor.«[4] Und hatte nicht bereits 1925, ein Vierteljahrhundert zuvor, Paul Claudel, ebenso dichterischer Visionär wie Realist im Politischen, ähnlichen Vorstellungen Ausdruck verliehen? Vorgesehen für den Botschafterposten in Berlin, schreibt er im September des Jahres in einem Aide mémoire aus Tokio: »Man muß sich für Frieden oder Krieg entscheiden. Will man aufrichtig den Frieden, so muß man zwischen Frankreich und Deutschland einen Geist des Friedens, eine Friedensatmosphäre schaffen. Man muß dazu gelangen, sich nicht nur auf dem Papier zu verständigen. Die beiden Völker müssen die Möglichkeit finden, gemeinsam in praktischer Weise und in unermüdlicher Arbeit ihre Schulung zu einem Leben der Gemeinschaft zu gestalten.«[5]

In dichterischer Form findet Claudels Vorstellung vom Auftrag Deutschlands im Herzen Europas seinen Ausdruck in Versen des *Seidenen Schuh*, der um die gleiche Zeit in Tokio Gestalt annahm. Claudel läßt seinen Sankt Bonifazius sagen:

»Ich will, daß ein Volk sei, ein Volk außerhalb aller dürren Rahmen und starren Nationen, jeglichem Dinge gegenüber im Stande der Sehnsucht, eine große gespeicherte Kraft, im Herzen Europas ...«[6] Worauf Dona Musica in der Gewißheit, daß nunmehr die Freude ihre Herrschaft antreten werde, erwidert:

»Jetzt, da die Möglichkeit, das Schlimme zu tun, in ihnen beschränkt ist, jetzt wird das gefesselte Gute in ihnen befreit. – An Stelle dieses Leids, das sie einander mit Gewalt zuzufügen sich abmühn – mein Gott: welche Überraschung für sie wird die Freude sein, die man nur von ihnen zu fordern brauchte, damit sie sie geben!«[7]

Allein, es hieße das Bild der beiden Dichter sehr einengen, die jeder auf ihre Weise ein eigenes dichterisches Universum gestaltet haben, wollte man sie von diesem Wirken auf den Frieden hin einzugleichen versuchen. Ohnehin geht es bei Claudel einher mit seinem Auftrag als Diplomat, der ihn zu verschiedenen Malen und gerade auch im Hinblick auf Deutschland das anstreben ließ, »was noch nie geschehen ist«. Dennoch ist es ebenso aufschlußreich wie überraschend, sich einige Gleichgestimmtheiten in ihrem Werk zu vergegenwärtigen. Um so deutlicher werden dann die beiden verschiedenartig sich gestaltenden Seitenflügel eines Triptychons ihre Umrisse erhalten, die auf die eine Mitteltafel ausgerichtet sind und von dem Kreuz dort Richtung und Wirkkraft erhalten.

Gehen wir zurück zu beider Anfänge und vertrauen dem Wort Reinhold Schneiders, daß »die äußeren Umstände des Lebens nichts sind als eine Projektion innerer Dispositionen«[8], daß also nichts Zufälliges in der Stoffwahl zu vermuten ist. Sieht nicht auch er sich von solchem Entdeckerwillen getrieben, von dem es mit Bezug auf Pedro Alvares Cabral im *Camões* heißt: »Die Erde zu umfassen in ihrer Totalität, nichts unbekannt zu lassen, sondern alles zu kennen, um über alles zu gebieten«.[9] Ist es nicht die gleiche Leidenschaft, die den Helden in Claudels Erstlingswerk, die Goldhaupt anstreben läßt, West und Ost wieder miteinander zu vereinen? Und hat nicht Claudel in ähnlichen Worten seine Weltleidenschaft mit der des geschichtlichen Entdeckers gleichgesetzt, wenn er in einer seiner Fünf Großen Oden ausruft:

> »Und mein Verlangen ist, der Erde Gottes Einiger zu sein!
> Wie Christ' Columbus, da er einst die Segel setzte.
> Nicht neue Erde zu entdecken, ging sein Trachten,
> Jedoch im Herzen weisheitsvoll, nach Grenze und nach abgestecktem Raum, den ewigen Horizont zu runden, ging sein Verlangen.«[10]

Wie Goldhaupt sind nicht Camões und Christoph Columbus geschichtliche Zeugen dafür, daß solch »Mühen an die Grenze des Vergebens gelangt«?[11]

Beide, Claudel und Schneider, die sich dem an sie ergangenen Rufe nicht entziehen konnten, erfuhren auf gleiche Weise, daß, wer die Hand an den Pflug gelegt hat, nicht mehr zurückschauen kann und sich die Trennung von den Eltern damit vollzogen hat. Sie sprechen diese harte und bittere Einsicht auf ähnliche Weise aus. »Ich sollte die unverrückbare Erfahrung machen, daß man an keinen Ort, in keine Beziehung zurückkehren kann.«[12] Rückerinnernd umschreibt Schneider diese Erfahrung so im *Verhüllten Tag*. Claudel, unter dem unmittelbaren Erlebnis, drängt dieses in die »Verse der Verbannung«. In der »Erkenntnis des Ostens« finden sich die dem deutschen Dichter sehr verwandten Sätze: »Der Reisende kehrt zurück wie ein Gast; für alle ist er ein Fremder, und alles ist ihm auch fremd ... Ach, ihr Eltern, nein! Der Reisende, den ihr empfangen habt ... ist nicht länger der gleiche Mann, den ihr einst zum Quai geleitet, dem unseligen ... Vollzogen ist die Trennung und die Fremde, die ihn umfing, folgt ihm überallhin.«[13]

Dieses Befremdende, dieses Unbehagen, Mißtrauen, ja Feindseligkeit Hervorrufende hat seinen tieferen Grund, mag er auch damals, als er von der verfehlten Landwirtschaftslehre auf dem Douglas'schen Gute unvermutet zurückkehrte, Reinhold Schneider noch nicht erkennbar gewesen sein. Doch bereits damals traf auf ihn zu, was für Claudel sich als der eigentliche Grund der Entfremdung erwiesen hatte. Der Bekehrte, von einer anderen Welt Erfaßte, ist in seinen Worten und in seinem Gehaben für seine bisherige Umwelt ein Fremder geworden. Umwege waren es nicht, die Schneider erst mit 35 Jahren dorthin führten, wo Claudel mit achtzehn seine Umwandlung erfahren hatte, zur heiligen Messe. Ja, man kann sagen, er fand, was er suchte, woraufhin sein Werk von Anbeginn an angelegt war, wie sehr er auch möchte, daß man seinen *Camões*, seinen *Philipp II. Religion und Macht*, *Das Inselreich* nicht als christliche Dichtung auffaßt. Von was denn sonst zeugen diese Bücher, wenn nicht davon, daß er selbst dem Kreuz zustrebte, auf das Philipp II. unverwandt seine Augen richtete und von dem er die Ausrichtung für sein Handeln erhielt? Ignatius von Loyola, Terese von Āvila, Johannes vom Kreuz, kann man, ohne von ihnen erfaßt zu sein, sie aus dem Unsäglichen ihrer Glaubensleidenschaft begreifen und Gestalt werden lassen? Nun war, gewiß auch unter ihrem Antrieb, für den Dichter seine Stunde der Erkenntnis und des Bekenntnisses gekommen.

»An einem Neujahrstag, 37 oder 38«, schreibt er im *Verhüllten Tag*, »ging ich in Potsdam zum erstenmal zur heiligen Messe seit vielleicht zwanzig Jahren. Ich kam wie einer, der die Sprache verlernt hat, in die Heimat. Aber ich hatte die Sprache der Heimat nie erlernt, und nun, langsam, indem sich mir alle Lebensumstände umkehrten, versuchte ich sie zu lernen. Ich war auf die objektive Wahrheit gestoßen, die Wahrheit in Fleisch und Blut und zugleich göttliche außerweltliche Macht. Sie ist für mich die einzige Macht, die ein Leben aus den Angeln heben kann.«[14]

Anders Claudel: er fand, was er nicht gesucht hatte. Denn er ging an jenem Weihnachtstag des Jahres 1886 nach seinen eigenen Worten in das Weihnachtshochamt in der »Vorstellung, ich könnte in den katholischen Zeremonien, die ich mit dünkelhaftem Dilettantismus betrachtete, ein geeignetes Reizmittel und den Stoff für ein paar dekadente Übungen finden«. Doch es war anders verfügt, es geschah das Unerwartete. »Dann, da ich nichts Besseres zu tun hatte«, fährt er fort, »kam ich zur Vesper wieder hin ... Die Knaben der Singschule, in weißen Gewändern, sangen gerade das ›Magnificat‹ ... Da nun vollzog sich das Ereignis, das für mein ganzes Leben bestimmend sein sollte. In einem Nu wurde mein Herz ergriffen, ich *glaubte.* Ich glaubte mit einer mächtigen inneren Zustimmung, mein ganzes Sein wurde geradezu gewaltsam emporgerissen ... Der Zustand eines Mannes, den man mit einem Griff aus seiner Haut reißt und in einen fremden Körper in einer ihm unbekannten Welt verpflanzt, ist der einzige Vergleich, der annähernd diesen Zustand völliger Fassungslosigkeit veranschaulichen könnte.«[15] Mit der ihm eigenen Vehemenz schildert er 17 Jahre nach dem umwendenden Ereignis die Begegnung mit der Wahrheit, von der Reinhold Schneider sagt, »sie ist für mich die einzige Macht, die ein Leben aus den Angeln heben kann.«[14] Wie dieser mußte auch Claudel die Sprache der »unbekannten Welt« zu lernen versuchen. »Das große Buch aber, das vor mir aufgeschlagen war und in dem ich in die Lehre ging, war die Kirche. Gelobt sei auf ewig die große, majestätische Mutter, auf deren Knien ich alles gelernt habe!«[15]

Reinhold Schneider fährt fort: »Ich ging wohl täglich in die Kirche, allsonntäglich zur Messe. Aber zum Sakrament wagte ich mich nicht. Ich wußte, daß das Sakrament entscheidend ist ... Auf abendlichen Wegen am Wiesensaum zwischen Freiburg und Günterstal traf ich die Franziskaner des kleinen Klosters im Vorort. Zu einem der Brüder faßte ich Vertrauen. Ich schellte eines Tages an der Klostertür und fragte, ob er mir helfen wolle zu beichten. Ich hatte wieder alles vergessen und war ebenso hilflos wie vor mehr als 25 Jahren in der Kirchenbank.«[16] Auch diesen Weg mußte Claudel gehen, wenn für ihn, wie Schneider es ausdrückt, »das Ewige Leben *jetzt* beginnen soll.« »In der Kirche Saint-Médard fand ich einen jungen, barmherzigen, brüderlichen Priester ..., der mich wieder aussöhnte ... Meine zweite Kommunion feierte ich an jenem gleichen Weihnachtstage, am 25. Dezember 1890, in Notre-Dame-de-Paris.«[15]

Bei solcher Gleichgestimmtheit in der Grunderfahrung, die für beide das bestimmende, *das* Ziel aufzeigende Ereignis war, ist es weiter nicht verwunderlich, wenn sich innerhalb ihres Werkes und keineswegs am Rande, eine verwandte Thematik findet, die bis zu Ähnlichkeiten der Titel führt. Den »Kreuzweg« beschreiten sie jeder auf seine Weise. Claudel, vermutlich durch einen Devotionalien-Verleger um diese dichterische Paraphrasierung angegangen, entwirft eine holzschnittartig kantig auf Sinnfälligkeit bedachte Bilderfolge. Für Reinhold Schneider wird das Kreuz zum heilenden Zeichen, auf dem der Erlöser alle menschlichen Leiden, die dieser Notzeit im Besonderen, mit seiner eigenen Sterbensnot an sich gerissen hat. Anders verhält es sich mit den *Sieben Worten am Kreuz.* Hier zwingt den religiösen Sanitäter sein Dienst zur unmittelbaren Hilfeleistung in der Hoffnung, mit seinen Betrachtungen durch die Einbeziehung des Zeitgeschehens eine unmittelbare Wirkung zu erzielen. Claudel dagegen, nachdem sein erster Versuch, der Dichtung und der Welt zu entsagen und als Zweiunddreißigjähriger sich zu den Benediktinern von Ligugé zurückzuziehen, gescheitert ist, verzichtet als fünfundsechzigjähriger endgültig auf das, wie er selbstkritisch und selbstironisch vermerkt, eitle Wortgepränge der Dichtung und wendet sich auf der Höhe seiner Diplomatenlaufbahn in Washington und nachdem er das Opus mirandum, den *Seidenen Schuh*, abgeschlossen hat, seiner Bibelergründung zu. Mit ebensolcher Wissens- wie Bilderfülle, kommentierend, annotierend breitet er den Reichtum der Meditationen aus, den ihm die Betrachtung des Kreuzes eingibt. *Ein Dichter betrachtet das Kreuz*, so lautet der Titel dieses seines ersten Bibelkommentars.

Der eine wie der andere hatte schon längst erkannt, daß Dichtung, daß das Dichteramt eine Berufung ist wie die priesterliche. Eine Einberufung zu einem Dienst, den man nicht verweigern kann. So nimmt es nicht wunder, daß für beide gleicherweise der Ablauf des Jahres sich in eine heilige Ordnung einfügt. Der eine überschreibt seine von Fest zu Fest sich fortsetzenden Lobgesänge in Anlehnung an den Psalmvers »Du krönest das Jahr mit dem Kranz deiner Güte«, »Corona benignitatis anni Dei«. Der andere drückt den Dienern Gottes kurze Anleitungen zur Vorbereitung auf die Festtage in die Hand und nennt es schlicht »Der Priester im Kirchenjahr der Zeit«. Bei Claudel ist es der Lobsänger Gottes, der sich hier hymnisch, will sagen in Hymnen aussingt aus dem Wissen heraus, daß »der Lobgesang vielleicht die größte Antriebskraft der Dichtung ist, weil er dem tiefsten Bedürfnis der Seele zum Ausdruck verhilft, der Stimme der Freude und des Lebens, dem Auftrag der ganzen Schöpfung, dem Auftrag, in dem jedes Geschöpf aller andern bedarf«.[17] So herrscht hier das Liturgische vor, allerdings wenn man so will in Gestalt einer privaten Liturgie. Denn diese Feste, die dem Kirchenjahr angehören, die großen, die der Heiligen und Apostel werden beschworen zur Heiligung des eigenen Alltags. Ohne sie würde er der Erregung, die noch immer in seinem Innern nachbebt von jener »Sünde«, die erwacht am »Dunklen Mai«, der Tag, an dem er aus andern Motiven als Reinhold Schneider sein Leben wegzugeben versucht war, nicht Herr werden. Ohne sie auch fände er nicht für Augenblicke die beseligende Ruhe. Dazwischen bricht seine naive kindliche Gläubigkeit immer wieder durch, im »Prager Jesuskind«, oder in dem »Marsch für den Gang zur Christmette«.

Reinhold Schneider, ohnedies verschwiegen in allem Privaten, ist vielleicht in viel stärkerem Maße in diesen Dienst eingefangen. Für Persönliches ist da kein Raum. Er sieht das Geschichtliche eindringen in die überzeitliche sakrale Ordnung des

Kirchenjahres, sieht den Priester als den bevorzugten, vom Glanz des heiligen Geschehens getragenen Verwalter dieser Güter, die er dem Kirchenvolk zu deuten hat. So reiht er sich als der auf andere Weise Berufene ein in die Schar, um aus seinem besonderen Wissen um das Geschichtliche die Beziehung zu dem Zeitlichen für den Gläubigen durchschaubar zu machen, wie dies der täglich sich erneuernde Auftrag des Priesters ist.

Daß die großen Feste des Kirchenjahres in beiden Büchern, im Versband und im Andachtsbuch ihren Platz haben, ergibt sich aus der Thematik, aber die Gemeinsamkeit geht darüber hinaus bis in die Verehrung der gleichen heiligen Gestalten, eines hl. Ludwig, des französischen Königs und Kreuzzugfahrers, oder Franz Xavers etwa. Claudel hat diese Vorstellung vom priesterlichen Auftrag des Dichters Gestalt werden lassen in seinem zweiten Bühnenwerk *Die Stadt* (in der zweiten Fassung). Dort tritt der Dichter Cœuvre (der Name stellt vielleicht eine Verschmelzung von cœur und œuvre, von Herz und Werk dar), von dem es anfangs heißt: »Du erklärst nichts, o Dichter, aber alle Dinge werden durch dich für uns erklärlich«, im Schlußakt seinem Sohn Ivors im bischöflichen Ornat, vom Klerus gefolgt, entgegen und verkündet ihm: »O mein Sohn, als ich ein Dichter war unter den Menschen, / Erfand ich den Vers, der weder Reim hat noch Metrum, / Und umschrieb ihn im Verborgensten meines Herzens als jene doppelte, wechselseitige Atmung, / Durch welche der Mensch das Leben einsaugt und im erhabenen Akt der Ausatmung es wiedererstattet / Als geisterfülltes Wort. / So ist auch das Leben in der Gemeinschaft nichts anderes als der doppelte Vers der Danksagung oder des Lobgesangs, / In dem die Menschheit ihren Ursprung einatmet und dessen Abbild wiedererstattet.«[18]

Von Reinhold Schneider ist uns durch seine Lebensgefährtin Anna Maria Baumgarten berichtet, daß der Bischof von Speyer, Joseph Wendel, der nachmalige Erzbischof und Kardinal von München, ihn nach dem letzten Krieg in Freiburg begrüßt habe mit den Worten: »Ecce sacerdos magnus«, »Siehe ein großer Priester«! Er wollte ihm damit bezeugen, daß seine apokryphen Drucke im Kolmarer Alsatia-Verlag von Joseph Rossé in der Kriegszeit: *Das Vaterunser, Der Kreuzweg, Sonette, Das Gottesreich in der Zeit, Jetzt ist der Heiligen Zeit,* Millionen von Menschen in ihrer Bedrängnis im Schützengraben, in Gefängnissen, Konzentrationslagern, Luftschutzkellern Trost und Hilfe gebracht hätten. Es genügt, einige Versanfänge in die Erinnerung zu rufen: »Allein den Betern wird es noch gelingen«, »Allein der Wahrheit Stimme will ich sein«, »Nun stürmt der Wahn und beugt die Völker nieder«. Was Reinhold Schneider seine Abberufung in den religiösen Sanitätsdienst nannte, das kam einer priesterlichen Wirksamkeit gleich. Gottes Wort, so mancher Verweis auf eine Bibelstelle bestätigt es, hatte als Dichterwort seine verwandelnde Kraft erneut erhalten. Der Dichter selbst hatte in der Vorstellung seiner ihm unbekannten Leser Priestergestalt angenommen. Er versprach geistige Hilfe und mit seinem in die strenge Form des Sonetts eingefügten prismatisch durchschaubaren Wort gelang es ihm, die konfessionellen Schranken zu durchbrechen. Als priesterlicher Helfer in den Jahren der Kriegsnot und Verfolgung erfuhr er aus tausendfachen dankerfüllten Zuschriften, was Claudel einmal einem jungen Priester schreiben konnte: »Wie beruhigend für mich, dereinst auf meinem Sterbebett denken zu können, mit meinen Büchern nie zu dieser ungeheuerlichen Häufung von Finsternis, Zweifel und Unrat beigetragen zu haben, die die Menschheit gefährden, sondern meinen Lesern zu neuem Mut, zu neuem Glauben, neuer Freude und neuer Zuversicht verholfen zu haben.[19] Das darf mit den gleichen Worten für das gesamte Werk Reinhold Schneiders gesagt werden, der in jenen Jahren der Bedrängnis eine ähnliche Überlegung in die Worte faßte: »Meine Mühe will nichts sein als ein Zeichen in dieser Zeit.«[20]

Selbst wenn wir uns auf scheinbar in Abseitiges führende Wege begeben, werden sich auch da die beiden Dichter begegnen. Stets geht es um den Schritt vom Sichtbaren zum Unsichtbaren, um das Dahinter, von dem Reinhold Schneider der Jugend sagt: »Die Sprache hält fertige Bilder der Welt bereit; sie steigt unabänderlich empor zu Gott und redet von den Dingen hinter den Dingen, von einer geheimnisvollen Gleichnishaftigkeit des Irdischen, unbekümmert darum, ob man sie hören will.«[21] Er hätte hinzusetzen können, unbekümmert darum, ob man sie sehen will oder nicht. Sein Werk bezeugt es auf unzählbaren Seiten, wie er über das Geschaute die ursächlichen Zusammenhänge erkannte. Manch ein Leser mag eine hierfür sehr aufschlußreiche Seite in *Winter in Wien* übersehen haben. »Man gehe nur einmal durch das Naturhistorische Museum – und Gott ist ebenso nah wie fern. Es ist unmöglich, ihn vor dieser unübersehbaren Gestaltenwelt, dieser entsetzlichen Fülle der Empfindungen zu leugnen, ihn zu leugnen vor der absurden Architektur des Dinosauriers – eine Kathedrale der Sinnlosigkeit, des Lebenswillens, der nicht leben kann; vor den bösen Gespenstern japanischer Krabben, eines hochbeinigen Liebespärchens aus dem Inferno; vor dem Octopus, dem achtfachen Kopffüßler ... Das Schaurige ist, daß menschliche Formen durch die Ungetüme spielen; das Knie des Dinosauriers erinnert an ein menschliches Knie, und die Fünfzahl der Finger und Zehen verbirgt sich noch in den Stützflossen der Elefantenrobbe.«[22] In wenigen Zeilen ist hier an den Kern der Schöpfungsgeschichte gerührt und das durch Teilhard de Chardin erneut aufgeworfene Evolutionsproblem einbezogen.

Ein Problem, mit dem Claudel sich herumschlägt, als müsse er sich den Weg durch das Gestrüpp urzeitlicher Wälder schlagen, um den Blick auf die Schöpfungsherrlichkeit zurückzugewinnen. Aber selbst mit dem Aufgebot seiner barock ausladenden Phantasie gelingt es ihm nicht, mit seiner *Legende der Prakriti* (1934), der Legende der indischen Schöpfungsgöttin, zu verbergen, daß aller Verhöhnung zum Trotz auch er ohne evolutionäre Gedankengänge nicht auskommt und sich ohne sie kein sinnvolles Bild von der Erschaffung der Welt zu machen imstande ist. Unter aller Ironie und allem Humor schimmert das unverkennbar und unüberhörbar hindurch in ein paar Sätzen, die auf erstaunliche Weise den Impressionen Reinhold Schneiders bei seinem Besuch im Wiener Naturhistorischen Museum entsprechen. Claudel griff auf Eindrücke aus einem Besuch im Pariser Jardin des Plantes zurück. »Angesichts solcher beachtlichen Ergebnisse ist es nicht zu verwundern, daß ... Prakriti von einem Begeisterungsanfall gepackt wurde oder, richtiger gesagt, von einem Anfall wahren Größenwahnsinns. Hier nun ist sie dabei, ... Geschwader von Ichthyosauriern und Plesiosauriern, dreieckigen Meerungeheuern auszurüsten ... Die Erde bebt, entwurzelte Bäume stürzen nieder ... und in der Lücke tauchen ungeheure Wesen auf ... Prakriti richtet ihre Reptilien schlecht und recht auf eine Art grob hergestellten Vorderachse auf, sei es mit vier Pfoten wie der Diplodokus, sei es nur auf zweien wie der Tyrannosaurus, und all diese Halbaufgerichteten, die eine Vorahnung des Straußes, des Känguruhs, des

Affen und des Menschen sind ... Wer könnte zum Beispiel ohne Mitgefühl diese schwabbeligen und lächerlichen Stummelgebilde betrachten, die diese tölpelhaften Saurier von Beuteltieren auf eine fernere Zukunft hin bewegen, bevor sie an der Schulter Adams Arm und Hand werden, die allwissende und allmächtige Hand?«[23]

Die Parallelität der Überlegungen beider Dichter unter der Überwältigung durch die urzeitlichen Fossilien ist zu offenkundig mit allen sich daraus ableitenden Folgerungen. Ein Thema, das auf den ersten Blick sich eher am Rande zu stellen scheint, das aber selbst in dieser beinahe spielerischen Form für einen christlichen Dichter von grundlegender Bedeutung ist, da erst von hier aus für ihn die uranfängliche Spannung zwischen Gott und Mensch, nur einmal aufgehoben in der Gottmenschlichkeit Christi, erkennbar wird, die unaufhebbare und unlösbare Spannung zwischen Gott und seiner Schöpfung und in ihr zum Menschen als dem Endpunkt, als dem letzttäglichen Geschöpf, oder soll man sagen Produkt, in diesem Sieben-Tage-Werk. Aus ihr, aus dieser Spannung, die auch das Erlösungswerk immer wieder in der Vergeblichkeit allen Mühens enden läßt – ich erinnere an den eingangs angeführten Versuch Goldhaupts, die Welt mit irdisch-menschlichen Mitteln zu vereinen, ein Versuch, der an die Grenze des Vergebens führte –, aus ihr lebt die christliche Dramatik. Sie kann nie zu einem Sieg des Helden, zu seinem Triumph führen. Wie ihr Leitbild, ihr Richtungsbild am Kreuz scheiterte, so muß sie am Fuße dieses Kreuzes scheitern. Darauf beruht ihre ihr wesensgemäße Tragik, im Gegensatz zu der immer wieder, nur aus einem Mißverständnis des Christlichen erklärbaren, Meinung, daß durch Christus alle Tragik aufgehoben sei. So spricht denn Reinhold Schneider von einer »Theologie des Dramas« und Paul Claudel von »Religion und Dichtung«, von dem »Vorteil, den uns die Religion vermittelt, nämlich das Drama«.

Für beide vollzieht sich solches Drama nicht allein auf der Bühne, im Dichterischen, sondern primär im Geschichtlichen, im Geschichtsraum. In ihm steht für beide am Anfang Israel, sein Schicksal, sein Auftrag im geschichtlichen Ablauf, im Heilsplan. Die Frage nach dem übergeschichtlichen Sinn Israels spielt im Leben und Werk Claudels eine weit größere Rolle als bei Reinhold Schneider. Durch persönliche Begegnungen schon früh auf sie verwiesen, hat er fünfzig Jahre seines Lebens mit ihr sich unentwegt auseinandergesetzt, nicht erst als sie zeitgeschichtlich auch in seine Dramatik Eingang fand. Bei seinen Bibelstudien stieß er immer wieder auf Israel. Einige Titel bezeugen es: »Höre Israel«, »Das Isaias-Evangelium«, »Die kleinen Propheten«, »Emmaus«, d. h. zwei Bände mit Studien, die Moses und David gewidmet sind. Bei seinem Tode lag auf seinem Schreibtisch die Fragment gebliebene zweite Fassung seines »Isaias-Evangeliums«. Aus diesen Arbeiten, aus dem ständigen Umgang mit den Hl. Schriften schöpfte er das Verständnis für das zeitgeschichtliche Geschehen, in das Israel verstrickt war, ein Geschehen, durch das Reinhold Schneider erst auf diese Frage gestoßen wurde. Wenn es sich in *Las Casas vor Karl V.* nur zwischenzeilig vernehmbar macht, so trifft er sich einmal mehr mit seinen Worten im *Verhüllten Tag* mit Claudel und stößt wie dieser auf den zentralen Gedanken, von dem aus alles neu überdacht werden muß. Für ihn, für Reinhold Schneider, war mit dem Zusammenbruch von 1945 der Blick freigelegt aus der Enge der Nationalität. So schreibt er, eingedenk des 8. Mai dieses Jahres 45: »Als die Mauer gefallen war, wurde die Geschichte transparent. Jerusalem erschien über den Ruinen. Unter dem Gewichte maßlosen Leides legte Juda Zeugnis ab. Denn es erwies sich als duldend bewegende Mitte, als unvernichtbar: als brennendes Ärgernis, mit dem Kreuz beladen wider sein Bekenntnis und seinen Willen, und sogar wider sein Gesetz, nach dem geoffenbarten Plan. Unwidersprechlich zeigte sich die Ewigkeit des Bundes. Denn in Hinsicht des Evangeliums sind sie Feinde um unseretwillen, in Hinsicht der Auserwählung Lieblinge um der Väter willen (Römer 11, 28). An dem ›um unseretwillen‹ liegt alles. Geschichte und Heil *müssen* sich daran entscheiden, daß dieses ›um unseretwillen‹ verstanden wird; daß wir die ›Blindheit‹, von der der Apostel spricht, als *Opfer* Israels verstehen; die ›Sünde‹ Israels als die Bedingung unseres Heils. Die ganze Tragödie bewegte sich darum, daß eine religiöse Feindschaft politischer Inhalt wurde, wie ein Feuer ins Machtpolitische durchbrach; daß die ideenlose Macht sie zur Idee proklamierte.«[24]

Für Claudel, den Stammgast der Bibel, wie er sich selbst einmal bezeichnete, erklärt sich das Tagesgeschehen, das Zeitgeschehen aus der Bibel. Von jeher ist für ihn die Auserwählung

Israels ein unumstößliches Faktum. Nicht in der »Blindheit« besteht für ihn das Opfer, es wurde in Auschwitz dargebracht, nach seinen Worten als eine Bluttaufe, aber ja nicht im Sinne einer gewaltsamen Christianisierung. In seinen Augen handelt es sich um ein Ereignis, das ein neues Zeitalter einleitet und das vielleicht endlich die Antwort verspricht auf die immer wieder gestellte Frage nach dem Sinn der »Konversion«, der Umkehr der Juden, von der gleichfalls im Römerbrief, im Kapitel 11 gesprochen wird. Diese Umkehr wird sich für Claudel als die Rückkehr aus der Zerstreuung in das Land der Väter erweisen. So werden die Juden im Augenblick, da sie aus allen ihren Ghettos in das Land der Väter zurückkehren, nicht mehr herauslösbares Mitglied der Menschen-Gemeinschaft. Nicht als *Be*kehrte, sondern als *Zurück*gekehrte, als Mitträger, Mitvollstrecker eines der ganzen Menschheit auferlegten Auftrages, die Welt als Ganzes Gott zurückzuerstatten, also auf das eschatologische Endziel ausgerichtet. So hat für Claudel das Paulus-Wort Römer 11, 15 seine Rätselhaftigkeit verloren, wo es heißt: »Denn wenn ihr Verlust die Versöhnung der Welt ist, was wird ihre Aufnahme anders sein als ein Aufleben von den Toten?« Claudel zögert denn auch nicht, in seinem »Isaias-Evangelium« dies so zu deuten. »Nun ist ein neues Element Ereignis geworden, sagt er. Nach der Hinopferung hat Israel allein auf seine Kraft erneut Besitz ergriffen von dem Lande seiner Väter ... Seine Rückkehr in das verheißene Land hat nicht den Charakter eines Zufalls gehabt, sondern den einer Notwendigkeit ... So klar als möglich hat sich hier der wohlerwogene Wille der Vorsehung ausgesprochen ... Abermals steht dort ein Israel aufrecht auf dem alten Felsen des Bundes.«[25] Soweit das Zitat. Zeugnis durch die Untaten von Auschwitz, Opfer, die Aufnahme von den Toten zur Vollendung der Vollzahl als Voraussetzung für die Verheißung der Wiederkehr Christi, »um unseretwillen« also, der alte Bund, es sind die gleichen Vorstellungen, die gleichen Grundbegriffe wie die, aus denen Reinhold Schneider sein Bild formt. Aber die Frage, die sich aus der eschatologisch bedingten Erfüllung der Vollzahl der Völker ergibt, die zu beantworten, ihr standzuhalten Israel von Jahr zu Jahr mehr und mehr verunmöglicht wird, lautet, ob es der Versuchung widerstehen kann, das Heilige Land zu verweltlichen, ob es, wie Claudel es ausdrückt, seiner Spezialität treu bleibt, nämlich im Zukünftigen zu sein und aus der Unzufriedenheit seinen An- und Auftrieb zu schöpfen.

Hier aber bricht die Tragik auf, die niemals hier auf Erden und nie von Menschenhand ihre Lösung finden kann, sondern immer mit dem Blick auf die andere Welt durchgestanden werden muß. Tragik spricht sich im Drama aus, nimmt auf der Bühne Gestalt an. Claudel verläßt als gescheiterter, gebrochener Rodrigo mit 60 die Bühne, und auch sein Christoph Columbus ist ein Gescheiterter – diesen an den kolonialistischen Untaten Zerbrechenden hat Reinhold Schneider nicht gesehen, als er abgestoßen durch die Verhöhnung der mexikanischen Götter das Burgtheater in der Pause vor dem zweiten Teil verließ. Alle seine Heroen gelangen mit ihrem »Mühen an die Grenzen des Vergebens«, wie ihr Erstling Goldhaupt. Der Dichter, den man zu gerne nur als den Dramatiker sieht, zieht sich in die Klause des Bibelforschers zurück. Reinhold Schneider betritt die Bühne erst als beinahe Fünfzigjähriger. Claudel vermeidet historische Stoffe, er fühlt sich durch sie in seiner Phantasie eingeengt. Das schließt nicht aus, daß in der *Verkündigung Mariä*, in der Trilogie – *Der Bürge*, *Das harte Brot, Der erniedrigte Vater* –, im *Seidenen Schuh* Geschichte als Element, das den Gestalten zu Relief und Umriß verhilft und ihnen ihren Ort über den dramatischen Konflikt hinaus, in den der Dichter sie als Gestalten seines inneren Dramas projiziert hat, anweist. Reinhold Schneider wählt nur geschichtliche Stoffe, weil er glaubt, nur durch sie seine Weltsicht verdeutlichen zu können. Es ist der »transzendierende Geschichtsschreiber« – als solchen spricht ihn Leopold Ziegler in einem seiner Briefe an –, dem sich aus seinem Geschichtswissen die Stoffe in ihrer konflikthaften Zuspitzung aufdrängen, die ihm zufallen, was etwas anderes ist als die Zufallsdramaturgie Dürrenmatts. So von Grund auf verschieden der Thematik, der Sprache, dem Aufbau nach die Bühnenwerke der beiden Dichter sind, vor allem darin, daß Reinhold Schneider sich zur Stimme seiner geschichtlichen Gestalten macht und dadurch immer objektiviert, sie durch ihn ihr Drama ein zweites Mal vor den Augen der Welt austragen, während Claudel selbst bis in die Gestalten eines Christoph Columbus, einer Johanna auf dem Scheiterhaufen, ja des alten und des jungen Tobias und Saras Persönliches einströmen läßt, so nahe sind sie sich in einigen Spielregeln einer christlichen

Dramaturgie, wie ich es einmal nennen möchte.

Wenn Reinhold Schneider sagt: »Das Dasein des Christen ist von seinem Innersten her dramatisch, ja tragisch«, so antwortet Claudel: »In einer Welt, in der man für nichts ein Ja oder Nein kennt, in der es weder Sitten- noch Vernunftgesetze gibt, in der alles erlaubt ist, in der es nichts zu hoffen gibt und auch nichts zu verlieren, in der das Böse keine Bestrafung nach sich zieht und das Gute keine Belohnung, in einer solchen Welt gibt es kein Drama, weil es keinen Kampf gibt, und es gibt keinen Kampf, weil es nichts gibt, für das zu kämpfen sich lohnt.« Schneider sagt: »Die Bühne ist Innenraum«, Claudel erwidert: »Ein Drama ist in meinen Augen ein gelenkter Traum. Hat das Thema – woher auch immer gekommen – sich erst einmal aufgedrängt, tauchen die Gestalten auf, die von einem maskierten Impresario für die Erklärung dieses Themas von der Exposition bis zur Auflösung angeworben werden.« Schneider meint: »Drama ist Abrechnung des Dichters mit sich selbst. Der Dichter erlebt die Mächte seines Innern in ihrem Zusammenstoß.« Claudel bestätigt: »In das Drama, das sich zwischen meinen verschiedenen Gestalten abspielt, bin ich aufs engste verstrickt, und wäre es nur durch das Blut, aus dem ich hervorgegangen bin.« Schneider konstatiert: »Das Drama führt in Konflikte, die vom Irdischen her nicht versöhnt werden können.« Claudel sekundiert: »Die Personen wurden rekrutiert für die Lösung eines Problems, das sie übersteigt.«

In einem Seminargespräch, geführt im Theaterwissenschaftlichen Seminar der Universität Wien am 11. Januar 1958 über Möglichkeiten christlicher Dramatik, kommt Reinhold Schneider auf Claudels *Ruhetag* zu sprechen. Gesehen hat er das Stück in Essen in der Inszenierung von Prof. Heinz Dietrich Kenter, die er auch erwähnt. Im Abstieg des Kaisers in die Totenwelt wird ihm eine der Grundsituationen christlicher Dramatik anschaulich. Der Kaiser muß dort hinabsteigen, weil er nur so der Verwirrung in seinem Reich Einhalt gebieten kann, wenn er die Beziehung zur Geschichtswelt, die abgerissen war, zur Überlieferung und ihrer Ordnung wiederherstellt. Der lebendig wirkende Zusammenhang setzt ein zernichtendes Opfer voraus. Der Kaiser verliert sein Gesicht, verhüllt von einer goldenen Maske kann er wieder unter die Lebenden treten. Das ist, was Claudel zur Allgemeingültigkeit erhebt, wenn er sagt: »Der letzte Akt (des Dramas) ist, wie Pascal sagt, stets blutig, aber er ist auch immer herrlich, da die Religion nicht nur das Drama mitten ins Leben gestellt hat, sie hat auch an sein Ende durch den Tod die höchste Form des Dramas gestellt: für jeden wahren Jünger unseres Göttlichen Meisters ist sie das *Opfer.*«[26] Und Reinhold Schneider fügt an anderer Stelle hinzu: »Mit dem Kaiser ist das welterhaltende Sittliche anwesend in seiner Beziehung zur Geschichte, die nur innerhalb des Kosmos und in Wechselwirkung mit ihm verstanden werden kann. Das ist das Vermächtnis, das Claudel uns zurückgewann.«[27]

Bis in ihre letzten Worte bleiben diese beiden großen christlichen Dichter sich nahe. Ihr Glaube, welchen Erschütterungen und Belastungen er auch ausgesetzt sein mag – und die Vorstellung vom unbeirrbaren Triumphalisten Claudel erweist sich mehr und mehr als irrig –, ihr Glaube und ihre Einsicht, daß die Welt in eine Endphase geraten sei, benahm ihnen jede Furcht vor dem Tode. Früh schon schreibt Claudel einem Glaubensfreunde, er habe ein für allemal das Schweigen hingenommen in dem Bewußtsein »seiner sakramentalen Vermählung mit dem Tode in diesem Leben.«[28] Seinen Bühnengestalten legt er dieses Wissen in den Mund. Rodrigo faßt es in die Worte: »Ach, es braucht viel Zeit um zu sterben, und das längste Leben reicht nicht aus, um zu lernen, diesem geduldigen Anruf zu entsprechen.«[29] Und Violaine, die ergreifendste seiner Bühnengestalten *(Verkündigung Mariä)*, die Aussatz und Blindheit auf sich genommen hatte, Verzicht auf den ihr vom Vater zugesprochenen Bräutigam und bitterste Schmähung, läßt ihr Leben ausklingen mit dem alle Bitternis übertönenden Satz: »Wie schön ist es zu leben! und wie unermeßlich die Herrlichkeit Gottes! Aber wie schön ist es *auch* / Zu sterben, wenn alles zum guten Ende geschlichtet ist.«[30] Als Claudel dieser Ruf in der Nacht auf den Aschermittwoch 1955 erreichte, ruft er, nachdem er in seinem Arbeitszimmer am Boulevard Lannes an einer Hl. Messe im vollen Bewußtsein respondierend noch teilgenommen hatte, seinen Nächsten tröstlich und zuversichtlich zu: »Laßt mich in Ruhe sterben, ich fürchte mich nicht.«

Nicht anders Reinhold Schneider. »Mit dem Heiligen von Assisi dürfen wir den Tod grüßen als unseren ›Bruder‹ und die Schmerzen als ›Schwestern‹. Der Tod, in den wir uns ergeben in Christi Namen, wird uns retten, uns Alle vereinen für immer.«[31]

Das ist die tröstliche Gewißheit, die seine Betrachtung »Über den Selbstmord« besiegelt. Auch ihm, auch Reinhold Schneider war der Tod ein Vertrauter, dem er furchtlos entgegenblickte. Frau Maria van Look läßt uns in einem Bericht *Die Schau Reinhold Schneiders* etwas erahnen von diesem Hingehen in die Vollendung. Bei einem letzten Zusammensein in der Lorettostraße 40 in Freiburg, am Mittwoch der Karwoche 1958, hatte er abgewinkt, als man Pläne schmieden wollte für die Reise nach Wien zur Uraufführung seines Dramas *Der große Verzicht.* Dazu würde es nicht mehr kommen, seine Tage, ja seine Stunden seien jetzt gezählt. Erst später erfuhr Frau van Look aus dem Munde seiner Lebensgefährtin Anna Maria Baumgarten, Reinhold Schneider müsse fünf Tage vor seinem Tode eine Vision gehabt haben. Mit lauter Stimme habe er gesagt:

»Jetzt ist mir alles durchsichtig und klar,
Ich sehe durch alles hindurch,
Es ist mir alles präsent.«

»In seiner ›Schau‹«, heißt es weiter in dem Bericht »muß er Tiefen und Dimensionen durchwandert haben, muß er dem Kosmischen Christus begegnet sein, der seine Seele aus aller Verlorenheit löste und befreite.«[32] Als er dann nach seinem Sturz am Karsamstag für einen Augenblick das Bewußtsein wieder erlangte, war sein letztes Wort an die Ärzte: »Ich habe endlich meine Ruhe gefunden. Ich habe genug gelitten.«

Das imaginäre Gespräch dieser beiden großen Zeugen für die christliche Wahrheit ist damit an sein Ende geführt. Man wird es nach den Darlegungen wohl zu den vielen verpaßten Gelegenheiten der Menschheitsgeschichte zählen und bedauern, daß sie niemals einander begegnet sind. Reinhold Schneider kannte allerdings Wesentliches aus der Dramenwelt des Franzosen und auch Ausgewähltes aus dessen Prosawerk. Vielleicht ist er dabei auf einen Text gestoßen, in dem sich in der strengen, an Mallarmé geschulten Prosa sein Weltverlangen ausspricht: »Ich bin der Inspektor der Schöpfung, der Verifikator des Seienden; die Beständigkeit dieser Welt ist Stoff genug zu meiner Glückseligkeit! ... Jeder beschließt in sich das selbständige Prinzip seiner Fortbewegung, durch das der Mensch sich zu Nahrung und Arbeit begibt. Mir dient die gleichmäßige Bewegung meiner Beine dazu, die Kraft des feinsten Anrufs zu ermessen. Das Anziehende aller Dinge, ich fühle es im Schweigen meiner Seele. Die Harmonie der Welt, nun begreife ich sie: wann werde ich ihre Melodie belauschen?«[33] Auch das mag Reinhold Schneider gegenwärtig gewesen sein, als er seinen Vortrag über *Claudels Weltgedicht* mit Sätzen schloß, die einmal mehr sich auch auf ihn auslegen lassen: »Das Spiel will uns ergreifen und in den großen Prozeß der Geschichte ziehen, uns, die wir ohne Zusammenhang zu sein scheinen, in den großen Akkord. Und das Spiel wird sich erst dann an uns erfüllen, wenn wir den Akkord wirklich wollen und tun, vom Nein durchaus nichts erwartend, was helfen kann, was erlaubt ist gegenüber der Schöpfung, den Menschen; wenn die Leidenschaft für das Ganze, deren Feuerherd die Offenbarung ist, auch uns ergreift und durchmächtigt und, um den Preis eines jeden Opfers, aber mit der Verheißung der Freude, die allein in der Wahrheit ist, uns dem Ganzen rückhaltlos dienstbar macht. Wir sollen, jeder an seinem Ort, Verwalter des Ganzen sein wie der Dichter es ist. So werden wir geheilt werden von der Krankheit der Zeit; so wird die Zeit heilen in uns.«[34] *(1978)*

Anmerkungen

1 Reinhold Schneider, *Claudels Weltgedicht*, Ms. 1948 Karlsruhe.
2 Paul Claudel, *Feuilles de Saints*, Paris 1925.
3 Reinhold Schneider, Verantwortung, in: *Der Aufbau*, Ost-Berlin, März 1951.
4 Bert Brecht, Brief, Juli 1956, Karlsruhe, R.Schn.-Archiv.
5 Cahiers Paul Claudel 4 »Claudel diplomate«, Paris 1962.
6 Paul Claudel, *Le soulier de satin*, Paris 1930.
7 Paul Claudel, *Le soulier de satin*, Paris 1930.
8 Reinhold Schneider, Camões, *Ges. Wke* Bd. 1, Frankfurt 1977.
9 Reinhold Schneider, Camões, *Ges. Wke* Bd. 1, Frankfurt 1977.
10 Paul Claudel, *Cinq Grandes Odes*, Paris 1910.
11 Paul Claudel, *Tête d'Or*, Paris 1901.
12 Reinhold Schneider, Verhüllter Tag, *Ges. Wke* Bd. 10, Frankfurt 1978.
13 Paul Claudel, *Connaissance de l'Est*, Paris 1910.
14 Reinhold Schneider, Verhüllter Tag, *Ges. Wke* Bd. 10, Frankfurt 1978.
15 Paul Claudel, Ma conversion, *Revue des Jeunes*, Paris 1913.
16 Reinhold Schneider, Verhüllter Tag, *Ges. Wke* Bd. 10, Frankfurt 1978.
17 Paul Claudel, *Positions et Propositions* II, Paris 1934.
18 Paul Claudel, *La Ville*, Paris 1901.
19 Paul Claudel, *Positions et Propositions* II, Paris 1934.

20 Reinhold Schneider, *Briefwechsel mit Leopold Ziegler*, München 1960.
21 Reinhold Schneider, Die Jugend und das Kreuz, *Ges. Wke* Bd. 8, Frankfurt 1977.
22 Reinhold Schneider, Winter in Wien, *Ges. Wke* Bd. 10, Frankfurt 1978.
23 Paul Claudel, *La Légende de Prakriti*, Paris 1936.
24 Reinhold Schneider, Verhüllter Tag, *Ges. Wke* Bd. 10, Frankfurt 1978.
25 Paul Claudel, *L'Evangile d'Isai*, Paris 1951.
26 Paul Claudel, Le Théâtre catholique, *Positions et Propositions I*, Paris 1928.
27 Reinhold Schneider, *Dramatische Dichtung – Dramaturgie*, Reinhold Schneider-Gesellschaft, April 1978.
28 Paul Claudel, *Correspondance Paul Claudel, Francis Jammes, Gabriel Frizeau*, Paris 1952.
29 Paul Claudel, *Le soulier de satin*, Paris 1930.
30 Paul Claudel, *L'Annonce faite à Marie*, Paris 1912.
31 Reinhold Schneider, Über den Selbstmord, *Ges. Wke* Bd. 9, Frankfurt 1978.
32 Maria van Look, *Die Schau Reinhold Schneiders*, Reinhold Schneider-Gesellschaft, Dezember 1977.
33 Paul Claudel, *Connaissance de l'Est*, Paris 1900.
34 Reinhold Schneider, *Claudels Weltgedicht*, Ms. 1948, Karlsruhe.

Peter Berglar

Der Kronenwächter

Reinhold Schneider oder Die Geschichte als Kreuzweg

I. Die zitierte, die revolvierte und die arretierte Zeit.

Manuel, dem unheldischen Helden in Ernst Jüngers neuem Roman *Eumeswil*,[1] der tagsüber Historiker und abends und bis in die Nacht hinein Barkeeper am Zentralsitz der Macht ist, steht ein für seine Geschichtsforschung bemerkenswerter Apparat zur Verfügung: das Luminar. Auf Knopfdruck erscheinen jede gewünschte Epoche, jede beliebige Einzelheit, Schlachtfeld oder Philosophenstube, jeder Akteur, Denker oder Künstler, auch jegliche Szenerie jeglichen Geschehens vor dem sie Zitierenden. Der Historiker der »nachhistorischen« Welt – »nach den großen Feuerschlägen«, wie Jünger schreibt – mischt nach Feierabend den Mächtigen den Drink und was er tags im Luminar erblickte, was er sich zur Ansicht kommen ließ, dient zur Unterhaltung; dies Wort in seinem Doppelsinn genommen: als halb ernst, halb kurios vorgebrachte Plauderei für die Herren, zu ihrer Entspannung, und als Mittel der inneren Distanzierung für Manuel, als eine Art Isolationsmaterial gegen die Starkstromleitungen im Machtapparat. Im Luminar von *Eumeswil* wird die Zeit als Vergangenheit zitiert und gehört, aber nicht rezitiert und verhört. Denn der posthistorische Äon ist gerade dadurch charakterisiert, daß das ganze Gedenke, Gerede, Gemetzel um »Entwicklungen«, »Ideen«, »Ethos«, »Glaube«, um das Woher und Wohin des Menschen und der Welt gelöscht ist, gelöscht wie Schrift auf diesen kleinen grauen Printator-Löschtäfelchen. In Eumeswil gilt nur Regel-Praxis für funktionierende Herrschaft über einigermaßen kommod, da metaphysikfrei lebende Einwohner; Gedanken über »den Sinn des Daseins«, über »ewiges Leben«, über »Sünde« und »Erlösung« und »Heil« werden nicht mehr gedacht, und damit entfällt auch alles an Gefühlen, Entscheidungen, Verantwortungen, Haltungen und Handlungen, was daraus hervorging und letztlich, in einem Zerstörungsorkan, zur Selbstaufhebung der

Geschichte führte.

Wer die absolute *Gegenposition* zur Jüngerschen Vision von der Geschichtszeit-Tilgung bezeichnen möchte, kann dies mit der Nennung eines einzigen Namens tun: Reinhold Schneider. Auch er hat eine Vision vom Ende der Geschichte. Aus seinem Christus-Glauben heraus sieht er sie hingehen, auf den »letzten Tag« zu, da sie aufgehoben sein wird in die Parusie des Gottessohns, wenn »ein neuer Himmel und eine neue Erde« (Off 21, 1) sein werden, die Heilung und Wiederherstellung der Schöpfung als Gottesreich. Von dieser Glaubensgewißheit, die das Fundament des gesamten Schaffens Reinhold Schneiders ausmacht, ist er niemals gewichen. Daß er persönlich, daß der Mensch und Christ Reinhold Schneider die Kälte und Finsternis einer Nacht, in der Gott nicht nur verhüllt ist, sondern scheinbar inexistent, durchlitten hat, steht hierzu nicht im Widerspruch. Eher ist das Gegenteil der Fall: indem er die Geschichte nicht wie sein metahistorischer Antipode Manuel »interessiert-wertneutral« zum Rapport bestellte, sondern ganz und gar in sie eintauchte – nicht aus Neugier, sondern aus Liebe, als sein ihm zugemessenes Teil am Mitvollzug der Passion Christi – erfuhr er auch das Los des »Tauchers«, nämlich dieses »da unten aber ist's fürchterlich«[2] zu gewahren und schließlich nicht mehr ans Tageslicht emporzukommen. Dieses Martyrium – Zeugnis für den Abgrund des göttlichen Ratschlusses in Geschichte und Heilsgeschichte und vielleicht sogar Sühne für Grenzüberschreitung, weil dem Menschen ein solches Hinabsteigen in die Vergangenheit, ein solches Heraufholen und Wiederbeleben und Zeit-Aufheben, wie es der Autor des *Camões*, des *Philipp II.*, der *Hohenzollern*, des *Inselreichs* gewagt hat, verwehrt ist – dieses Martyrium findet sich in Schneiders letztem Buch *Winter in Wien* angedeutet. Wer jenes Wagnis nicht kennt, ja nicht einmal etwas von ihm ahnt, sollte sich vor Spekulationen über des Dichters Glaubenskrise oder Kirchenentfremdung hüten. In der menschlichen Seele gibt es Dinge, die nicht mit Formeln frommen Biedersinns zu fassen sind.

In seiner Wiener Behausung des Winters 1957/58 blickte der Einsame oft auf sein »Kartenspiel«, wie er es nannte, sechs Bildpostkarten, die den heiligen Hieronymus, den heiligen Gregor, die Krone Kaiser Rudolfs II., Brueghels »Seesturm«, den Hengst Maestoso Alea und Kaiser Maximilian I., den

»letzten Ritter«, zeigten. »Breughels ›Seesturm‹«, schreibt er in eines seiner Notizhefte, »ein spätes Bild, ist das Portrait meiner Seele; der Himmel bricht nieder in das Meer und dieses wirft sich auf und will keine Schiffe mehr tragen, ein Rachen klafft schon der sicheren Beute entgegen und Möwen jagen wie weiße Blitze durch die Hochzeit der Nacht mit der Nacht ...«[3] Eine lange Zeit seines Lebens und Schaffens hindurch hatte Schneider die Geschichtlichkeit in sich »revolviert«, sie rückwärtsgewälzt, das heißt, er war so in die Schauplätze, Vorgänge und Träger der Vergangenheit eingegangen, daß er, unter Preisgabe aller schützenden Distanz, tatsächlich die elementare Tragik des Geschichtlichen, die es bestimmt und definiert, in sich austrug. Im *Philipp II., Religion und Macht* hatte der Siebenundzwanzigjährige noch schreiben können: »Der König, der sich ein Kloster baut, die Heilige (Theresa von Avila), die tausend Reiche für eine Seele gibt, sind die vereinten Wegbereiter der Geschichte und der in ihr noch möglichen Vollendung.«[4] Ein Vierteljahrhundert später wurde er von tiefen Zweifeln gerade an dieser Möglichkeit gequält und jeglicher erkennbare Zusammenhang von Geschichte und ewigem Heil hatte sich ihm verdunkelt. *Wenn* auf die Tafeln der Weltgeschichte Gottes Hand wirklich die geheimnisvollen Texte der Heilsgeschichte schrieb – wenn! –, dann vermochte er sie nun nicht mehr zu deuten, ja nicht einmal mehr zu lesen. Als 1954 in Essen sein *Innozenz und Franziskus*, das Drama von Herrschaft und Demut Christi in der auseinandertretenden, gegensinnigen Verkörperung durch Menschen seiner Nachfolge, uraufgeführt wurde, schrieb Schneider: »Ich mußte mich ... der Dialektik der Macht stellen, dem ›sic et non‹ der Schuld der Hingabe wie des Verzichts. Ich mußte, nachdem ich mich einmal für das Christentum entschieden hatte, vor dem Abgrund der Fragen erschauern, die in ihm aufbrechen, und also in die Krypta hinabsteigen, die mich jetzt gefangenhält. Ich sehe wie in der Unterkirche von Chartres einzelne rötliche Lichter in einem unendlichen Gang ...«[5]

Einzelheiten sind dem Historiker Reinhold Schneider, der sich zu solchem »Untertagebau« verurteilt findet, nicht mehr erkennbar; die »einzelnen rötlichen Lichter«, das sind die gelegentlichen trüben Grubenlampen, die einen ungewissen Dämmerschein verbreiten, in dem er »die Gleichzeitigkeit einander bekämpfender, vernichtender Rechte und Berufungen« zu gewahren meint, »über denen die rätselhafte Antwort der Wahrheit schwebt.«[6] »Es geht«, sagt er, »um die Notwendigkeit unlösbarer Konflikte in der Seele wie in der Geschichte.«[7]

War die »Revolvierung«, die Rückwälzung der Geschichtszeit, die nun, da die Kräfte nachließen, ihn zu verschütten drohte, wie eine dreizehnte Arbeit des Herkules gewesen, so fühlt man sich im Blick auf den Reinhold Schneider der Nachkriegszeit, der, so will es scheinen, nun die Zeit zu »arretieren«, sie anzuhalten versucht, an Josua im Tale Gibeon gemahnt. »Damals«, so ist im Buch Josua des Alten Testaments zu lesen, »sprach Josua zu Jahwe: ›Sonne in Gibeon, halt ein, und Mond im Tale Ajjalon‹, da hielt die Sonne ein und der Mond stand still.« Gott hielt den Lauf der Zeit um seines Dieners Bitte willen an, so daß sich diesem »die Tageslänge verdoppelte und er sein Werk, die Besiegung des Feindes, vollbringen konnte.« Der Feind, den der Geschichts-Dichter herandringen sieht und den zu besiegen nur möglich sein wird, wenn Gott für die Länge der Schlacht die Sonne stillstehen und also ein Stück Gegenwart festschreiben läßt, ist nicht physischer Natur, kein Staat, kein Heer, kein Aggressor, sondern der Geist der Zerstörung. Der Zerstörung der Schöpfung und der Geschöpfe im Kern – der *Kern-Zerstörung*. Der Gedanke, die Bausteine des Kosmos »spalten« zu wollen, ist in sich frevelhaft: Machtmißbrauch des Erfinder- und Forschergeists. Reinhold Schneider hat die Schutzbehauptung zurückgewiesen, daß vom ersten Faustkeil, der als Waffe benutzt wurde, bis zur Atombombe nur eine »logische« Entwicklung stattfinde, daß das »forschende und experimentierende Fragen« nie und an keiner Stelle sich selbst Einhalt gebieten oder gar unterbunden werden könne und dürfe, daß es nur auf die »Anwendung« ankomme, die eine an sich wertfreie Erfindung, Entdeckung zum »Guten« oder »Bösen« ausschlagen lasse. »Es geht«, schreibt er 1954 in dem Aufsatz »Wesen und Verwaltung der Macht«, »durchaus, im christlichen Sinne, um das Ersinnen und Erfinden, nicht um die Anwendung; um die erste, nicht um die zweite Instanz.«[8] Wann werden die Menschen endlich erkennen, daß sie nicht alles dürfen, was sie können? Daß auch nicht alles, was »entdeckbar« ist, entdeckt werden *darf*? »Verbergen wir uns nichts«, heißt es an gleicher Stelle, »die Katastrophe, vor der die Menschheit zittert, hat sich schon ereignet. Sie ist da und bestimmt die geschichtliche Sphäre unserer Zeit. Sie besteht darin, daß die zu den modernen Waffen führenden Entdeckungen und Kombinationen *gemacht* worden sind – im ernsten Doppelsinn des Wortes . . . Hier ist die geistige und sittliche Katastrophe, der diese Zeit unterliegt.«[9]

Schneider hat sich – man muß schon sagen: verzweifelt – gegen die deutsche Wiederbewaffnung, die ab 1950/51 in Rede stand, gewehrt. In ihr sah er den massivsten Ausdruck eines Weges der Nicht-Läuterung, der seelischen Verstocktheit seines Volkes, das nicht einmal das Verhängnis zweier Weltkriege und einer beispiellosen Gewaltherrschaft zur Umkehr zu bringen vermocht hatte, und daß darum, wenn kein Wunder geschah, auf den endgültigen Untergang zusteuerte. Er konnte die Rückkehr der Deutschen in die Niederungen der Geschichte, die politisches Ränkespiel um Macht und staatliche Selbsterhaltung mit den gänzlich transzendenzlosen Mitteln politischen Kalküls heißen, nicht mitvollziehen. Auch nicht mehr nachvollziehen, obwohl er sie doch ein Leben lang, beim Hinabsteigen in die Vergangenheit, als das unabweisbare Material aller Geschichte erfunden hatte. »In Richtung auf das Kreuz«, so sagt er in dem Aufsatz über die »Verantwortung« (1952), »mit dem Entschluß zur Freiheit der Armut hätte nach der Katastrophe (von 1945) der Weg des deutschen Volkes verlaufen können . . .«[10] Er verlangte und erwartete Reue und Buße und Umkehr eines ganzen Volkes, und er mahnte dazu, nicht anders wie die Propheten des Alten Bundes Israel gemahnt hatten. »Wichtig ist heute allein«, so heißt es in einem Brief vom November 1951 an den Freund Bernt von Heiseler, »der einzelne einsame protestantierende (sic!) Christ. Von Gruppen, Verbänden, Akademien ist keine befriedigende Haltung zu erwarten.«[11] Diese Bemerkung zielte auf das Ringen um die Wiederbewaffnung. Als sie beschlossene Sache war, bedeutete dies für ihn nicht nur eine Weichenstellung zum Verderben, sondern im tiefsten Innern wohl auch einen Bruch mit der ganzen Schöpfung Adenauers, mit jener Bundesrepublik Deutschland, die aus der »Macht der Realitäten« erwuchs. Keine Versöhnungs- und Friedenspolitik vermochte ihn zu beruhigen und von der eigentlichen Wunde der Zeit abzulenken: »Nicht zwischen Volk und

Volk, sondern zwischen Mensch und Kosmos mußte an erster Stelle ein neuer Bund geschlossen werden.«[12] Und die Deutschen wären an erster Stelle berufen gewesen, ihn zu schließen ... Reinhold Schneider geriet in eine wachsende menschliche Isolation; auch gute Freunde wollten und konnten ihm in einem christlichen Radikalismus, der mit historischer Existenz auf dieser Erde letztlich nicht mehr vereinbar wäre, nicht folgen. So erfuhr der Seher, der, zu einer Art von *utopischem Josua* geworden, begehrte, die Sonne möge stillstehend die Zeit festhalten, am eigenen Leibe die tragische Quintessenz, die er schon Jahre zuvor, 1948, als er das Schauspiel *Der große Verzicht* beendete, aus seinem Aug-in-Auge mit der Geschichte gezogen hatte: »Wenn der Prozeß der Satanisierung der Macht nicht zu durchbrechen ist, so ist es ja Sünde, an der Herrschaft teilzunehmen. Aber Sünde ist es *auch*, zu verzichten ...«[13]

II. Kronenwächter

Was war natürlicher, als daß Reinhold Schneider aus dem Bedürfnis heraus, die Ganzheit der Geschichte zu fassen – seiner Bestimmung, die ihm Qual und Glück bedeutete – auch Dichter in den Zeugenstand rief, und zwar vorzüglich solche, die sich nicht mit irgendwelchen Bruchstücken der kalendarisch zerhackten Geschichtszeit identifizierten, sondern die, darin »Imitatoren Gottes«, in und aus einer Gleichzeitigkeit von Gestern, Heute und Morgen lebten und schrieben. So ist es kein Zufall, daß er den Weltreichsversuch Portugals, der in der Sphäre historischer Realität unter Greueln und Schuld scheitert, allein in des Camões Dichtung »aufgehoben« – dies Wort in seinem Doppelsinn verstanden – findet; daß er Philipps II., übermenschliches vergebliches Ringen, »Religion und Macht« (so des Werkes Untertitel) zur Deckung zu bringen, in den Traum eines Dichters, in Calderons *Vida es Sueño* (*Das Leben ein Traum*) einmünden läßt. »Tief, unlösbar ist der Traum«, lesen wir im »Der Übergang« überschriebenen letzten Kapitel des *Philipp*, »auch im Wachen sind wir nicht wach, wir greifen, ohne zu fassen; selbst die Dinge sind nur geträumt ... jetzt verliert das Reich seinen Zauber ...« Dann wenig später die entscheidenden Worte: » ... die *Bedeutung* herrscht; es gibt neben ihr keine Wirklichkeit.«[14] Mag uns auch eine In-Bezug-Setzung des spanischen Königs mit dem Prinzen Sigismund des Calderonschen Dramas zu weit hergeholt, zu sehr als eine Traumvorstellung Schneiders erscheinen, mögen wir auch instinktiv in uns eine Reserve verspüren, Tag und Traum in romantischer Hemmungslosigkeit zu vermischen und ineinander aufgehen zu lassen – die Frage, *was* denn eigentlich »Wirklichkeit« und damit auch, was denn »Geschichte« im letzten Grunde sei, bleibt bestehen. Wir akzeptieren die Einheit von Wesen und Ziel, die der junge Autor des »Camões« einst in dem »fortschreitenden Triumph von Christi Erlösungstat als dem unbezweifelbaren Ziel der Erde und der Geschichte«[15] zu erkennen geglaubt hatte. Diese Erkenntnis aber ist Glaubensakt. Sie läßt sich nicht »nachweisen«, nicht aus den Fakten extrahieren, aus den Quellen herauslesen, sie steht nicht als ein »Ergebnis« historischer Bilanzierung »unter dem Strich«. Der »Stellenwert« eines geschichtlichen Vorgangs in heilsgeschichtlicher Sicht ist von keinem Menschen auszumachen. Da vor Gott jede einzelne Seele soviel wiegt wie die ganze Welt – etwas ganz und gar außerhalb unserer Vorstellungskraft Liegendes – vermag unser quantifizierender, an Zeitraster gehefteter Geist nicht, auch nur einem historischem Krümel seinen wahren Rang im göttlichen Heilsplan zuzuweisen oder ihn nach diesem Rang zu beurteilen.

Welche Bedeutung kommt, zum Beispiel, der Krone, dem gesalbten Herrscher, der geschichtsmächtigen Dynastie für die Geschichte als Heilsgeschichte zu? Hat Christus sie als Träger weltlicher Ordnung gewollt – sie *so* gewollt – will er die hierarchisch gestufte, sakral verankerte Herrschaft auf Erden immer? Haben Staatsformen, Herrschaftssysteme etwas mit uns erkennbarer göttlicher Ordnung, ja mit uns etwa zuteilgewordener *Anordnung* zu tun? Reinhold Schneider hat, wenn ich es richtig sehe, diese Fragen nicht *prinzipiell* gestellt und sie auch nicht *systematisch* beantwortet. Er war kein deutscher Donoso Cortés. Überblickt man aber das Gesamtwerk, dann ist das Bekenntnis zur an Christus gebundenen, auf ihn hin ausgerichteten, weil ihm »ent-sprechenden« Monarchie ganz eindeutig. Das »per Me Reges regnant«, aus dem Munde des thronenden Christus der alten Reichskrone, war für Schneider das »Grundgesetz« der abendländischen Geschichte, und da er in dieser das

Christianisierungsferment der Welt sah, war es auch das der Weltgeschichte. Aber eben: »Reges«, nicht »Populi« oder »Legati«; Könige, nicht Völker oder Abgeordnete ... Schneider hat keineswegs die Untaten, die Sünden, den Verrat an Berufungen, das Versagen in Schlechtigkeit, Schwäche oder Torheit so vieler gekrönter Herrscher übersehen oder fortretouchiert – eingefangen in ihre Zeit und ihr Dasein, litt er sogar ganz persönlich und konkret daran – aber er hat sie und ihre Krone, man kann es kaum anders ausdrücken, geliebt. Mag uns das passen oder nicht: er wählte nun einmal nicht Revolutionen und Sozialkämpfer zu seinen Themen, sondern das Reich, Schicksale von Königen und Dichtern; er schrieb über Philipp II., die Hohenzollern, über Maria Theresia und Zar Alexander I., und nicht über Thomas Münzer, Robespierre oder Robert Blum. »Im Ringen um das Reich«, so erklärt er 1954, »sehe ich den Inhalt meiner Lebensarbeit.«[16] Und wenn auch mit »Reich« keineswegs nur das der Deutschen, das »Heilige Römische« oder gar das national-geschneiderte von 1871 gemeint war, sondern überhaupt das einem göttlichen Auftrag dienende, unter einer heiligen Krone zusammengeschlossene und unter das Kreuz gestellte europäische Imperium – Spanien, Portugal, England – so fand er doch im alten Reich der römisch-deutschen Kaiser, als der Mutter aller anderen abendländischen Reiche, die »Reichsidee«, nämlich eine »Civitas Dei« auf Erden zu errichten, am reinsten ausgeprägt. Das bedeutete aber auch, da eine solche (Augustinus übrigens mißverstehende) »Idee« in sich tragisch ist, daß in der deutschen Geschichte für ihn die Tragik, die Unverschmelzbarkeit von Weltreich und Gottesreich heißt, kulminierte. So sehr, daß Schneider 1950 in einem Brief an Bernt von Heiseler von »einem Auftrag an die Deutschen« sprach, »eine Antwort zu geben auf die beendete Reichsgeschichte, das heißt, nun wirklich im radikalen Sinne, das Reich Gottes und seine Verheißung zu suchen durch ein evangelisches Leben und Zeugnis, dessen allverbindende Kraft doch noch immer nicht in dem Maß Geschichte wurde, in dem sie es werden könnte.«[17] Eine Empfehlung, ein Auftrag, die seine Landsleute schon damals nicht verstehen, geschweige denn ausführen konnten. Viele, und darunter auch DDR-Mächtige, hörten aus solchen und manchen ähnlichen öffentlichen Äußerungen nur das schlichte Nein Schneiders zur Remilitarisierung der Bundesrepublik heraus. Damit hörten sie nichts Falsches, aber doch nur ein paar Obertöne, indes die eigentliche Weise, immer leiser werdend, schließlich nur noch eingeweihten Lippen-Ablesern verständlich war. »Man scheut sich«, gesteht der Dichter dem Philosophen-Freund Leopold Ziegler 1952, »in der gegenwärtigen Welt überhaupt von ›Reich‹ zu sprechen; es ist nun ein Geheimwort weniger geworden; das Amt der Kronenwächter erstreckt sich auf das Wort wie auf das Wissen. Wir sind wohl an der Stelle, wo das Ehrwürdige in das Verborgene einmündet.«[18]

Kronenwächter. Dies der Titel des großen unvollendeten Romans von Achim von Arnim, der um die geheime Bruderschaft derer kreist, welchen die Verwahrung der heiligen Krone anvertraut ist.[19] Der Name trifft tief in Reinhold Schneiders Zeit- und Selbstverständnis. Er denkt nicht in erster Linie über Staatsformen oder Verfassungen oder gar über historische Theorien- und Methodenprobleme nach, sondern er folgt dem Ariadnefaden seines aristokratisch-tragischen, manchmal etwas künstlich wirkenden Lebensgefühls in das Labyrinth der Vergangenheit, in Dome und Klöster und Burgen, in den Tower und Escorial, zu den Sarkophagen der Potsdamer Garnisonkirche und der Wiener Kapuzinergruft; der *echte* Kronenwächter *sucht* sich den heiligen Schatz nicht, er läßt sich *finden* und *rufen.* »An einem Wintermorgen im Steglitzer Stadtgarten überfiel mich das Brandenburgische Konzert: die preußische Seele, es war wie eine unüberwindliche bacchantisch-disziplinierte Musik.«[20] Oder: »In den Straßen Londons überfiel mich das Erlebnis britischer Macht; ich suchte im ›Inselreich‹ ihre Geschichte zu erzählen, wie immer von innen her und in der Vorahnung ungeheurer Erschütterungen . . .«[21]

Das war 1935. Erinnerung freilich vom Jahr 1953 her. Auch unfreiwillige Komik fehlt nicht. In meinen Augen ein menschlich wohltuendes Aggrediens. So etwa wenn Schneider lapidar feststellt: »Philipp ist mir sehr verwandt: eine von Grund aus schwermütige, sich schwer entscheidende, langsam entwikkelnde Natur.«[21a] Oder wenn er von seinem Besuch beim exilierten Wilhelm II. in Doorn (am 4. April 1935) ganz ernsthaft berichtet, wie der Kaiser, um den Autor zu ehren, unendlich feinsinnig-verständnisvoll aus den *Hohenzollern* das Kapitel »Machiavell und Antimachiavell« auswählt und ihm vorliest: ». . . aber er las nicht, sondern er stellte dar . . . als er geendet hatte, meinte er, das müßte als dramatische Szene dargestellt werden. Ich sagte: (Es würde auch dann nicht stärker wirken, wie wenn es Euer Majestät lesen.) – (Ich bin gelobt worden. Kommt selten vor). Er dankte dann für meinen Besuch und ging mit der Kaiserin.«[22]

Ob die beiden Wilhelme, der kaiserliche Vater in Holland und der deutsche Konprinz auf Cecilienhof bei Potsdam, wirklich die schwermütige Tiefe ihres »Kronenwächters« verstanden haben, der seinem Buch den Untertitel »Tragik und Königtum« gegeben und »das Ende der preußischen Form« mit dem Tode Friedrichs des Großen gleichgesetzt hatte, bleibt fraglich. Jedenfalls schätzten sie ihn, und der Kaiser schenkte dem Getreuen den Schreibtisch Friedrich Wilhelms IV., ein Zug von kindhaft-naiver Spontaneität, wie er bei diesem vielgeschmähten Manne bisweilen sichtbar wird. Da Reinhold Schneider später fast nur im Stehen schrieb, wurde das Unterpfand lebendiger Vergangenheit wenig benutzt. Vielleicht aber gingen doch Impulse von ihm aus. Sein ursprünglicher Eigentümer, der »Romantiker auf dem preußischen Thron«, war kein glücklicher Mensch gewesen, ein Außenseiter unter den Fürsten seines Hauses, nicht anders wie Schneider ein Außenseiter unter den Dichtern und Geschichtsschreibern seiner Zeit war. Für beide mochten die Verse aus Arnims *Kronenwächter*, deren zweiter Teil noch unter Friedrich Wilhelm IV. 1854 erschien, eine tiefe Gültigkeit besitzen: »Ich kenne die Geschichte / Und nehme die Gewichte / Die Räder und die Glocken, / Aus meiner Uhr bedacht / Sonst schlägt sie in der Nacht, / Und ich fahr auf erschrocken.«[23]

III. »Aber ich ziehe das Dunkel vor«

Uhren, Zeit-Messer: sie messen Zeit und sie zerschneiden sie, und beides gehört zusammen, ist *ein* Vorgang. Moderne Geschichtswissenschaft – und Wissenschaft überhaupt – ist »Chrono-metrisch«, sie mißt, schneidet, trennt, sie *seziert*, um zu erkennen. Deswegen gerade und dadurch erst ist sie Wissenschaft und versteht sie sich selbst als solche. Ergo: Reinhold Schneider ist alles mögliche gewesen, mit Sicherheit aber kein

Geschichtswissenschaftler. Denn er konnte mit den Versen Arnims sagen: »Ich *kenne* die Geschichte . . .«, und das hieß: sie war das Medium, in das er anschauend, betend, träumend eingetaucht war, die Nacht, in der der dazu Begabte und Gerufene deutlicher sieht als der Normalmensch bei Tage. Diese mediale Geschichtsschau bedeutet nicht reine Phantasie, die sich irgendwas in historischer Kostümierung erfindet. »Schwerlich«, so schreibt der Achtundzwanzigjährige, der am *Philipp* arbeitet, »werde ich es jemals sagen können, was es mich kostet, die alten Akten und Folianten Wort für Wort zu studieren, abzuschreiben oder Auszüge zu machen, mich Tag für Tag an meine Papiere zu fesseln und die furchtbare Stille des einsamen Zimmers zu ertragen.«[24] Schneider mied also nicht die Quellen, aber er fand in ihnen mit dem Herzen, mit der Phantasie, mit einer eigenartig rückwärtsgerichteten telepathischen Anverwandlung, sie bestätigten ein geheimes Vorwissen. »Es treibt mich«, heißt es in seinem Selbstportrait von 1931, »zu Gestalten und zugleich zu Abstraktionen. Darauf beruht die Fragwürdigkeit der historischen Bücher. Ich kann sehr klar sein, aber ich ziehe das Dunkel seines größeren Reichtums wegen vor.«[25] Das klingt wie ein Entschluß, wie die Wahl zwischen zwei freistehenden Möglichkeiten. Aber ganz so war es nicht: Anlage, Schicksal, Verhängnis und Verhängtes, wie man will, zwangen Schneider zur dauernden, oft qualvollen Selbstbehauptung gegenüber dem »Horror vacui«, dem mächtigen Vernichtungs-Sog. Von seinem Elternhaus sagte er, es sei eben ein »Gasthaus« gewesen, die »Wehmut des Verlassenmüssens« habe ihm im Blut gelegen, da er »immer Koffer rollen und Wagen eilen sah.«[26] »Nichts war mir so gewiß als die Flüchtigkeit und die Spurenlosigkeit unseres Weges . . .«[27] 1922 beging der damals Neunzehnjährige einen Selbstmordversuch, und das Thema der Selbstauslöschung hat ihn immer wieder bewegt. »Schwermut und Todessehnsucht«, erinnert er sich, »haben über den ersten Dresdner Jahren« – er war dort in kaufmännischer Stellung bis 1928 tätig – »gelegen.«[28] Aus dieser Zeit rührt die Verbindung mit Anna Maria Baumgarten, der dreiundzwanzig Jahre älteren Lebensgefährtin, die bisweilen, in bürgerlichen Anwandlungen, auch als »Cousine« oder »Verwandte« deklariert wird. Ein Kapitel eigener Art. Mit Sicherheit aber hält ein Mensch nicht an solcher Gemeinschaft fest, wenn er sie nicht braucht –

existenziell nötig hat. Vielleicht bietet hier Schneiders Bemerkung: »Findet der andere nicht den Schlüssel zu mir, so bin ich verloren; denn ich kann ihm den Schlüssel nicht geben«[28a] eine Erklärung. Auch in den späteren Jahren, in Potsdam, in Freiburg, ob bei Anna Maria oder fern von ihr, auf Reisen, wichen Melancholie und Lebensmüdigkeit niemals ganz. Ja, gerade gegen Ende seines Lebens wuchsen die Schatten in ihm wieder mächtig empor. Das hing eben nicht nur von äußeren Begebenheiten und Lagen ab. Gerade der Reinhold Schneider auf der Höhe äußerer Erfolge, in den Jahren zwischen 1950 und 1958, da er viele Ehrungen erfuhr, Preise erhielt, Ehrendoktorate, da er mit allem, was im scheinbar wiederbelebten, aus der Asche sich erhebenden »Abendland« Rang und Namen hatte, freundschaftlich-gleichrangig verkehrte, kurz, da er »das andere Deutschland«, das heilgebliebene, das christliche und katholische Deutschland des Widerstandes und nun der zukunftsträchtigen Erneuerung, repräsentierte – gerade dieser Reinhold Schneider, der allerorten sprechende und pausenlos schreibende und gedruckte, gerade er wurde von Schwermut und Schrekkensgesichten heimgesucht. Von Krankheit gezeichnet, sehnte er sich nach dem Tode. »Die portugiesische Melancholie«, schrieb er 1956 an Anna von König, die Witwe des Malers Leo von König, »ist zwar kein Wohnhaus, aber doch immerhin ein Zelt auf der Wanderschaft, die mir eigentlich schon zu lange dauert . . .«[29]

Sein körperlich-seelisches Leiden und sein Leiden an und in der Geschichte bedingten und durchdrangen sich jetzt wechselseitig. Und wünschte er wohl auch bisweilen, es möge abgekürzt werden, so nahm er es doch auch in Demut an: »Ich möchte Zeuge sein«, schrieb er zwei Jahre vor seinem Tode aus Freiburg, »dieses geschichtlichen Augenblicks, in dem alles, was die europäischen Völker vollbracht, erlitten haben, mit unheimlicher Deutlichkeit vor uns steht, wie vor den Bergen meiner Heimat am Abend das glühende Schweizer Hochgebirge – ehe das Wetter umschlägt.«[30] Diesen Wetter-Umschlag fühlte er in allen Fasern seines Seins, physisch und psychisch und auch rational. Er sah das »große Tier« der Apokalypse aus dem Abgrund emporsteigen: » . . . als die Tendenz zu einer widermenschlichen Macht, einem Staat, der dem Menschen nicht gibt, was des Menschen ist, weil er Gott nicht gibt, was Gottes ist; der die Freiheit für alle Bezirke, nicht allein des Handelns, sondern auch des Denkens, Wünschens, Hoffens, des ganzen Seins und die Verantwortung für diese Freiheit vor Gott dem Menschen nicht mehr läßt.«[31]

Während die Welt seit 1957 in Astronauten- und Sputnik-Hochstimmung gerät, sieht Schneider gerade darin nur eine zapplige Ohnmacht von Menschen, die weder ihr Woher noch ihr Wohin kennen und kindische Ausflüchte vor dem einen einzigen Mächtigen suchen. »Daß der eigentlich Mächtige mit durchbohrten Händen und Füßen seine Macht verwirklicht und einsetzt bis zum Ende der Zeiten: das ist das letzte Wort vom Widerspruch, der in einer jeden Machtgestalt der Geschichtszeit verborgen ist, der aus einer jeden hervortreten wird: das Geheimnis der Kreuzigung ist unwiderlegbare Antwort an die Geschichte.«[32]

Diese Sätze, gesprochen fünf Monate vor dem Ende, sind Schlußwort. Schlußwort, das die Summe von drei Jahrzehnten eines vielleicht einmaligen Prozesses der Selbstauslieferung eines Menschen an die Geschichte enthält. Reinhold Schneider hatte nicht einfach »über« sie geschrieben, sie »behandelt«, sondern er hatte in ihr gelebt, geschmachtet, ja in ihr gefangengesessen. Sie war am Ende wie ein Kerker für ihn gewesen. Da aber der Mensch schließlich und endlich aus *jedem* Gefängnis heraus will, mag es auch sein selbstgewähltes, oder ein als Beruf verordnetes gewesen sein, und da er mit *seinem* Ich, mit *seinen* Taten und Leiden und Schulden, nicht mit denen »der Geschichte« oder »der Macht« oder »der Krone« vor Gott tritt, steht am Schluß des Wegs das letzte unausweichliche Vis-à-vis der Seele mit ihrem Schöpfer. Wenn Schneider über seinen letzten Winter in Wien an Harald von Koenigswald schrieb: »Es ist dort Unermeßliches über mich hinweggegangen«,[33] dann gibt uns das eine Ahnung von seiner letzten, nicht mehr mitteilbaren Gottesbegegnung; die eben nicht »erhebend«, »tröstend«, »glanz- und wonnevoll« ist, sondern die als das vollkommene Alleingelassensein am Kreuz erscheinen kann, die als das absolute Verlassensein erlitten wird. »Das Gefühl kommender Untergänge«, bekannte Schneider einmal, »hat mich nie verlassen, ihm mußte ich mich stellen.«[34] Ja, doch nicht nur in Hinblick auf Weltbegebenheiten und Geschichtsgang, sondern auch auf das eigene Ich. Und im einen wie im anderen ist er tapfer und aufrichtig gewesen. Nie hat er einen fröhlich-gewissen *Karsamstag* vorgespielt. Freude und Gewißheit bringt erst der *Ostersonntag.* An dem des Jahres 1958 starb Reinhold Schneider. *(1978)*

Anmerkungen

1 Ernst Jünger, *Eumeswil.* Roman, Stuttgart 1977.
2 Friedrich Schiller. »Der Taucher«, 16. Strophe.
3 Reinhold Schneider, *Winter in Wien*, Freiburg i. Br. 1958, S. 116 ff.
4 Reinhold Schneider, *Gesammelte Werke.* Im Auftrag der Reinhold-Schneider-Gesellschaft hrsg. von Edwin Maria Landau. Frankfurt a. M. 1977. Bd. 1: Philipp II. oder Religion und Macht, S. 337.
5 *Reinhold Schneider, Leben und Werk in Dokumenten.* Hrsg. von Franz Anselm Schmitt, Freiburg i. Br. 1969, S. 195.
6 Ebd.
7 Ebd.
8 *Gesammelte Werke*, Bd. 8: Schwert und Friede. a.a.O. Darin: Wesen und Verwaltung der Macht (1954), S. 94.
9 Ebd.
10 Ebd., Verantwortung (1952), S. 76.
11 Reinhold Schneider – Bernt von Heiseler, *Briefwechsel*, Stuttgart 1965, S. 128 (Brief vom 23. November 1951).
12 s. Anm. 8, S. 93.
13 *Dokumente*, S. 169.
14 s. Anm. 4, S. 461 f.
15 Ebd., Camões oder Untergang und Vollendung der portugiesischen Macht, S. 100.
16 *Dokumente*, S. 196.
17 s. Anm. 11, S. 99 (Brief vom 5. Oktober 1950).
18 Reinhold Schneider – Leopold Ziegler, *Briefwechsel*, München 1960, S. 191 (Brief vom 13. August 1952).
19 Achim von Arnim, *Sämtliche Romane und Erzählungen.* Hrsg. von Walter Migge, 3 Bde, München ^{2}1974. In Bd. 1: Die Kronenwächter.
20 *Dokumente*, S. 89.
21 Ebd. S. 36.
21a Ebd. S. 80 (Brief an Anna Maria Baumgarten vom 1. Juni 1930).
22 Ebd. S. 95
23 s. Anm. 19, S. 719.
24 *Dokumente*, S. 28.
25 Ebd. S. 30
26 Ebd. S. 40.
27 Ebd.
28 Ebd. S. 50.
28a Ebd. S. 29 (Selbstporträt 1931).
29 Ebd. S. 211 (Brief an Anna Maria Baumgarten vom 3. Oktober 1956).

30 s. Anm. 8, S. 10.
31 Ebd. S. 69 (»Verantwortung«, 8. Oktober 1952).
32 Ebd. S. 113 (»Macht und Herrschaft in der Geschichte«, 2. Oktober 1957).
33 *Dokumente*, S. 225 (Brief an Harald von Koenigswald vom 4. April 1956).
34 Ebd., S. 36 (Autobiographische Notiz, 4. März 1953).

Wolfgang Frühwald

Die »Papierrosen der Literaturgeschichte« Zur literarhistorischen Einordnung des Werkes von Reinhold Schneider[1]

In der öffentlichen Meinung, in Handbüchern und Literaturgeschichten aller Art figuriert Reinhold Schneider – sofern man sich überhaupt mit seinem Werk beschäftigt – als »christlicher Dichter«. Er wird stets in einem Atemzug mit seinen Freunden Gertrud von le Fort, Werner Bergengruen u. a. genannt und damit in jenes Ghetto verbannt, in dem sich die christliche Dichtung, unter dem Einfluß noch längst nicht abgeklungener, kulturkämpferischer Energien, bis zum heutigen Tage befindet. Dabei sind die Anfänge dieses Werkes in dezidiert unchristliche Traditionen eingebettet, die Reinhold Schneider zwar später christlich zu interpretieren versuchte, die aber mit einer befremdenden Konstanz sein Denken kontinuierlich bestimmten und am Ende seines Lebens nochmals dominant wurden. Die hier zu belegende These lautet daher:

Das Werk Reinhold Schneiders wird vor allem durch zwei Traditionslinien bestimmt:

1. Durch die Geschichte von Schwermut und Untergangsbewußtsein, die, am Ende des 19. Jahrhunderts zu einer pessimistischen Dekadenz-Ideologie verdichtet, großen Einfluß auf die moderne Ideengeschichte und damit auch auf die deutsche Literatur seit der Jahrhundertwende gewonnen hat.
2. Durch die christliche Tradition der theologia tenebrarum, die den Autor unmittelbar mit der Katholischen Bewegung des 19. Jahrhunderts in Verbindung bringt, deren eschatologisches Gedankengut ihn angezogen hat.

Die bürgerlich-humanistische Tradition der Untergangsthematik bestimmte – oftmals nur in christlicher Verkleidung – den Inhalt, die christliche Tradition vor allem Sprache und Form seines Werkes.

I.

In Wilhelm Raabes, 1895 in der ›Deutschen Romanzeitung‹ erschienenem, schon 1904 in dritter Auflage verbreitetem Buch *Die Akten des Vogelsangs* gibt es eine wenig verstandene Passage, die gleichwohl unsere Großmütter zu Tränen gerührt hat. Karl Krumhardt, der fiktive Erzähler dieses Kennbuches bürgerlicher Kultur und Weltanschauung am Ende des 19. Jahrhunderts, berichtet vom Friedhof des Vorortes Vogelsang, dem liebsten Spielplatz seiner Kinderzeit:

»... damals lag er noch vollständig im Grün, und eine lebendige Hecke ging um ihn her. Hohe Bäume überschatteten ihn und die Vögel sangen da noch – auch die Nachtigall zu ihrer Zeit, und hier war's, wo wir, wenn uns der Weg zum Walde hinauf zu sonnig war, nicht Schiller und Goethe (die hingen uns von der Schule her aus dem Halse, wie Velten sich ausdrückte) sondern Alexander Dumas den Vater lasen, und mit seinen drei Musketieren, wie er, die Welt eroberten.

Und dann –

Dort vor dem Thor lag eine Sphinx,
Ein Zwitter von Schrecken und Lüsten,
Der Leib und die Tatzen wie ein Löw',
Ein Weib an Haupt und Brüsten.

Und dann –

Die Nachtigall sang: O schöne Sphinx!
O Liebe! was soll es bedeuten,
Daß Du vermischest mit Todesqual
All' Deine Seligkeiten?«[2]

Diese mit Zitaten durchsetzte Stelle enthält eine deutliche Absage an die Weimarer Klassiker, die Autoren des »neuen Glaubens«, wie David Friedrich Strauß den Kunstglauben des Wilhelminischen Bürgertums genannt hatte.[3] Sie enthält aber auch ein Bekenntnis zu Heinrich Heine, dessen Vorrede zum ›Buch der Lieder‹ (1839) Raabe zitiert, sie ist Raabes relativ früher Protest gegen die darwinistische Nivellierung des Weltbildes und die naturalistische Verödung der Literatur. Der

»Thanatismus« hatte am Ende des 19. Jahrhunderts, mit der vorzeitigen Übertragung darwinistischer Evolutions-Theoreme auch auf das soziale Gebiet, seinen Siegeszug durch die Welt des Geistes angetreten. Das Bild des erschaffenden und erhaltenden, persönlichen Gottes wurde von den Vulgärdarwinisten ersetzt durch das Dogma der universalen Substanz, überall und jederzeit gebunden an die Trinität der Attribute (Materie, Energie, Psychom); die »Welträtsel« schienen sämtlich gelöst. »Gott als blindes Schicksal«, postulierte Ernst Haeckel, »ist an das universale, alles beherrschende Kausalgesetz gebunden. Es gibt in der Entwicklung des Universums keine ›göttliche Vorsehung‹, keine ›sittliche Weltordnung‹.«[4] Die Grundaxiome dieser mit dem Stolz und dem Anspruch des Wissenschaftsglaubens verkündeten Lehre beherrschen auch jenes Buch, das seit dem Jahr seines Erscheinens (1888) zu einem der beliebtesten Konfirmationsgeschenke geworden ist: Theodor Storms Novelle *Der Schimmelreiter*; Wilhelm Raabe aber hat dagegen aufbegehrt. Die Lösung der Welträtsel nämlich – so ist die zitierte Passage aus den *Akten des Vogelsangs* zu deuten –, das heißt des Ursprungs und der Entwicklung des Menschen, des Geistes aus der Materie, der Welt und des vom Menschen sich geschaffenen Gottes, verachtet das Leben des Individuums. Der Friedhof, das von der Hecke der Poesie gnädig verschönte Feld des Todes, ist uns allen gewiß; *vor* dem Tor des Totenhauses aber liegt das eigentliche Rätsel, die Sphinx des individuellen Lebens. Im Jahre 1903 hatte mit der wohlfeilen Volksausgabe von Haeckels popularisierender Darstellung des Darwinismus, ›Die Welträtsel‹, der Monismus solchen Einfluß auf das deutsche Bürgertum gewonnen, daß sich der Kaiser selbst genötigt sah, gegen die verächtliche, wissenschaftsstolze Abwertung des christlichen Offenbarungsglaubens Stellung zu nehmen. 1903 hatten Technikstolz und fatalistischer Fortschrittsglaube einen Höhepunkt erreicht. In diesem Jahr wurde das Deutsche Museum in München gegründet; der Patriarch von Venedig, der heftigste Kritiker des »Modernismus«, bestieg als Pius X. den päpstlichen Thron; Carl Muth gründete die Heitschrift ›Hochland‹, um nicht nur die unabsehbaren Schäden des Kulturkampfes zu reparieren, sondern auch um die Kulturfeindlichkeit des Katholizismus zu widerlegen und jenem »Glaubensbekenntnis der reinen Vernunft«, das den Ausschließlichkeitsanspruch der modernen Bildung für sich erhob, damit das Christentum in den Bereich des »blinden Glaubens an einen bunten orientalischen Sagenkreis«[5] verwies, ein Bollwerk entgegenzusetzen.

1903 ist das Geburtsjahr Reinhold Schneiders. Nur mit wenigen schwachen Strichen sollte hier eine Vorstellung von jener in der Literatur manifesten, sozialdarwinistischen Ideologie gegeben werden, welche das deutsche Bürgertum und das Kleinbürgertum aus der Zeit des Wilhelminismus heraus bis weit in die zwanziger und dreißiger Jahres unseres Jahrhunderts getragen hat. Es war ein zutiefst pessimistischer Glaube, der die Zeit gefangen hielt. Noch Goebbels' Bewegung zur Formierung des Optimusmus war nur eine seiner Varianten. Denn nur für ein Volk, das deutsche, nur für eine Rasse, die arische, wurde, seit den frühen zwanziger Jahren auch mit politischem Anspruch, dieser Pessimismus in scheinbaren Optimismus verwandelt. Das stärkste aller Völker, die reinste und die gesündeste aller Rassen, sollte – auf Kosten und zu Lasten der übrigen degenerierten Welt – überleben und das tausendjährige Reich bauen.

Pessimismus, später genährt von Schopenhauer und Unamuno, und Fatalismus des Untergangs sind, ganz in Übereinstimmung mit dem Denken seiner Zeit, die bestimmenden Themen des jungen Reinhold Schneider. Der Glaube an das blinde Fatum läßt dem Menschen nur *eine* freie Entscheidung seines Willens: die über den Zeitpunkt seines Todes. In einer der frühesten Erzählungen Schneiders, der 1929 entstandenen und 1932 erstmals gedruckten *Geschichte eines Nashorns*,[6] hat das Schicksal die Gestalt des unheimlich fremden Tieres, »stumpf und furchtbar zugleich«. Die frühe Phase dieses Werkes ist pessimistisch, fast nihilistisch geprägt.

Mit 19 Jahren, das heißt 1922, im Todesjahr des Vaters, im Jahr, als die Inflation das ererbte Vermögen verschlang, hat Reinhold Schneider versucht, diese einzige von ihm akzeptierte menschliche Freiheit für sich in Anspruch zu nehmen. Der Selbstmordversuch scheiterte zwar, aber noch 1954 schrieb er:

»Als einzigen Trost des Menschen feiert Plinius den Selbstmord; er ist sein Vorrecht vor den Göttern: sie können ihn nicht ins Leben zurückrufen, ihm nicht die Unsterblichkeit aufdrängen. Ich weiß auch heute nicht, welche Kraft die hinunterziehenden Mächte bezwingen soll, wenn nicht die Kraft Jesu

Christi. Entzieht sich diese Kraft einen Augenblick, so ist kein Widerstand mehr.«[7]

In den Jahren nach dem Selbstmordversuch erst hat sich Schneider schrittweise dem Christentum genähert. Christus meinte er in den Jahren der nationalsozialistischen Herrschaft als Tröster und als Herrn der Geschichte gefunden zu haben, doch er verlor ihn wieder in den Kämpfen der fünfziger Jahre. Leben und Werk Reinhold Schneiders wurden damit modellhaft für Aufstieg, Entwicklung und Untergang eines deutschen »renouveau catholique«.

II.

Das im Gedanken und im Versuch des Selbstmordes existentiell-subjektiviert erscheinde Problem des Untergangs hat Reinhold Schneider selbst nicht nur als ein literarisches Thema ersten Ranges, sondern als die Signatur seines Zeitalters erkannt, unter der sich die Mörder wie ihre Opfer unfreiwillig vereinigt fanden. Schneider wies darauf hin, welche unmenschliche Freiheit sich der zum Selbstmord entschlossene Mensch zueigne; er verdeutlichte an den zum Selbstmord bereiten Machthabern des Nationalsozialismus die den Weltbrand entfesselnden Folgen solch nihilistischer, lebensverachtender Bereitschaft.

›Untergang‹ ist der Titel eines Gedichtbandes, den Schneider schon in den Dresdner Jahren (also vor 1928) plante, und in der Sammlung *Tragische Welt* von 1931 findet sich ein Sonett an den Vater, das beginnt:

»Mir war der Schwermut Erbe übermacht,
Es ist mein Untergang und ist mein Lohn,
Es lebt in mir seit frühen Tagen schon
Und kommt aus frühern, aus des Anfangs Nacht.«

Damit stellt sich der Autor in eine Tradition, die über Büchner und Kierkegaard in die deutsche Romantik zurückreicht, in die Tradition der Schwermut, in welcher der Dichter stets die Rolle des Katalysators spielt. In ihm soll der Schwermut der Zeit, ihn verzehrend, sich lösen. So fährt das eben zitierte Sonett im zweiten Quartett auch fort:

»Du hast es mir als letzter überbracht
Im langen Zug vom Vater auf den Sohn. –
Ich nehm' es an und weigre mich der Fron:
Es sei in mir das Ende seiner Macht.«

Durch poetische Repräsentation und Stellvertretung hat das Problem des Untergangs bei Reinhold Schneider, wie in der ganzen Literatur der zwanziger Jahre, zwei Aspekte: einen tragischen und einen ironischen, oder anders ausgedrückt: einen existentiellen und einen ästhetischen, das heißt den Aspekt des Selbstmordes und den der Gewinnung eines überdauernden poetischen Symbols aus dem Untergang. Dies ist eine dominante ideengeschichtliche Grunddifferenzierung in der Literatur der zwanziger Jahre, die zwischen Tragik und Ironie schwankte und damit die Tragikomödie geboren hat.

Denkt man diese Differenzierung noch etwas weiter, so stößt man rasch auf weitere Antithesen, die sich aus dem prävalenten Thema des Untergangs ergeben. Man findet die Differenzierung zwischen dem Mut, dem Untergang ins Auge zu sehen, und der List, ihm zu entgehen; die Antithese vom Bekennertum, welches die ästhetische Form verachtet, und der Angleichung an die Zeit, welche als Überlebensziel das Ästhetische, die Form propagiert. Reinhold Schneider stand ganz auf der Seite der Tragik, des Mutes, des Bekennertums und der Formverachtung. Erst spät hat er sich zu dem für seine Generation unübertroffenen, literarischen Vorbild des Problembereiches Kunst im Untergang bekannt, zu Thomas Manns 1912 erschienener Erzählung *Der Tod in Venedig.*[8] Am 14. Dezember 1953 schreibt er an Thomas Mann:

»Ihr Werk begleitet mich seit wenigstens 35 Jahren, seit ich als Schüler den *Tod in Venedig* las; die *Buddenbrooks* halfen mir durch eine sehr herbe Zeit. Und so ging es fort zum ›Faustus‹ und zur ›Betrogenen‹, die mir, bei konträrer Auffassung von Mensch und Krankheit, einen eigentümlich tiefen Eindruck machte, wie ein Widerklang des *Todes in Venedig.* Sie sehen, es ist ein tragisches Grundgefühl, das mich mit ihrem Werke verbindet.«[9]

Es mag Thomas Mann nicht angenehm in den Ohren geklungen haben, den ›Tod in Venedig‹ mit der ersten nach seiner Rückkehr aus dem Exil geschriebenen Erzählung verbunden zu sehen; Reinhold Schneider aber hat ihre symbolistische Grundschicht, den ironisch gebrochenen Ton erneuter Untergangsprophetie, sogleich erkannt und akzeptiert. Als Konfiguration europäischen Krisendenkens ist ja Rosalie von Tümmler, die Hauptfigur von Thomas Manns später Erzählung, das genaue Pendant zu Gustav von Aschenbach, dem Repräsentanten des Wilhelminischen Zeitalters.[10] Schneider hat, sehr charakteristisch, die ironischen und damit auch die epochenkritischen Elemente in Thomas Manns Erzählung zugunsten der tragischen Grundschicht zurückgedrängt.

Das große, von Thomas Mann aber ironisch kritisierte Dekadenzthema lautet, daß nach dem Vorgang der Antike und der sie interpretierenden, klassischen deutschen Kunst der Künstler aus dem Untergang Schönheit gewinnen könne.[11] Schneider hat dieses Thema verwandelt in das Grundthema seines Werkes, welches schon früh angeschlagen wird und zu dem er am Ende seines Lebens betont zurückkehrt: Aus der Darstellung des Untergangs gewinnt der Künstler die beispielhafte Antwort auf das Leiden dieser Welt, die repräsentative Übernahme des Leidens, das Opfer. Auf eine kurze Formel gebracht, die sich im Werke Reinhold Schneiders vielfältig wiederholt, lautet dieses Grundthema: »Das Opfer ist alles!«[12] Allein aus dem Opfer gewinnt der Künstler die Schönheit.

Weil die in der Problem-Formel »Schönheit aus dem Untergang« zu fassende Deutung griechischer Antike in der deutschen Klassik vor allem im Werke Schillers verankert ist, war ideengeschichtlich und literarhistorisch Reinhold Schneiders dichterischer Weg vorgezeichnet, auch wenn er sich nie ausdrücklich dazu bekannt hat. Es ging bei seinem Versuch einer Versöhnung von Geschichte und Poesie um die fast hybride Konkurrenz mit Schiller. In Schneiders historisierendem Erstlingswerk *Das Leiden des Camões oder Untergang und Vollendung der portugiesischen Macht* (1930) ist das Schillerzitat nicht nur im prägnanten Untertitel enthalten, sondern es ist prägendes Thema eines Werkes, zu dem sich Schneider noch 1957 im Nachwort zur unveränderten Neuauflage bekannt hat.[13] Die berühmten Schlußzeilen von Schillers Gedicht ›Die Götter Griechenlands‹:

> »Was unsterblich im Gesang soll leben,
> Muß im Leben untergehn« –

wiederholen sich bekanntlich differenziert in der ›Nänie‹:

»Siehe, da weinen die Götter, es weinen die Göttinnen alle,
Daß das Schöne vergeht, daß das Vollkommene stirbt.
Auch ein Klagelied zu sein im Mund der Geliebten ist herrlich,
Denn das Gemeine geht klanglos zum Orkus hinab.«

In Schneiders Buch *Untergang und Vollendung der portugiesischen Macht* scheint es, als sei Schiller lediglich in Prosa übertragen: »Ist der Niedergang einer Nation nicht fürstlich bezahlt, wenn ein Dichter die Grabschrift schreibt?« Im Nachwort 1957 wird das Bild des Untergangs einer europäischen Nation auf alle Nationen übertragen, es wird um die Gestaltung des geschichtlichen Erbes gerungen, welche »Vollendung durch den Untergang hindurch« sucht.[14]

Völlig deutlich ist die Konkurrenz mit Friedrich Schiller, den Schneider so auch an seiner verfälschenden Rezeption mitschuldig spricht, 1931 in *Philipp II. oder Religion und Macht.* Dieses Buch ist eine Tat historischer Gerechtigkeit für das im allgemeinen Bewußtsein, unter dem Einfluß von Schillers ›Don Carlos‹, verzeichnete Bild Philipps von Spanien, des, nach Schneider, »heiligen Königs«. So grotesk dieser Gedanke einer Schillerkonkurrenz zunächst auch scheinen mag, Schneider gelingt in der Reihe seiner historischen Monographien von *Philipp II.* über *Die Hohenzollern* (1933), *Das Inselreich* (1936), *Kaiser Lothars Krone* (1937) bis zu *Las Casas vor Karl V.* (1938) die Erneuerung des historischen Romans. Dies freilich nicht im Sinne der modischen, historisch-psychologischen Biographie, mit der Stefan Zweig und Emil Ludwig in den zwanziger Jahren einen Welterfolg hatten, sondern im Sinne exakter, quellen-orientierter und damit Wissenschaft und Poesie verbindender Herrschaftsbeschreibung. Der historische Roman war im Kulturkampf und bei den völkischen Erben des Felix Dahn zu Kolportage und mythologisch maskierter Tendenzliteratur verkommen.[15] Schneider gelingt die Rückeroberung einer von der völkischen Literatur beanspruchten Gattung für das Christentum. Er mußte also nicht vor der im Exil und der inneren Emigration geführten Auseinandersetzung um die Zweckmäßigkeit und die Würde des historischen Romans bangen, denn sein historisch-poetisches Werk bediente sich nicht der historisierenden Maske zu tagespolitischen Zwecken, sondern war aus der Notwendigkeit seiner künstlerischen Form Widerstandsliteratur gegen die Flut sozialdarwinistischer Historie.

Im ›Völkischen Beobachter‹ wurde dies rasch erkannt, und Schneider anläßlich von *Kaiser Lothars Krone* der Rat gegeben, »lieber in Demut ›der *stille* Diener‹ seines Gottes zu bleiben. Wie wenig entspricht sein Gehabe dem eigenen Ideal, das den demütigen Christen über den Künstler und über den Herrscher stellt. *Wir* halten uns an die großen Herrscher und genialen Künstler unserer Geschichte, die die Welt verwandeln und das Volk zu seiner Größe führen. Sind nicht ihre Taten und Werke der beste Gottesdienst?«[16] Daß sich der Autor an diese deutliche Warnung zu schweigen, nicht gehalten hat, ist eines der wenigen Ruhmesblätter innerdeutscher Literatur während der Jahre 1933 – 1945. Stellvertretend für alles, was er in diesen Jahren geschrieben und oft auf abenteuerlichen Wegen gedruckt und verbreitet hat, gilt das Calderon-Motto, das dem Buch *Las Casas vor Karl V.* vorangestellt ist, auch für seinen Autor: »Christen, dieser ist der Zeuge, der vor künftigen Geschlechtern meine Rechtlichkeit bezeugt.«[17] Immer wieder erscheint Schiller im Werke Reinhold Schneiders; als Historiker hat er ihn verworfen, als Dichter spricht er ihm die »wunderbare und völlig vorurteilsfreie Kraft der Ahnung ... geschichtlichen Formen gegenüber« zu.[18]

III.

Die Fixierung an der Antikedeutung Schillers ordnet Reinhold Schneider jener mächtigen Strömung der zwanziger Jahre ein, welche die Literatur, zunächst latent, dann immer offener, schon seit dem Beginn des bürgerlichen Zeitalters begleitet: der Vorstellung, daß Macht und Geist, Gesellschaft und Kunst, das heißt aber auch Wirkung und Entstehung des poetischen Werkes, zutiefst voneinander geschieden sind. Im Jahre 1932, das ein Goethe-Gedenkjahr gewesen ist, gleichzeitig aber auch ein Jahr großer Wahlerfolge der NSDAP in Deutschland, hat diese Divergenzströmung einen bis dahin nicht gekannten

Höhepunkt erreicht. In einem Jahr, in dem sich Aufsätze, Bücher und Reden mit dem Titel »Goethe und ...« häuften, hat Kurt Tucholsky die Antithese von Macht und Geist, Gesellschaft und Kunst satirisch im Aufsatz eines Berliner Jungen dargestellt, dem in der Schule das Thema »Hitler und Goethe« gestellt worden war: »Zwischen Hitler und Goethe bestehen aber auch ausgleichende Berührungspunkte. Beide haben in Weimar gewohnt, beide sind Schriftsteller und beide sind sehr um das deutsche Volk besorgt, um welches uns die andern Völker so beneiden. Auch hatten beide einen gewissen Erfolg, wenn auch der Erfolg Hitlers viel größer ist. Wenn wir zur Macht gelangen, schaffen wir Goethe ab.«[19]

Schneider hat in dem 1932 entstandenen Buch *Die Hohenzollern* die als charakteristisch deutsch empfundene Macht-Geist-Antithese auf die einprägsame Formel »Potsdam oder Weimar« gebracht, nicht ohne in »Weimar« das Schicksal der soeben scheiternden, ersten, deutschen Republik mit zu bedenken. Für Schiller blieb es nur ein Plan, ein Drama der friderizianischen Zeit zu schreiben, den König »statt im Siege in der ganzen Größe des Unglücks« darzustellen, also Geschichte zur Dichtung zu machen, so daß »der deutsche Geist ... der größten formgebenden Kraft der Nation, dem Preußentum, nicht mehr fremd oder feindlich gegenüber gestanden« hätte.[20] Thomas Mann vollendete seinen Plan einer »klaren und mächtigen Prosa-Epopöe vom Leben Friedrichs von Preußen«[21] nur fiktiv durch die Feder seines Gustav von Aschenbach – die Tendenzschrift ›Friedrich und die große Koalition‹ (1915) einmal nicht gerechnet. Reinhold Schneider aber hat in bewußter Konkurrenz zu beiden Autoren in den *Hohenzollern* das Epos der Versöhnung von Geist und Geschichte geschrieben. Er veröffentlichte es in dem historischen Moment, wo die deutsche Divergenz von Macht und Geist vor aller Welt offenkundig wurde, wo mit den gezielten nationalsozialistischen Terrorwellen die größte Massenemigration deutscher Künstler und Wissenschaftler begonnen hatte, und die Eröffnung der Reichskulturkammer unter das Motto gestellt wurde: »Eine Kunst, die sich vom Volke trennt, hat kein Recht, sich darüber zu wundern, daß das Volk sich von ihr trennt.«[22] Es war eine Bewegung zur Macht gekommen, die von sich behauptete, sie habe den Macht-Geist-Gegensatz getilgt, in ihr sei die prototypische Spaltung in

»Deutschland«, das heißt die Idee eines freien, friedlichen und gerechten Staates, und »die Deutschen«, das heißt jenes Staatsvolk, welches die Erfüllung der Zielidee hinderte, endgültig überwunden worden.[23] Goebbels propagierte, daß mit der Machtergreifung des Nationalsozialismus der Traum Hölderlins von einem heiligen, geheimen, anderen Deutschland, den noch die Verschwörer des 20. Juli 1944 träumten, Wirklichkeit geworden sei. So bedeutete es für die nach Anerkennung und Ansehen gierende, junge plebejische Bewegung eine unglaubliche Provokation, daß der kaum dreißigjährige Reinhold Schneider 1932/33 ihren Anspruch auf die geschichtserneuernde Tat leugnete, daß er den Zwiespalt zwischen Potsdam und Weimar kalt als »unversöhnt« bezeichnete und sein Werk, das den Anspruch auf die einsame Gestaltung des Traumes erhob, nicht mehr nur einem kleinen Kreis von Eingeweihten, sondern ausdrücklich »dem ganzen Volke« zueignete.[24] Im März 1933 fand der heuchlerische Staatsakt von Potsdam statt, »die nationalsozialistische Revolution bekannte sich« – eigener Interpretation zufolge – »zur Tradition, zum Heroismus und zur Größe«,[25] der zivil gekleidete Hitler verneigte sich tief vor dem in seiner Feldmarschalluniform prangenden Reichspräsidenten Hindenburg. Im August des gleichen Jahres erschien Schneiders Buch *Die Hohenzollern*, welches das konservative Mißverständnis von einer im Januar 1933 vollzogenen »nationalen Erhebung« vor aller Augen – fast ungewollt – entlarvte, welches an die Stelle des nationalsozialistischen Heroismus einen anderen Begriff des Heldentums setzte. Gegen den Immanentismus jener, welche vorgaben, den Anschluß an die deutsche Geschichte vollzogen zu haben, setzte es das Postulat, daß ein solcher Anschluß, eine solche Erneuerung nur im Geiste des Opfers vollzogen werden könne. Die erste historische Wahrheit, so heißt es in diesem Buch, sei, »daß eine Kraft hinter den historischen Ereignissen wirkt, wie immer diese Kraft auch beschrieben und beurteilt werden mag ... Das Leben aber in seiner ganzen Schwere ist nur möglich als Auftrag Gottes«.[26]

Wer mit René König den unvergeßlichen Charme der zwanziger Jahre »in dem melancholischen Zwiespalt zwischen einer erzreaktionären Welt mit den in der Erinnerung nachlebenden Hoffnungen an ein besseres Dasein«[27] sieht, wird – am Gegensatz von Geist und Gesellschaft orientiert – rasch auf das auch in der Literatur dieser Jahre sichtbare Grundgesetz stoßen: die Ohnmacht des Geistes und die Macht des Faktischen. Das satirische Gestaltsymbol dieser Kluft ist Erich Kästners Moralist Fabian geworden, ein Mann, der ins Wasser springt, um ein Kind zu retten, selbst aber nicht schwimmen kann. Fabian ertrank, das Kind schwamm weinend ans Ufer. Die breite Darstellung vom Tode der Mächtigen im Werk Reinhold Schneiders ist nur eine mögliche Form symbolisch-poetischer Antwort auf diese Situation. Schneider hat in der Darstellung des Todes Friedrich Wilhelm I. von Preußen das große »Nein« des Christen auf die Herausforderung durch die Welt gestaltet: »Er sei des Lebens müde und sterbe gerne; er habe sein Herz gelöst von allem, was ihm teuer gewesen, von seiner Frau, seinen Kindern, von der Armee, dem Königreiche, der Welt ... die Kraft des Herren rafft sich noch einmal zu einem Befehle auf, zum Befehl an den Tod: ›Er soll nicht still stehen!‹ Leise winkt der Arzt dem Kronprinzen, daß er die Königin hinausführe. Dann, da sich die Tür kaum geschlossen, beugt sich der König der Macht, die seinem Befehl nicht gehorchte: ›Mein Herr Jesus.‹«[28]

Einer Zeit, wie der beschriebenen, ist der Typus des Autors, den Reinhold Schneider in Werk und Person verkörperte, adäquat; er ist nicht die Ausnahme, sondern die Regel. Die zwanziger Jahre, die als Epoche noch weit in die Jahre des Zweiten Weltkrieges und die Nachkriegszeit hineinragen, die im eigentlichen Sinne Zielpunkt auch der Bewältigungsthematik in der Literatur nach dem Zweiten Weltkrieg gewesen sind, bringen den Autor hervor, den die Zeitverhältnisse an der vollen Entfaltung seiner ästhetischen Möglichkeiten hindern. Sie prägten einen Typus des Autors, an dessen Werk die kritisch-essayistische Komponente, der immer wieder vergebliche Versuch der unmittelbaren Einwirkung auf die Zeit, einen unverhältnismäßig großen Anteil hat, den Autor auch, der, soweit er Märtyrer, nicht Repräsentant ist,[29] das Höchste in der literarischen Gattung des Bekenntnisses, das heißt im Tagebuch, in den »Aufzeichnungen« des Müßigganges[30] geleistet hat. Schneider selbst hat seine Tagebücher als jenes Werk eingeschätzt, das vielleicht auch literarisch der reißenden Flut des Vergessens standhalten werde; er, der nicht für die Nachwelt, sondern für die Mitwelt schreiben wollte[31], hat nicht nur persönliche, sondern auch literarisch-ästhetische Größe vor allem in den Bekenntnisbüchern der letzten Lebensjahre, dem *Balkon*, dem *Verhüllten Tag* und dem *Winter in Wien*, erreicht.[32]

IV.

Es sollte nicht übersehen und nicht verschwiegen werden, daß Reinhold Schneiders »Pantragismus«, noch im *Balkon* in die Worte gefaßt: »Wer die Tragödie nicht vorwegnimmt und überall erwartet, verfehlt die Wahrheit selbst. Blicken wir sie an!«,[33] ihn gefährlich und erschreckend in die Nähe eines konservativen Revolutionarismus brachte, der sich im Extrem mit der ›Katastrophenvision‹ des ›Kommunistischen Manifestes‹ berührt.[34] Sorel, Spengler und Moeller van den Bruck sind die modernen Propheten dieser Revolution. René König hat darauf hingewiesen, daß Moeller van den Bruck schon 1922 die schaurige Heilsformel der »Revolution des Nihilismus« ausgesprochen habe: »Für alle Völker kommt die Stunde, in der sie durch Mord oder Selbstmord sterben, und kein großartigeres Ende ließe sich für ein großes Volk denken als der Untergang in einem Weltkriege, der die ganze Erde aufbringen müßte, um ein einziges Land zu bewältigen.«[35]

Was Reinhold Schneider von dieser nihilistischen Geschichtsdeutung in den Jahren nach seiner Rückkehr zum Christentum unterscheidet, ist die konsequente Hingabe an die christlich-eschatologische Tradition der Katholischen Bewegung. Sie lehrte ihn Geschichte als Heilsgeschichte verstehen, als das immer geschehende Jüngste Gericht. So glaubte er, daß die Geschichte untergegangener und untergehender Völker sich nur erneuern könnte aus der Errichtung des poetischen Symbols, denn »im Drama – nicht in der tatsächlichen Geschichte – ist Geschichte Gericht«. Das poetische Symbol erst machte für Schneider Geschichte durchschaubar auf ihren Grund, das heißt auf das in ihr aufgerichtete Kreuz des geschändeten Gottessohnes. Dessen Kreuzigung aber war nicht ein einmaliges historisches Ereignis, sondern ereignet sich durch die Geschichte hindurch jeden Tag und jede Stunde aufs Neue. Was Schneider also vom nationalsozialistischen Geschichtsnihilismus unterscheidet, ist eben die Errichtung des werthaltigen, poetischen

Symbols gegen das wert- und ideenlose Tatmenschentum der sprachlosen, daher kampf- und kriegsgierigen Steinzeitmenschen. In diesem Sinne ist auch sein berühmtes Sonett »Allein den Betern« aus dem Jahre 1936 zu verstehen; das Symbol, das Gebet, das Wort steht der nackten Tathandlung des Nationalsozialismus gegenüber. Er ist durch die geschichtslose Tat, durch seine von Christus und der christlichen Kultur nur geliehene Sprache kenntlich als der wahre Anti-Christ, als der Widersacher des Herrn aller Geschichte:

»Allein den Betern kann es noch gelingen,
Das Schwert ob unsern Häuptern aufzuhalten
Und diese Welt den richtenden Gewalten
Durch ein geheiligt Leben abzuringen.

Denn Täter werden nie den Himmel zwingen:
Was sie vereinen, wird sich wieder spalten,
Was sie erneuern, über Nacht veralten,
Und was sie stiften, Not und Unheil bringen.«[36]

Von der Katholischen Bewegung des 19. Jahrhunderts, sie ist mit den Namen Clemens Brentano, Joseph von Eichendorff und Donoso Cortés fest im Werke Reinhold Schneiders verankert, hat der Autor nicht nur die Transzendierung der Geschichte gelernt, sondern auch deren prophetisch-publizistische Sprache, die in den Berichten des Alten und des Neuen Testamentes alle Geschichte vorgezeichnet fand. Die Katholische Bewegung des 19. Jahrhunderts hat aus der allegorisch-politischen Interpretation biblischen Geschehens eine verschlüsselte und doch verständliche Sprache gewonnen, welche die Sonette Reinhold Schneiders, aber auch seine Prosa des Widerstandes gegen die nationalsozialistische Herrschaft prägt. Das Sonett ›Der Antichrist‹ aus dem Jahre 1938, tarnend mit dem Zusatz »Nach Luca Signorelli«[37] versehen, beschreibt die Gestalt des Widersachers Christi scheinbar nur mit den Worten der Bibel; im situativen Zeitkontext, die Reden Hitlers und seiner Paladine im Ohr, im Angesicht panegyrischer Lobgesänge der den politischen Messias preisenden Auftragslyriker, war die Zeitanspielung, die Verdammung der antichristlichen Ideologie und die Prophetie ihres nahenden Untergangs nicht zu überhören:

»Er wird sich kleiden in des Herrn Gestalt,
Und seine heilige Sprache wird er sprechen
Und seines Richteramtes sich erfrechen
Und übers Volk erlangen die Gewalt.

...
Und niemand ahnt, daß Satan aus ihm spricht
Und seines Tempels Wunderbau zum Preis
Die Seelen fordert, die er eingefangen;

Erst wenn er aufwärts fahren will ins Licht,
Wird ihn der Blitzstrahl aus dem höchsten Kreis
Ins Dunkel schleudern, wo er ausgegangen.«

So hatte schon die Katholische Bewegung postuliert, daß alles, »was die Evangelisten von dem Urbild aufgeschrieben, es spiegelt sich getreu im Nachbild ab; nur daß, was dort persönlich gewesen, hier zur Strömung geworden, die historisch immer die gleiche, und doch jedesmal eine andere, durch die Zeiten rinnt.«[38] Geschichtsbild, biblisch-prophetisches Sprechen, die Spiegelung des Aktuellen im Historischen und schließlich der Versuch, die laizistische Kultur erneut christlich zu überformen, verbinden Reinhold Schneider – bei aller von ihm gewahrten kritischen Distanz – mit der Katholischen Bewegung des 19. Jahrhunderts. Vor allem im Überschwang des Kriegsendes fällt, verräterisch genug, der Name des wortgewaltigen Spaniers, der um die Mitte des vorigen Jahrhunderts in den großen Kämpfen der Zeit eine Entscheidungsschlacht zwischen Katholizismus und Sozialismus prophezeit hatte, dann aber an den Menschen verzweifelte und nicht mehr daran glauben mochte, daß abgefallene Völker sich bekehren, nur noch daran, daß einzelne sich wandeln können. So heißt es im *Verhüllten Tag*:

»Mich erfüllte eine fast vermessene Zuversicht: ich glaubte, wirklich ein Volk zu sehen auf der Heimkehr zu Gott. War es die Wende, an die Donoso Cortés nicht glauben wollte? Ist es doch bei einzelnen geblieben? Aber dann müssen wir glauben, daß sie Stellvertreter waren, und daß die, die ihr letztes Gebet sprachen in Stalingrad, dereinst für ihr Volk einstehn vor Gott. Und was wissen wir von den in den Kellern Erstickten, Zermalmten und ihrem Gebet? Wir leben dort, wo die eigentliche Geschichte, die des Gottesreiches, ins Dunkel tritt.«[39]

Reinhold Schneider wurde so in der Zeit des Nationalsozialismus zu einem wahrhaft Mitlebenden, nicht allein durch seinen lauten Widerstand gegen Folter und Qual, nicht nur durch die Sinngebung des Leidens, sondern vor allem durch die Kraft des Mitleidens, wie sie in zahllosen kleinen Erzählungen, in den Gedichten, in den von Hand zu Hand gereichten, hektographierten Betrachtungen dokumentiert ist. Zwar konnte jedermann im Fischhändler Thomas Aniello die Gestalt Hitlers wiedererkennen, im Vizekönig die des törichten Reichspräsidenten Hindenburg, der vor seinen Söldnern ein tapferer Soldat, alleine keinen Mut hatte,[40] Trost aber brachten nicht solche Schlüsselerzählungen, sondern nur Visionen des Leidens, wie sie etwa in der 1934 nach den ersten sicheren Nachrichten aus den Konzentrationslagern geschriebenen und 1943 veröffentlichen Erzählung über den Hexenbeichtvater Friedrich von Spee nachzulesen sind. Schneider, der nie selbst das Grauen der Gestapokeller und der Vernichtungslager erlebt hat, beschreibt es in prophetischen Bildern:

»Aber jetzt stürzte das ganze Leid auf ihn herein, und er sah es am Schein des Mondes, daß dieser noch hoch stand und die Nacht kaum ihre Mitte erreicht hatte; alle kehrten wieder, die er in stickigen Höhlen, in Blut und Ekel hatte liegen sehen, und er gewahrte den irren Blick des Wahnes in den Augen der Richter und Knechter, und das furchtbare Glühen vertierter Lust. Greisinnen blickten ihn an, die mit erlöschender Lebenskraft noch das hochgetürmte Grauen des Daseins hatten durchschreiten müssen, Jungfrauen, deren arglose Züge sich plötzlich wandelten, weil der nie geahnte entsetzensvolle Grund des Lebens sich vor ihnen auftat, gemarterte Edelknaben, in deren erstarrtem Blick eine furchtbare Frage ohne Antwort blieb, Väter, die mit blutigen Händen Abschiedsbriefe an ihre Kinder schrieben, und Henker und Richter, die diese Briefe gleich darauf unter Hohn zerfetzten oder in den Akten vergruben ... Mochten es ihm die Obrigkeiten und Richter verübeln oder nicht, er wollte nicht unter der Zahl derer gefunden werden, die der Prophet verwirft, ›da sie stumme Hunde seien, die nicht bellen können‹.«[41]

Solche Texte rücken Reinhold Schneider heute in die Ferne und in die Nähe der Geschichte zugleich. Nur wenigen erscheint er noch als jener Zeitgenosse, der er den Mitlebenden gewesen ist. Durch das Übergewicht von Leiden und Trauer in seinem Werk hat eine vitalistisch dominierte Zeit es fast aus ihrem Gedächtnis gestrichen und die Züge seiner Modernität nicht beachtet.

Schneider nämlich war Historiker genug, um zu wissen, daß der von ihm gesehene Untergang nicht das Ende der Welt, sondern nur das einer Zeit bedeutete, das Ende der aus dem 18. Jahrhundert überkommenen Epoche bürgerlich-humaner Kultur. Er war auch Christ genug, um zu wissen, daß das Jüngste Gericht nicht ein historisch-punktuelles Ereignis ist, sondern sich außerhalb der Kategorien von Zeit und Raum vollzieht. Er sah, daß unser Jahrhundert an der Schwelle einer im Dunkel liegenden neuen Zeit steht, in welcher Geschichte, also Zeittiefe, vielleicht kaum noch etwas besagen wird, weil der Mensch im Aufbruch steht in neue Dimensionen:

»Wenn wir das Zeichen Christi erkennen in der Geschichte, wie sollen wir es erkennen im All? Der Gang der Wissenschaft in den letzten fünfzig, hundert Jahren ist viel erregender als das Entsetzliche, das sich auf der Erde begab. Wir blicken in Tiefen und Fernen, denen wir nicht standhalten. Und auch sie sind ja nur Bilder des nicht Erschauten.«[42] Damit aber war Schneider wieder beim Zweifel seiner Jugend angekommen.

Der Verleger hatte ihn bei der Abreise nach Wien gebeten, ihm ein so heiter-melancholisches Buch mitzubringen, wie er es soeben im *Balkon* verfaßt hatte, Schneider aber schrieb sein schwermütigstes Buch: *Winter in Wien.* Aus dem Glück der Abschiede, das im *Balkon* noch leuchtete, ist er in das Grauen und den tödlichen Ernst des Untergangs zurückgefallen. Die peinigende Erosion der Todeskrankheit einer jahrtausendealten Kultur – stellvertretend in den Schmerzen des eigenen Körpers erfahren – überdeckt in diesem Buch die Abschiedslust. Schneider ist in die Nacht der Gottferne gefallen, in der nicht mehr der Glaube, sondern nur noch das Gebet Kraft und Halt gibt. Die großen Heiligen der spanischen Mystik aber haben ihn gelehrt, daß diese Nacht der Gottverlassenheit der Anteil des Menschen an Jesu Christi kosmischer und geschichtlicher Verlassenheit ist, daß nur aus der Nacht der Gottesferne der Blitz der Gottesnähe entstehen kann. Dies eben unterscheidet Zweifel und Verzweiflung der späten Jahre vom Geschichtsfatalismus der Jugend, daß jetzt das Dunkel der Verzweiflung eine letzte Verheißung birgt: numen adest, das heißt: Gott ist nahe.

Reinhold Schneider hat zwischen dem Subjektiven und dem Geschichtlichen keine Grenze gesehen. Werk und Person haben, nach einem Wort Werner Bergengruens, die altgriechische Harmonie des Bogens und der Leier verwirklicht. So hat er sich um seinen Nachruhm nicht gekümmert und – darin Grillparzer und Jean Paul ähnlich – die »Aussage von Mensch, Zeit und Geschichte« über die dieser Aussage adäquate Formgebung gestellt. Eine fast undurchdringliche Wüste von Trauer und Verlassenheit setzt dieses Werk daher auch dem heutigen Leser entgegen. Er könnte sich freilich davon nicht nur abgestoßen, sondern auch provoziert fühlen. Schneider selbst jedenfalls hat bekannt, daß er sich den Dichtern nur aus Verehrung anschließe, daß er auf den Namen Poet keinen Wert lege. Er folgte den Dichtern, sehr scheu, aus der Ferne, »ohne jeden Anspruch auf ihre Kränze oder die Papierrosen der Literaturgeschichte.«[43]

(1978)

Anmerkungen

1 Der Beitrag ist die überarbeitete Fassung eines Vortrages, der 1978, zum 75. Geburtstag Reinhold Schneiders, in München, Freiburg i. Br. und Graz gehalten wurde. Er ist in leicht veränderter Form erstmals gedruckt in der österreichischen Zeitschrift *Zeitgeschichte* hrsg. von Erika Weinzierl, 5. Jahr, Heft 11/12, August/September 1978, S. 401–417. – Dieser Neudruck ist wie der Erstdruck meinem Münchener Kollegen Roger Bauer gewidmet.

2 Wilhelm Rabe, *Die Akten des Vogelsangs,* 3. Auflage, Berlin 1904, S. 33 f.

3 David Friedrich Strauß, *Der alte und der neue Glaube.* Ein Bekenntniß, Bonn 1877 (Gesammelte Schriften von David Friedrich Strauß. Nach des Verfassers letztwilligen Bestimmungen zusammengestellt. Eingeleitet und mit erklärenden Nachweisungen versehen von Eduard Zeller. Bd. 6).

4 Vgl. dazu die Tafel »Monistische und dualistische Religion« in: Ernst Haeckel, *Gemeinverständliche Werke.* Hrsg. von Heinrich Schmidt, Jena. Bd. 3, Leipzig und Jena 1924, S. 481.

5 Ernst Haeckel, *Die Welträthsel.* Gemeinverständliche Studien über Monistische Philosophie. Volksausgabe. Mit einem Nachworte: Das Glaubensbekenntnis der Reinen Vernunft, Bonn 1903, S. 166. Ebd. S. 163 auch die Auseinandersetzung mit dem viel besprochenen Handschreiben Wilhelms II. an Admiral Hollmann (vom 15. Februar 1903). Darin legt der deutsche Kaiser ein Glaubensbekenntnis ab, welches, nach Haeckel, »die vor tausend Jahren

herrschenden, jetzt aber längst überwundenen Anschauungen, besonders in Betreff der ›Offenbarung‹ widerspiegelt«.

6 Reinhold Schneider, Die Geschichte eines Nashorns, in: ders., *Das getilgte Antlitz.* Erzählungen, Köln und Olten 1953, S. 11–32. Das folgende Zitat ebd. S. 32; vgl. auch das Nachwort ebd. S. 281.

7 Reinhold Schneider, *Verhüllter Tag.* Freiburg, Basel, Wien 1959 (Herder-Bücherei Bd. 42), S. 52.

8 Zur Wirkung von Thomas Manns Erzählung *Der Tod in Venedig* auf eine sich als antibürgerlich verstehende Jugend vgl. etwa Erwin Piscator, *Das politische Theater.* Neubearbeitet von Felix Gasbarra. Mit einem Vorwort von Wolfgang Drews, Reinbek 1963, S. 27.

9 Vgl. Franz Anselm Schmitt (Hrsg.), *Reinhold Schneider. Leben und Werk in Dokumenten,* Olten und Freiburg i. Br. 1969, S. 187.

10 Vgl. Wolfgang Frühwald, Repräsentant des Zeitalters. Zu Thomas Manns Erzählung ›Der Tod in Venedig‹, in: *Analele Universităţii Bucureşti.* Limbi Germanice 22, 1973, S. 51–59. Von den Thesen dieser Skizze muß ich – etwas widerstrebend – die zum Alter Gustav von Aschenbachs revidieren, nachdem Peter de Mendelssohn *(Der Zauberer.* Das Leben des deutschen Schriftstellers Thomas Mann. Teil I: 1875–1918, Frankfurt am Main 1975, S. 883) aus Thomas Manns Nachlaß einen Zettel edierte, der das Alter Aschenbachs nicht mit 73, sondern mit 53 Jahren angibt.

11 Zur Problemformel »Schönheit aus dem Untergang« vgl. Frühwald, Repräsentant des Zeitalters (s. Anm. 10), S. 53 ff.

12 Zum 20. Juli 1944 schrieb Reinhold Schneider u. a.: »Der 20. Juli nahm mir die letzten, die mir ganz nahe waren; ich halte ein Attentat nicht für erlaubt, aber Entscheidungen des Gewissens können in entgegengesetzten Richtungen fallen. Das Opfer ist alles . . .« *(Erfüllte Einsamkeit.* Mit zwei Gedenkworten von Werner Bergengruen. Hrsg. von Curt Winterhalter, Freiburg, Basel, Wien 1963, S. 26).

13 Zitiert wird nach: Reinhold Schneider, *Das Leiden des Camões oder Untergang und Vollendung der portugiesischen Macht,* Reinbek 1959 (rororo-Taschenbuch Nr. 324); das Nachwort ist unterzeichnet: »Freiburg i. Br., 31. August 1957«. – Im Gegensatz zu dem Obertitel, der Schneider von seinem Verleger aufgedrängt worden ist, ist der Untertitel in der vorliegenden Form (»Untergang und Vollendung der portugiesischen Macht«) mehrfach vom Autor – zumindest passiv – autorisiert worden. Der ursprüngliche Titel schon: »Camões, der Untergang der portugiesischen Macht«, enthält die prägnante, aber dem nicht eingeweihten Leser kaum kenntliche Gegenüberstellung von Geist und Geschichte. Vgl. dazu auch: Reinhold Schneider, *Gesammelte Werke,* Bd. 1. Im Auftrag der Reinhold-Schneider-Gesellschaft hrsg. von Edwin Maria Landau (Redaktion und Nachwort von Bd. 1: Pirmin Meier), Frankfurt am Main 1977, S. 477.

14 Reinhold Schneider, *Das Leiden des Camões,* S. 140 und 142.

15 Zum historischen Roman als dem bevorzugten Tummelplatz kulturkämpferischer Auseinandersetzungen vgl. das informative Buch von Günther Hirschmann: *Kulturkampf im historischen Roman der Gründerzeit 1859–1878,* München 1978.

16 Vgl. das Faksimile aus dem *Völkischen Beobachter* vom 5. März 1938 bei Franz Anselm Schmitt, *Reinhold Schneider* (s. Anm. 9), S. 109. Ein von Schneider selbst korrigiertes Typoskript von *Kaiser Lothars Krone* wird, mit

anderen Dokumenten aus Schneiders Nachlaß, im Institut für Deutsche Philologie der Universität München verwahrt.

17 Reinhold Schneider, *Las Casas vor Karl V.* Szenen aus der Konquistadorenzeit, Leipzig 1938, Titelblatt.

18 Reinhold Schneider, Die Macht des Sakramentalen, in: ders., *Macht und Gnade.* Gestalten, Bilder und Werte in der Geschichte, Leipzig 1941, S. 320.

19 Kurt Tucholsky, *Gesammelte Werke.* Hrsg. von Mary Gerold-Tucholsky und Fritz J. Raddatz. Bd. 3: 1929–1932, Reinbek 1960, S. 1058–1060. Erstdruck in *Die Weltbühne,* 17. Mai 1932.

20 Reinhold Schneider, Nachwort zu: *Die Hohenzollern.* Tragik und Königtum, Leipzig 1933, S. 299 f. – Dieses bedeutende und bekannte Buch Reinhold Schneiders soll demnächst als Taschenbuch im Suhrkamp-Verlag neu aufgelegt werden. Es ist, wie die wichtige Essay-Sammlung *Macht und Gnade* und Schneiders anmutigstes Buch *Der Balkon,* die ebenfalls im Taschenbuch erscheinen, bzw. erschienen, nicht in den *Gesammelten Werken* enthalten. Diese dürfen jedoch nicht unabhängig von den parallel dazu veranstalteten Taschenbuch-Editionen gesehen werden. Erst aus den Taschenbüchern und der Auswahl-Edition in den *Gesammelten Werken* ergibt sich eine Reinhold-Schneider-Gesamt-Ausgabe. Insofern ist meine Anmerkung 19 im Erstdruck der vorliegenden Arbeit (Zeitgeschichte 5, 1978, S. 416) zu korrigieren.

21 Thomas Mann, *Der Tod in Venedig,* Beginn des 2. Kapitels. Zu Thomas Manns Plänen eines großen Friedrich-Romanes vgl. Peter de Mendelssohn, *Der Zauberer* (s. Anm. 10), S. 685 ff.

22 Vgl. dazu: *Der Staat der Arbeit und des Friedens.* Ein Jahr Regierung Adolf Hitler, Altona-Bahrenfeld 1934, nach S. 64. Es wird hier bewußt aus populären Publikationen zitiert, um die Verbreitung solcher Kernthesen des Nationalsozialismus zu belegen.

23 Die aus dem 19. Jahrhundert überlieferte Unterscheidung von »Deutschland« und »den Deutschen«, der Kampf um das andere Deutschland, die Idee eines geheimen, heiligen Deutschland, etc. ist ein zentrales Thema in der deutschen Literatur der Inneren Emigration und des Exils. Konrad Feilchenfeldt (München) bereitet eine umfassende Darstellung dieser Auseinandersetzung vor.

24 Vgl. Reinhold Schneider, *Die Hohenzollern,* S. 301.

25 Wilfrid Bade, Der Tag von Potsdam, in: *Deutschland erwacht.* Werden, Kampf und Sieg der NSDAP, München 1933, S. 88.

26 Schneider, *Die Hohenzollern,* S. 302.

27 René König, Zur Soziologie der zwanziger Jahre oder Ein Epilog zu zwei Revolutionen, die niemals stattgefunden haben, und was daraus für unsere Gegenwart resultiert, in: Leonhard Reinisch (Hrsg.), *Die Zeit ohne Eigenschaften.* Eine Bilanz der zwanziger Jahre, Stuttgart 1961, S. 94.

28 Reinhold Schneider, *Die Hohenzollern,* S. 167.

29 Das Begriffspaar ist Thomas Manns berühmtem Brief an den Dekan der Philosophischen Fakultät der Universität Bonn von Neujahr 1937 entnommen. Thomas Mann zieht in diesem Brief – am Beispiel der eigenen Person – gleichsam die Bilanz der zwanziger Jahre.

30 Reinhold Schneider, *Der Balkon.* Aufzeichnungen eines Müßiggängers in Baden-Baden, Leipzig 1957.

31 Reinhold Schneider am 12. Januar 1939 an Heinrich Graf Luckner; vgl. Franz Anselm Schmitt (s. Anm. 9), S. 122.

32 Franz Niedermayer (Jochen Klepper und Reinhold Schneider, in: *Mitteilungen der Reinhold Schneider-Stiftung,* Heft 3, Februar 1978, S. 89–97) hat auf die Diskrepanz zwischen den enttäuschenden Tagebüchern Thomas Manns und denen Kleppers wie auch Schneiders hingewiesen. Es ist die Diskrepanz zwischen den in ihrer Selbsteinschätzung der Repräsentanz und den dem Widerstand zuneigenden Autoren der zwanziger Jahre, ohne daß aber der scheinbare Repräsentant weniger an der Kluft von Denken und Tun gelitten hat als der Märtyrer.

33 Reinhold Schneider, *Der Balkon* (s. Anm. 30), S. 175.

34 Der Terminus »Katastrophenvision« stammt von René König (s. Anm. 27, S. 104) und bezieht sich auf den Paragraphen I des ›Kommunistischen Manifestes‹ (1848), wo die Geschichte aller bisherigen Gesellschaft als die Geschichte von Klassenkämpfen dargestellt wird, als ein steter Kampf, »der jedesmal mit einer revolutionären Umgestaltung der ganzen Gesellschaft endete, oder mit dem gemeinsamen Untergang der kämpfenden Klassen«.

35 Vgl. René König, a.a.O., S. 104.

36 Das Sonett ist 1936 entstanden.

37 Dieses Sonett wird zitiert nach: Reinhold Schneider, *Sonette,* Leipzig 1941, S. 29.

38 So hat Joseph Görres in seinem Buch *Kirche und Staat nach Ablauf der Cölner Irrung* (Weißenburg a. S. 1842, S. 224) die Stilintention der Katholischen Bewegung vorbildlich beschrieben.

39 Reinhold Schneider, *Verhüllter Tag* (s. Anm. 7), S. 155

40 Reinhold Schneider, Das getilgte Antlitz, in: ders., *Das getilgte Antlitz.* Erzählungen, Köln und Olten 1953, S. 256. Die Titelerzählung dieses Bandes erschien zuerst um 1940 in Freiburg i. Br., dann auch in dem Band: *Die dunkle Nacht.* Sieben Erzählungen, Kolmar 1943, S. 105–161.

41 Zitiert aus: Reinhold Schneider, Der Tröster, in: ders., *Die dunkle Nacht,* S. 204 und 206. Dieser Druck weicht vom Wortlaut des Textes im *Getilgten Antlitz* (1953) erheblich ab.

42 Reinhold Schneider, *Verhüllter Tag,* S. 177.

43 Reinhold Schneider, *Der Balkon,* S. 175.

Bibliographische Quellenangaben zu den Beiträgen

Carsten Peter Thiede, Einleitung: Originalbeitrag
Eva C. Wunderlich, Das moderne deutsche Drama und seine Beziehung zur Zeit, in: *Modern Language Quarterly* 13, 1952, S. 180–199 (Auszug S. 195–199).
Jethro Bithell, Reinhold Schneider, in: Jethro Bithell, *Modern German Literature 1880–1950*. London (Methuen & Co.) 1959, S. 495–500. Aus dem Englischen übersetzt von Carsten Peter Thiede.
Regina Bohne, Das Absurde und das Kreuz. Albert Camus und Reinhold Schneider, in: *Veröffentlichungen des Bundes katholischer deutscher Akademikerinnen*, 3. Folge, 1966. S. 5–16. Der hier abgedruckte Vortrag wurde in den Jahren 1965, 1966 und 1967 mehrfach über deutsche und schweizerische Rundfunksender ausgestrahlt.
Josef Rast, Reinhold Schneider, in: *Tendenzen der Theologie*. Stuttgart (Kreuz-Verlag) 1966.
Hans Naumann, Reinhold Schneider, in: *Christliche Dichter im 20. Jahrhundert*. Beiträge zur europäischen Literatur. Bern und München (Francke Verlag) ²1968.
Helmut Gollwitzer, Ein theologisches Bedenken, in: Helmut Gollwitzer, *Krummes Holz – aufrechter Gang*. Zur Frage nach dem Sinn des Lebens. München (Chr. Kaiser) 1970.
Juhani Rekola, Das Tragische bei Reinhold Schneider, in: Juhani Rekola, *Traaginen Reinhold Schneiderin ajattelussa*. Helsinki (Vammala) 1971. Deutsch vom Autor.
Joseph Ratzinger, Das Gewissen in der Zeit, in: *Mitteilungen der Reinhold Schneider Gesellschaft*, Heft 4, 1974, S. 13–29.
Walter Nigg, Die Zeit, für die ich geboren bin: Reinhold Schneider, in: Walter Nigg, *Was bleiben soll*. Freiburg/Olten (Walter Verlag) 1973, S. 205–230.
Friedrich Heer, Reinhold Schneider (1903–1958), in: Peter Glotz/Wolfgang R. Langenbucher (Hrsg.), *Vorbilder für Deutsche*, München/Zürich, 1974, S. 310–324.
Gabrielle Schwébius, Zur Entdeckung Reinhold Schneiders, Deutscher und Europäer (1903–1958), in: *Revue de littérature comparée* 48, 1974, S. 127–135. Aus dem Französischen von Carsten Peter Thiede.
Carl Friedrich von Weizsäcker, Reinhold Schneider in unserer Zeit, in: Carl Friedrich von Weizsäcker, *Fragen zur Weltpolitik*, (C) 1976, 2. Auflage, Carl Hanser Verlag, München; außerdem in: Reinhold Schneider/Carl Friedrich von Weizsäcker/Immanuel Kant, *Friede der Welt – Schicksal der Menschheit*. Freiburg (Herder) 1974, S. 97–112.

Hans Jürgen Baden, Extreme Existenzen – Jochen Klepper und Reinhold Schneider, in: Hans Jürgen Baden, *Der Glaube des Dichters.* Hamburg (Agentur des Rauhen Hauses) 1975, S. 5–29.

Ralf Schnell, Natursymbolik und Seinstranszendenz in Schneiders ›Las Casas vor Karl V.‹, in: Ralf Schnell, *Literarische Innere Emigration.* 1933–1945. Stuttgart (Metzler) 1976, S. 145–150.

Peter Meinhold, Der beispiellose Friede. Schriften, Vorträge und Briefe Reinhold Schneiders zum Friedensgedanken, in: *Saeculum* 3, 1977, S. 241–252.

Hans Jürgen Schultz, Reinhold Schneiders Gedanken des Friedens, in: *Reinhold Schneider, Einberufung zum Frieden,* hrsg. von Hans Jürgen Schultz. Gütersloh (Gerd Mohn) 1978, S. 7–22; leicht erweiterte Fassung in: *Mitteilungen der Reinhold-Schneider-Gesellschaft,* Heft 13, März 1975, S. 44–50.

Rita Meile, Reinhold Schneiders Sonette. Eine Studie über Dokumente des Inneren Widerstandes im nationalsozialistischen Deutschland. Originalbeitrag 1978.

Yoshitaka Yokotsuka, Aus der Tiefe der dunklen Nacht. Eine Skizze von Reinhold Schneiders Weg der Angst. Für den vorliegenden Band vom Verfasser deutsch bearbeitete Fassung (1978).

Edwin Maria Landau, Paul Claudel und Reinhold Schneider in: Reinhold Schneider Blätter, Heft 4, April 1979, S. 55–69.

Peter Berglar, Der Kronenwächter. Reinhold Schneider oder Die Geschichte als Kreuzweg. Ungekürzte Originalfassung des Aufsatzes Peter Berglar, Sünde ist es auch, zu verzichten. Reinhold Schneider oder Die Geschichte als Kreuzweg, in: *Frankfurter Allgemeine Zeitung,* 18. 11. 1978.

Wolfgang Frühwald, Die »Papierrosen der Literaturgeschichte«. Zur literarhistorischen Einordnung des Werkes von Reinhold Schneider. Für den vorliegenden Band leicht veränderte Fassung des Abdrucks in *Zeitgeschichte,* hrsg. von Erika Weinzierl, 5. Jahr, August/September 1978, S. 401–417.

Bibliographie

1. Das Werk in Auswahl

Stimmen des Abendlandes. Reflexionen z. abendländ. Geschichte. (Auswahl aus d. Werk v. RS) Kolmar: Alsatia. 1944. 151 S.
Das Heilige in der Geschichte. Eine Auswahl. Hdbg.: Kerle. 1947. 95 S.
Anthologie. Worte der Besinnung aus d. Werk v. RS. Hrsg. v. M. Schnell. Mchn.: Schnell & Steiner. 1948. 159 S.
Schriften zur Zeit. Essays. Baden-Baden: Hans Bühler jr. 1948. 166 S.
Rechenschaft. Worte zur Jahrhundertmitte. Einsiedeln: Johannes-Verlag. 1951. 99 S.
Geschichte und Gewissen. Gedichte u. Essays. ausgew. f. Schulzwecke. Bielefeld: Velhagen u. Klasing. 1953. 166 S.
Ausgewählte Werke in 4 Bdn. mit Nachworten v. RS. Köln u. Olten: Hegner. 1953
(Bd. 1:) *Das getilgte Antlitz.* (Erzn.) 282 S.
(Bd. 2:) *Der fünfte Kelch.* (Erzn.) 290 S.
(Bd. 3:) *Dichter und Dichtung.* (Literar. Essays.) 347 S.
(Bd. 4:) *Herrscher und Heilige.* (Essays) 293 S.
Gesammelte Werke in 10 Bänden. Hrsg. im Auftrag der Reinhold-Schneider-Gesellschaft e. V. Freiburg i. Br. v. E. M. Landau unter Mitarbeit v. P. Berglar, P. Meier, R. Meile, P. Meinhold, Chr. Perels, J. Rast, B. St. Scherer, C. P. Thiede, R. Vonessen, H.-D. Zimmermann.
Bd. 1 *Camoes und Philipp II.* (477 S., 1977), Bd. 2 *Das Inselreich* (633 S., 1979), Bd. 3 *Der große Verzicht* Drama u. Erzn. (476 S., 1978), Bd. 4 *Zeugen im Feuer* Erzn. (498 S., 1979), Bd. 5 *Lyrik* (1981), Bd. 6 *Dem lebendigen Geist* Lit. Essays (630 S., 1980), Bd. 7 *Geschichte und Landschaft* Essays (463 S., 1980), Bd. 8 *Schwert und Friede* Essays (477 S., 1977), Bd. 9 *Das Unzerstörbare* Religiöse Schriften (524 S., 1978), Bd. 10 *Die Zeit in uns/Verhüllter Tag* und *Winter in Wien* (468 S., 1979).

2. Das Werk chronologisch aufgezeichnet

1928
Baden-Baden in hundert Zeichnungen von Arthur Grimm. Sonette, Gedichte, Einführung von RS.
1929
Zwischenspiel in Beereuth. Novelle. Masch.-Schr. unveröffentl.
Donna Anna d'Austria. Drama. verloren. Dat. Entwurf 29. 8. 1929. 10 S.

Fackeln am Tejo. Drama. Masch.-Schr. unveröffentl. 163 S.
Camões, der Portugiese. I. *Camões und das portugiesische Schicksal.* II. *Das Weltreich des Camões.* Wissenschaftliche Beilage des Dresdner Anzeigers.
1930
Das Leiden des Camões oder Untergang und Vollendung der Portugiesischen Macht. Hellerau: Hegner. 242 S. Ges. Werke. Bd. 1. Ffm.: Insel. 1977.
1931
Philipp der Zweite oder Religion und Macht. Lpz.: Hegner. 343 S. Ges. Werke. Bd. 1. Ffm.: Insel. 1977.
Portugal. Ein Reisetagebuch. Mchn.: Georg Müller. 158 S. – Wiesb.: Insel. 1947 (Neuausg., um 5 Kapitel gekürzt. 149 S.). Erweitert: Ffm.: suhrkamp taschenbuch. 1980.
1932
Das Erdbeben. Lpz.: Hegner. 151 S. Lpz.: Insel. 1961. Insel-Bücherei 746. 44 S.
Das Erdbeben. (Erzn.: *Geschichte eines Nashorns. Donna Anna d'Austria. Das Erdbeben*). Lpz.: Hegner. 151 S. – Mchn.: Kösel 1959. 193 S. – Ffm.–Bln.: Ullstein Buch 313. – Ges. Werke, Bd. 4. Ffm.: Insel 1979.
Fichte. Der Weg zur Nation. Mchn.: Langen/Müller. 251 S.
1933
Die Hohenzollern. Tragik und Königtum. Lpz.: Hegner. 311 S. Zweite, veränd. Aufl. Hegner. 1953. 282 S. Köln u. Olten. – Ffm., Hbg.: Fischer Bücherei 1958. 201 S. (Fischer Bücherei. 242) – Ffm.: suhrkamp taschenbuch 504. 1980.
1934
Der Tröster. Erz. – In *Die dunkle Nacht.* (Erzn.) Kolmar: Alsatia. 1943. 237 S.
Auf Wegen deutscher Geschichte. Eine Fahrt ins Reich. Lpz.: Insel. 130 S.
1936
Allein den Betern kann es noch gelingen./Am Dome nicht, doch nahe seinem Schatten./Das Große durft' ich nur von ferne schauen./Der Schuld entsteigend, offenbart Geschichte./Der Kaiser ruft mich noch zu seinem Heere./Nun baut der Wahn die tönernen Paläste./Wenn dieser Erde alte Ordnung wankt. (Sonette)
Gestalt und Seele. Das Werk des Malers Leo v. König. Geleitw. Lpz.
Cromwell und die Krone. Bln. Weiße Blätter. (Jg. 5, S. 227–233.)
Das Inselreich. Gesetz und Größe der britischen Macht. Lpz. Insel. 574 S. – Neuausg.: Wiesb.: Insel. 1955. 578 S. Nachw. 7. 12. 54. – Ges. Werke. Bd. 2, Ffm. Insel 1979.
Anekdoten von Friedrich dem Großen. Lpz.: Insel-Bücherei 159. 86 S.

1937

Kreuz und Geschichte. Bln. Weiße Blätter. Dezember.

Kaiser Lothars Krone. Leben und Herrschaft Lothars von Supplinburg. Lpz.: Insel. 211 S.

Als Gast nur lebend in dem eignen Leben./Das Große bleibt, und was zur Form erhoben./Die dunklen Berge harrten in den Jahren./Entfremdet ist das Volk mir./Er kommt auf heißen Rädern hergeflogen./Gebrochen ist der Hochmut der Rebellen./Ihr habt den Stoff verklärt, der alle bindet./Nun ist der große Brandherd ausgeglüht./Wenn ferner Kindertage scheue Bitten./Wenn ferner schon des Mittags schlimmer Brand. (Sonette)

Sonettenband. Masch.-Schr. vervielfältigt von Heinz Ludewig.

1938

Las Casas vor Karl V. Szenen aus der Konquistadorenzeit. Erz. Lpz. Insel. 203 S. – Ffm. 1962. (Insel-Bücherei 741.) – Darmst.: Verl. Das Goldene Vlies. 1953 (Bürgers Taschenbücherei. 9.) – Ffm.–Bln. Ullstein 1955 (Ullstein Bücher. 9) – Ges. Werke. Bd. 3. Ffm.: Insel. 1978. S. 119–260. – Ffm.: Suhrkamp (Bibliothek Suhrkamp 622) mit Nachw. von E. M. Landau. 1979.

1939

Elisabeth Tarakanow. Erz. Lpz.: Insel. 79 S. (Insel-Bücherei. 540) Ges. Werke. Bd. 4. Ffm.: Insel. 1979.

Corneilles Ethos in der Ära Ludwigs XIV. Eine Studie. Lpz.: Insel. 100 S. – Baden-Baden: Hans Bühler jr. 1948. – Ges. Werke. Bd. 6. Ffm.: Insel. 1980.

Sonette. Lpz.: Insel. 63 S.

Theresia von Spanien. Mchn.: Schnell & Steiner. 80 S., 14 Abb.

1940

Zur Zeit der Scheide zwischen Nacht und Tag. Der Lebenskampf der Droste. Würzburg: Werkbund-Verlag. Abt. Die Burg. 40 S. – In *Dämonie und Verklärung.* Vaduz: Liechtenstein Verlag. 1947. In Ges. Werke. Bd. 6 Ffm.: Insel. 1980. *Der Pilger. Eichendorffs Weltgefühl.* Würzburg: Werkbund-Verlag. Abt. Die Burg. 28 S. – In *Dämonie und Verklärung.* Vaduz: Liechtenstein Verlag. 1947. *Der Katarakt. Das Schicksal Nikolaus Lenaus.* Würzburg: Werkbund-Verlag. Abt. Die Burg. 36 S. – In *Dämonie und Verklärung.* Vaduz: Liechtenstein Verlag. 1947. *An den Engel in der Wüste. Die Wende Clemens Brentanos.* Würzburg: Werkbund-Verlag. Abt. Die Burg. 31 S. In *Dämonie und Verklärung.* Vaduz: Liechtenstein Verlag 1947.

Der Jüngling. Der Bilderkreis. Fbg.: Herder. 8 S., 25 Abb.

Die himmlischen Wohnungen. Erz. Masch.-Schr. – In: *Die himmlischen Wohnungen.* Lpz.: St. Benno Verlag. 1961. 145 S.

Das getilgte Antlitz. Erz. Fbg.: Zodiakus Verl. 45 S. – Liz. Ausg.: Hbg.: Furche-Verlag. 58 S. (Furche-Bücherei. 201.) – Ges. Werke. Bd. 4.,

Ffm.: Insel. 1979.
Macht und Gnade. Gestalten, Bilder und Werte in der Geschichte. Lpz.: Insel. 330 S. – Graz–Salzburg–Wien: Styria-Pustet-Moser. 1949. – Mchn.-Zch.: Droemer-Knaur. 1964. 251 S. (Knaur-Taschenbücher. 423). – Ffm.: Suhrkamp. 1977 (suhrkamp taschenbücher 423, Nachw. v. P. Meier, 296 S.)
1941
Dreißig Sonette. Privatdruck, Gedruckt in den Werkstätten der Stadt Halle, Burg Giebichenstein. – Anonymer Nachdruck 1942.
Das Vaterunser. Kolmar: Alsatia Verlag. 56 S. – Feldpostausg.: 1942. 63 S.
Das Vaterunser, mit Worten von RS. Hrsg. v. Freundeskreis der Stiftung »Oratio Dominica«, Fbg.: Herder Offizin (1966). 7 S.
Im Anfang liegt das Ende. Grillparzers Epilog auf die Geschichte. (21. 5. 41). Baden-Baden: Hans Bühler jr. 1946. 64 S. – Ges. Werke, Bd. 6. Ffm.: Insel. 1980.
Der Überwinder (Der Abgrund/Der Gast). 2 Erzn. Kolmar. Alsatia Verlag. 70 S. – Ges. Werke Bd. 4. Ffm.: Insel. 1979.
Der Abschied der Frau von Chantal. Erz. Kolmar.: Alsatia Verlag. 36 S. – Ges. Werke, Bd. 4. Ffm.: Insel. 1979.
Das Münster in der Sternennacht. Elsässische Dichtungen des 19. Jhrhdt. Ausg. u. eingel. v. RS. Kolmar: Alsatia Verlag. 112 S.
Nach dem Großen Kriege. (Die letzte Reise des Kurfürsten Maximilian/ Der fromme Herzog) Erzn. Kolmar: Alsatia Verlag. 84 S. – Der fromme Herzog.: in: Ges. Werke, Bd. 4. Ffm.: Insel. 1979.
Das Antlitz des Mächtigen. Der Bilderkreis. Fbg.: Herder. 15 S. 25 Abb.
Das Bildnis in der Geschichte. In: Leo von König, Festschrift zum siebzigsten Geburtstag. Berlin: Hans von Hugo Verlag.
1942
St. Odilien. Kolmar: Alsatia Verlag. 16 S.
Sonette/Eine Auswahl. Als pfingstlicher Gruß den Kriegspfarrern und Wehrmachtsseelsorgern dargeboten von der Kirchlichen Kriegshilfe Abt. Schrifttum. Fbg.: Werthmannhaus.
Das getilgte Antlitz. Erz. Fbg.: Zodiakus-Verlag. – Ges. Werke, Bd. 4. Ffm.: Insel. 1979
Laß uns zur Stimme deiner Liebe werden! Worte an einen Gefallenen. Kolmar: Alsatia Verlag. 16 S.
Der Kreuzweg. Kolmar: Alsatia Verlag. 62 S. – Wedel i. H.: Alster. 1946. 50 S. – Fbg.: Herder. 1947. 52 S.
Die Stunde des Heiligen Franz von Assisi. Kolmar: Alsatia Verlag. 108 S. – Hdbg.: Kerle. 1946. – Wedel i. H.: Alster. 1946.
1943
Das Gottesreich in der Zeit. Gedanken zu den religiösen Grundanliegen unserer Tage. Masch.-Schr. 9. S. u. 6 Sonette.

Die Waffen des Lichts. Kolmar: Alsatia Verlag. 42 Sonette.
Jetzt ist des Heiligen Zeit. 65 Sonette. Kolmar: Alsatia Verlag.
Die Dunkle Nacht [Der fünfte Kelch. Der Traum des Heiligen. Die dunkle Nacht des heiligen Johannes vom Kreuz. Das getilgte Antlitz. An des Reiches Grenzen. Der Tröster. Vor dem Grauen (Der Bettler von San Ignacio).] Erzn. Kolmar: Alsatia Verlag. 239 S. – Wedel i. H.: Alster. 1946. – Mchn.: Schnell & Steiner. 1947. – Neun Erzn. m. e. Nachw. v. H. Gorski. Lpz.: St. Benno Verlag. 1958. – Fbg.–Basel–Wien: Herder. 1960. Ges. Werke, Bd. 3 u. 4. Ffm.: Insel. 1978 u. 1979.
Ehrwürdiges Alter. Der Bildkreis. Fbg.: Herder. 14 S. u. 25 Abb.
Der Glaube des Petrus. In: *Volksliturgie und Seelsorge. Ein Werkbuch zur Gestaltung des Gottesdienstes in der Pfarrgemeinde.* Hrsg. v. Karl Borgmann. S. 176–180. Kolmar: Alsatia Verlag.
Das Weltgericht. Der Bilderkreis. 14 S. 25 Abb. Fbg.: Herder.
1944
Das Gottesreich in der Zeit. Sonette u. Aufsätze. Reichshof. Druckerei Udzialowa. 339 S. Als Ms. gedr.
Apokalypse. 8 Sonette. Masch.-Schr.
Sonette. 88 Sonette. Masch.-Schr.
Der Dichter vor der Geschichte. Hölderlin/Novalis. Kolmar: Alsatia Verlag. 72 S. – Ges. Werke, Bd. 6. Ffm.: Insel. 1980.
Du brennst die Werke . . ./Tut Buße, betet . . ./Da neigt ein Stern sich . . . Masch.-Schr. 14. Dez. 1944. Loretto.
Was ist Geschichte. Kolmar: Alsatia Verlag. 38 S.
1945
Die Letzten Tage. Masch.-Schr. 30 S.
Die Letzten Tage. Sonette. Baden-Baden: Hans Bühler jr. 41 S.
Apokalypse. 27 Sonette. Baden-Baden: Hans Bühler jr. 39 S.
Die Verwaltung der Macht. Fbg.: Herder. 16. S. – Ges. Werke. Bd. 8. Ffm.: Insel. 1977. S. 41–53.
Das Unzerstörbare. An die Jugend. Fbg.: Herder. 14. S. – Bln. Christophorus Verlag. 1947. – Ges. Werke. Bd. 9. Ffm.: Insel. 1978. S. 212–218.
Die Macht der Friedfertigen. Fbg.: Herder. 16 S. – Ges. Werke. Bd. 8. Ffm.: Insel. S. 204–215.
Papst Gregor der Große. Fbg.: Herder. 22 S. – Ges. Werke. Bd. 9. Ffm.: Insel. S. 284–297.
Das Gebet in der Zeit. Fbg.: Herder. 15 S. – Ges. Werke. Bd. 9. Ffm.: Insel. S. 96–106.
Auffindung des Kreuzes. Fbg.: Herder. 16 S.
Von der Würde des Menschen. Fbg.: Herder. 22 S.
Weihnacht der Gefangenen. Fbg.: Herder. 14 S.
Versöhnung der Gläubigen. Daß alle eins werden. Fbg.: Herder. 15 S.

Ges. Werke. Bd. 8. Ffm.: Insel. 1977. S. 252–262.
Jesus Christus gestern und heute. Fbg.: Herder. 15 S.
Gott der Vater und Herr. Fbg.: Herder. 15 S.
Die Kirche in der Geschichte. Fbg.: Herder. 15 S. – Bln.: Christophorus-Verlag. 16 S.

1946

Taganrog. Erz. Fbg.: Herder. 99 S. – Ges. Werke. Bd. 4. Ffm.: Insel. 1979. S. 37–99.
Der Tod des Mächtigen. Erz. Fbg.: Herder. 80 S. Desgl. Herder-Buchgemeinde. – Ges. Werke. Bd. 3. Ffm.: Insel. 1978. S. 23–77.
Der Überwinder. Wedel i. H.: Alster. 179 S.
Der Glaube. Nürnbg.: Glock u. Lutz. 2 Bl. (Görres Lesebogen. 38)
Duldet mutig Millionen. Mannheim: Norbert Wohlgemut Verlag. 105 S.
Macht des Geistes. (3 Aufs.) Bonn: Borromäus-Verein. 21 S.
Die neue Ehre. (3 Aufs.) Bonn: Borromäus-Verein. 24 S.
Newmans Entscheidung. Fbg.: Herder. 32 S. – Ges. Werke. Bd. 9. Ffm.: Insel. 1978. S. 352–375.
Der Priester im Kirchenjahr der Zeit. Von einem Laien. Fbg.: Caritas-Verlag. 147 S.
Sein Reich. Bonn: Borromäus-Verein. 16 S.
Der Sinn aller Opfer. Brief in ein Kriegsgefangenenlager. Mchn.: Schnell & Steiner. 14 S.
Von der Streitmacht des Gebetes. Die Rückkehr zum Rosenkranz. Mchn.: Schnell & Steiner. 12 S.
Und Petrus stieg aus dem Schiffe. (Rel. Aufs.). Baden-Baden: Hans Bühler jr. 143 S.
Allerseelen 1946. Einem verschollenen Freunde. (K. L. zu Guttenberg). Mannheim: Norbert Wohlgemut Verlag. 24 S.
Vom Sinn der Gefangenschaft. An die Gefangenen in Italien. Rom: Päpstl. Hilfsstelle f. dt. Kriegsgefangene. 7 S.
Ave crux spes unica. (3 Sonette u. 3 Holzschnitte v. A. Dürer). Mchn.: Schnell & Steiner. 4 Bl.
Die neuen Türme. Ausgew. Sonette. Wiesb.: Insel. 54 S.
Fausts Rettung. Baden-Baden: Hans Bühler jr. 45 S. – Bln.: Suhrkamp. 31 S. – Ges. Werke, Bd. 6. Ffm: Insel. 1980
Kleists Ende. Mchn.: Karl Alber. 32 S. – Ges. Werke. Bd. 6. Ffm.: Insel. 1980.
Die Heimkehr des deutschen Geistes. Das Bild Christi in der deutschen Philosophie des 19. Jahrhunderts. Hdbg.: Kerle. 63 S.
Der Mensch vor dem Gericht der Geschichte. Dabei: Bernhard von Baden. Masch. Schr. Fbg., Werthmannhaus, Kriegsgefangenenhilfe. 15 S.
Der Mensch vor dem Gericht der Geschichte. Abendlandreihe Band 1. Augsburg: Joh. Wilh. Naumann. 45 S.

Weltreich und Gottesreich. Drei Vorträge. (Innocenz III./Philipp II./ Newman) Mchn.: Schnell & Steiner. 139 S. – *Innocenz III.* in Ges. Werke. Bd. 7. Ffm.: Insel. 1980 – Newman in: Ges. Werke, Bd. 9. Ffm.: Insel. 1978. S. 352–375.

Verständnis der Geschichte. Geschichte als Anruf und Aufgabe. (RS u. A. Delp. Görres-Lesebogen. 19) Nürnbg.: Glock u. Lutz.

Erscheinung des Herrn. Sonette. Waibstadt b. Hdbg.: 36 S.

Das Erbe im Feuer. Betrachtungen und Rufe. Fbg.: Herder. 175 S.

Gedanken des Friedens. Gesammelte kleine Schriften. Bln.: Christophorus Verlag. 152 S. – Veränd. u. erweit. Aufl. Fbg.: Herder. 1956. 154 S.

1947

Herz am Erdensaume. Gedichte. Hdbg.: Kerle. 59 S.

Die sieben Worte am Kreuz. Fbg.: Herder. 47 S.

Das Kreuz in der Zeit. Fbg.: Herder. 149 S.

Im Antlitz der Not. (Aufbruch zum Kreuze. Gnade der Not. Die Verborgenen.) Bonn: Borromäus-Verein. 36 S.

Der Befreier. Am Ufer der Gnade. Rex Tremendae Majestatis. Bonn: Borromäus-Verein. 36 S. – Rex Trem. Ges. Werke, Bd. 9. Ffm.: Insel. 1978. S. 59–65.

Die Verborgenen. Geschr. v. Liselotte Zimmermann. Paderborn: Ferdinand Schöningh. 14 S.

An Alle. Ein Aufruf. Fbg.: Caritasverlag. 16 S.

St. Martin von Tours. Briefe an Weggefährten. Fbg.: Herder. Hrsg. v. Erich Mühlan. 8 S.

Der Dichter vor der heraufziehenden Zeit. Fbg.: Herder. 31 S. – Ges. Werke, Bd. 8. Ffm.: Insel. 1977. S. 220–238.

Der Mensch und das Leid in der griechischen Tragödie. Mchn.: Schnell & Steiner. 32 S. – Ges. Werke. Bd. 6. Ffm.: Insel. 1980.

Macht und Gewissen in Shakespeares Tragödie. Bln.: Suhrkamp. 47 S.

Stolz und Verantwortung. Von der Sendung der Jugend. Bln.: Morus-Verlag. 32 S.

Gedenkwort zum 20. Juli. Fbg.: Herder. 27 S.

Über den Selbstmord. Baden-Baden: Hans Bühler jr. 40 S. Ges. Werke. Bd. 9. Ffm.: Insel. 1978. S. 222–245.

Die Nacht des Heils. Essays. Zch.: Scientia-Verlag. 160 S.

Im Schatten Mephistos. Drei Essays. Stgt.: Deutsche Verlagsanstalt. (Der Deutschenspiegel) 46 S. – Ges. Werke, Bd. 8. Ffm.: Insel. 1977. S. 169–203.

Dämonie und Verklärung. Essays über Dichter und Dichtung. Vaduz. Liechtenstein Verlag. 375 S. – Veränd. Ausg. Hrsg. C. Winterhalter. Fbg.–Basel–Wien: Herder. 1965. 320 S.

Sieger in Fesseln. Christuszeugnisse aus Lagern und Gefängnissen. Hrsg. v. Konrad Hofmann/Reinhold Schneider/Erik Wolf. Geleitwort v.

RS. Fbg.: Herder 157 S.
John Milton. Simson der Kämpfer. Fbg.: Herder. Abendländische Bücherei. Hrsg. v. RS. Einführung v. RS. 103 S.
Lord Byron. Kain. Fbg.: Herder. Abendländische Bücherei. Hrsg. v. RS. Einführung v. RS. 109 S.
Alfred de Vigny. Vom Leben u. Tod d. Hauptmann Renand. Fbg.: Herder. Abendländische Bücherei. Hrsg. u. Einf. v. RS. 191 S.
Gnade der Zeit. Sonette. Geschr. v. A. Riedel. Fbg.–Bln.–Düsseldorf: Christophorus Verlag. 8 Bl.
1948
Stern der Zeit. Sonette. Krefeld: Scherpe. 97 S.
Der Abschied. Der Überwinder. Zwei Erzn. Mchn.: Schnell & Steiner. 103 S.
Die gerettete Krone. Erzn. Mchn.: Schnell & Steiner. 178 S.
Der Widerschein. Drei Erzn. (Der Widerschein/Legende vom seligen Bernhard – Die Hochzeit – Der Tod der Königin). Düsseldorf: Christophorus Verlag. 72 S.
Vom Tun der Wahrheit. Nikolaus von Flüe. Ignatius von Loyola. Franz von Sales. Mchn.: Schnell & Steiner. 93 S. Der hl. Nik. v. Flüe in Ges. Werke. Bd. 9. Ffm.: Insel. 1978. S. 325–345.
Schwermut und Zuversicht. Lenau/Eichendorff. Hdb.: Kerle. 81 S.
Lessings Drama. Mchn.: Karl Alber. 27 S. – Ges. Werke. Bd. 6. Ffm.: Insel. 1980.
Droste-Hülshoff. Ges. Werke. Hrsg. u. Nachw. v. RS. Vaduz: Liechtenstein Verlag. S. 338–340.
Aar mit gebrochener Schwinge. Clemens Brentano, Annette von Droste-Hülshoff. Hdbg.: Kerle. 88 S.
Die Wahrheit überleuchtet Dich im Leide! Karlsruhe: Bad. Staatstheater. (Programmheft / Khe.: 1949: Kolbendruck. 6 Bl.)
Der Kronprinz. Politisches Drama. Mchn.: Karl Alber. 90 S.
1949
Die Toten des 20. Juli. Althardenberg b. Höxter: Hrsg. Hilfswerk des Grafen Hardenberg. Sonderdruck. 4 Bl.
Das Spiel vom Menschen. Belsazar. Frei gestaltet nach Calderons »La nave del Mercader« und »Cena de Baltasar«. Graz–Salzburg–Wien.: Anton Pustet. 143 S.
Das Spiel vom Menschen, nach Calderons »Schiff des Kaufmanns«, mit Einf. Mchn.: Schnell & Steiner. 81 S.
Aischylos. Die Sieben gegen Theben. Fbg.: Herder. Abendländische Bücherei. Hrsg. v. RS. Einführung von RS. 79 S.
Shakespeare. König Heinrich IV. Fbg.: Herder. Abendländische Bücherei. Hrsg. v. RS. Einführung v. RS. 239 S.
Molière. Der Misanthrop. Fbg.: Herder. Abendländische Bücherei. Hrsg. v. RS. Einführung v. RS. 149 S.

Der Stein des Magiers u. andere Erzn. Heilbronn–Stgt.: Salzer. 64 S.
Kreuz und Geschichte (Ausw. aus: Macht und Gnade u. Las Casas vor Karl V.). Bearb. v. H. H. Below. Stgt.: Metzler. 95 S. (Metzlers Schulausgaben. Dt. Reihe.)
1950
Der große Verzicht. Drama: Wiesb.: Insel. 280 S. – Ges. Werke. Bd. 3. Ffm.: Insel 1978. S. 261–456.
1951
Die Tarnkappe. Drama. Wiesb.: Insel. Insel-Bücherei Nr. 486. 63 S.
Der Traum des Eroberers / Zar Alexander. Zwei Dramen. Wiesb.: Insel. 183 S.
Innozenz und Franziskus. Drama. Wiesb.: Insel. 282 S.
Vom Geschichtsbewußtsein der Romantik. Drei Essays. Wiesb. Akademie der Wissenschaften und der Literatur in Mainz. Abhandlungen der Klasse der Literatur. Jahrg. 1951. Nr. 5. S. 133–177.
Der Beter. Der Bildkreis. Fbg.: Herder. 14 S. 25 Abb.
1952
Engel und Dämonen. Fragmente aus dem unveröffentlichten Werk. Mchn.: Kurt Desch. 24 S. 16 Abb.
1953
Formen der Macht. Studien. Nürnberg.: Glock u. Lutz. 47 S.
Franziskus. Der Bildkreis. Fbg.: Herder. 17 S. 30 Abb.
Quedlinburg. Olten: Vereinigung Oltner Bücherfreunde. 17 S.
Begnadete Nacht. Stgt.: Evangelisches Verlagswerk. 16 S.
1954
Verhüllter Tag. Köln u. Olten: Hegner. 229 S. – Ges. Werke. Bd. 10. Ffm.: Insel. 1979. S. 7–173. Ffm.: Bibliothek Suhrkamp 685. 1980
Die ewige Krone. Autobiogr. Schr. Olten: Vereinigung Oltner Bücherfreunde. 71 S.
Die Sonette von Leben und Zeit, dem Glauben und der Geschichte. Vorwort v. H. v. Koenigswald. Köln u. Olten: Hegner. 240 S.
Wesen und Verwaltung der Macht. Institut für Europäische Geschichte Mainz. Wiesb.: Franz Steiner. 42 S. – Ges. Werke. Bd. 8. Ffm.: Insel. 1977. S. 79–108
Der christliche Protest. Hrsg. Peter Schifferli. Geleitw. W. Bergengruen. Zch.: Verlag der Arche. 1954. 148 S.
Adel. Zum 75. Geburtstag Otto Freiherr von Taube. Olten: Vereinigung Oltner Bücherfreunde. 23 S.
Später Sommer in Graz. Graz: Styria. 19 S. 5 Abb.
Pascal. Auswahl und Einleitung v. RS. Ffm.: Fischer Verlag. Fischer Bücherei Nr. 70. 270 S.
Das Attentat. Erz. Hrsg. u. Einl. W. Grenzmann. Paderborn: Schöningh. Ges. Werke Bd. 4. Ffm.: Insel. 1979. S. 9–37.

1955

Erbe und Freiheit. Essays. Köln u. Olten: Hegner. 234 S. – Ges. Werke. Bd. 7. Ffm.: Insel. 1980

Weihnachtsgabe. Zch.: Verlag der Arche. 64 S.

Petrus. Der Bildkreis. Fbg.: Herder. 14 S. 30 Abb.

Saint Pierre. Prière de l'Art. Desclée de Brouwer. 16 S., 30. Abb.

Der Auftrag des Dramas. In: Darmstädter Gespräch 5. Theater. Hrsg. v. E. Vietta. Darmst.: S. 203–216.

1956

Die silberne Ampel. Ein Roman. Köln u. Olten: Hegner. 244 S.

Der Friede der Welt. Essays. Wiesb.: Insel. 115 S. – Ges. Werke, Bd. 8. Ffm.: Insel. 1977.

Der Friede der Welt. In: Drei Ansprachen anläßlich der Verleihung des Friedenspreises des Dt. Buchhandels. (23. 9. 56) Ffm.: Börsenverein d. Dt. Buchhandels. 43 S. (S. 25–43). – Ges. Werke, Bd. 8. Ffm.: Insel. S. 361–379.

Das Drama des Geistes in der Geschichte. Institut für Europäische Geschichte. Vorträge. Wiesb.: Franz Steiner. 40 S. – Ges. Werke. Bd. 7. Ffm.: Insel. 1980.

Soll die Dichtung das Leben bessern? Zwei Reden. Gottfried Benn u. RS. Wiesb.: Limes Verlag. 39 S. – Ges. Werke. Bd. 6. Ffm.: Insel. 1980.

Johannes. Der Bildkreis. Fbg.: Herder. 19 S. 33 Abb.

Elisabeth von Thüringen. In: Die großen Deutschen. Dt. Biographie. Hrsg. v. H. Heimpel. Th. Heuss u. B. Reifenberg. Bln.: 1956. Bd. 1. S. 130–153. – Marburg: N. G. Elwert. 1961. 43 S.

Schopenhauer. Ausgew. u. eingel. v. RS. Bln. Darmstadt. Wien: Deutsche Buchgemeinschaft. 292 S.

1957

Der Balkon. Aufzeichnungen eines Müßiggängers in Baden-Baden. Wiesb.: Insel. 182 S. 14 Abb. – suhrkamp taschenbuch 455 m. Nachw. v. P. Meier. 1978. 186 S.

Die letzten Jahre des Prinzen Eugen. Ein Fragment. Köln u. Olten. Hegner. 64 S. – Ges. Werke. Bd. 7. Ffm.: Insel. 1980.

Europa als Lebensform. Ein Vortrag. Köln u. Olten: Hegner. 60 S. – Ges. Werke. Bd. 8. Ffm.: Insel. 1977. S. 420–444.

Hans Fronius. Imaginäre Portraits. 46 Zeichn. Einführung v. RS. Mchn.: Piper. 63 S.

Heilige Frauen. Der Bilderkreis. Fbg.: Herder. 19 S. 43 Abb.

Von Fatima bis Alcobaca. Nürnb.: Glock u. Lutz. 12 S. m. Zeichn. v. A. Heller.

Lissabon. Mit 32 Aufn. v. August Raichle. Mchn./Ahrbeck: Knorr & Hirth. 15 S.

Die Rose des Königs u. andere Erzn. Fbg.–Basel–Wien: Herder. 161 S.

1958

Karl V. Erbe und Verzicht. Köln u. Olten: Hegner. 62 S. – Ges. Werke. Bd. 7. Ffm.: Insel. 1980.

Das Weltgericht. Der Bilderkreis. Fbg.: Herder. 15 S. 37 Abb.

Pfeiler im Strom. Essays. Wiesb.: Insel. 418 S. – Ausw. u. Tit. *Freiheit und Gehorsam.* Mchn.: dtv. 1967. 140 S. – Ges. Werke. Bde. 6 u. 7. Einzelne Essays. Ffm.: Insel. 1980.

Die weiße Rose. Erz. Gütersloh: Rufer (Acht Seiten Freude zu bereiten. 123)

Winter in Wien. Aus meinen Notizbüchern 1957/58. Mit der Grabrede von Werner Bergengruen, 6 Zeichnungen von Hans Fronius, einer Porträtaufnahme, sowie einer Wiedergabe der Totenmaske des Dichters. Fbg.: Herder. 301 S. – Ges. Werke. Bd. 10. Ffm.: Insel. 1979. S. 175–417.

3. Posthume Veröffentlichungen

1959

Der ferne Klang. Erzn. Vorwort v. C. Winterhalter. Fbg.–Basel–Wien: Herder. 297 S.

1960

Schicksal und Landschaft. Essays. Hrsg. u. Nachwort v. C. Winterhalter. Fbg.–Basel–Wien: Herder. 392 S. – Verschiedene Texte in: Ges. Werke, Bd. 7. Ffm.: Insel. 1980.

Innozenz der Dritte. Nachwort v. Josef Rast. Köln & Olten: Hegner. 203 S. und 26 S.

1961

Gelebtes Wort. Religiöse Essays. Hrsg. v. C. Winterhalter u. Nachwort. Fbg.–Basel–Wien: Herder. 334 S.

Der Friede der Welt. In Friedenspreis des Deutschen Buchhandels. Reden und Würdigungen. 1951–1960. Ffm.: Börsenverein des Deutschen Buchhandels. S. 121–134.

Der Befehl. Erzn. Fbg.–Basel–Wien: Herder. 143 S. (Herder Bücherei.)

1962

Allein der Wahrheit Stimme will ich sein. Relgiöse Essays. Hrsg. u. Nachwort v. C. Winterhalter. Fbg.–Basel–Wien: Herder. 255 S.

Vor dem Grauen. Das Attentat. 2 Erzn. Mit Einf. v. W. Grenzmann. Paderborn: Schöningh. 62 S.

Das getilgte Antlitz. Liz. Ausg. Hbg.: Furche-Verlag. 58 S. (Furche-Bücherei 201)

Lebensringe. Erfüllte Einsamkeit. In: Drei Aufsätze von und über RS. Fbg.: Herder. 31 S.

1963

Erfüllte Einsamkeit. Mit zwei Gedenkworten von Werner Bergengruen und zwei Handschriftenproben. Hrsg. u. Nachwort v. C. Winterhalter. Fbg.–Basel–Wien: Herder. 264 S.

Begegnung und Bekenntnis. Lit. u. Phil. Essays. Mit der Freiburger Gedenkrede von Werner Bergengruen. Hrsg. u. Nachwort v. C. Winterhalter. Fbg.–Basel–Wien: Herder. 271 S.

Das Große bleibt. Essays u. 1 Sonett. Ausgew. u. Einl. v. O. Heuschele. Stgt.: Steinkopf. 126 S. (Steinkopfs Hausbücherei)

1964

Verpflichtung und Liebe. Lit. u. Phil. Essays. Hrsg. u. Nachwort v. C. Winterhalter. Fbg.–Basel–Wien: Herder. 256 S.

Bildhauer und Dichter. Ein Dialog. In: Albert Schilling (Monographie). Zch.: Verlag Neue Zürcher Nachrichten. 5 S.

1966

Prophetische Pilgerschaft. Rede zu Eichendorffs hundertstem Todestag, gehalten in Wien 1957. Sonderdruck aus: Eichendorff heute. Darmstadt: Wissenschaftliche Buchgemeinschaft. S. 211–217.

Zur Geschichte Friedrichs II. von Hohenstaufen. Sonderdruck aus: Stupor mundi. Darmstadt: Wissenschaftliche Buchgemeinschaft. S. 224–227.

1967

Hall und Widerhall. Eine Auswahl (38 Zitate) Bes. v. H.-M. Dahlmann. Geschr. v. K. Wolff. Wuppertal: E. Müller L Bl. 38 S.

1969

Die beiden Kreuze. Ein Dialog. Privatdruck. 6 S.

1974

Der Friede der Welt. In: Der Friede der Welt – Schicksal der Menschheit. RS – *Der Friede der Welt. Carl Friedrich von Weizsäcker: Reinhold Schneider in unserer Zeit. Imanuel Kant: Zum ewigen Frieden.* Fbg.–Basel–Wien: Herder. 156 S. Herder Bücherei 507.

1976

Worte aus der Tiefe. Ausw. u. Einl. v. C. Winterhalter. Fbg: Herder. 1976. 127 S.

1978

Einberufung zum Frieden. Hrsg. u. Einf. v. Hans-Jürgen Schultz. Gütersloh: Gütersloher Taschenbücher 249. 125 S.

Die Leiden des Camoes. Auszug. In: Heinrich Böll. Mein Lesebuch. Ffm.: Fischer Taschenbuch 2077. S. 240–247.

1979

Das eigentlich tragische Volk. Ferne Küste. Das Ethos Spaniens. Aus: Verhüllter Tag. In: Spanien und Europa. Hrsg. v. Hans Hinterhäuser. Mchn.: Deutscher Taschenbuch Verlag 2913. S. 330–335.

Der Tod des Vizekönigs. Ein Spiel. Hrsg. m. Einf. u. Anm. von C. P.

Thiede. In: RS-Blätter. Essen: Heft 4. 1979.
Las Casas vor Karl V. Nachw. v. Ingo Zimmermann. Berlin: Union Verlag. 144 S.
Das Schwert der Apostel. In: Vaterland, Muttersprache. Deutsche Schriftsteller und ihr Staat von 1945 bis heute. Bln.: Klaus Wagenbach. S. 102–104.

4. Briefwechsel

Briefwechsel RS – Leopold Ziegler. Hrsg. Erwin Stein. Darin: RS.: Leopold Ziegler zum 75. Geburtstag u. LZ: Evangelischer Friede. Mchn.: Kösel. 1960. 264 S.
Briefe an einen Freund. Mit Erinnerungen v. Otto Heuschele. Köln u. Olten: Hegner. 1961. 190 S.
Briefwechsel RS – Erich Przywara. Mit Gedenkworten von Theodor Heuss, Werner Bergengruen, Erich Przywara u. einem Vortrag von RS: *Passionssonntag.* Hrsg. v. Erich Przywara. Zch.: Verlag Der Arche. 1963. 147 S.
RS – Bernt von Heiseler. Briefwechsel. Mit einem Geleitwort v. Hans Fromm. Stgt.: J. F. Steinkopf. 1965. 199 S.
Werner Bergengruen – RS. Briefwechsel. Mit zwei Handschriftenproben, drei Abbildungen und einem Nachwort. Hrsg. v. N. Luise Hackelsberger-Bergengruen. Fbg.–Basel–Wien: Herder. 1966. 157 S.
Aus dem Briefwechsel RS – Paul Mahnert. In: *RS in Essen. Freundschaft mit P. M.* Hrsg. v. Leni Mahnert – Lueg. Essen: Selbstverlag. L. M. 1970.
Briefwechsel Jochen Klepper mit RS (1934–1942). In: *Jochen Klepper. Briefwechsel* 1925–1942. Hrsg. u. bearb. v. Ernst G. Riemschneider. Stgt.: Deutsche Verlags-Anstalt. 1973. S. 63–157.
Briefe von RS. Ein Freund: Paul Mahnert, Grabrede v. RS. In: *Paul Mahnert, Gedenkschrift zum 20. Todestag von P. M.,* Gestaltung Leni Mahnert-Lueg. Privatdruck 1976
Erinnerungen an RS. mit ausgesuchten Briefen v. RS. u. Erz. *Von Fatima bis Alcobaca.* Heroldsberg b. Nürnberg: Glock u. Lutz. 1978. 20 S.

5. Über Reinhold Schneider (Auswahl)

Balthasar, Hans Urs von: *RS. Sein Weg und sein Werk.* Köln u. Olten: Hegner. 1953. 261 S.
Courtois, René: *RS. Du nihilisme à la foi.* Bruxelles: Foyer Notre-Dame. Ca. 1955. 16 S. (Convertis du XXe siècle. 51). – Dänische Ausg.: *RS. Fra nihilisme til troen.* Overs. fra fransk af P. Heide.

København: Frost-Hansen. 1958. 16 S. (Konvertiten fra det 20 Arhundrede.)

Nigg, Walter: *Ein Ritter des Glaubens.* Olten: Vereinigung Oltner Bücherfreunde. 1958. 19 S.

Küntzel, Gerhard: *Schriftenverzeichnis* v. RS. In: Jb. 1958 d. Akad. d. Wissenschaften u. d. Lit. Mainz, S. 49–94.

Rast, Josef: *Der Widerspruch. Das doppelte Antlitz des R.S.* Köln: Hegner. 1959. 101 S.

Görres, Ida Friederike: *Der göttliche Bettler und andere Versuche.* Darin: *Reinhold Schneiders »Unglaube« oder die negative Mystik.* Ffm.: Josef Knecht Carolusdruckerei. 1959. S. 119–148.

Hausmann, Manfred: *RS.* Olten: Vereinigung der Bücherfreunde. 1959. 12 S.

Adolf-Altenberg, Gertrude: *La Personalità di RS.* Milano: Vita e Pensiero. 1962. 114 S.

Zimmermann, Ingo: *Stimme in die Zeit. Das Friedenszeugnis RSs.* Eine Studie. Bln.: Evang. Verl. Anst. 1963. 104 S.

Scherer, Bruno: *RS. Seine Geisteswelt u. Literaturbetrachtung.* Phil. Diss. Freiburg/Schweiz. Masch.-Schr. 1964. 696 S.

Bossle, Lothar. *Utopie und Wirklichkeit im politischen Denken von RS.* Mainz: Hase & Koehler. 1965. 231 S.

Look, Maria van: *Jahre der Freundschaft mit RS. Aus Tagebuchblättern.* Weilheim: Barth. 1965. 267 S.

Zimmermann, Ingo: *RS.* Bln.: Union. 1966. 39 S.

Scherer, Bruno: *Tragik vor dem Kreuz. Leben u. Geisteswelt RSs.* Fbg.–Basel–Wien: Herder. 1966. 264 S.

Wilpert, Gero von u. Gühring, Adolf: RS in: *Erstausgaben dt. Dichtung. Eine Bibliographie z. dt. Literatur. 1600 bis 1960.* Stgt.: 1967. S. 1142–1147.

Goes, Albrecht: *Begegnung mit Reinhold Schneider.* In: *Die guten Gefährten.* Mchn. u. Hbg.: Siebenstern Taschenbuch. 1968. S. 135 bis 137.

Look, Maria van: *Franz Anton Mesmer – RS,* mit dem bisher ungedr. Essay v. RS.: *Franz Anton Mesmer. Der magische Materialist.* Fbg.: Eckard Becksmann Verlag. 1969. 127 S.

Schmitt, Franz Anselm u. Scherer, Bruno: *RS. Leben u. Werk in Dokumenten.* Mit Beitr. v. F. Heer, W. Nigg, RS., F. A. Schmitt, K. Peters, W. Bergengruen. H. Schäufele, A. Eckert, B. Scherer. Olten u. Fbg.: Walter. 1969. 375 S. zahlr. Abb. mit ausführl. Bibliographie.

Rekola, Juhani: *Traaginen Reinhold Schneiderin ajattelussa.* (Mit dt. Zusammenfassung: *Das Tragische bei RS.* Helsinki: Vammala. 1971. 226 S.

Meier, Pirmin: *RS. Kurzer Führer durch Leben und Werk.* Baden/ Schw.: Buchdruckerei AG. 1972. 11 S. 1 Abb.

Zimmermann, Ingo: *Der späte RS. Eine Studie.* Fbg.: Herder. 1973. 141 S.

RS. Leben und Werk im Bild. Hrsg. v. Edwin Maria Landau, Maria van Look, Leni Mahnert-Lueg, Bruno Stephan Scherer.·Autobiogr. Texte von RS. Stimmen über RS. Zeittafel und Bibliographie. Ffm.: Insel. Insel Taschenbuch 318. 1977. 289 S.

Meile, Rita: *Der Friede als Grundmotiv in RSs Werk.* Bern u. Stgt.: Paul Haupt. 1977. 272 S.

Meier, Pirmin A.: *Form und Dissonanz. RS als historiographischer Schriftsteller.* Bern–Ffm.–Las Vegas: Peter Lang. 1978. 193 S.

Reddemann, Karl-Wilhelm: *Der Christ vor einer zertrümmerten Welt. RS. – ein Dichter antwortet der Zeit.* Fbg.–Basel–Wien: Herder. 1978. 205 S.

Missalla, Heinrich: *RS und die »Kirchliche Kriegshilfe«.* In: Für Volk und Vaterland. Die kirchliche Kriegshilfe im Zweiten Weltkrieg. Königstein/Ts.: Athenäum. 1978. S. 169–174.

Blattmann, Ekkehard: Reinhold Schneider linguistisch interpretiert. Hdbg: Lothar Stiehm. 1979. 107 S.

6. Das Weiterwirken

Mitteilungen der RS-Gesellschaft Freiburg. 1–20 (Febr. 77) u. RS-Blätter 1–5. Mit Beiträgen von RS und solchen zu Leben und Werk von RS. v. P. Berglar, E. Blattmann, R. Bohne, A. Bojarska, F. Braun, A. Bungert, S. M. Daecke, M. Doellerdt, M. Doerme, I. Driesen, R. Gießler, A. Hämmerle, F. Heer, O. Heuschele, K. Ihlenfeld, Th. Kampmann, H. D. Kenter, J. Klepper, D. Kramer (D. E. Weiß-Kramer), H. Kindermann, H. Kurzke, E. M. Landau, P. Lenz-Medoc, M. van Look, H. Ludewig, P. A. Meier, R. Meile, P. Meinhold, M. Meucelin-Roeser, W. Nigg. F. Niedermayer, A. Nossol, J. Rast, J. Ratzinger, K.-W. Reddemann, O. Saier, T. Schaller, B. S. Scherer, W. R. Schneider-Messmer, H. J. Schultz, A. Semeliker, A. Spieler, F. Stier, G. Strickrodt, G. H. Theunissen, C. P. Thiede, S. Unseld, K. Wagner, K. Walf, C. F. v. Weizsäcker, C. Winterhalter, Y. Yokotsutka, J. Zemb, H. D. Zimmermann, I. Zimmermann.

RS-Stiftung Hamburg

Bekenntnis der Jugend zum Frieden. Aufsatzwettbewerb 75/76. Mai 1976. *Aufsatzwettbewerb 76/77.* November 1976. *Freiheit und Gehorsam.* Aufsatzwettbewerb 76/77. Juni 1977. Band 1. *Mitteilungen der Reinhold-Schneider-Stiftung.* Heft 1. August 1977, Heft 2. November 1977, Heft 3. Februar 1978, Heft 4. Mai 1978, Heft 5. Mai 1978, Heft 6, Aug. 1978; Heft 7, Dez. 1978.

1933–1945/*Ist Geschehenes Vergangenheit?*/Aufsatzwettbewerb 78/79 Heft 8; Aufsatzwettbewerb 78/79, Heft 9, Mai 1979; Aufsatzwettbewerb 78/79/*Ist Geschehenes Vergangenheit?*/Ergebnisse, Analysen, Kommentare. Heft 10, Aug. 1979. Heft 11, Sept. 1979, Christus als Wirklichkeit für uns heute? Studienwettbewerb 1980; Heft 12, Nov. 1979, gl. Titel (Ergänzung zu Heft 11).
Mit Beiträgen von: K. Adel, G. Anker, J. Bäcker, M. Bauer, M. Beumeister, E. Bethge, R. Bethge, E. Biser, M. Block, Th. Brockmann, G. Brüntrup, M. Bussmann, J. Chan, D. Durrer, St. Eismann, M. v. Elverfeldt, J. Ertl, H. Flügel, A. Focke, H. Fries, Chr. Frings, W. Frühwald, N. Fuerst, B. Fux, J. Gadient, J. Gerber, E. Gill, M.-J. Göbbels, J. F. Görres, J. Gossner, R. Grevel, M. Guggenberger, M. Hallemann, Chr. Hamelmann, A. Hämmerle, J. Hanich, F. Heer, F. Heinen, Chr. Heitler, K. Heriot, W. Hofer, C. Hülsemann, U. Klinser, V. Klinser, F. Koch, L. Kolakowski, M. Krapiec, H. Krömler, R. Kühn, W. Kurz, L. Labedz, Chr. Landl, M. Lobkowitz, H. Ludewig, C. Lünstedt. Schoennagel, M. Maier, G. Mateo, A. Meier, P. Meinhold, Chr. Meves, Ch. Modehn, C. Model, S. Mödersheim, F. Niedermeyer, W. Nigg, A. Nossol, J. Otto, Sr. Paula (Gräfin Tisa von der Schulenburg), I. Piechota, J. Rainer, J. Rudmianski, H.-P.Sandgathe, M. Sauer, St. Sawitzki, E. Seidler, U. Siemer, A. Spieler, St. Suhner, C. Scharff, B. St. Scherer, R. Schneider, L. Schörkhuber, H. J. Schultz, M. Schwanstecker, A. Schweitzer, H. Stierstadt, Dr. Stock, M. Strohm, K. Stromberger, St. Thierfelder, M. Wagensonner, E. Weinzierl, B. Wendl, Th. Wenger, G. Wögenbauer, H. Wolfgarten, K. Wrenger, J. Ziegler, A. Zimmermann, I. Zimmermann.

Edwin Maria Landau

Zeittafel

1903 Reinhold Schneider wird am 13. Mai als zweiter Sohn des Hoteliers Wilhelm Schneider und der Louise Wilhelmina Augusta Schneider, geb. Messmer (zu deren Vorfahren der Arzt Franz Anton Mesmer, Entdecker des »Mesmerismus«, gehörte), in Baden-Baden geboren. Ihr Vater Wilhelm Messmer hatte in Baden-Baden das Hotel Messmer erbaut, in dem die Kinder aufwuchsen. Die Mutter ist katholisch, der Vater evangelisch; beide Söhne werden katholisch getauft und erzogen.

1909 Beginn einer dreijährigen Privatschulzeit.

1912 Wechsel zur Oberrealschule Baden-Baden.

1915 Erste lyrische Versuche.

1921 Abitur (17. März) und Beginn eines landwirtschaftlichen Praktikums bei der Gräflich Douglas'schen Gutsverwaltung auf Schloß Langenstein am Bodensee. Nach einem halben Jahr Rückkehr zu den Eltern. Beginn einer kaufmännischen Ausbildung bei der Druckerei Stengel & Co. in Dresden.

1922 Tod des Vaters (8. April), der das Hotel verkauft und das Vermögen durch die Inflation verloren hatte. Selbstmordversuch Reinhold Schneiders. Er zieht als Untermieter zu Anna Maria Baumgarten, die ihm ab 1938 den Freiburger Haushalt führt, ihn auf Reisen begleitet und von ihm (im Testament von 1957) »Gefährtin meines Lebens« genannt wird.

1923 Schneider wird (ab 1. 12. 1923 und bis zum 30. 6. 1928) für die Dresdner Druckerei Stengel & Co. als Übersetzer und in der Geschäftskorrespondenz tätig. In diese Dresdner Zeit fallen umfassende Sprachstudien (Englisch, Französisch, Spanisch, Portugiesisch, Italienisch) und ein intensiver Einstieg in Dichtung und Philosophie, von der griechischen Tragödie und Platon über Shakespeare und Whitman zu Kierkegaard, Schopenhauer, Nietzsche und Unamuno.

1926 Die Lektüre zweier Werke Unamunos gewinnt prägenden Einfluß: *Del sentimiento trágico de la vida* und das Kapitel *Coimbra* aus den *Andanzas y Visiones*: »Ich ahnte, daß ich hier die Landschaft meiner Seele, die Möglichkeit einer Aussage finden könnte.«

1928 Schneider wird freier Schriftsteller. Schiffsfahrt nach Portugal (am 3. August), anschließend Aufenthalt in Spanien. Gedichte, Essays und Dramenentwürfe entstehen. Den Winter 1928/29 verbringt er in Cascais, wo er an den *Leiden des Camoes* arbeitet.

1929 Abreise aus Portugal (18. Februar) und Rückkehr nach Deutschland über Gibraltar, Tanger und Norditalien; danach Reise mit seinem Bruder nach Prag und Salzburg. Abschluß des (noch unveröffentlichten) Dramas *Fackeln am Tejo*. Ab Ende Mai 1929 lebt er in Loschwitz bei Dresden und widmet sich während Aufenthalten in Berlin, München, Heidelberg und Göttingen seinen Studien. Arbeiten für Rundfunk und Tageszeitungen sind der Beginn der Existenzsicherung.

1930 Reisen: Deutschland, Spanien, Frankreich (Provence, Paris, Fontainebleau, Chartres). Studium der spanischen Mystik. Veröffentlichung der *Leiden des Camoes* bei Hegner in Hellerau, Abschluß von *Philipp II. oder Religion und Macht.*

1931 Aufenthalt in München (Januar–März), Italienreise, Entwurf von *Innozenz der Dritte* (1960 posthum veröffentlicht von Josef Rast). Übersiedlung nach Berlin (November). Veröffentlichung von *Fichte. Der Weg zur Nation*, Vorstudien zum Hohenzollernbuch. Anfang April Umzug nach Potsdam, wo er mit Unterbrechungen bis 1937 bleibt.

1932 Veröffentlichung von Fichte, *Der Weg zur Nation*, Vorstudien zum Hohenzollernbuch. Anfang April Umzug nach Potsdam, wo er mit Unterbrechungen bis 1937 bleibt.

1933 Erste Begegnung mit Jochen Klepper und Werner Bergengruen. Im August erscheint *Die Hohenzollern. Tragik und Königtum*; das Buch wird bald unterdrückt und erst 1953 wieder aufgelegt. Am 29. November schreibt er, angeregt durch erste Berichte über die Konzentrationslager, die Erzählung *Der Tröster.*

1934 Englandreise (Aug./Sept.) und Konzeption des geschichtsdeutenden Meisterwerks *Das Inselreich.*

1935 Zweite Englandreise (14.–31. März). Am 4. April bei Wilhelm II. in Doorn. Die Potsdamer Zeit bringt Kontakte zu Rudolf Alexander Schröder, Gerhart Hauptmann, zu Männern des Widerstandes wie Karl Ludwig zu Guttenberg, den Grafen Moltke, York von Wartenburg u. a.

1936 Italienfahrt (Ende Mai); Veröffentlichung des *Inselreichs*, das gegen Ende des Jahres trotz/wegen des schnellen Erfolges unterdrückt wird. Schneiders berühmtestes Sonett entsteht: »Allein den Betern kann es noch gelingen«.

1937 Rückkehr zur katholischen Kirche: »Ich kam wie einer, der die Sprache verlernt hat, in die Heimat.« Umzug nach Hinterzarten.

1938 Abschluß von *Las Casas vor Karl V.*, Schneiders dichterisch bedeutendstem Protest gegen die Judenverfolgungen. Zu Ostern schwere Erkrankung. Im April Umzug nach Freiburg i. Br., wo Schneider bis zu seinem Tode wohnt (mit Unterbrechungen). Italienreise (Mai–Juni). Im September Veröffentlichung des *Las Casas* im Insel-Verlag; das Sonett *Der Antichrist* entsteht (»Er wird sich kleiden in des Herrn Gestalt.«) 9. 12.–24. 2. 1939: Gast in der Maison Goethe, Paris.

1939 Im Januar Abschluß der Erzählung *Vor dem Grauen.* Italienfahrt (3.–7. Mai), Begegnung mit Theodor Heuss in Florenz. Seit Oktober beim Maler Leo von König in Berlin.

1940 Veröffentlichung der Essaysammlung *Macht und Gnade.*

1941 Audienz bei Papst Pius XII. (23. März). Entzug der offiziellen Druckerlaubnis, Beginn der Zusammenarbeit mit dem Alsatia-Verlag in Colmar, Freundschaft mit dessen Direktor Joseph Rossé, Unterstützung durch heimliche Papierlieferungen, dadurch Ermöglichung von Kleinschriften vor allem für Frontsoldaten, mit einer Gesamtauflage von über einer Million Exemplaren. Darunter: *Das Vaterunser,* Sonette, Briefe.

1942 Intensivierung der Tätigkeit im Inneren Widerstand durch oft nur maschinenschriftlich Vervielfältigtes. Sonette und Erzählungen. *Das Gottesreich in der Zeit* erscheint in Polen im Untergrund. Sie veranlassen noch drei Jahre später, im April 1945, die Anklage auf Hochverrat.

1943 Von März bis Mai im Freiburger Loretto-Krankenhaus. Die Sonettensammlung *Jetzt ist des Heiligen Zeit* erscheint unter großen Schwierigkeiten im Alsatia-Verlag.

1944 Im Frühjahr Vernehmung und Hausdurchsuchung durch die Gestapo in Freiburg. Von Anfang Dezember bis Februar 1945 wieder im Loretto-Krankenhaus.

1945 *Die letzten Tage,* eine Sammlung von Sonetten, erscheint nach Kriegsende im Hans-Bühler-Verlag Baden-Baden.

1946 Erste Ehrungen: Dr. phil. h. c. der Universität Freiburg (5. September), Dr. jur. h. c. der Universität Münster (25. September). 22 Einzelschriften erscheinen bei neun Verlagen.

1947 Die Abhandlung *Über den Selbstmord* wird vom Bühler-Verlag Baden-Baden veröffentlicht. Beginn der Tätigkeit als Herausgeber der *Abendländischen Bücherei* bei Herder.

1948 Schneider wird (im Mai) ins Gremium der Neugründer des PEN gewählt. Er erhält (am 24. Mai) zusammen mit Gertrud von Le Fort einen Gedenkpreis der Badischen Landesregierung aus Anlaß des 100. Todestages Annette von Droste-Hülshoffs. Das politische Drama *Der Kronprinz* erscheint.

1949 Weitere Dramen: *Das Spiel vom Menschen* und *Belsazar* nach Calderon, schon 1948 entstanden. Die Ost-Berliner Zeitschrift *Der Aufbau* veröffentlicht drei Beiträge Schneiders, darunter das christliche Bekenntnis *Die Macht des Gewissens.* Er wird (am 25. August) ordentliches Mitglied der Akademie der Wissenschaften und der Literatur in Mainz und erhält (am 3. September) den Preis der Longfellow-Gemeinschaft zusammen mit Rudolf Alexander Schröder. Schwere Erkrankung.

1950 Veröffentlichung des Dramas *Der große Verzicht*, das 1957 mit dem 1. Preis der Bregenzer Festspiele ausgezeichnet wird.

1951 Öffentliches Eintreten gegen die Wiederbewaffnung und die atomare Aufrüstung, an einigen Stellen wird die Aufnahme seiner Beiträge verweigert, es kommt zum sogenannten Fall Reinhold Schneider. Er wird (am 27. April) ordentliches Mitglied der Bayerischen Akademie der Schönen Künste. Die Dramen *Die Tarnkappe, Der Traum des Eroberers* und *Zar Alexander* werden vom Insel Verlag herausgebracht.

1952 Schneider wird Ritter der Friedensklasse des Ordens *Pour le mérite* (9. Oktober). Das Drama *Innozenz und Franziskus* erscheint.

1953 Die erste Auflage der *Ausgewählten Werke* erscheint bei Hegner (Köln und Olten) in vier Bänden. Eine dramatische Bearbeitung des *Las Casas* wird in Frankfurt, Freiburg und Baden-Baden aufgeführt.

1954 Umfangreiche Vortragsreisetätigkeit. Uraufführung des *Innozenz und Franziskus* im Essener Opernhaus (am 13. 2.), im Beisein des Bundespräsidenten Theodor Heuss. Lesungen in der Schweiz (Bern, Luzern, Genf u. a.). Das autobiographische Werk *Verhüllter Tag* erscheint. Weitere Aufführungen seiner Dramen im In- und Ausland.

1955 Berufung als ordentliches Mitglied der Akademie der Künste, Berlin (22. September). Begegnungen mit Albert Schweitzer in Kaysersberg und Günzbach, Schweitzer gibt ihm ein privates Orgelkonzert. Im Herbst Reise nach Dänemark, Norwegen, Schweden und Finnland, Begegnung mit Jean Sibelius. Im Oktober in Berlin Begegnungen mit Anna Seghers, Otto Dix, Renée Sintenis u. a. Am 31. Oktober Tod der Mutter. Im Dezember Flug nach Portugal zu Vorträgen in Coimbra und Lissabon.

1956 Als Gast der portugiesischen Regierung bis Februar in Lissabon, Porto und Coimbra, in der zweiten Februarhälfte Vorträge in Spanien. Erneute Nordlandreise. Am 23. September Verleihung des Friedenspreises des deutschen Buchhandels in der Frankfurter Paulskirche, dort seine bedeutende, international wirkende Rede *Der Friede der Welt.* Sein einziger Roman, *Die silberne Ampel*, erscheint im Hegner-Verlag.

1957 Abriß des Hotels Messmer in Baden-Baden, Anlaß zu den Reflexionen des Bandes *Der Balkon. Aufzeichnungen eines Müßiggängers in Baden-Baden*, der im gleichen Jahr im Insel-Verlag erscheint. Vom 26. Juli–7. August erste Wien-Reise, dort vom 5. November bis 6. März 1958 erneuter Aufenthalt. Bekanntschaft mit Grete Wiesenthal und Carl Zuckmayer,

Gespräch mit Gabriel Marcel. Das schwierige letzte Buch, *Winter in Wien*, entsteht.

1958 Ab 7. März wieder in Freiburg; Anfang April ist die druckfertige Fassung des *Winters in Wien* beim Herder-Verlag. Schneider stürzt am Karsamstag kurz nach einem Kirchenbesuch auf der Straße und stirbt am Nachmittag des 6. April (Ostersonntag) im Loretto-Krankenhaus. Am 18. Juli Uraufführung des preisgekrönten Dramas *Der große Verzicht* durch das Ensemble des Burgtheaters Wien in Bregenz; am 9. September Premiere in Wien. Die Essaysammlung *Pfeiler im Strom* erscheint im Insel-Verlag, der Herder-Verlag bringt *Winter in Wien* heraus.

Carsten Peter Thiede

Reinhold Schneider
Lieferbare Werke im Insel Verlag

Gesammelte Werke in zehn Bänden. Herausgegeben im Auftrag der Reinhold-Schneider-Gesellschaft von Edwin Maria Landau

Band 1 *Camões. Philipp II.* Redaktion und Nachwort von Pirmin A. Meier
Band 2 *Das Inselreich.* Gesetz und Größe der britischen Macht. Nachwort von Peter Berglar
Band 3 *Der große Verzicht.* Erzählungen. Drama. Auswahl und Nachwort von Edwin Maria Landau
Band 4 *Zeugen im Feuer.* Erzählungen. Auswahl und Nachwort von Renate Vonessen
Band 8 *Schwert und Friede.* Auswahl und Nachwort von Rita Meile
Band 9 *Das Unzerstörbare.* Religiöse Schriften. Nachwort von Peter Meinhold
Band 10 *Die Zeit in uns.* Zwei autobiographische Werke. Verhüllter Tag. Winter in Wien. Redaktion und Nachwort von Josef Rast

Weitere Bände in Vorbereitung:
Band 5 Lyrik, Auswahl und Nachwort von Christoph Perels
Band 6 Dem lebendigen Geist. Literarische Essays. Auswahl und Nachwort von Carsten Peter Thiede
Band 7 Geschichte und Landschaft

Reinhold Schneider. Leben und Werk im Bild. Von Edwin Maria Landau, Maria van Look und Bruno Stephan Scherer. *insel taschenbuch* Band 318

Reinhold Schneider
im Suhrkamp Verlag

Macht und Gnade. Gestalten, Bilder und Werte in der Weltgeschichte. Mit einem Nachwort von Pirmin A. Meier. *suhrkamp taschenbuch* Band 423

Der Balkon. Aufzeichnungen eines Müßiggängers in Baden-Baden. Mit einem Nachwort von Pirmin A. Meier. *suhrkamp taschenbuch* Band 455

Las Casas vor Karl V. Szenen aus der Konquistadorenzeit. Mit einem Nachwort von Edwin M. Landau. *Bibliothek Suhrkamp* Band 622

st 593 Zehn Gebote für Erwachsene
Texte für den Umgang mit Kindern
Zusammengestellt und mit einem Nachwort versehen von Leonhard Froese
224 Seiten
Diese Sammlung geht von zehn Postulaten aus, die der Herausgeber zum *Internationalen Jahr des Kindes* der Öffentlichkeit übergeben hat. Sie ordnet diesen Postulaten bedeutende Aussagen namhafter Autoren und Schriften der Antike, des Mittelalters und der Neuzeit zu. Dabei fällt auf, daß Äußerungen weit auseinanderliegender Zeiten und Räume häufig nicht nur dem Wortsinn, sondern gelegentlich auch der Aussageform nach übereinstimmen.

st 594 Jan Józef Szczepański
Vor dem unbekannten Tribunal
Fünf Essays
Aus dem Polnischen übersetzt und erläutert von Klaus Staemmler
160 Seiten
»... was ich jetzt schreibe, ist ein weiterer Versuch, das Schweigen zu durchbrechen, in das uns unsere kleingläubige Schwäche versetzt hat.« Dieses Zitat aus Szczepańskis »Brief an Julian Stryjkowski« könnte als Motto über den fünf Essays stehen, die dieser Band versammelt.

Das Schweigen (aus Feigheit oder Dummheit) läßt Unrecht und Unmenschlichkeit zu. Jede Stimme, die es zu durchbrechen sucht, ist ein nicht zu überhörender Appell und ein Nachweis der Humanität.

st 595 Ödön von Horváth
Geschichten aus dem Wiener Wald
Ein Film von Maximilian Schell
Mit zahlreichen Abbildungen
160 Seiten
Zur Uraufführung des Maximilian-Schell-Films »Geschichten aus dem Wiener Wald« nach dem Volksstück von Ödön von Horváth liegt dieser Band mit dem Drehbuch von Christopher Hampton und Maximilian Schell und zahlreichen Fotos des 1978 in Wien und Umgebung entstandenen Films vor, der den Entstehungsprozeß des Films dokumentiert.

st 598 Hans-Georg Gadamer, Jürgen Habermas
Das Erbe Hegels
Zwei Reden aus Anlaß des Hegel-Preises
104 Seiten
»Niemand sollte für sich in Anspruch nehmen, ausmessen zu wollen, was alles in der großen Erbschaft des Hegelschen Denkens auf uns gekommen ist. Es muß einem jeden genügen, selber Erbe zu sein und sich Rechenschaft zu geben, was er aus dieser Erbschaft angenommen hat.«
Hans-Georg Gadamer

st 628 Georg W. Alsheimer
Eine Reise nach Vietnam
224 Seiten
Alsheimer kehrt in seine »Wahlheimat« zurück. Die Narben des amerikanischen Alptraums sind noch allgegenwärtig. So gerät die Konfrontation des Damals mit dem Heute zunächst zu einem Verfolgungswahn. Erst als er durch das Vertrauen seiner Freunde das Damals mit dem Heute verknüpfen kann, verwandeln sich in dieser Krise seines politischen Credos die gläubigen Visionen in einen gemäßigten, kritischen Optimismus. Den Prozeß, der zu dieser Einsicht führte, protokolliert Alsheimer in diesem Reisetagebuch. Alsheimers *Vietnamesische Lehrjahre* liegen als st 73 vor.

Alphabetisches Gesamtverzeichnis der suhrkamp taschenbücher